시경집전변정

이 책은 2019년도 정부(교육부)의 재원으로 한국고전번역원의 지원을 받아
수행된 '특수고전협동번역사업'의 결과물임.

This work was supported by Institute for the Translation of Korean Classics - Grant funded by the Korean Government.

시경집전변정 4

詩經集傳辨正

심대윤 沈大允 지음

성원규
윤은숙
김형석 옮김

일러두기

1. 이 책의 번역 대본은 고려대학교 도서관에 소장된 《시경집전변정(詩經集傳辨正)》(육당A3A4-1~6)으로 하였다. 규장각에 소장된 또 다른 필사본(古1324-3)은 대동문화연구원에서 간행한 《심대윤전집》 제2책과 한국경학자료시스템(http://koco.skku.edu)에서 볼 수 있다.
2. 내용이 간단한 역주는 간주(間註)로, 긴 역주는 각주(脚註)로 처리하였다.
3. 한자는 필요한 경우 이해를 돕기 위하여 넣었으며, 운문(韻文)은 원문을 병기하였다.
4. 맞춤법과 띄어쓰기는 한글 맞춤법과 표준어 규정을 따랐다.
5. 이 책의 번역문에서 사용한 부호는 다음과 같다.
   ( ) : 번역문과 음이 같은 한자를 묶는다.
   〔 〕: 번역문과 뜻은 같으나 음이 다른 한자를 묶는다.
   " " : 대화 등의 인용문을 묶는다.
   ' ' : " " 안의 재인용 또는 강조 문구를 묶는다.
   「 」: ' ' 안의 재인용을 묶는다.
   『 』: 「 」 안의 재인용을 묶는다.
   《 》 : 책명 및 각주의 전거(典據)를 묶는다.
   〈 〉 : 책의 편명 및 운문·산문의 제목 또는 보충역을 묶는다.
6. 이 책의 후반부에 고려대본을 저본으로 하여 표점·교감한 원문을 실었다.
7. 본문의 오류로 의심 가는 점이 있으나 근거할 만한 대조본이 없을 경우에는 교감기에 그 내용만 언급하였다.
8. 판각이나 필사 과정에서 관행적으로 통용하던 글자는 문맥에 맞게 고쳐 쓰고 교감기는 달지 않았다.
9. 이 책에 사용된 표점부호는 다음과 같다.
   。 의문문과 감탄문을 제외한 문장의 끝에 쓴다.
   ? 의문문의 끝에 쓴다.
   ! 감탄문이나 감탄사의 끝, 강한 어조의 명령문·청유문·반어문의 끝

에 쓴다.

,	한 문장 안에서 일반적으로 구의 구분이 필요한 곳에 쓴다.
、	한 구 안에서 병렬된 단어 사이에 쓴다.
;	복문 안에서 구조상 분명하게 병렬된 어구 사이에 쓴다.
:	완전한 인용문의 경우 인용부호와 함께 쓰거나, 화제 혹은 소표제어로서 문장을 이끄는 어구 뒤에 쓴다.
“ ” ‘ ’	직접 인용된 말이나 강조해야 하는 말을 나타내는 데 쓰되, 1차 인용에는 “ ”를, 2차 인용에는 ‘ ’를, 3차 인용에는 「 」를 쓴다.
【 】	原文의 註를 나타내는 데 쓴다.
·	서명부호(《 》) 안에서 서명과 편명 등을 구분하는 데 쓴다.
《 》	서명, 편명, 악곡명, 서화명 등을 나타내는 데 쓴다.
____	인명, 지명, 국명, 민족명, 건물명, 연호 등의 고유명사를 나타내는 데 쓴다.
□	빠진 글자의 자리에 쓴다.
▨	훼손된 글자의 자리에 쓴다.

차례

시경집전변정 4

詩經集傳辨正4 校勘·標點

생민지십 生民之什

생민 生民

맨 처음 주(周)나라 사람을 낳은 것은	厥初生民
이 강원(姜嫄)이시니	時維姜嫄
주나라가 처음 어떻게 생겨났는고	生民如何
정결히 제사하사	克禋克祀
자식이 없음을 제액(除厄)하시고	以弗無子
상제(上帝)의 도를 따라 정결히 제향(祭享)함에	履帝武敏歆
상제가 도와주어 크게 그치셨네.	攸介攸止
임신하고 조심하시어	載震載夙
배 안의 아기를 잘 보호하시니	載生載育
이가 후직(后稷)이시니라	時維后稷

부이다.[1] 생민(生民)은 주나라가 처음 생겨난 것을 이르니, 〈문왕지십 면(綿)〉[2] 편의 '백성이 처음 생겨났다.'는 것이 이것이다. 불(弗)은

1 부이다 : 《집전》은 강원(姜原)이 나가 교매(郊禖)에 제사를 지내다가 대인(大人)의 엄지발가락을 밟고 임신을 했는데, 이를 주나라 사람이 태어나게 된 시초라고 해석하였다.

2 면(綿) : 〈대아(大雅) · 면(綿)〉1장에 "면면히 이어진 오이덩굴이여. 주나라에 사람이 처음 태어남이 저수(沮水)와 칠수(漆水)에 터전을 잡음으로부터이다.〔綿綿瓜瓞, 民之初生, 自土沮漆.〕라는 내용이 있다.

마땅히 불(祓)이 되어야 하니 상서롭지 못한 것을 불제(祓除)하는 것이니, 자식이 없는 재앙을 제거한 것이다. 리(履)[3]는 '내 발자취를 따라온다'는 '리' 자이다. 무(武)[4]는 자취요, 흠(歆)[5]은 흠향(歆享)함이니 상제(上帝)의 도를 따라 민첩하게 상제에게 제향(祭享)함을 말한 것이다. '유개유지(攸介攸止)'는 좌우에서 보조하여 멈추고 떠나가지 않음을 말한 것이다. 〈북산지십 보전(甫田)〉편의 '유개유지'(攸介攸止)는 위에서 백성을 보조(輔助)해 주는 것[6]이고, 여기의 '유개유지'는 하늘이 주나라를 도와주는 것이다. 자성(子姓)은 장부(丈夫)의 경사와 재앙에 연유하고 부인에게 연유하지 않으니[7],【이 내용이 《국어정론(國語定論)》[8]에

3 리(履) : 《집전》에는 '밟음〔踐〕'으로 풀이하였다.

4 무(武) : 《집전》에는 '발자국〔迹〕'으로 풀이하였다.

5 흠(歆) : 《집전》에는 "동함이니, 경이와 같다.〔動也, 猶驚異也.〕"라고 하였다.

6 보전(甫田) 편의……것 : 〈보전(甫田)〉 1장에 "이제 남쪽 밭에 가니 혹은 김매고 혹은 북돋음에 서직(黍稷)이 무성하거늘 보조하고 머무는 곳에 우리 준사(俊士)들을 나오게 하여 위로하도다.〔今適南畝, 或耘或耔, 黍稷薿薿, 攸介攸止, 烝我髦士.〕"라는 내용이 있는데, 심대윤은 그 주에서 "개(介)는 좌우에서 도움이니, 보조함을 이른다. 지(止)는 머무름이니, 왕이 머무는 곳이다.〔介, 夾輔也, 謂補助也. 止, 止舍也, 王之所止舍也.〕"라고 풀이하였다.

7 자성(子姓)은……않으니 : 《국어(國語)》 〈주어(周語)〉에 "왕이 물었다. '지금 이 신(莘)나라에 내려온 신(神)은 어떤 신인가?' 〈내사(內史)인 과(過)가〉대답하였다. '옛날 소왕(昭王)이 방(房)나라에 장가를 가니, 방후(房后)라고 합니다. 실로 방후의 덕행이 부족하여 단주(丹朱)의 덕과 부합하니, 단주의 신이 방후의 몸에 붙어 짝이 되어 목왕(穆王)을 낳았으니, 이 신이 주(周)나라의 자손에 내려와 화와 복을 줍니다.'〔王曰: '今是何神也?' 對曰: '昔昭王娶於房, 曰房后. 實有爽德, 協於丹朱, 丹朱馮身以儀之, 生穆王焉, 實臨照周之子孫而禍福之.'〕"라는 내용이 보이는데, 이에 대해서 심대윤은 자신이 저술한 《좌국정론(左國定論)》에서 "자손이 태어날 때 모두 그 아버지와 선조의 덕이 천지의 기운에 감응하여 쌓여서 형체를 이룸에 달려 있지, 그 어머니에게 달려 있지 않다. 이는 어째서인가? 양(陽)에서 부여받아 펴지고 음(陰)에서 형체를 이루기 때문이니, 기(氣)가 있으면 형체가 있고 양이 있으면 음이 있으니, 양만 혼자

보인다.】 하늘의 도(道)를 행하는 것은 부인의 일이 아닌데 주나라 사람들은 오직 강원(姜嫄)만 알고 그 할아버지의 이름을 알지 못하였다. 그러므로 오직 강원만 칭한 것이니, 그 실제는 그 선조의 덕을 기술한 것이요 강원을 기술한 것이 아니다. 만약 할아버지를 버리고 할머니만 칭했다면 예에 어긋남이 심하다.【〈문왕지십 사제(思齊)〉편에 '태사(太姒)가 그 아름다운 명성을 이으시니 아들이 백 명이나 되도다. 종묘(宗廟)의 선공(先公)들에게 순히 하사 신이 이에 원망함이 없다'라고 하여 다만 태사만 칭하였으나 실제는 문왕의 덕을 말하였으니, 바로 이와 똑같다.[9]】 진(震)은 마땅히 신(娠)이 되어야 하고, 숙(夙)은 숙(肅)과 통하니 공경하고 삼가서 태(胎 배)안의 아이를 잘 보호하는 것이다.【혹자가 '그 할아버지의 이름을 모른다면 어떻게 그 할아버지가 덕이 있는지의 여부를 알 수 있겠는가.'라고 묻기에 내가 다음과 같이 대답하였다. '세상에서 먼 선조의 어짊이 전하지만 그 이름을 기억하지 못하는 자가 많다.' ◯《사기(史記)》에 말하였다. '강원이 들에 나갔다가 거인(巨人)의 발자국을 보고 마음에 기뻐하여 발자국을 따라 기(棄)를 낳고는 상서롭지 못하다 하여 버렸는 데, 그가 죽지 않는 것을 보고 신(神)이라 하여 거두어 길렀다.' 이것은 사마천(司馬遷)이 이 시를 잘못 해석하여

다스리는데 음이 순하게 이어받았다. 그러니 부인의 덕이 신기(神氣)에 감응하여 자식을 낳는 경우는 없다.〔子孫之生也, 皆由其父祖之德, 感召天地之氣, 積而成形耳, 不係於其妣. 何則? 稟敍於陽而成形於陰也, 有氣則斯有形, 有陽則斯有陰, 陽獨爲攻而陰順承之也. 蓋未有婦人之德感於神氣而生子也.〕"라고 설명하였다.

8 국어정론(國語定論) : 심대윤은 기존의 성리학자들의 주석체계에서 벗어난 《좌국정론(左國定論)》을 저술하였는바, 이 책은 〈국어정론(國語定論)〉과 〈좌전정론(左傳定論)〉으로 구성되어있다. 〈국어정론〉은 당나라 때 학자인 유종원(柳宗元)의 〈비국어(非國語)〉에 대한 반론을 통한 견해를 제시하였고, 〈좌전정론〉은 송대 성리학자인 여조겸(呂祖謙)의 《동래박의(東萊博議)》에 대한 반론을 들어 심대윤 본인의 의견을 피력하고 있다.

9 문왕지십……똑같다 : 심대윤은 위에서 〈사제〉편을 문왕의 덕을 칭술한 내용으로 보았다.

망령된 뜻으로 말한 것이니, 그 허무맹랑하여 이치에 어긋남이 지극하다.[10] 그 할아버지가 아버지 없이 태어난 것을 숨기지 않고, 이것을 시를 지어 노래로 읊는 일은 오랑캐들도 하지 않는 것이니, 주공과 같은 성인께서 이것을 한단 말인가. '거인의 발자국〔巨人迹〕'을 상제의 발자국이라 하였으니, 어떻게 해서 이것이 틀림없이 상제의 발자국이 됨을 알겠는가. 상제 또한 땅에 내려와 다녀서 발자국이 있는가. 주공으로서 이처럼 바르지 못하고 근거 없는 말씀을 하겠는가. 주공이 〈금등(金縢)〉[11]을 지어 축원할 적에 부하에게 명하여 감히 이것을 말하지 못하게 한 것은 신(神)의 괴이함으로 사람들을 미혹하게 하는 것을 싫어해서였는데, 도리어 이처럼 괴이하고 허망하여 바르지 못하고 근거 없는 말씀을 하여 대중의 귀를 의혹하게 하겠는가. 절대 그 옳지 않음을 아는

10 사기(史記)에……지극하다 : 이 내용은 《사기》 〈주본기(周本紀)〉에 다음과 같이 보인다. "강원이 들에 나갔다가 거인의 발자국을 보고는 가슴이 설레고 기뻐서 발자국을 밟았다. 그런데 몸이 움직이며 마치 잉태한 것 같았는데 달이 차서 아들을 낳았다. 상서롭지 못하다고 생각하여 나무를 베는 골목길에 버렸으나 소와 말이 모두 피하여 밟지 않았고, 숲속으로 옮겨두었는데 나무를 베는 사람들이 많아서 다시 도랑의 얼음 위에 버렸으나 날짐승들이 날개로 덮어 보호하였다. 이에 강원이 신성(神聖)하다고 여겨 마침내 데려다 키웠다. 처음에 버리려고 했으므로 이름을 기(棄)라고 했는데, 이가 바로 주나라의 시조인 후직(后稷)이다. 《집전》에는 강원의 일에 대해서 소씨(蘇氏)의 말을 인용하여 "모든 물건 중에 보통 물건과 다른 것은 그 천지의 기운을 취한 것이 항상 많다. 그러므로 그 태어남이 혹 다르니, 기린(麒麟)의 태어남이 개나 양과 다르고, 교룡(蛟龍)의 태어남이 물고기나 자라와 다르니, 물건은 진실로 그러한 것이 있다. 신인(神人)이 태어남에 보통 사람과 다름이 있는 것을 어찌 괴이하게 여길 것이 있겠는가.〔凡物之異於常物者, 其取天地之氣常多. 故其生也或異, 麒麟之生, 異於犬羊, 蛟龍之生, 異於魚鼈, 物固有然者矣. 神人之生, 而有以異於人, 何足怪哉?〕"라고 하였다. 반면에 심대윤은 《집전》의 해석대로 거인의 발자국을 보고 잉태했다면 이는 허무맹랑한 말로 시를 지은 본지와 맞지 않음을 비판한 것이다.

11 금등(金縢) : 쇠사슬로 엮어 봉함한 글이다. 주나라 무왕이 병이 위독하자, 주공이 무왕을 위하여 사당에 가서 선조들에게 무왕 대신 자신이 죽을 것을 청하고 무왕의 병환이 속히 쾌차하기를 기원하였다. 그리고 이 내용을 적은 글을 함 속에 넣어 쇠사슬로 봉함하였는데, 뒤에 무왕을 이어 즉위한 성왕(成王)이 금등을 발견하여 옛날 주공이 선조들에게 기원한 글을 얻은 것이 바로 《서경》의 〈금등〉편이다.

것이다. 또 이제 '리제무민흠유개유지(履帝武敏歆, 攸介攸止)'를 구설(舊說)[12]처럼 해석하면 전혀 사람의 말에 가깝지 않다. 제무(帝武)를 상제의 발자국이라고 한다면 선조의 훌륭한 발자취도 또한 족적(足跡 발자국)이란 말인가."】《집전(集傳)》에 말하였다. 강원은 염제(炎帝)의 후손이니, 유태씨(有邰氏)의 딸이며 이름은 원(嫄)인데 고신씨(高辛氏)의 자손의 비(妃)가 되었다.【'극인극사(克禋克祀)'는 그 덕이 훌륭하여 신에게 제향해서 신이 흠향함을 말한 것인데, 《집전》에 고매(高禖)의 제사[13]라고 인용한 것은 망령된 말이다. 시에서 인사(禋祀)를 말한 것이 많은데, 여기만 어째서 홀로 고매의 제사가 되겠는가.[14]】

산월(産月)인 열 달을 가득 채워 큰 아들을 낳되 誕彌厥月
작은 양처럼 쉽게 낳으시니 先生如達

12 구설(舊說) : 《집전》에는 "상제의 발자국에 엄지발가락을 밟으사, 크게 여기고 멈춘 바에 흠동(歆動)하였다.〔履帝武敏, 歆攸介攸止.〕"라고 해석하였다. 이에 대해 장재(張載)는 "천지가 처음 생겨났을 때에 진실로 먼저 사람이 있지 않았다. 그렇다면 사람은 진실로 화생(化生)한 자가 있었을 것이니, 이는 천지의 기운이 낳은 것이다.〔天地之始, 固未嘗先有人也, 則人固有化而生者矣, 蓋天地之氣生之也.〕"라고 하였고, 소동파(蘇東坡)는 "모든 물건 중에 보통 물건과 다른 것은 그 천지의 기운을 취한 경우가 항상 많다. 그러므로 기 태어남이 혹 다르니, 기린의 태어남이 개나 양과 다르고, 교룡의 태어남이 물고기나 자라와 다르니, 물건은 진실로 그러한 것이 있다. 신인(神人)이 태어남에 보통사람과 다름이 있는 것을 어찌 괴이하게 여길 것이 있겠는가.〔凡物之異於常物者, 其取天地之氣常多, 故其生也或異, 麒麟之生, 異於犬羊, 蛟龍之生, 異於魚鼈, 物固有然者矣. 神人之生, 而有以異於人, 何足怪哉?〕"라고 하였다.

13 고매(高禖)의 제사 : 아들을 낳게 해 달라고 비는 신(神)을 말한다. 《예기(禮記)》 〈월령(月令)〉에 "중춘(仲春)의 달에 제비〔玄鳥〕가 오는데, 오는 날에는 태뢰(大牢)로 고매에게 제사한다."라고 하였는데, 심대윤은 고매는 선매(先禖)의 신이라고 풀이하였다. 《집전》에는 강원이 교매(郊禖)에 제사하였다고 했는데, 고매의 고(高)는 교(郊)의 차자(借字)라고 한다. 《漢語大詞典》

14 시에서……되겠는가 : 인사(禋祀)는 상제에게 지내는 제사로, 《시경》의〈대전(大田)〉과 〈운한(雲漢)〉편에 각각 보인다.

핍박하지도 않고 상처내지도 않으시어 不坼不副
재앙도 없고 해도 없으사 無菑無害
그 신령스러움을 빛내시니 以赫厥靈
상제가 편안히 해주신 것이 아닐까 上帝不寧
정결히 지내는 제사를 편안히 즐기지 않으실까 不康禋祀
수월하게 아들을 낳으셨도다 居然生子

부이다.[15] 탄(誕)[16]은 어조사이다. 미(彌)는 가득 참이니, 그 산달〔產月〕에 차는 것이다. 선생은 장자(長子)이다. 달(達)은 마땅히 달(羍)이 되어야 하니 작은 양(羊)이니, 양의 새끼는 쉽게 낳는다. 부(副)[17]는 마땅히 핍(逼)이 되어야 하니, 몸이 갈라지고 핍박하는 근심이 없는 것이다. 재(菑)는 마땅히 재(災)가 되어야 한다. 혁(赫)은 밝게 드러남이다. 상제가 편안하게 해주시지 않았을까. 어찌하여 재앙이 없음이 이와 같은가. 상제가 나의 깨끗한 제사를 편안히 흠향한 것이 아니겠는가.【'고매의 제사'라고 한 것은 과연 망령된 것이고, '고매를 가지고 하늘에 짝하였다.' 고 말하는 것은 더더욱 의리에 어긋나는 것이다.】 어떻게 수월하게 아들을 낳았는가. 거연(居然)은 힘을 쓰지 않고 홀연히 저절로 이른 뜻이니, 이는 하늘이 돌봐주고 도와주어서 어진 아들을 얻음을 다행으로 여긴 것이다.【어찌하여 이처럼 기뻐하고 다행으로 여겼는데, 마침내 도리어 자식을 버리고 기르

15 부이다 : 《집전》의 장하주에는 "무릇 사람이 태어날 때, 반드시 그 어머니의 배를 찢어 아픔을 입히는데 처음 출산은 더더욱 어렵다. 그런데 이제 강원(姜嫄)은 처음으로 후직(后稷)을 낳되 마치 양 새끼처럼 쉽게 낳아서 배를 찢고 아픈 고생이 없었으니, 이것은 그 영이(靈異)로움을 밝힌 것이다.〔凡人之生, 必坼副災害其母, 而首生之子尤難, 今姜嫄, 首生后稷, 如羊子之易, 無坼副災害之苦, 是顯其靈異也.〕"라고 해석하였다.

16 탄(誕) : 《집전》에는 '발어사(發語辭)'라고 하였다.

17 부(副) : 《집전》에는 '찢음〔裂〕'으로 풀이하였다.

지 않겠는가.[18] 이것이 과연 이치에 가까운가.】

좁은 골목에 가 있자	誕寘之隘巷
소와 양이 비호하고 사랑해 주며	牛羊腓字之
숲속에 가 있자	誕寘之平林
마침 나무를 베러온 자가 거두어주었으며	會伐平林
찬 얼음 위에 미끄러져 있자	誕寘之寒氷
새가 날개로 덮어주고 나래로 깔아주었도다	鳥覆翼之
새가 떠나가거늘	鳥乃去矣
후직(后稷)이 고고(呱呱)히 우시니	后稷呱矣
울음소리가 실로 길고 커서	實覃實訏
그 소리가 길에 가득하셨느니라	厥聲載路

부이다.[19] 치(寘)는 후직(后稷)이 스스로 자신의 몸을 그곳에 둔 것이요, 부모가 버린 것을 말한 것이 아니다. 기(棄)는 치(置)자와 뜻이 상반되니, 후직이 자신의 몸을 반드시 죽을 자리에 두었는데도 귀신이 붙들어주고 비호(庇護)하여 상하지 않음을 말한 것이다.【무심(無心)하게 여기에 있는 것은 오직 치(置)자만이 온당하니, 바꿀만한 다른 글자가 없다.[20]】 후직

18 어찌하여……않겠는가 : 위의 각주 10) 참고.

19 부이다 : 《집전》의 장하주에는 "인도(人道 부부의 관계)가 없이 아들을 낳으니, 혹자는 상서롭지 못하다고 하였다. 그러므로 버렸는데 이러한 이상한 일이 있었다. 이에 거두어 길렀다.〔無人道而生子, 或者以爲不祥, 故棄之而有此異也, 於是始收而養之.〕"라고 하였다. 심대윤은 이 시를 후직이 사지(死地)에 있어도 무탈하여 소와 양과 새 등이 비호했다고 해석하여 《사기》와 《집전》의 '후직이 어려서 버려졌다〔棄〕'는 의미로 해석하는 것은 옳지 않다고 보았다.

20 무심(無心)하게……없다 : 《집전》에는 '치(寘)'를 버렸다고 풀이하였다. 반면에 심대윤은 '치(置 두다)'의 의미로 보아 좁은 골목과 숲속에 의도치 않게 간 것으로 풀이

이 어려서 무지(無知)할 때에 좁은 길에서 누워 자고 있었는데 소와 양이 비호하고 감싸주어 밟지 않았으니, 비(腓)는 마땅히 비(庇)가 되어야 한다. 후직이 깊은 산 속으로 엉금엉금 기어 들어가서 부모가 찾았으나 구하지 못하였는데, 마침 나무를 베는 자가 이것을 알려 주어 얻은 것이다.【아이를 마땅히 사람이 없는 곳에 버려야 하는데, 도리어 마을 사람이 거처하는 가운데 버렸으니, 이것은 반드시 없는 말이다. 좁은 골목에 아이를 버려서 시간이 오래 지나면 자연히 죽게 마련이니, 어찌 이 아이를 평평한 숲으로 옮겼겠는가. 이는 반드시 없는 말이다. 이미 평평한 숲으로 옮겼다면 그만이니, 어찌 나무를 베는 자가 이 아이를 발견한 여부에 따라 다시 옮겼단 말인가. 이는 또 반드시 없는 말이다. 새로 태어난 갓난아이를 추워서 얼음이 어는 날씨에 죽기를 바라서 버린 지가 세 번이나 옮겨서 여러 날이 지났는데도 얼어 죽지 않고 죽지 않은 것은 이는 또 반드시 없는 이치이다.】 부(覆)는 덮어줌이요. 익(翼)[21]은 깔아줌이니, 후직이 미끄러져 얼음 위에 떨어져서 일어나지 못하였는데 새가 날개로 덮어주고 깔아주어 죽지 않다가 부모가 찾으러 오자 새가 그제야 날아가니, 이 새의 울음소리를 듣고 마침내 찾은 것이다.[22] 고(呱)는 우는 소리이다. 담(覃)은 깖이요, 우(訏)는 큰 소리이다.【만약 과연 자식을 버렸다면 마침 평평한 숲에 나무를 베러 온 자와 우는 소리가 길에 가득하다는 사실이 모두 귀결될 곳이 없어서 풍병(風病)이 든 자의 헛소리이다. 자식을 버린 일의 이유와 다시 거두어서 기른 까닭을 분명히 말하지 않고, 허황하고 쓸모없어 귀결될 수 없는 말을 많이 하였으

하였다.

21 익(翼) : 《집전》에는 '깔아줌(藉)'으로 풀이하였다.

22 익(翼)은……것이다 : 심대윤은 두주(頭註)에 "만약 버리고 구하지 않았더라면 새가 날아감에 아이가 죽었을 것이요, 만약 신(神)이라고 여겨 거두었다면 새가 날개로 덮어줄 때에 거두지 않고, 새가 떠나간 뒤에 거둔단 말인가.〔若棄之而不求, 則鳥去而兒死矣, 若以爲神而收之, 則不收於鳥覆翼之之時, 而收之於鳥去之後耶?〕라고 하여 《집전》의 해석은 정황상 이치에 맞지 않는다고 비판하였다.

니, 비록 아이들의 말이라도 이와 같지는 않을 것인데 마침내 주공으로서 이처럼 했다고 하겠는가. 아! 그 함부로 허황된 말을 하여 성인을 모함하는 것이 심하지 않겠는가.】

실로 포복(匍匐)을 하사	誕實匍匐
특별함을 드러내시더니	克岐克嶷
스스로 농사일을 밝게 아사	以就口食
콩을 심으시니	蓺之荏菽
콩가지가 깃발처럼 펄럭이며	荏菽旆旆
벼의 이삭이 아름다우며	禾役穟穟
깨와 보리가 무성하며	麻麥幪幪
오이가 주렁주렁 달렸었다	瓜瓞唪唪

부이다.[23] 기억(岐嶷)[24]은 두각을 특별히 드러내는 모양이다. 구식(口食)[25]은 밭을 갈고 곡식을 심어서 먹는 백성이니, 《주역》에 '스스로 음식을 찾는다.'[26]는 것이 이것이다. '이취구식(以就口食)'은 《서경》에 "농사일을 밝히겠다.[27]"라고 말한 것과 같으니, 후직이 어릴 때부터 두

23 부이다 : 《집전》은 《사기》의 내용을 인용하여 "기(棄)가 아이였을 때 놀고 장난함에 깨와 보리를 심고 가꾸기를 좋아하여 깨와 보리가 아름다웠으며, 성인이 되어서는 마침내 밭을 갈고 농사짓는 것을 좋아하였는데, 요임금이 등용하여 농사(農師)로 삼았다.〔棄爲兒時, 其遊戲, 好種殖麻麥, 麻麥美, 及爲成人, 遂好耕農, 堯擧以爲農師.〕"라고 하였다.

24 기억(岐嶷) : 《집전》에는 '크거 무성한 모양〔峻茂之狀〕'으로 풀이하였다.

25 구식(口食) : 《집전》에는 "스스로 먹을 수 있는 것이니, 6,7세 때인 것이다.〔自能食也, 蓋六七歲時也.〕"라고 하였다.

26 주역에……찾는다 : 《주역》 〈이괘(頤卦)에 "이(頤)는 정(貞)하면 길(吉)하니, 길러 주며 스스로 음식을 찾는 것을 살펴보아야 한다.〔頤, 貞, 吉, 觀頤, 自求口實〕"라고 하였다.

각을 드러내는 자질이 밭을 갈고 곡식을 심는 백성을 성취한 것이다. 【《집전》에 "구식은 스스로 나아가 먹는 것이다"라고 하였는데, 자식이 밥을 먹으면 오른손으로 가르치는 것이 2, 3세 때이니, 이때 어떻게 곡식을 심겠는가.[28] 후직이 밭을 갈고 곡식을 심는 방법에 밝아서 백성을 가르친 것이지, 스스로 농부가 된 것은 아니다.】 역(役)[29]자는 잘못되었으니, 의심컨대 마땅히 피(穮)가 되어야 할 듯하니 벼 이름이다. 수수(穟穟)는 이삭이 패어 아름답고 좋은 모양이요, 몽몽(幪幪)은 곡식이 무성하고 빽빽하여 서로 가리는 모양이요, 봉봉(唪唪)은 열매가 많은 모양이다.

후직의 농사는	誕后稷之穡
백성을 도와주는 방법이 있도다	有相之道
무성한 풀을 깎아내고	茀厥豐草
아름다운 곡식을 심으니	種之黃茂
곡식 알이 꽉찬 것을 포장하여	實方實苞
씨앗으로 삼아 파종하고 흙을 덮어	實種實褎
발육(發育)하고 발수(發穗)하며	實發實秀
단단하고 아름다우며	實堅實好
이삭이 늘어지고 알차더니	實穎實栗
태(邰)나라에 나아가 집을 정하시니라	卽有邰家室

27 서경에서……밝히겠다 : 주나라 주공이 그의 조카인 성왕(成王)을 보좌하여 섭정하다가 권력을 넘겨주면서 "나는 물러나 전야에서 농사일을 밝히겠습니다.〔玆予, 其明農哉.〕"라고 하였다. 《書經 洛誥》

28 집전에…심겠는가 : 《집전》에서는 《사기》의 내용을 인용하여 기(棄)가 아이였을 때 놀고 장난을 치는데 곡식을 심고 농사를 짓는 것을 좋아한다고 하였는데, 심대윤은 나이나 시기적으로나 농사를 짓기에는 너무 어림을 비판한 것이다.

29 역(役) : 《집전》에는 '나열〔列〕'로 풀이하였다.

부이다.[30] 유상(有相)[31]은 백성을 돕는 방도가 있는 것이다. 불(茀)은 마땅히 불(刜)이 되어야 하니, 깎아낸 것이다. 황무(黃茂)는 아름다운 곡식이다. 방(方)은 씨의 방(房)이니, 곡식의 방 중에 견고한 것을 골라서 종자(種子)로 삼은 것이다. 포(苞)[32]는 마땅히 포(包)가 되어야 하니, 좋은 종자를 포장하여 내년의 종자로 삼은 것이다. 유(褎)[33]는 모음이니, 이미 파종하고 흙을 모아 덮은 것이다. 발(發)은 생장(生長)함이다. 수(秀)는 이삭이 팸이다. 영(穎)은 이삭이 길고 큰 것이다. 율(栗)은 견고하게 응집된 것이니, 곡식알이 빽빽하게 붙어 있음을 말한 것이다. 후직을 태(邰)나라에 봉하였다.

아름다운 종자를 내려주니 誕降嘉種
검은 기장과 한 알 속에 낟알 두 개가 들어있는 검은 기장이며 維秬維秠
붉은 차조와 흰 차조로다 維穈維芑
검은 기장을 두루 심으니 恒之秬秠
이에 베고 가리질을 하며 是穫是畝
붉은 차조와 흰 차조를 늘 심으니 恒之穈芑

30 부이다 : 《집전》의 장하주에는 "후직(后稷)의 농사가 이와 같았다. 그러므로 요(堯)임금이 그 백성에게 공(功)이 있다 하여 태(邰)나라에 봉해서 그 모가(母家)에 나아가 거처하면서 강원(姜嫄)의 제사를 주관하게 하셨다. 그러므로 주(周)나라 사람 또한 대대로 강원(姜嫄)을 제사함을 말한 것이다.〔言后稷之穡如此, 故堯以其有功於民, 封於邰, 使卽其母家而居之, 以主姜嫄之祀, 故周人亦世祀姜嫄焉.〕"라고 하였다.

31 유상(有相) : 《집전》에는 '인력(人力)의 도움을 다한 것〔盡人力之助〕'으로 풀이하였다.

32 포(苞) : 《집전》에는 "껍질이 아직 터지지 않은 것이니, 이는 그 씨앗을 물에 담근 것이다.〔甲而未坼也, 此漬其種.〕"라고 하였다.

33 유(褎) : 《집전》에는 '점점 자라남〔漸長〕'으로 풀이하였다.

이에 어깨에 메고 등짐으로 지고　　是任是負
들어와서 비로소 제사하시니라　　以歸肇祀

부이다. 《집전》에 말하였다. "강(降)은 이 종자를 백성에게 내린 것이니, 《서경》에 후직이 곡식을 내려 파종하게 했다.[34]"는 것이 이것이다. 거(秬)는 검은 기장이다. 비(秠)는 기장에 왕겨는 하나인데 쌀알은 두 개인 것이다. 문(穈)은 붉은 차조이다.

○ 기(芑)는 마땅히 기(䅲 차조)가 되어야 하니, 벼 이름이다. 항(恒)은 늘상 심음이니, 지금 사람들이 기장과 조와 벼와 메조를 늘상 심는 것과 같다. 곡식을 수확하여 이랑에 모아두었다가 등짐을 져 들여온 것이다. 조사(肇祀)[35]는 아마도 풍년을 기원하고 보답하여 제향하는 예(禮)가 후직으로부터 시작되었는가 보다.

우리 제사를 어떻게 지내는가　　誕我祀如何
혹은 방아찧고 혹은 절구에서 퍼내며　　或舂或揄
혹은 까부르고 혹은 절구에서 곡식알을 꺼내　　或簸或蹂
쌀을 싹싹 씻어　　釋之叟叟
솥에 쪄서 김이 뭉게뭉게 오르니　　烝之浮浮

34 서경에……했다 : 《서경》 〈여형(呂刑)〉에 "마침내 세 후(后)를 명하여 백성을 구휼하는 공을 세우게 하시니, 백이(伯夷)는 예를 내려 백성들이 형벌에 들어감을 끊고, 우(禹)는 수토(水土)를 다스려 이름난 산천(山川)을 주관하게 하고, 직(稷)은 파종하는 법을 백성들에게 가르쳐 농사가 아름다운 곡식이 번식하니, 세 후가 공을 이루어 백성들을 성하게 하였다.〔乃命三后, 恤功于民, 伯夷, 降典, 絶民惟刑, 禹平水土, 主名山川, 稷降播種, 農殖嘉穀, 三后成功, 惟殷于民.〕"라는 내용이 있다.

35 조사(肇祀) : 《집전》에는 "조(肇)는 비로소이니, 후직(后稷)이 처음 나라를 받아 제주(祭主)가 되었다. 그러므로 조사(肇祀)라고 말한 것이다.〔肇, 始也, 稷始受國爲祭主, 故曰肇祀.〕"라고 하였다.

사람들과 상의하고 생각을 다하며	載謀載惟
쑥을 취하여 기름으로 강신제(降神祭)를 올리며	取蕭祭脂
숫양을 취하여 해충을 제거해 달라고 제사를 지내며	取羝以軷
불고기를 구워서	載燔載烈
내년의 풍년을 기원하도다	以興嗣歲

부이다. 유(揄)는 《집전》에 '절구에서 퍼내는 것이다'라고 하였으니, 절구 안의 곡식을 드날려서 골고루 쓿는 것이다. 유(蹂)는 마땅히 유(揉)가 되어야 하니, 취한 다는 뜻이니 손으로 키〔箕〕의 끝의 쭉정이를 취하고 그 정하게 찧은 것을 남겨두는 것이다. 석(釋)은 석(淅 씻음)이 되고 수(叟)는 수(溲)가 되어야 하니, 수수(溲溲)는 쌀을 씻는 소리이다. 증(烝)은 증(蒸)이 되어야 한다. 부부(浮浮)는 김이 위로 올라가는 것이다. 모(謀)[36]는 남과 도모하는 것이요, 유(惟)[37]는 스스로 생각을 다하는 것이니, 그 정성을 다함을 말한 것이다. 소(蕭)는 쑥이요, 지(脂)는 양(羊)의 창자의 기름이니, 쑥과 창자의 기름을 태워서 조상의 영혼에게 제사하면서 신(神)이 내려오게 한 것이니, 이는 아마도 전조(田祖)[38]에게 제사한 듯하다. 발(軷)[39]은 마땅히 불(祓)이 되어야 하니, 벼를 해치는 것들을 불제(祓除)한 것이다. 열(烈)은 고기를 구움

36 모(謀) : 《집전》에는 '날짜를 점치고 제사할 사람을 선택하는 것〔卜日擇士〕'으로 풀이하였다.

37 유(惟) : 《집전》에는 '재계하고 제수를 장만하고 청소하는 것〔齋戒具脩〕'으로 풀이하였다.

38 전조(田祖) : 최초로 농사를 짓고 백성들에게 농사를 가르친 신이다. 일반적으로 신농(神農) 또는 후직(后稷)이라 이르는데, 심대윤은 《예기》 〈교특생(郊特牲)〉의 주에서 신농으로 해석하였다.

39 발(軷) : 《집전》에는 '길의 신에게 제사하는 것〔祭行道之神〕'으로 풀이하였다.

이다. 사세(嗣歲)는 내년이니, 계동(季冬)에 제사하여 내년의 풍년을 기원하는 것이다.[40]

내 제기(祭器)에 제수를 담으니	卬盛于豆
나무그릇에 하고 대그릇에 하도다	于豆于登
그 향내음이 비로소 올라가니	其香始升
상제가 편안히 흠향하시도다	上帝居歆
어찌 향기롭고 진실로 때에 알맞을 뿐이리오	胡臭亶時
후직이 처음 제사함으로부터	后稷肇祀
거의 죄(罪)와 회한(悔恨)이 없어서	庶無罪悔
지금에 이르셨도다	以迄于今

부이다.[41] 등(登)[42]은 마땅히 등(豋)이 되어야 하니, 대그릇이다.【《의례(儀禮)》에 '태갱(大羹)을 등(登)에 담는다.[43]'라고 하였으니, 이는 망령된 말이다.

40 사세(嗣歲)는……것이다 : 사세를《집전》에는 "오는 해를 일으키고 가는 해를 잇는 것이다.〔所以興來歲而繼往歲也.〕"라고 해석하였다.

41 부이다 : 《집전》의 장하주에는 "이 장은 그 선조를 높여 하늘에 짝하는 제사에 그 향내음이 처음 올라가 상제(上帝)가 이미 편안히 흠향하심을 말했으니, 응하기를 빨리 함을 말한 것이다. 이 어찌 다만 향기로운 제향을 올림이 진실로 때에 알맞을 뿐이겠는가. 후직(后稷)이 처음 제사를 지냄으로부터 거의 죄와 후회가 없어 지금에 이른 것이다.〔此章, 言其尊祖配天之祭, 其香始升, 而上帝已安而饗之, 言應之疾也. 此何但芳臭之薦, 信得其時哉? 蓋自后稷之肇祀, 則庶無罪悔, 而至于今矣.〕"라고 하였다.

42 등(登) : 《집전》에는 '질그릇〔瓦〕'으로 풀이하였다.

43 의례(儀禮)에……담는다 : 태갱(大羹)은 조미료를 첨가하지 않은 고깃국을 말한다. 《예기》 〈악기(樂記)〉에, "종묘 대향(大饗)인 협제(祫祭)의 예는 현주(玄酒)를 윗자리에 놓고 날생선을 조(俎)에 놓으며 태갱을 조미하지 않아서 남은 맛이 있게 한 것이다.〔大饗之禮, 尙玄酒而俎腥魚, 大羹不和, 有遺味者矣.〕"라고 하였는데, 정현의 주에 "태갱은 육즙으로, 소금이나 채소로 조미하지 않는다.〔大羹, 肉湆, 不調以鹽菜.〕"

국은 솥에 담는다.】 거흠(居歆)은 편안히 흠향하는 것이다. 취(臭)는 향기로움이니, 어쩌면 이리도 향기로우면서 때에 맞느냐고 한 것이다. 이는 가을에 곡식이 풍년듦에 상제에게 보답하여 제향한 것이다. 천자가 아니면 하늘에 제사를 지낼 수가 없는데, 기(棄)가 당우(唐虞) 시대의 후직이 되어서 처음으로 상제에게 보답하는 제사를 만들어 당우가 행한 듯하다. 이 편은 오로지 후직이 농사를 잘함을 말하였다. 그러므로 제사에도 또한 농전(農田)의 제사를 말했을 뿐이요, 〈면(緜)〉과 〈생민(生民)〉, 〈공류(公劉)〉는 선조의 공업을 잊지 않은 것이다.[44]

이상은 〈생민〉 8장이니 네 장은 장마다 10구이고, 네 장은 장마다 8구이다.

행위 行葦

우북한 저 길가의 갈대를	敦彼行葦
소와 양이 밟지 않는다면	牛羊勿踐履

라고 하였다. 그리고 《의례》 〈공사대부례(公食大夫禮)〉에 "태갱의 즙은 소금과 채소를 넣지 않고, 등에 담는다.〔大羹湆, 不和, 實于鐙.〕"라는 말이 보이는데 여기서 등(鐙)은 국을 담는 그릇이다.

44 이 편은……것이다 : 《집전》에는 " 이 시는 어디에 쓴 것인지 상세하지 않으니, 아마도 교사(郊祀)를 지낸 뒤에 또한 복(福)을 받고 음복 고기를 나누어주는 예가 있었나보다.〔此詩, 未詳所用, 豈郊祀之後, 亦有受禧頒胙之禮也歟.〕"라고 하였고, 《모시서》에는 "〈생민(生民)〉은 선조를 높인 시이다. 후직은 강원에게서 태어났고, 문왕, 무왕의 공(功)은 후직에게서 일어났다. 그러므로 미루어 하늘에 짝한 것이다.〔生民, 尊祖也. 后稷, 生於姜嫄, 文武之功, 起於后稷, 故推以配天焉.〕"라고 설명하였다.

빽빽하게 자라고 재질이 이루어져서　　方苞方體
잎이 부드럽고 윤택하리라　　維葉泥泥
근심하는 형제(兄弟)들을　　戚戚兄弟
멀리하지 않고 모두 가까이 하여　　莫遠具爾
혹 자리를 펴며　　或肆之筵
혹 안석을 주리라　　或授之几

비이고 부이다.[45] 단(敦)은 《집전》에 "모인 모양이다."라고 하였다. 포(苞)[46]는 빽빽하게 자라는 것이고, 체(體)는 재질이 완성된 것이다. 예예(泥泥)[47]는 꼭 붙어서 떨어지지 않는 모양이니, 이로써 인재가 발양(發揚)되고 성취되는데, 이것을 허물고 파괴하지 않으면 학문을 흥기하는 자가 점점 많아져서 그 재질(材質)을 성취하여 친히 따르고 배반하지 않음을 비유한 것이다. 척척(戚戚)[48]은 근심함이다. 형제는 함께 배우는 사람을 이른다. 구(具)는 구(俱)와 통하고 이(爾)는 마땅히 이(邇)가 되어야한다. 이 시는 왕이 학궁(學宮)에 나아가서 여러 선비들과 연사(燕射)[49]할 때 사용하는 악가이다. 왕

45 비이고 부이다 : 《집전》에는 흥으로 보았다. 《집전》의 장하주에 "아마도 이는 제사를 마치고 부형(父兄)과 기로(耆老)를 연향하는 시인 듯하다.〔疑此祭畢而燕父兄耆老之詩.〕"라고 하였다. 반면, 심대윤은 이 시는 왕이 대사례(大射禮)에서 사용하는 악가의 내용으로 해석하였다.

46 포(苞) : 《집전》에는 '껍질이 아직 터지지 않은 것〔甲而未坼〕'으로 풀이하였다.

47 예예(泥泥) : 《집전》에는 '부드럽고 윤택한 모양〔柔澤貌〕'으로 풀이하였다.

48 척척(戚戚) : 《집전》에는 '친함〔親〕'으로 풀이하였다.

49 연사(燕射) : 연사(燕射)는 고대에 활을 쏘는 예법(射禮) 중 하나로, 연회에서 활을 쏘는 것이다. 《주례(周禮)》 〈춘관(春官) 악사(樂師)〉에 "연사는 사부(射夫)를 거느리고서 활과 화살을 가지고 춤을 춘다.〔燕射, 帥射夫以弓矢舞.〕"라고 하였는데, 손이양(孫詒讓)은 《주례정의(周禮正義)》에서 "연사는 왕과 제후와 여러 신하들이 연회

이 때로 태학(太學)에 가서 노인을 봉양하는 예를 행하고서 훌륭한 말을 청하며[50] 혹 학사들과 연사례(燕射禮)를 하니, 이는 높은 이와 낮은 이가 어른을 공양하는 의리를 밝혀서 학사들을 권장하고 솔선하게 하여 천하를 풍동(風動)한 것이다. 그러므로 길가의 갈대(行葦)에서 비유를 취하기를 이처럼 한 것이다.

자리를 펴고 그 위에 자리를 이중으로 펴니 肆筵設席
궤를 주고 계속하여 모시는 이가 있도다 授几有緝御
혹은 술잔을 올리고 혹은 권하며 或獻或酢
술잔을 씻고 잔을 올리며 洗爵奠斝
육장과 젓갈을 올리며 醓醢以薦
혹은 불고기를 올리고 혹은 산적을 올리며 或燔或炙
아름다운 안주에 지라와 입술고기가 있으며 嘉殽脾臄
혹은 노래하고 혹은 북치도다 或歌或咢

부이다.[51] 《집전》에 말하였다. 집(緝)은 계속함이니, 집어(緝御)는 서로 계속하여 모심이다. 탐(醓)은 젓갈 중에 즙이 많은 것이다. 갹(臄)은 입가의 살이다. 북만 치는 것을 악(咢)이라 한다.

자리를 통하여 활을 쏘는 것이다.〔燕射者, 王與諸侯諸臣, 因燕而射.〕"라고 풀이하였다.

50 왕이……청하며 : 《예기》 〈왕제(王制)〉에 "하후씨(夏后氏)는 국로(國老)를 동서(東序)에서 봉양하고 서로(庶老)를 서서(西序)에서 봉양하였으며 주나라 사람은 국로를 동교(東膠)에서 봉양하고 서로를 우상(虞庠)에서 봉양하였다.〔夏后氏養國老於東序, 養庶老於西序, 周人養國老於東膠, 養庶老於虞庠.〕"라고 하였는데, 정현(鄭玄)의 주에 "동서와 동교 역시 태학인데 국도 왕궁의 동쪽에 있다.〔東序、東膠亦大學, 在國中王宮之東.〕"라고 풀이한 내용이 보인다.

51 부이다 : 《집전》의 장하주에는 "모시고 술잔을 바치며 음식을 먹고 노래하고 음악을 연주하는 것이 성대함을 말한 것이다.〔言侍御獻酬飮食歌樂之盛也.〕"라고 하였다.

아로새긴 활이 이미 견고하며　　敦弓既堅
네 화살이 고르거늘　　四鍭既鈞
화살을 모두 발사하니　　舍矢既均
손님의 선후를 차례하되 화살을 잘 맞힘으로써 하도다　　序賓以賢
아로새긴 활을 이미 가득히 당기며　　敦弓既句
네 화살촉을 잡아　　既挾四鍭
네 화살촉이 꽂아놓은 듯이 꽂히니　　四鍭如樹
손님을 차례하되 업신여기지 않음으로써 하도다　　序賓以不侮

부이다. 《집전》에 말하였다. 조(敦)는 조(雕)와 통한다. 후(鍭)는 쇠 화살촉이고, 균(鈞)은 3등분하여 균형을 잡는 것이니, 균형을 이루는 지점에서 3분의 1은 앞에 있고, 3분의 2는 뒤에 있으니, 3등분으로 교정하되 화살이 평형이 되는 것은 앞에 무거운 화살촉이 있기 때문이다. 사(舍)는 놓음이니, 화살을 발사하는 것이다. 구(句)는 구(彀)와 통한다. 〈사례(射禮)〉에 '화살촉 세 개를 허리띠에 꽂고 하나를 잡는다.'[52]라고 하였으니, 이미 네 개의 화살촉을 잡았으면 모두 활을 쏜 것이다. 여수(如樹)는 화살이 과녁을 뚫기를 사람이 손으로 꽂아놓은 것과 같음을 말한 것이다.
○화살을 모두 발사한 것은 여러 짝이 똑같이 화살을 발사한 것이요, 손님의 선후를 어짊으로써 하는 것은 일을 당해서는 재능을 숭상하므로 활 쏘는 재주가 똑같은 자를 가려 짝으로 삼고, 반작(班爵)을 따지

52 사례(射禮)……잡는다 : 《의례》《향사례(鄕射禮)》에 에 "세 개의 화살을 허리띠에 꽂고 한 개의 화살을 활시위에 낀다.〔搢三而挾一个.〕"라고 하였는데, 공영달(孔穎達)의 소에 "진(搢)은 꽂는 것이고, '협(挾)'은 활시위에 끼는 것이다.〔搢, 挿也. 挾, 挾於弦也.〕"라고 하였다.

지 않은 것이다. 업신여긴다는 것은 활을 쏘아 맞추지 못하여 벌주를 마신 자에게 치욕을 주어 업신여김을 말한 것이니, 이미 활을 쏘고서 벌주를 마신 자는 아래에 따로 자리를 마련하고 상등(上等)인 자는 위에 따로 자리를 마련하다. 그러므로 말하기를 '손님의 선후를 차례하되 업신여기지 않음으로써 한다'라고 한 것이니, 업신여기는 것은 선후의 차례를 따르지 않음을 말한 것이다.[53]

증손(曾孫)이 주인(主人)이니　　曾孫維主
술과 단술이 맛이 좋도다　　酒醴維醹
큰 술잔으로 술을 떠서　　酌以大斗
황구(黃耈)의 장수를 기원하도다　　以祈黃耈
황구에 복어등을 한 분을　　黃耈台背
차례로 인도하여 술잔을 올리고 축수하며 도와주어　　以引以翼
수구(壽耈)로 길하여　　壽考維祺

53 화살을……것이다 : 주자가 편찬한 《의례경전통해(儀禮經傳通解)》에서 여대균(呂大鈞)은 사례(射禮)에 대해서 "예사(禮射)하는 자는 반드시 먼저 짝을 맞춘다. 그러므로 한 짝에는 모두 상우(上耦)와 하우(下耦)가 있어서 모두 활을 잡고 화살을 옆에 끼니, 나아갈 적에 계단을 당하면 계단에 이르고 물건을 당하면 물건에 이를 적에 모두 읍하고 물러갈 적에도 이와 같이한다.……활쏘기를 끝마치고 술을 마실 적에 이긴 자는 왼쪽 웃통을 벗고 활깍지를 끼고서 마침내 펼쳐놓은 활을 잡고, 이기지 못한 자는 습(襲)을 하고 결(決 활깍지)과 습(拾 팔찌)을 벗고서 풀어 놓은 활을 가하고 올라가 벌주를 마실 적에 서로 읍하기를 처음과 같이 하니, 나아가고 물러나고 주선함이 반드시 예절에 맞음을 볼 수 있다.〔禮射者必先比耦. 故一耦皆有上耦下耦, 皆執弓而挾矢, 其進也, 當階及階, 當物及物皆揖, 其退也, 亦如之.……卒射而飮, 勝者袒決, 遂執張弓, 不勝者, 襲說決拾, 加弛弓, 升飮, 相揖如初, 則進退周旋, 必中禮, 可見矣.〕"라고 설명하였다. 예사에는 예를 행하고 음악을 연주하며 활쏘기를 하는 대사(大射)와 빈사(賓射), 연사(燕射)의 세 종류가 있으며 일설에는 여기에 향사(鄕射)를 넣어 네 가지라 하기도 한다. 사례에 관한 전반적인 내용은 《의례》 〈향사례(鄕射禮)〉와 《예기》 〈사의(射義)〉 등을 통해 확인할 수 있다.

큰 복을 크게 하도다　　以介景福

부이다.[54] 증손(曾孫)[55]은 천자이다. 유(醹)는 맛이 진하고 후(厚)한 것이다. 대두(大斗)는 큰 술잔이다. 기(祈)는 그 장수를 축원하는 것이다. 황구(黃耇)는 노인의 머리털이 누런 것이다. 태(台)는 태(鮐)가 되어야 하니, 늙어서 나이가 많으면 등에 복어의 무늬가 있다. 인(引)[56]은 차례로 미침이요 익(翼)은 도움이니, 술잔을 올려 축수(祝壽)하기를 차례대로 하여 도와줌을 말한 것이다. 향음주(鄕飮酒)의 예는 연치(年齒)에 따라 순서를 정하고 관작의 상하에 따라 정하지 않으며 연로한 자에게는 음식을 더 주는 것이 있으니, 이것은 어른을 공경하는 의리를 밝힌 것이다. 그러므로 끝에 노인을 공경함을 말한 것이다. '증손유주(曾孫維主)'는 비록 천자라도 또한 노인을 공경함을 밝힌 것이다.

이상은 〈행위〉 4장이니, 장마다 8구이다.

기취 旣醉

이미 취하되 술로써 하고　　旣醉以酒

54 부이다 : 《집전》에는 송축하는 말로 보았다. 《모시서》에는 "〈행위〉는 충후(忠厚)함을 읊은 시이다. 주나라 왕실이 충후하여 인덕(仁德)이 초목에게까지 미쳤다. 그러므로 안으로 구족(九族)을 화목하고 밖으로 황구(黃耇)를 높이고 섬기며, 노인(老人)을 봉양하고 좋은 말씀을 해줄 것을 청하여 복록을 이룬 것이다.〔行葦, 忠厚也. 周家忠厚, 仁及草木, 故能內睦九族, 外尊事黃耇, 養老乞言, 以成福祿焉.〕"라고 하였다.

55 증손(曾孫) : 《집전》에는 '제사를 주관하는 자의 칭호〔主祭者之稱〕'라고 하였다.

56 인(引) : 《집전》에는 '인도함〔引導〕'으로 풀이하였다.

이미 배부르되 덕(德)으로써 하니　　既飽以德
군자(君子)가 만년(萬年)에　　君子萬年
너는 큰 복을 크게 받으리로다　　介爾景福

부이다.[57] 제사가 끝나고 당상(堂上)에서 연회를 할 때 여럿이 술잔을 돌리고 모발의 색깔에 따라 순서를 정하니〔燕毛〕[58], 여러 신하들이 왕에게 축원한 악가(樂歌)이다. 남에게 선(善)으로써 주는 것을 '덕(德)'이라 한다.

이미 취하되 술로써 하고　　既醉以酒
네 안주를 이미 올리니　　爾殽既將
군자가 만년에　　君子萬年
너의 소명(昭明)함을 크게 하리로다　　介爾昭明

부이다.

소명함이 매우 밝으니　　昭明有融
고명(高明)하여 마침을 잘하리로다　　高朗令終
마침을 잘함이 시작이 있으니　　令終有俶
공시(公尸)가 복을 내려주는 말로 고(告)하도다　　公尸嘉告

57 부이다 : 《집전》에는 "부형(父兄)이 《행위》에 답한 시이다.〔父兄所以答行葦之詩.〕"라고 하였다. 《모시서》는 "〈기취〉는 태평(太平)을 노래한 시이니, 술에 취하고 덕(德)을 가득히 소유하여 사람들이 사군자(士君子)의 행실이 있었다.〔既醉, 太平也, 醉酒飽德, 人有士君子之行焉.〕"라고 설명하였다.

58 燕毛 : 제사를 마친 뒤 연회를 할 때 모발의 색깔에 따라 장유(長幼)를 구별하여 순서를 정하는 것을 가리킨다. 《중용》19장에 "연회를 할 때 모발의 색깔대로 차례를 정하는 것은 연치를 서열하는 것이다.〔燕毛, 所以序齒也.〕"라고 하였다.

부이다. 융(融)[59]은 밝음의 성(盛)함이다. 영종(令終)은 마침을 잘하는 것이니, 마침을 잘함은 그 시작을 잘함에 달려 있는 것이다. 공시(公尸)[60]는 귀하게 여긴 것이니, 공(公)은 인신(人臣)의 귀함에 대한 칭호이다. 가고(嘉告)는 복을 축원하는 것이니, 복을 축원하는 것은 방안에 있는데 이것은 다만 시(尸)[61]에 가탁하여 군주를 축원한 것이다.

그 고(告)함은 무엇인고 其告維何
변두(籩豆)가 정갈하고 아름답거늘 籩豆靜嘉

59 융(融) : 크게 밝다는 의미로, 《춘추좌전》에는 융을 '밝기는 하지만 아직 크게 밝지는 못한〔明而未融〕' 상태로 풀이하였다.

60 공시(公尸) : 《집전》에는 "공시는 군시(君尸)이다. 주나라는 왕(王)이라고 칭하였는데 시를 단지 공시라고 한 것은 진(秦)나라가 이미 황제라고 칭하였으나 그 남녀를 아직도 공자(公子), 공주(公主)라고 칭한 것과 같다.〔公尸, 君尸也. 周稱王, 而尸但曰公尸, 蓋因其舊, 如秦已稱皇帝, 而其男女猶稱公子公主也.〕"라고 하여, 주나라 왕에 대해 마땅히 왕시라고 해야 하는데 공시라고 한 것은 옛날부터 불러온 칭호를 그대로 따른 것으로 보았다.

61 시(尸) : 《집전》에는 시(尸)를 시동(尸童)으로 해석하였다. 시동은 옛날 제사를 지낼 때 신위(神位) 대신 앉혀 두던 어린아이를 가리킨다. 반면, 심대윤은 시(尸)를 시동으로 보지 않고 신을 대신하는 손님〔賓〕으로 이해하고 있다. 《예기》 〈단궁 하(檀弓下)〉에 "우제(虞祭)를 지낼 때에는 시(尸)를 세우고 귀신이 머물 안석과 자리를 둔다. 졸곡(卒哭)이 되면 이름을 휘(諱)하니, 살아있는 사람으로 섬기는 일이 끝나고 귀신으로 섬기는 일이 시작되는 것이다.〔虞而立尸, 有几筵. 卒哭而諱, 生事畢而鬼事始已.〕"라고 하였는데, 심대윤은 이에 대해 《예기정해》에서 "제사에는 연향의 빈주(賓主)의 예를 사용한다. 그러므로 시(尸)가 있고 빈(賓)이 있으니, 시는 연향의 섭빈(攝賓)이다. 아버지와 할아버지를 대신하는 자는 빈이라고 곧바로 이름할 수 없기 때문에 시라고 한 것이니, 시는 예를 주관한다.〔祭用燕饗賓主之禮, 故有尸, 有賓, 尸者, 燕饗之攝賓也. 父祖之攝者, 不敢正名之曰賓, 故曰尸, 尸主禮也.〕라고 하여 어린아이를 시(尸)로 사용하지 않았다. 또한, 《의례정론(儀禮正論)》에서 심대윤은 "신하가 있는 자는 신하를 시로 삼고, 신하가 없는 자는 친척 중에 항렬이 낮은 자를 시로 삼는다.〔有臣者, 以臣爲尸, 無臣者, 以親戚之行卑者爲尸.〕"라고 하였다.

붕우(朋友)들의 돕는 바는 朋友攸攝
위의(威儀)로써 돕도다 攝以威儀

부이다.[62] 붕우(朋友)는 함께 제사에 참여한 동료 벗을 이른다. 섭(攝)[63]은 제사의 의식을 돕는 것이다.

위의가 심히 제 때에 맞거늘 威儀孔時
군자가 효자(孝子)를 두었도다 君子有孝子
효자가 다하지 아니하니 孝子不匱
길이 너에게 훌륭한 자손을 주리로다 永錫爾類

부이다.[64] 공시(孔時)는 곳에 따라 알맞음을 얻는 것이다. 궤(匱)는 다함이요, 유(類)[65]는 자손이니 그 시작을 좋게 하여 위의(威儀)에 허물이 없으니, 이 때문에 훌륭한 자손을 내려주어 그 마침을 좋게 한 것이다.

그 자손은 무엇인고 其類維何
실가(室家)가 심원하고 엄숙하도다 室家之壼
군자가 만년에 君子萬年

62 부이다 : 《집전》에는 이 장부터 마지막 장까지는 모두 시동(尸童)이 고하는 말을 기술한 것으로 보았다.

63 섭(攝) : 《집전》에는 '검속함〔檢〕'으로 풀이하였다.

64 부이다 : 《집전》의 장하주에는 여조겸의 말을 인용하여 "군자가 이미 효도하였는데 대를 이은 아들이 또 효도하니, 그 효도가 이어져 다하지 않는다고 말할 만하다.〔君子旣孝而嗣子又孝, 其孝可謂源源不竭矣로.〕라고 하였다.

65 유(類) : 《집전》에는 '좋음〔善〕'으로 풀이하였다.

복록(福祿)을 보존한 자손을 길이 주리로다　　永錫祚胤

부이다. 곤(壼)은 궁중(宮中)의 골목이다. 조윤(祚胤)[66]은 복을 보존한 자손이다.

그 자손은 무엇인고　　其胤維何
하늘의 복을 너의 자손에게 입혀주고　　天被爾祿
군자가 만년에　　君子萬年
큰 명(命)이 또 따르리로다　　景命有僕

부이다.[67] 하늘이 네 복을 너의 자손에게 입히고, 하늘의 큰 명이 또 위하여 따름이 있는 것이니, 아내는 남편을 따르는 사람이 되는 것이다.

그 따름은 무엇인고　　其僕維何
너에게 훌륭한 여사(女士)를 내려주니　　釐爾女士
너에게 훌륭한 여사를 주고　　釐爾女士
훌륭한 자손으로써 따르게 하리로다　　從以孫子

부이다. 리(釐)[68]는 다스림이니, 《서경》에 '다스려 내려보냈다'[69]는

66 조윤(祚胤) : 《집전》에는 조(祚)는 복록, 윤(胤)은 자손이라 하여 두 가지로 보았다.

67 부이다 : 《집전》의 장하주에 "장차 너의 자손을 둔 자에게 먼저 마땅히 너에게 천록(天祿)을 입혀 천명(天命)이 따르는 것이 되게 함을 말하였고, 아래 장에서야 따르는 바가 되게 함을 말하고, 하장(下章)에서야 자손의 일을 말하였다.〔言將使爾有子孫者, 先當使爾被天祿, 而爲天命之所附屬, 下章, 乃言子孫之事.〕"라고 하였다.

68 리(釐) : 《집전》에는 '줌〔予〕'으로 풀이하였다.

것이 이것이다. 여사(女士)는 부인의 귀한 칭호이니, 어진 아내로 따르게 함을 말한 것이다. 자손으로 따르게 함은 또 어진 자손을 낳은 것이다.

이상은 〈기취〉 8장이니, 장마다 4구이다.

부예 鳧鷖

부예(鳧鷖)가 경수(涇水)에 있거늘 鳧鷖在涇
공시(公尸)가 와서 잔치하며 편안히 계시도다 公尸來燕來寧
네 술이 이미 맑으며 爾酒旣淸
네 안주가 이미 향기롭도다 爾殽旣馨
공시(公尸)가 잔치에 술마시니 公尸燕飮
복록(福祿)이 와서 이루어지도다 福祿來成

흥이다. 《집전》에 말하였다. 부(鳧)는 들오리이고, 예(鷖)는 갈매기이다.
○ 부예(鳧鷖)가 경수(涇水)에 있는데, 모래섬에 있고 물가에 있고 물 어귀에 있는 것은 아직 경수에 멀리 있지 않음을 말한 것이니, 이것으로써 시(尸)가 방 안에 있으면 신의 섭빈(攝賓)이 되는데, 이제 당상에서 연회를 하면 아직 신과 멀리 떨어져 있지 않다.[70] 그러므로

69 서경에……내려보냈다 : 《서경》 〈요전〉에 "요 임금이 두 딸을 규수(嬀水) 북쪽에 내려 시집보내 우순(虞舜)의 아내가 되게 하였다.〔釐降二女于嬀汭, 嬪于虞.〕"라고 하였다.

신을 공경하는 남은 뜻으로 시(尸)를 공경함을 비유한 것이다. 헌(獻)[71]이 왕을 대신하여 주인이 되어서 술잔을 시(尸)에게 올리는 것이요, 헌이 스스로 베풀어 헌작(獻爵)하는 것이 아니다. 그러므로 '너의 술과 너의 안주'라고 한 것이다. 이는 제사가 끝남에 당상에서 시(尸)를 연회하는 악가인데[72] 중복됨이 특별히 심한 것은 성의가 그치지 않음을 나타낸 것이다.

부예가 모래에 있거늘	鳧鷖在沙
공시가 와서 잔치하며 마땅해하도다	公尸來燕來宜
네 술이 이미 많으며	爾酒既多
네 안주가 이미 아름답도다	爾殽既嘉
공시가 잔치에 술을 마시니	公尸燕飮
복록이 와서 이루어주도다	福祿來爲

흥이다. 위(爲)[73] 또한 이룸이다.

부예가 모래섬에 있거늘	鳧鷖在渚
공시가 와서 잔치하며 거처하도다	公尸來燕來處

70 시(尸)가……않다 : 위의 각주 61) 참고. 신(神)은 제사의 빈(賓)이고, 시(尸)가 신을 대신하는 빈(賓)이 되므로 '섭빈(攝賓)'이라고 한 것이다.

71 헌(獻) : 제사에서 헌주(獻酒)의 예를 돕는 자로, 심대윤은 "헌은 주인의 예를 돕는 자이다. 연향에는 주인이 직접 헌주하지만, 제사에는 사자(嗣子)가 부조(父祖)의 신과 빈주의 예를 주고받을 수 없으므로 헌을 세워 돕게 한다."라고 하였다. 《儀禮正論》

72 너의 술과…악가인데 : 《집전》에는 "이(爾)는 노래하는 악공의 입장에서 주인을 가리킨 것이다."라고 하였고, 또 "이 시는 제사한 다음날에 역(繹) 제사를 하여 시(尸)에게 손님의 예로 잔치하는 음악이다."라고 하였다.

73 위(爲) : 《집전》에는 '도움〔助〕'으로 풀이하였다.

네 술이 이미 걸러졌으며　爾酒既湑
네 안주가 포(脯)로다　爾殽伊脯
공시가 잔치에 술을 마시니　公尸燕飮
복록이 와서 내리도다　福祿來下

흥이다.

부예가 물모인 곳에 있거늘　鳧鷖在潨
공시가 와서 잔치하며 높이 계시도다　公尸來燕來宗
이미 종묘(宗廟)에서 잔치하니　既燕于宗
복록이 내리는 바로다　福祿攸降
공시가 잔치에 술을 마시니　公尸燕飮
복록이 와서 높이 쌓이도다　福祿來崇

흥이다. 《집전》에 말하였다. 중(潨)은 물이 모이는 곳이다. 래종(來宗)의 종(宗)[74]은 높임이요, 우종(于宗)의 종(宗)은 종묘이다.

부예가 물어귀에 있거늘　鳧鷖在亹
공시가 와서 머물러 훈훈(熏熏)하도다　公尸來止熏熏
맛있는 술이 즐거우며　旨酒欣欣
불고기와 산적이 향기롭고 향기롭도다　燔炙芬芬
공시가 잔치에 술을 마시니　公尸燕飮

74 래종(來宗)의 종(宗) : 존중한다는 의미로, 《의례》〈사혼례(士昏禮)〉에 부모가 딸을 시집보낼 때 작은 띠와 가죽 주머니를 허리에 채우면서 "시부모님의 말씀을 공경히 듣고 받들어 행하며, 밤낮으로 허물이 없도록 하라.〔敬恭聽宗爾父母之言, 夙夜無愆.〕"라는 내용이 보이는데, 정현은 주에서 "종은 높임이다.〔宗, 尊也.〕"라고 풀이하였다.

뒤에 어려움이 없도다	無有後艱

흥이다. 《집전》에 말하였다. 문(亹)은 양쪽 강안(江岸)이 문과 같은 것이다. 훈훈(熏熏)은 화(和)하고 기쁨이요, 흔흔(欣欣)은 즐거움이요, 분분(芬芬)은 향기로움이다.

이상은 〈부예〉 5장이니, 장마다 6구이다.

가락 假樂

아름답고 즐거운 군자(君子)여	假樂君子
드러나고 드러난 훌륭한 덕이로다	顯顯令德
백성에게 마땅하고 신하에게 마땅한지라	宜民宜人
하늘에서 녹을 받도다	受祿于天
보호하고 도우며 명하시고	保右命之
하늘로부터 거듭하시도다	自天申之

부이다.[75] 인(人)은 지위에 있는 자를 이른다. 우(右)는 우(佑)와 통한다. 신(申)은 거듭함이다. 이는 옛 전장(典章)과 옛 어진 이를 따

75 부이다 : 《집전》의 장하주에는 "왕의 덕(德)이 이미 백성과 신하에게 마땅하여 천록(天祿)을 받았는데, 하늘이 왕에 대하여 아직도 반복하여 돌아보기를 싫어하지 않아서 이미 보호하고 도와주고 명하며, 또 거듭함을 말한 것이다. 아마도 이는 공시(公尸)가 〈부예〉에 답한 시인 듯하다.〔言王之德, 旣宜民人而受天祿矣, 而天之於王, 猶反覆眷顧之不厭, 旣保之右之命之, 而又申重之也. 疑此卽公尸之所以答鳧鷖者也.〕"라고 하였다.

르는 것을 주된 뜻으로 삼았으니, 아마도 주공(周公)과 소공(召公), 성왕(成王)과 강왕(康王)을 경계한 시일 것이다.[76]

녹을 구하여 백복(百福)을 얻은지라	干祿百福
자손이 천(千)이며 억(億)이로다	子孫千億
공경하고 커서	穆穆皇皇
제후에게 마땅하고 천자에게 마땅한지라	宜君宜王
잘못하지 않으며 잊지 아니하여	不愆不忘
옛 전장(典章)을 따르도다	率由舊章

부이다. 녹을 구하여 백복(百福)을 얻고, 자손이 천(千)이며 억(億)으로 많아서 순서를 이어 끊이지 않고, 제후에게 마땅하고 왕에게 마땅해서 천하를 보유한 것이다. 황황(皇皇)[77]은 큼이다. 건(愆)은 잘못이요, 솔(率)은 따름이다. 구장(舊章)은 선왕의 전장(典章)이다.

위의(威儀)가 겸손하며	威儀抑抑
덕음(德音)이 질서정연하고	德音秩秩
원망함이 없으며 미워함이 없어	無怨無惡
여러 짝들을 등용하니	率由群匹
복을 받음이 무궁한지라	受福無疆
사방(四方)의 기강(紀綱)이로다	四方之綱

부이다. 억억(抑抑)[78]은 겸손하고 억제하는 뜻이다. 질질(秩秩)[79]은

76 아마도……것이다 : 《집전》에는 공시가 《부예》에 답한 시로 보았다.

77 황황(皇皇) : 《집전》에는 '아름다움〔美〕'으로 풀이하였다.

78 억억(抑抑) : 《집전》에는 '치밀함〔密〕'이라 하였다.

차례가 있는 것이니, 《주역》에 "말에 질서가 있다.[80]"라고 하였다. 원(怨)과 오(惡)는 사사로운 감정이니, 군주가 사사로운 감정으로 남의 훌륭한 말과 좋은 계책을 버리지 않는 것이다. 필(匹)[81]은 배우(配偶 짝)이니, 어진 덕이 있어서 왕에게 짝할 만한 자이다. 위에서는 옛 전장을 따르고 여기서는 여러 어진 이를 따라서 망령되이 자기의 의견을 스스로 쓰지 않으면 그 마음이 공평하여 사사로운 뜻이 없으니, 이렇게 되면 아마도 또한 도(道)에 가까울 것이다.

강(綱)이 되며 기(紀)가 되어	之綱之紀
편안함이 우방(友邦)에 미치면	燕及朋友
백벽(百辟)과 경사(卿士)들이	百辟卿士
천자를 사랑하여	媚于天子
지위에 태만하지 않으니	不解于位
백성들이 함께하는 바로다	民之攸塈

부이다.[82] 천하의 강기(綱紀)가 되어서 천하를 편안히 하는 것이니,

79 질질(秩秩) : 《집전》에는 '떳떳함 있는 것〔有常〕'으로 풀이하였다.

80 주역에……있다 : 《주역》 〈간괘(艮卦) 육오(六五)〉에 "육오는 광대뼈에 그친다. 말이 질서가 있으니 후회가 없을 것이다.〔六五, 艮其輔. 言有序, 悔亡.〕"라고 하였다.

81 필(匹) : 《집전》에는 '동류〔類〕'로 풀이하였다.

82 부이다 : 《집전》에는 "임금이 사방의 강기가 되어 신하들이 그에게 의뢰하여 편안하면 백벽(百辟)과 경사(卿士)가 사랑하여 지위를 태만하지 않아서 백성들이 편안히 쉬는 바가 되게 하고자 함을 말한 것이다.〔人君, 能綱紀四方, 而臣下賴之以安, 則百辟卿士媚而愛之, 維欲其不解于位, 而爲民所安息也.〕"라고 하였다. 한편 여조겸(呂祖謙)은 이 장에 대해서 "군주는 그 신하를 편안히 해주고, 신하는 그 군주를 사랑하는 것은 이는 상하가 사귀어 '태(泰)'가 되는 때이다. 태(泰)의 때에 근심스러운 것은 게으름과 나태함일 뿐이니, 이 시가 이 때문에 지위에 태만하지 아니하여 백성들이 편안히 쉬게

연(燕)은 편안함이다. 붕우(朋友)[83]는 우방(友邦)이 이것이다. 덕이 이와 같다면 밖에 있는 신하와 안에 있는 신하들이 모두 친히 따라서 두 마음을 품지 않을 것이다. 해(解)는 해(懈)가 되어야 한다. 기(塈)[84]는 기(曁)가 되어야 하니, 함께이다. 혹자는 말하기를 "진흙이 붙어서 하나가 된 것과 같다."라고 하니, 또한 통한다.

이상은 〈가락〉 4장이니, 장마다 6구이다.

공류 公劉

후덕(厚德)하신 공류(公劉)께서 篤公劉
편안히 거처하지 않으사 匪居匪康
이에 밭두둑을 다스리고 경계를 다스려 迺埸迺疆
노적(露積)을 쌓고 창고에 쌓거늘 迺積迺倉
마른 밥과 양식을 迺裹餱糧
전대에 넣고 자루에 넣고서 于橐于囊

되리라는 말로 끝을 맺은 것이다. 막 아름답게 여기고 또 타이른 것은 고요(皐陶)의 갱가(賡歌)의 뜻이다. 백성들의 수고로움과 편안함은 아래에 있는데 추기(樞機)는 위에 달려 있으니, 위가 편안하면 아래가 수고롭고, 위가 수고로우면 아래가 편안하다. 윗 사람이 지위에 태만하지 않음은 바로 백성들이 이로 인하여 휴식하는 바이다.〔君燕其臣, 臣媚其君, 此上下交而爲泰之時也. 泰之時, 所憂者, 怠荒而已, 此詩所以終於不解于位, 民之攸塈也. 方嘉之, 又規之者, 蓋皐陶賡歌之意也. 民之勞逸在下, 而樞機在上, 上逸則下勞矣, 上勞則下逸矣, 不解于位, 仍民之所由休息也.〕"라고 하였다.

83 붕우(朋友) : 《집전》에는 '여러 신하〔諸臣〕'로 풀이하였다.

84 기(塈) : 《집전》에는 '쉼〔息〕'이라 하였다.

인민(人民)을 편안히 하여 국가를 빛낼 것을 생각하사　思輯用光
궁시(弓矢)를 장만하며　弓矢斯張
간과(干戈)와 부월(斧鉞)로　干戈戚揚
이에 비로소 길을 떠나시니라　爰方啓行

부이다.[85] 거(居)는 편안히 거함이다. 강역(疆場)은 〈북산지십 신남산(信南山)〉 편에 보인다.[86] 탁(橐)[87]은 주머니 중에 끈이 없는 것이다. 집(輯)[88]은 모음이다. 척(戚)은 도끼의 날이 아래로 숙은 것이요〔斧〕, 양(揚)은 도끼의 날이 위로 솟은 것〔鉞〕이다. 이 시는 공류(公劉)의 공업(功業)을 기술하여 잊지 않은 것이니, 양식을 풍족하게 하고 군대를 풍족하게 하는 것은 왕업을 일으키는 기본이 된다.

후덕하신 공류께서　篤公劉

85 부이다 : 《집전》에는 성왕(成王)이 정사에 임하려 하자, 소강공(召康公)이 농사일로 경계한 공류(公劉)의 일을 읊어 성왕에게 고한 내용으로 보았다. 《모시서》에는 "〈공류〉는 소강공(召康公)이 성왕(成王)을 경계한 시이다. 성왕이 장차 정사에 임하려 하자, 농사일로 경계하여 공류(公劉)가 백성들에게 후하게 함을 찬미하여 이 시를 올린 것이다.〔公劉, 召康公, 戒成王也. 成王將涖政, 戒以民事, 美公劉之厚於民而獻是詩也.〕"라고 하였다.

86 강역(疆場)은……보인다 : 《시경 소아》 〈신남산(信南山)〉에 "밭 가운데 여막(廬幕)이 있고 강역에 오이가 있거늘 이것을 깎아 김치를 담가서 황조(皇祖)에게 올리니 증손이 수고를 누려 하늘의 복을 받으리로다.〔中田有廬, 疆場有瓜, 是剝是菹, 獻之皇祖, 曾孫壽考, 受天之祜.〕"라는 내용이 있는데, 그 주에 "강역은 정전(井田)의 구역을 경계 짓는 도로이니, 한 구역의 경계 길은 사람들이 통행할 수 있고, 한 정(井)의 경계 길은 수레 두 대가 나란히 갈 수 있다.〔疆場, 井田界區之道路, 一區之界道, 可以通行也; 一井之界道, 可以方軌也.〕"라고 하였다.

87 탁(橐) : 《집전》에는 '밑이 없는 것〔無底曰橐〕'으로 해석하였다.

88 집(輯) : 《집전》에는 '화함〔和〕'으로 풀이하였다.

이 언덕을 보시니 于胥斯原
이미 거주하는 자들이 많으며 旣庶旣繁
이미 순하고 힘을 펼쳐서 旣順迺宣
길이 탄식함이 없도다 而無永歎
올라가 산마루에 계시며 陟則在巘
다시 내려와 언덕에 계시니 復降在原
무엇을 허리에 찼는고 何以舟之
옥(玉)과 아름다운 옥(玉)과 維玉及瑤
병봉(鞞琫)에 장식한 칼이로다 鞞琫容刀

부이다.[89] 서(胥)는 살펴봄이요, 사원(斯原)은 빈(豳) 땅이니, 공류가 융적(戎狄)의 사이에서 처음으로 빈 땅으로 옮겨 거주하였다. 서(庶)와 번(繁)은 사람과 물건이 많은 것이다. 순(順)[90]은 그 일을 순히 하는 것이요, 선(宣)[91]은 그 힘을 펴는 것이다. 헌(巘)은 산마루이니, 산과 언덕을 오르내려 살핌을 말한 것이다. 주(舟)는 《집전》에 '허리에 차는 것이다.'라고 하였다. 병봉(鞞琫)은 〈북산지십 첨피락의(瞻彼洛矣)〉편에 보인다.[92] 용도(容刀)는 장식하는 칼이다.【《예기》에 '모두 용취

89 부이다 : 《집전》의 장하주에는 "공류(公劉)가 빈(豳)땅에 이르러 토지를 보아 거처하려고 할 때 이 칼과 패물을 차고서 산과 언덕을 오르내림을 말한 것이다.〔言公劉至豳, 欲相土以居, 而帶此劒佩, 以上下於山原也.〕"라고 하였고, 또 여조겸의 말을 인용하여 "이와 같은 패물과 복식으로써 이와 같은 수고를 친히 하였으니, 이것이 그 백성에게 후(厚)하게 된 이유일 것이다.〔以如是之佩服, 而親如是之勞苦, 斯其所以爲厚於民也歟.〕"라고 하였다.

90 순(順) : 《집전》에는 '편암함〔安〕'으로 풀이하였다.

91 선(宣) : 《집전》에는 '두루함〔徧〕'이라 하였다.

92 필봉(鞞琫)은……보인다 : 《시경 소아》 〈첨피락의(瞻彼洛矣)〉 편에 "저 낙수를 보건대 물이 아득히 도도하게 흐르도다. 군자가 이르시니 칼집에 예리한 칼이 있도다.

(容臭)를 찬다.93'라고 하였으니, 이는 용식(容飾)한 칼과 향취(香臭)를 허리에 참을 말한 것이다.】 그 덕행과 이롭게 쓰는 물건이 모두 구비하였음을 말한 것이다.

후덕하신 공류께서 篤公劉
저 백천(百泉)에 가시어 逝彼百泉
저 너른 언덕을 보시고 瞻彼溥原
남쪽 등성이에 오르사 迺陟南岡
빈(豳) 땅의 경(京)을 보시니 乃覯于京
경사(京師)의 들은 많은 사람이 살 만하고 또 넓은 들이기에 京師之野
이에 거처하며 于時處處
이에 여러 사람들을 붙여 살게 하며 于時廬旅
이에 말할 것을 말하며 于時言言
이에 논란을 말하시니라 于時語語

군자가 만년토록 그 가실(家室)을 보전하리로다.〔瞻彼洛矣, 維水泱泱. 君子至止, 鞞琫有珌. 君子萬年, 保其家室.〕"라고 하였는데 그 주에 "병(鞞)은 칼집이요, 봉(琫)은 칼의 장식이다.〔鞞, 刀鞘也。琫, 刀飾也.〕"라고 하였다.

93 《예기》에……찬다 : 《예기》 〈내칙〉에 "아들과 딸로서 아직 관례(冠禮)를 하지 않았거나 계례(笄禮)를 하지 않은 자는 닭이 처음 울거든 모두 일어나 세수하고 양치질하며, 빗질하고 머리를 싸매고 '모(髦)'의 먼지를 털며, 아들은 머리를 뿔 모양으로 묶고 딸은 영(纓)을 찬다. 모두 용취를 차고, 먼동이 틀 무렵 부모를 뵙고서 무엇을 잡수시고 싶은가를 여쭈어서 만약 이미 잡수셨으면 물러나오고 만약 아직 잡수시지 않았으면 장자를 도와서 음식 장만하는 것을 살핀다.〔男女未冠笄者, 鷄初鳴, 咸盥漱, 櫛縰, 拂髦, 總角, 衿纓, 皆佩容臭, 昧爽而朝, 問何食飮矣, 若已食則退, 若未食則佐長者視具.〕"라고 보이는데, 주자는 용취에 대해 오늘날의 향낭(香囊)과 같은 것으로 보았고, 안성유씨(安成劉氏)는 취(臭)는 향기가 나는 물건으로 채란(茝蘭)과 같은 따위이니, 또한 향낭의 가운데에 이러한 향기가 나는 물건을 담기 때문에 용취라고 한다고 하였다.

부이다. 부(溥)는 넓음이요, 경(京)은 빈(豳) 땅의 도읍이요, 사(師)는 많음이다. 경사(京師)의 들은 도읍〔京〕에 여러 사람이 살 수 있고, 또 전야(田野)를 만들 수 있음을 말한 것이다. 시(時)는 이 곳이다. 여려(廬旅)는 여러 사람이 거주하는 것이다.

후덕하신 공류께서	篤公劉
경에 편안히 의탁하시니	于京斯依
창창(蹌蹌)하고 제제(濟濟)하거늘	蹌蹌濟濟
사람들에게 자리를 펴고 궤(几)를 베풀게 하니	俾筵俾几
이미 자리에 오르고 궤에 의지하도다	既登乃依
이에 우리에 가	乃造其曹
우리에서 돼지를 잡으며	執豕于牢
잔질을 하되 바가지를 사용하니	酌之用匏
밥을 먹이고 술을 마시게 하며	食之飮之
임금으로 받들고 종(宗)으로 높이도다	君之宗之

부이다.[94] 의(依)는 의탁하여 편안함이요, 비(俾)는 남을 시킴이니, 남에게 자리를 펴게 해서 오르고 궤(几)를 설치하게 하여 기대는 것이다. 조(造)는 나아감이다. 조(曹)는 《집전》에 '여러 짐승을 먹이는 곳이다.'라고 하였다. 뢰(牢)는 우리이다. 종(宗) 또한 인군(人君)이니,

94 부이다 : 《집전》에는 궁실이 이루어져 낙성(落成)할 적에 음식을 먹여 여러 신하들을 위로하고 또 군주로 삼고 종주로 삼은 시의 내용으로 보았다. 그리고 여조겸은 "이미 연향을 베풀고는 제도를 정하여 그 백성들을 정돈하고 소속시켜 위로는 모두 군주에게 통솔시키고 아래로는 각기 종(宗)에 통솔되게 하였으니, 옛날에 나라를 세우고 종통(宗統)을 세움은 그 일이 서로 필요로 하였다.〔既饗燕而定經制, 以整屬其民, 上則皆統於君, 下則各統於宗, 蓋古者, 建國立宗, 其事相須.〕"라고 설명하였다.

인군으로 높이는 것이다. 그 일을 부지런히 하고 비용을 절약하여 검소한 것이 이와 같다. 그러므로 주나라 왕업을 일으킬 수 있었던 것이다. 이른바 '창창제제(蹌蹌濟濟)'[95]는 겉으로 위의(威儀)를 꾸민 것이 아니니, 예로부터 지금까지 부지런하고 검소함으로 흥하고, 사치하고 방종함으로 망하지 않은 자는 있지 않다.

후덕하신 공류께서	篤公劉
토지가 이미 너르고 길거늘	旣溥旣長
해그림자를 관찰하고 산등성이에 올라가	旣景迺岡
음지와 양지를 보며	相其陰陽
흐르는 물을 관찰하니	觀其流泉
그 군대를 셋으로 나누어 세 부대로다	其軍三單
습지와 언덕을 헤아려	度其隰原
밭을 함께 경작하여 양식을 장만하며	徹田爲糧
석양을 헤아리니	度其夕陽
빈(豳)땅에 거주하는 것이 진실로 광대하도다	豳居允荒

부이다.[96] 《집전》에 말하였다. 이는 잡초를 베어내고 개간하여 토지

95 창창제제(蹌蹌濟濟) : 《집전》에는 "창창과 제제는 군신(群臣)들이 위의(威儀)가 있는 모양이다."라고 하였고, 심대윤은 〈북산지십 초자(楚茨)〉에서 용의(容儀)가 성함을 말한 것이라 하였다.

96 부이다 : 《집전》의 장하주에는 "이는 토지의 마땅함을 분변하여 옮겨온 백성들에게 나누어 주고, 그 군부(軍賦)와 세법(稅法)을 정하며, 또 산서(山西)의 땅을 헤아려 넓히니, 빈(豳)땅 사람의 거처가 이에 더욱 커짐을 말한 것이다.〔此言辨土宜, 以授所徙之民, 定其軍賦與其稅法, 又度山西之田以廣之, 而豳人之居, 於此益大矣.〕"라고 설명하였다.

가 넓고 또 긴 것이다. 동서를 광(廣)이라 하고 남북을 장(長)이라 한다. 경(景)은 해의 그림자를 측량하여 사방을 바로잡는 것이다. 강(岡)은 산의 높은 곳에 올라가 바라보는 것이니, 그 음지와 양지의 춥고 따뜻한 차이를 살펴보는 것이다. 앞에서는 도성을 만든 것을 말하였고, 여기서는 들을 다스려 백성을 거주하게 한 것을 말한 것이다. 산의 서쪽을 석양(夕陽)이라 한다. 황(荒)[97]은 멂이다.

○삼단(三單)[98]은 그 단을 셋으로 나눈 것이다. 만 이천오백 명을 군(軍)이라 하니, 소국(小國)은 일군(一軍)을 단이라고 하는데 일군을 셋으로 나누어서 선(先)·후(後)·중(中) 세 부대를 만든 것이다. 철(徹)은 통하여 함께하는 것이니, 상하가 힘을 합쳐 농사를 지은 것이다.【《집전》에는 '정전(井田)의 철법(徹法)[99]이다.'라고 하였으니, 망령된 말이다. 철(徹)은 주공이 처음 만든 것이니, 막 공류(公劉)가 초창기에 개간할 때에 어찌 철법이

97 황(荒) : 《집전》에는 '큼〔大〕'으로 풀이하였다.

98 삼단(三單) : 《집전》에는 "삼단은 자세하지 않다.〔三單未詳.〕"라고 하였고, 《모전》에는 "삼단은 서로 이어진 것이다.〔三單, 相襲也.〕"라고 하였는데, 정현의 전(箋)에는 "대국은 삼군(三軍)을 통제하고 그 나머지 병졸을 연졸(羨卒 남는 병졸)로 삼는다. 지금 공류가 빈(豳)땅으로 천도하자 백성들이 비로소 그를 따르니, 정부(丁夫)가 마침 삼군의 수에 이르렀다. 단은 연졸이 없는 것이다.〔大國之制三軍, 以其餘卒爲羨. 今公劉遷於 豳, 民始從之, 丁夫適滿三軍之數. 單者, 無羨卒也.〕"라고 하였다.

99 철법(徹法) : 주(周)나라 때 시행한 조세법의 하나로, 농부마다 100묘씩 분배를 받아 경작하고, 여기서 수확한 10분의 1을 조세로 바치는 법이다. 《맹자》 〈등문공 상(滕文公上)〉에 하후씨(夏后氏)는 50묘(畝)에 공법(貢法)을 사용했고, 은(殷)나라 사람은 70묘에 조법(助法)을 사용했고, 주(周)나라 사람은 100묘에 철법(徹法)을 썼다는 내용이 나오는데, 주자는 《맹자집주》에서 "주나라 때에는 한 가장이 토지 100묘를 받아서 향수(鄕遂)에서는 공법을 사용하여 10명의 가장〔十夫〕에 구(溝)가 있었고, 도비(都鄙)에서는 조법을 사용하여 여덟 집이 정(井)을 함께 하여, 경작하게 되면 노동력을 통하여 일을 하고, 수확하게 되면 이랑 수를 따져서 분배하였다. 그러므로 철(徹)이라고 말한 것이다.〔周時, 一夫受田百畝, 鄕遂用貢法, 十夫有溝, 都鄙用助法, 八家同井, 耕則通力而作, 收則計畝而分, 故謂之徹.〕"라고 설명하였다.

있었겠는가.】

후덕하신 공류께서 篤公劉
빈 땅에 관사(館舍)를 정하사 于豳斯館
위수(渭水)를 건너 교량을 만들어 涉渭爲亂
가로질러 가서 숫돌과 쇠를 취해 와서 取厲取鍛
살 터를 정하고 다스리시니 止基迺理
인민이 많고 재물이 풍족하여 爰衆爰有
황간(皇澗)을 끼고 좌우로 늘어서 있으며 夾其皇澗
과간(過澗)을 거슬러 올라가 遡其過澗
거주하는 무리가 빽빽하거늘 止旅迺密
예수(芮水)의 가에 나아가 살도다 芮鞫之卽

부이다. 흐르는 물을 끊고 건너가는 것을 난(亂)[100]이라 하니, 위란(爲亂)은 교량을 만든 것이다. 려(厲)는 려(礪)와 통한다. 단(鍛)은 쇠를 단련하는 것이다. '지기내리(止基迺理)'는 도읍을 터전으로 삼아 거처하고, 그런 뒤에 그 토우(土宇 국경)를 다스리는 것이다. 중(衆)은 사람이 많은 것이요, 유(有)는 물건이 풍부한 것이다. 황(皇)과 과(過)는 두 시내의 이름이니, 혹은 두 시내를 끼고 혹은 거슬러 올라가서 거주하는 것이다. 지려(止旅)는 여기에 머물러 사는 무리이다. 예(芮)는 물 이름이니, 마땅히 예(汭)가 되어야 한다. 국(鞫)은 다함이니, 물가 안에 땅이 다한 곳이니, 사람의 거주가 많고 빽빽하여 바로 예수 가에서 산 것이다.

100 난(亂) : 《집전》에는 "배로 물을 가로질러 건너가는 것이다.〔舟之截流橫渡者也.〕"라고 하였다.

이상은 〈공류〉6장이니, 장마다 10구이다.

형작 泂酌

맑은 저 길가의 빗물을 떠서	泂酌彼行潦
저것을 떠다가 여기에 주입하더라도	挹彼注玆
선밥과 술밥을 만들 수 있도다	可以餴饎
개제(豈弟)한 군자(君子)여	豈弟君子
백성의 부모(父母)로다	民之父母

비이고 부이다.[101] 형(泂)[102]은 맑음이다. 길가의 빗물은 흐린데 맑게 해서 뜨는 것이니, 선비를 가르쳐 취함을 말한 것이다. 읍(挹)은 손을 굽혀서 물을 취하는 것이니, '읍피주자(挹彼注玆)'는 몸을 굽혀 취해서 일을 맡김을 말한 것이다. '가이분치(可以餴饎)'는 실제 공적이 있음을 말한 것이다. 분(餴)은 《집전》에 '쌀을 찌고 물을 붓는 것이다.'라고 하였다. 치(饎)는 술밥이다. 백성들이 좋아하는 바를 좋아하고 백성들이 싫어하는 것을 싫어하는 것이 백성의 부모이다. 선을 좋아하고 악을 미워하는 것은 백성들의 떳떳한 마음이니, 선이 있는 미천한 사람을 버리는 바가 없으면 백성들의 좋아하고 미워함을 순히 따라서 백성들이 복종하니, 이것이 바로 《서경》〈홍범(洪範)〉의 '황극(皇極)'의 뜻[103]

101 비이고 부이다 : 《집전》에는 흥으로 하였으니, 아래 장도 같다. 《모시서》에는 〈형작〉을 소강공(召康公)이 성왕(成王)을 경계한 시라고 하였다.

102 형(泂) : 《집전》에는 '멂〔遠〕'으로 풀이하였다.

103 홍범(洪範)의 황극(皇極)의 뜻 : 임금이 윤리도덕의 모범을 보여 백성들의 표준

이다. 구설에 “소강공(召康公)이【이름은 석(奭)이다.】성왕을 경계한 것이다.”라고 하였다.

맑은 저 길가의 빗물을 떠서	泂酌彼行潦
저기에서 떠다가 여기에 주입하더라도	挹彼注茲
잔을 씻을 수 있도다	可以濯罍
개제한 군자여	豈弟君子
백성의 귀의하는 바로다	民之攸歸

비이고 부이다.

맑은 저 길가의 빗물을 떠서	泂酌彼行潦
저기에서 떠다가 여기에 주입하더라도	挹彼注茲
씻을 수 있도다	可以濯漑
개제한 군자여	豈弟君子
백성이 더부는 바로다	民之攸塈

비이고 부이다. 개(漑)는 씻음이요, 기(塈)는 기(暨)와 통한다.[104] 이 편은 풍(風)[105]이다.

이 되는 것을 의미한다.《서경》〈홍범(洪範)〉에서 천하를 다스리는 아홉 가지의 큰 요체인 홍범구주(洪範九疇)를 논하면서 다섯 번째로 “표준을 세우되 황극(皇極)으로써 한다.〔建用皇極.〕”는 내용이 보인다.

104 기(塈)는……통한다 : 위의 《가락》4장에 “지위에 태만하지 않으니 백성들이 함께하는 바로다.〔不解于位, 民之攸塈.〕”라는 구절이 있는데, 심대윤은 그 주에서 “기(塈)는 기(暨)가 되어야 하니, 함께이다.〔塈, 作暨, 與也.〕”라고 해석하였다.

105 풍(風) : 《모시서》에는 소강공(召康公)이 성왕(成王)을 경계한 시로 보고, 황천(皇天)은 덕이 있는 자를 친히 하고, 도가 있는 자의 제사를 흠향하는 시라고 해석하였다.

이상은 〈형작〉 3장이니, 장마다 5구이다.

권아 卷阿

굽은 언덕에	有卷者阿
표풍(飄風)이 남쪽에서 불어오도다	飄風自南
개제(豈弟)한 군자(君子)가	豈弟君子
와서 놀며 노래하여	來游來歌
그 덕교(德敎)를 베풀도다	以矢其音

흥이다.[106] 권(卷)은 위가 굽은 모양이니, 온화한 바람이 물건을 감동시키는 것으로 왕의 교화가 사람을 감동시킴을 비유한 것이다. 시(矢)는 베풂이다. 이 시는 성왕이 제후들을 동도(東都)에 모으자 제후가 왕에게 연향한 악가이다.【신하[107]가 군주를 연향하는 예가 없다. 그러므로 신하가 군주를 연향하는 시가 없는 것이다. 신하는 오직 군주를 경계하고 풍자하는 시만 있는데 여기에서 '왕이 와서 놀며 노래한다.'라고 말하였으니, 그렇다면 이는 바로 연향이요, 한갓 경계하고 풍자하기 위한 것이 아니다. 시 안에 빈주(賓主)의 뜻이 없으

106 흥이다 : 《집전》에는 소강공이 지은 시라고 보아, 공이 성왕을 따라 권아(卷阿)의 위에서 놀고 노래하다가 왕의 노래를 인하여 이 시를 지어 경계한 내용으로 해석하였다. 《모시서》에는 〈권아〉는 소강공(召康公)이 성왕(成王)을 경계한 시이니, 현자(賢者)를 구하여 길사(吉士)를 등용하라고 말한 내용이라 하였다.

107 신하 : 일반적으로 제후도 천자의 신하라고 하지만, 여기서 심대윤은 제후를 신하와 구별하고 있다. 〈탕지십 억(抑)〉에서도 "신하의 의리는 군주가 덕이 없다 하여 불충할 수 없지만, 제후의 의리는 천자가 덕이 없으면 떠나가서 다른 사람을 따를 수 있는 것이다."라고 하여 제후를 천자의 신하로 보지 않았다.

니, 그렇다면 또 왕이 순수(巡狩)함에 제후가 왕에게 연향한 것이 아니니, 이는 제후가 동도(東都)에서 왕을 조회한 것임을 앎이 분명하다.[108]】 '와서 놀며 노래하여 그 소리를 베푼다'는 것은 왕의 덕교(德敎)가 사람을 감화시킴을 말한 것이다.

한가히 그대가 노닐며 伴奐爾游矣
우유히 그대가 쉬도다 優游爾休矣
개제한 군자여 豈弟君子
그대로 하여금 그대의 본성(本性)을 잘 마쳐서 俾爾彌爾性
선공(先公)의 높음과 같게 하리로다 似先公酋矣

부이다.[109] 반환(伴奐)은 반환(盤桓 배회)과 같으니, 왕이 동도에 와서 머무름을 말한 것이다. 미(彌)[110]는 충만함이니, 확충하여 그 본성을 다하는 것이다. 《중용》에 이르기를 '자신의 본성을 다하고 물건의 본성

108 시 안에……분명하다 : 심대윤이 제후가 왕에게 연향하는 시라고 한 것은 상호지십의 〈원앙(鴛鴦)〉과 〈어조(魚藻)〉, 〈북산지십 첨피락의(瞻彼洛矣)〉 등이 있다. 〈원앙〉은 천자가 순수하여 제후국을 '지나가는 손님〔過賓〕'이 되면 제후가 천자를 연향하는 악가라 하였고, 〈어조〉는 제후가 왕을 호경에서 연향하는 악가라 하였고, 〈첨피락의〉는 천자가 동도(東都)에서 제후와 회합하여 무예를 강습할 적에 제후가 왕에게 연향하는 악가라고 하였다. 반면에 이 시들을 《집전》에는 왕이 베푼 연향에서 제후가 왕을 찬미하는 시 등으로 해석하였다. '빈주(賓主)의 뜻이 없다'고 한 것은 무엇을 말한 것인지 자세하지 않다. 연향에는 빈과 주인이 술을 올리는 예절이 있어서 연향의 시에는 대개 술과 음식에 대한 언급이 있는데, 이 시에서 '놀고 노래함'을 말하였으나 술이나 음식이 언급되지 않은 점은 일반적인 연향의 시와 다른 듯하다.

109 부이다 : 《집전》에는 이 장부터 4장까지는 모두 장수〔壽考〕와 복록(福祿)의 성함을 지극히 말해서 왕의 마음을 흠동(歆動)하였고, 5장 이후에 장수와 복록을 이루게 된 이유를 말한 것으로 해석하였다.

110 미(彌) : 《집전》에는 '마침〔終〕'으로 풀이하였다.

을 다한다[111]'는 것이 이것이다. 선공(先公)은 주공(周公)이다. 주공이 낙읍(洛邑)을 다스려 동방의 제후를 주관하였으므로 왕이 주공의 덕과 같아져 천하에 높은 우두머리가 되기를 바란 것이다. 추(酋)[112]는 높은 우두머리이다.【'선공과 같다'라고 말했으면 동도에 있음을 앎이 분명하다.】

그대의 강토(疆土)가 드러나 밝으니　爾土宇昄章
또한 심히 덕이 쌓였도다　亦孔之厚矣
개제한 군자여　豈弟君子
그대로 하여금 그대의 본성을 잘 마쳐서　俾爾彌爾性
백신(百神)들이 그대를 주인(主人)으로 삼으리로다　百神爾主矣

부이다. 판장(昄章)[113]은 드러나 밝음이다. 천하가 인(仁)의 경지에 올라서 집집마다 훌륭하여 공후(公侯)로 봉해질 수 있어서[114] 미련한 지아비와 미련한 부인도 모두 선을 향하고 악을 등져야 함을 안 것이다. 후(厚)는 덕이 많이 쌓인 것이다.

그대가 천명(天命)을 받음이 장구하니　爾受命長矣

111 중용에……다한다 : 《중용》 22장에 "자신의 본성을 다하면 남의 본성을 다할 수 있고, 사람의 본성을 다하면 물건의 본성을 다할 수 있고, 물건의 본성을 다하면 천지의 화육(化育)을 도울 수 있고, 천지의 화육을 도울 수 있으면 천지와 함께 나란히 설 수 있다.〔能盡其性, 則能盡人之性, 能盡人之性, 則能盡物之性, 能盡物之性, 則可以贊天地之化育, 可以贊天地之化育, 則可以與天地參矣.〕"라고 보인다.

112 추(酋) : 《집전》에는 '마침〔終〕'으로 풀이하였다.

113 판장(昄章) : 《집전》에는 '크게 밝음〔大明〕'이라고 하였다.

114 집집마다……있어서 : 천하가 교화되어 훌륭한 인물이 많다는 뜻으로, 《한서(漢書)》 〈왕망전(王莽傳)〉에 "요순(堯舜)시대에는 집집마다 다 봉하여도 되었다."라고 보인다.

풍성한 복록(福祿)으로 그대가 편안하도다 茀祿爾康矣
개제한 군자여 豈弟君子
그대로 하여금 그대의 본성을 잘 마쳐서 俾爾彌爾性
큰 복을 그대가 항상 누리게 하리로다 純嘏爾常矣

부이다. 불(茀)[115]은 성함이다.

의지할 만한 이도 있고 보익(輔翼)할 만한 이도 있으며 有馮有翼
효도(孝道)하는 이도 있고 덕(德)이 있는 이도 있어 有孝有德
인도하고 보익하면 以引以翼
개제한 군자를 豈弟君子
사방(四方)에서 법(法)으로 삼으리라 四方爲則

부이다.[116] 기대고 의지하여 설 만한 자는 주공과 소공이요, 보익하여 붙들어 줄 만한 자는 다스리는 신하〔亂臣〕[117]요, 윗사람을 섬김에 충성하는 자와 백성을 다스리는데 베푸는 자는 여러 집사(執事)이다.

115 불(茀) : 《집전》에는 '복〔福〕'으로 해석하였다.

116 부이다 : 《집전》의 장하주에는 "현인(賢人)을 얻어 스스로 보필하기를 이처럼 하면 그 덕이 날로 닦아져서 사방에서 본받을 것임을 말한 것이다.〔言得賢以自輔如此, 則其德日修, 而四方以爲則矣.〕"라고 하였고, 또 이 장부터 이하는 윗 장의 복록을 이루게 된 이유를 말한 내용이라고 해석하였다.

117 다스리는 신하〔亂臣〕 : 세상을 잘 다스리는 신하를 가리킨다. 《서경》 〈태서(泰誓)〉에 무왕이 말씀하시기를 "나에게는 난신(亂臣) 열 명이 있다.〔予有亂臣十人.〕"라는 내용이 보이는데, 주자는 그 주에서 "난(亂)을 다스리는 것을 난(亂)이라고 한다.〔治亂曰亂〕"라고 하였고, 《논어》 〈태백(泰伯)〉에서는 위의 내용을 인용하면서 "난은 다스린다는 뜻이다.〔亂治也〕"라고 풀이하였다. 난신 열명은 주공 단(周公旦), 소공 석(召公奭), 태공망(太公望), 필공(畢公), 영공(榮公), 태전(太顚), 굉요(閎夭), 산의생(散宜生), 남궁괄(南宮适)이고 나머지 한 명은 무왕의 후비(后妃)인 읍강(邑姜)이라 한다.

효(孝)를 옮겨서 상관을 섬기기 때문에 상관을 섬기는 것을 또한 효라고 한 것이다.[118] 인(引)은 이끌어 미치는 것이요, 익(翼)은 우익이 되어 좌우에서 돕는 것이다.

옹옹(顒顒)하고 앙앙(卬卬)하며　　顒顒卬卬
규(圭)와 같고 장(璋)과 같으며　　如圭如璋
훌륭한 명예가 있고 훌륭한 위의가 있는지라　　令聞令望
개제한 군자를　　豈弟君子
사방에서 기강(紀綱)으로 삼도다　　四方爲綱

부이다. 옹옹(顒顒)은 위대하여 천하 사람들에게 우러러보는 바가 되는 것이니, 《주역》에 이르기를 '믿음이 있어서 우러러본다.'[119]라고 하였다. 앙(卬)은 앙(昂)과 통하니, 앙앙(昂昂)은 높아서 아랫사람들에게 우러러보는 바가 되는 것이다. 규(圭)와 장(璋)은 그 덕을 말한 것이니, 아름다운 명망과 훌륭한 덕이 사람들에게 신망을 받는 것이다.

봉황(鳳凰)이 날으니　　鳳凰于飛
그 깃을 퍼덕여　　翽翽其羽
또한 그칠 데에 앉도다　　亦集爰止
애애(藹藹)히 왕(王)에게 길사(吉士)가 많으시니　　藹藹王多吉士

118 효(孝)……것이다 : 여조겸(呂祖謙)은 현자(賢者)의 행실이 한 가지가 아닌데, '유현(有孝)', '유덕(有德)'이라고 한 것은 임금이 항상 선한 독실한 사람과 거처하면 조급한 성질을 진정하고 간사한 마음을 사라지게 하여 날로 변화하는 것이 언어의 사이에 있지 않다고 설명하였다.

119 주역에……우러러본다 : 《주역》 〈관괘(觀卦)〉에 "관(觀)은 손만 씻고 제수(祭需)를 올리지 않았을 때처럼 하면 정성을 다하여 모두 우러러본다.〔觀, 盥而不薦, 有孚顒若.〕"라고 하였다.

군자가 부리는지라　　維君子使
왕에게 사랑받도다　　媚于天子

흥이다. '역집원지(亦集爰止)'는 여러 현자들이 왕조에 모여서 이반(離叛)하려는 마음이 없는 것이다. 애애(藹藹)는 성함이다. '유군자사미우천자(維君子使媚于天子)'는 오직 왕이 부리는 대로 하여 왕에게 사랑받는 것이다. '군자가 부린다'라고 말한 것은 왕은 예(禮)로써 부리고 위엄으로써 하지 않고, 신하는 군주의 의로운 명을 순종하여 간사한 뜻을 따르지 않는다. 그러므로 '천자가 부린다'라고 말하지 않고 '군자가 부린다'라고 한 것이다.[120]

봉황이 날으니　　鳳凰于飛
그 깃을 퍼덕여　　翽翽其羽
또한 하늘에 이르도다　　亦傅于天
애애히 왕에게 길인(吉人)이 많으시니　　藹藹王多吉人
군자가 명하는지라　　維君子命
서민(庶民)에게 사랑받도다　　媚于庶人

흥이다. '역부우천(亦傅于天)'은 천심에 순응함을 말한 것이요, '미우서민(媚于庶民)'은 이는 민심에 순응하는 것이다. 서인(庶人)의 인

120 군자가……것이다 : 《집전》의 장하주에는 "봉황이 날면 그 깃을 펄력여 그칠 데에 앉으며, 애애(藹藹)히 왕에게 길사(吉士)가 많으면 왕이 부리는 바여서 모두 천자(天子)를 사랑한다. 이미 군자라고 말하고 또 천자라고 말했으니, 이는 '왕명(王命)으로 출정(出征)하여 천자를 돕는다.'는 말과 같은 것이다.〔鳳凰于飛, 則翽翽其羽, 而集於其所止矣, 藹藹王多吉士, 則維王之所使, 而皆媚于天子矣. 旣曰君子, 又曰天子, 猶曰'王于出征以佐天子'云爾.〕"라고 하였다.

(人)은 마땅히 민(民)이 되어야 한다.

봉황이 우니 鳳凰鳴矣
저 높은 뫼에서 하도다 于彼高岡
오동나무가 자라니 梧桐生矣
저 아침해가 뜨는 동산에 있도다 于彼朝陽
오동나무가 무성하니 菶菶萋萋
봉황의 울음소리 화(和)하도다 雝雝喈喈

비이다.[121] 산의 동쪽을 조양(朝陽)이라 한다. 봉황(鳳凰)은 상서로운 새이고 오동(梧桐)은 아름다운 나무이다.[122] 그러므로 이것으로써 어진 선비를 비유한 것이다. '봉봉처처(菶菶萋萋)'는 오동나무가 무성한 것이요, '옹옹개개(雝雝喈喈)'는 봉황의 울음 소리이다.

군자의 수레가 君子之車
이미 많고 또 많으며 旣庶且多
군자의 말이 君子之馬
이미 길들고 또 달리도다 旣閑且馳
시(詩)를 아뢰기를 많이 하려는 것이 아니라 矢詩不多
왕(王)의 노래를 이루는 것이니라 維以遂歌

비이다.[123] 수레가 많고 말이 길들여진 것으로써 어진 선비가 많고

121 비이다 : 《집전》에는 아래 장의 일을 홍(興)한 내용으로 해석하였다.

122 봉황(鳳凰)은……나무이다 : 《집전》에는 봉황의 성질은 오동나무가 아니면 깃들지 않고, 대나무의 열매가 아니면 먹지 않는다고 설명하였다.

123 비이다 : 《집전》에는 부라고 보아, 윗 장의 홍을 이은 시로 보았다.

일에 익숙함을 비유한 것이다. 수(遂)는 이룸이다. 위에서 〈형작(泂酌)〉의 도가 있으면, 〈권아(卷阿)〉의 많은 선비를 이루는 것이다.[124]

이상은 〈권아〉 10장이니, 6장은 장마다 5구이고, 4장은 장마다 6구이다.

민로 民勞

백성들이 또한 수고로운지라	民亦勞止
거의 조금 편안하게 해야 할 것이니	汔可小康
이 중국을 사랑하여	惠此中國
사방을 편안히 할지어다	以綏四方
함부로 부정함을 따르지 말고	無縱詭隨
불량(不良)한 사람을 단속하여 삼가게 하여	以謹無良
구학(寇虐)하는 자가 잔혹하여	式遏寇虐
명명(明命)을 두려워하지 않음을 막아야	憯不畏明
멀리 있는 자를 편안하게 하고 가까이 있는 자를 길들여	柔遠能邇
우리 왕을 안정시키리라	以定我王

부이다.[125] 흘(汔)은 거의이다. 왕의 정사가 쇠하여 백성들이 편안하

124 위에서……것이다 : 《모시서》에는〈형작〉과 〈권아〉를 모두 소강공이 성왕을 경계한 시라고 해석하였다. 반면, 심대윤은 〈형작〉은 소강공이 성왕을 경계한 시로 보고 〈권아〉는 성왕이 제후들을 동도(東都)에 모으자 제후가 연향을 한 악가로 해석하여, 〈권아〉편을 〈형작〉 편의 효용(效用)으로 풀이하고 있다.

125 부이다 : 〈서설〉에는 '소목공(召穆公)이 여왕(厲王)을 풍자한 시〔召穆公刺厲王

지 못하니, 크게 생각을 동하여 도모하지 않으면 안 됨을 말한 것이다. 중국(中國)은 왕기(王畿)이니, 조정을 바로잡으면 사방이 교화되고, 왕국이 편안하면 천하가 평안하다. 궤수(詭隨)[126]는 남의 바르지 못함을 따르는 것이다. 근(謹)은 삼가 지키고 넘지 않는 것이니,【근(謹)과 신(愼)은 뜻이 다른데 선유(先儒)들이 같은 뜻으로 해석하였으니, 잘못이다.】 불량한 사람을 삼가고 감히 동요하지 못하게 한 것이니, 이는 중국을 은혜롭게 한 것이다. 구학(寇虐)은 제후 중에 서로 침략하고 포악한 자요, 명(明)은 하늘의 밝은 명〔明命〕이다. 하늘이 왕에게 사해(四海)의 백성을 맡겨 주었는데 제후들이 서로 포악하게 행동하는 것을 눈으로 보고도 구원하지 않으면 이는 천명을 멸시하고 버리는 것이니, 어찌 참혹히 잔인하여[127] 천명을 두려워하지 않을 수 있겠는가. 이는 사방을 편안히 한 것이다. 이 시는 왕이 어둡고 나약하여 분명한 결단이 없어서 간사한 자들을 수용하여 제거하지 못하고, 포악한 구난(寇亂)을 고식적(姑息的)으로 내버려 두어 벌하지 못해서 조정이 날로 낮아지고 제후가 날로 방자해지는 것을 풍자한 시이니, 감히 왕을 지적하여 배척할 수 없으므로 그 동료를 경계한 말로 가탁한 것이다. 이왕(夷王)이 당 아래로 내려가서 제후들을 만나보았으니, 그 위엄이 없음을 알 수 있는바, 이 시는 아마도 이왕을 풍자한 듯하다.[128]

之詩〕라고 하였다. 주자는 동렬(同列)이 서로 경계한 말이고 오로지 왕을 풍자하기 위한 시는 아니라고 해석하였다.

126 궤수(詭隨) : 《집전》에는 '옳고 그름을 따지지 않고 망령되이 남을 따르는 것〔不顧是非而妄隨人〕'으로 풀이하였다.

127 참혹히 잔인하여 : 《집전》에는 참(憯)은 '일찍이〔曾〕'라고 하였다.

128 이왕(夷王)이……듯하다 : 이왕은 강왕(康王)의 현손(玄孫)으로, 주나라는 공왕(共王), 의왕(懿王), 효왕(孝王), 이왕(夷王)의 순서로 이어진다. 《예기》 〈교특생(郊特牲)〉에 "근례(覲禮)에 천자가 당(堂)을 내려가 제후를 만나보지 않으니, 당을

백성들이 또한 수고로운지라 民亦勞止
거의 조금 쉬게 해야 할 것이니 汔可小休
이 중국을 사랑하여 惠此中國
백성들이 모이게 할지어다 以爲民逑
함부로 부정함을 따르지 말아 無縱詭隨
왕의 마음을 혼란하게 하고 시끄럽게 떠드는 사람을 단속하며 以謹惛怓
구학하는 자를 막아 式遏寇虐
백성들이 근심하게 하지 말라 無俾民憂
너의 전공(前功)을 버리지 말아 無棄爾勞
왕의 아름다움을 할지어다 以爲王休

부이다. 혼뇨(惛怓)[129]는 왕의 마음을 어둡게 하고 미혹시키고, 왕의 들음을 번거롭게 하고 어지럽히는 것이다.

백성들이 또한 수고로운지라 民亦勞止
거의 조금 쉬게 해야 할 것이니 汔可小息
이 경사(京師)를 사랑하여 惠此京師
사방을 편안히 할지어다 以綏四國
함부로 부정함을 따르지 말아 無縱詭隨
망극(罔極)한 사람을 단속하며 以謹罔極

내려가 제후를 만나보는 것은 천자가 예를 잃은 것이다. 이는 주나라 이왕으로부터 시작되었다.〔覲禮, 天子不下堂而見諸侯, 下堂而見諸侯, 天子之失禮也. 由夷王以下.〕" 라는 내용이 보이는데, 주나라는 이왕 때부터 왕실이 점차 쇠미해지는바, 심대윤은 위의 내용을 근거로 이왕을 풍자한 시로 해석하였다.

129 혼뇨(惛怓) : 《집전》에는 '시끄럽게 떠듦〔讙譁〕'이라 하였다.

구학하는 자를 막아 式遏寇虐
간특함을 짓게 하지 말고 無俾作慝
위의(威儀)를 공경하고 삼가 敬愼威儀
덕(德)이 있는 신하를 가까이 하라 以近有德

부이다. '이근유덕(以近有德)'은 어진 신하를 가까이 하는 것이다.

백성들이 또한 수고로운지라 民亦勞止
거의 조금 쉬게 해야 할 것이니 汔可小愒
이 중국을 사랑하여 惠此中國
백성들의 근심이 제거되게 할지어다 俾民憂泄
함부로 부정함을 따르지 말아 無縱詭隨
추악한 사람을 단속하며 以謹醜厲
구학하는 자를 막아 式遏寇虐
정도(正道)를 지키는 자가 도리어 패하게 하지 말라 無俾正敗
네 비록 소자(小子)이나 戎雖小子
네가 하는 일은 매우 홍대(弘大)하니라 而式弘大

부이다. 게(愒)는 게(憩)와 통한다. 예(泄)는 제거함이요, 려(厲)는 포악함이다. 정패(正敗)[130]는 강하여 법을 두려워하지 않는 자가 뜻을 얻고, 삼가 왕법(王法)을 지키는 자가 패하는 것이다. 융(戎)과 이(而)는 모두 너〔汝〕이니, 네가 비록 나이가 적으나 너의 행위가 천하의 법칙이 됨은 광대한 것이다. 왕이 나이가 적기 때문에 소자(小子)라고 한 것이다.

130 정패(正敗) : 《집전》에는 '정도(正道)가 파괴되는 것〔正道敗壞〕'으로 풀이하였다.

백성들이 또한 수고로운지라	民亦勞止
거의 조금 편안하게 해야 할 것이니	汔可小安
이 중국을 사랑하여	惠此中國
나라가 쇠잔함이 없게 할지어다	國無有殘
함부로 부정함을 따르지 말아	無縱詭隨
견권(繾綣)하는 사람을 단속하며	以謹繾綣
구학하는 자를 막아	式遏寇虐
정도를 지키는 자가 도리어 부정한 짓을 하게 하지 말라	無俾正反
왕이 너를 옥(玉)으로 만들고자 하시기에	王欲玉汝
이 때문에 크게 간하노라	是用大諫

부이다. 견권(繾綣)[131]은 소인이 붕당을 체결한 것이다. 정반(正反)은 정도를 지키는 자가 또한 뒤집어져 부정한 짓을 하는 것이다. 옥(玉)은 귀하게 여기고 보물로 여기는 것이니, '너를 좋게 여긴다'라고 말한 것과 같다.

이상은 〈민노〉 5장이니, 장마다 10구이다.

판 板

상제(上帝)가 사람들을 각각 분산되게 하는지라	上帝板板
하민(下民)들이 모두 병들거늘	下民卒癉

131 견권(繾綣) : 《집전》에는 '소인으로서 그 군주에게 굳게 결탁한 자〔小人之固結其君者〕'라고 해석하였다.

말을 냄이 옳지 못하며	出話不然
꾀를 함이 원대하지 못하여	爲猶不遠
성인(聖人)의 가르침을 버리고 자신의 의견을 쓰며	靡聖管管
성실한 덕이 없으니	不實於亶
계책이 원대하지 못한지라	猶之未遠
이 때문에 크게 간하노라	是用大諫

부이다. 나무를 나누어 갈라놓으면 판자가 되니, 판판(板板)은 조각조각이라는 뜻과 같다. 나라에 도가 없으면 사람들이 각각 딴 마음을 품어서 셀 수 없을 만큼 마음이 많아져 서로 통일되지 못한다. 졸(卒)은 모두요, 단(癉)은 병이다. 말을 하여도 이치에 맞지 못하고, 계책을 세워도 사려가 멀지 못한 것이다. 미성(靡聖)[132]은 성인의 가르침을 멸시하고 버려서 따르지 않는 것이다. 관관(管管)[133]은 대의 통이 밖은 강하고 안은 비어 있는 것과 같으니, 밖이 강하면 남의 말을 듣지 않아서 자신의 의견을 써서 안에 실제 소유가 없는 것이다. '불실어단(不實於亶)'은 안에 성실한 덕이 없어서 텅 비어 있음을 말한 것이다. 구설에 '범백(凡百)이 야왕(厲王)을 풍자했다.'라고 하였으니, 감히 이 시가 범백이 여왕을 풍자한 내용인지는 절대로 보장할 수 없다. 하지만 동료의 말로 가탁하여 왕을 풍자하기를 또한 〈민로(民勞)〉의 뜻처럼 한 것이다.[134]

132 미성(靡聖) : 《집전》에는 '그 마음에 다시는 성인이 없다고 여김〔其心以爲無復聖人〕'으로 풀이하였다.

133 관관(管管) : 《집전》에는 '의거하는 바가 없음〔無所依〕'으로 풀이하였다.

134 구설에……것이다 : 《모시서》에는 '범백이 여왕을 풍자한 시〔凡伯刺厲王〕'라고 하였는바, 《집전》에서는 전편인 〈민로〉의 뜻과 유사한데 다만 꾸짖기를 깊고 간절히 한 시라고 해석하였다. 반면 심대윤은 〈민로〉의 해석을 따라 이왕, 또는 여왕을 풍자한

하늘이 어려움을 내리시니 天之方難
그렇게 기뻐하지 말지어다 無然憲憲
하늘이 막 급히 쓰러지게 하시니 天之方蹶
그렇게 느긋해 하지 말지어다 無然泄泄
말을 화(和)하게 하면 辭之輯矣
백성들이 흡족할 것이며 民之洽矣
말을 기쁘게 하면 辭之懌矣
백성들이 깨끗하리라 民之莫矣

부이다. 헌헌(憲憲)은 흔흔(欣欣)과 같다. 궐(蹶)[135]은 급히 쓰러짐이다. 예예(泄泄)는 펴고 느려서 급하지 않은 뜻이다. 집(輯)은 화합(和合)이고, 흡(洽)은 협흡(浹洽)이니, 흡족함이다. 막(莫)[136]은 막(漠)과 통하니, 깨끗하고 고요한 것이다.

내 비록 일이 다르나 我雖異事
너와 더불어 동료로라 及爾同僚
내 너에게 가서 상의하니 我卽爾謀
내 말을 듣고 시끄럽게 떠드는구나 聽我囂囂
내 말은 훌륭한 일을 행할 수 있으니 我言維服
비웃음거리로 삼지 말라 勿以爲笑
선현(先賢)들이 말씀하되 先民有言
나무꾼에게도 물으라 하시니라 詢于芻蕘

내용으로 보되 동료의 말을 가탁한 시로 해석하였다.

135 궐(蹶) : 《집전》에는 '동함〔動〕'으로 풀이하였다.

136 막(莫) : 《집전》에는 '안정됨〔定〕'으로 해석하였다.

부이다. 임금과 신하의 도가 다르지만 똑같이 국사를 다스려서 그 좋고 나쁨〔休戚〕을 함께하는 것을 가탁하여 말하였다. 효효(囂囂)[137]는 크게 시끄러운 소리이니, 말을 많이 하여 간언을 막는 것이다. 유복(維服)은 훌륭한 일을 할 수 있는 것이다. 추요(芻蕘)는 나무 섶과 꼴을 채취하는 자이다.

하늘이 포악하시니 天之方虐
그렇게 희롱하고 업신여기지 말지어다 無然謔謔
늙은 지아비는 정성을 다하거늘 老夫灌灌
소자(小子)는 높은 체 하도다 小子蹻蹻
내 말이 노망해서 하는 말이 아니거늘 匪我言耄
너는 걱정할 일을 농담으로 여기나니 爾用憂謔
근심스러운 일이 많으면 장차 치성(熾盛)해서 多將熇熇
구원하고 치료할 수 없으리라 不可救藥

부이다.[138] 학학(謔謔)은 희롱하고 업신여기는 것이다. 관관(灌灌)[139]은 관심을 가지는 뜻이요, 갹갹(蹻蹻)[140]은 높고 큰 모양이다.

137 효효(囂囂) : 《집전》에는 "자득(自得)하여 남의 말을 받아들이기를 즐기지 않는 모양〔自得不肯受言之貌.〕"으로 풀이하였다.

138 부이다 : 《집전》에서는 소동파의 말을 인용하여 "늙은 사람은 그 불가함을 알고 정성을 다하여 알려주는데 젊은 사람은 믿지 않고 교만하다.……근심이 오기 전에 구원하면 오히려 다스릴 수 있지만 만일 그 더욱 많아지기를 기다린다면 불이 활활 타는 것과 같아서 다시는 구원할 수 없을 것이다.〔老者知其不可而盡其款誠以告之, 少者不信而驕之.……夫憂未至而救之, 猶可爲也, 苟俟其益多, 則如火之盛, 不可復救矣.〕"라고 설명하였다.

139 관관(灌灌) : 《집전》에는 '정성스러움〔款款〕'으로 풀이하였다.

140 갹갹(蹻蹻) : 《집전》에는 '교만한 모양〔驕貌〕'으로 풀이하였다.

'이용우학(爾用憂謔)'은 근심을 농담으로 여기는 것이다. 학학(熇熇)은 치성(熾盛)함이니, 편안히 여기고 개의치 않아서 근심스러운 일이 많아지면 다스릴 수 없는 것이다.

하늘이 노하고 계시니 天之方懠
잘난 체하거나 빌붙어서 無爲夸毗
위의(威儀)를 모두 어지럽히며 威儀卒迷
선인(善人)이 시(尸)처럼 아무 일도 못하게 하지 말지어다 善人載尸
백성들이 신음하고 있거늘 民之方殿屎
우리를 감히 헤아려주는 이가 없나니 則莫我敢葵
상란(喪亂)을 당하여 자뢰할 것이 없는지라 喪亂蔑資
일찍이 우리들을 사랑하는 이가 없도다 曾莫惠我師

부이다.[141] 제(懠)는 노여워함이다. 과(夸)는 잘난 체하고 큰 체하는 것이요, 비(毗)는 빌붙는 것이다. 소인은 번갈아 서로 치켜세워 서로 빌붙고, 군자는 번갈아 서로 타이르고 경계하여 서로 이루며, 소인은 헛된 명성으로 서로 달려가고, 군자는 실제의 이익으로 상대한다. 시(尸)[142]는 예(禮)에는 참여하나 먹는 데는 참여하지 않으니, 이는 선인(善人)이 모의(謀議)에는 참여하나 실제 행실에는 참여하지 못함을 말한 것이다. 전히(殿屎)는 《집전》에 '신음(呻吟)하는 것이다.'라고 하였다. 규(葵)는 마땅히 규(揆)가 되어야 하니, 왕의 노여움을 두려워하

141 부이다 : 《집전》의 장하주에는 "소인들이 과시하고 빌붙어서 바르게 행동하지 않으며, 선인이 훌륭한 일을 못하게 하지 말 것을 경계한 것이다.〔戒小人毋得夸毗, 使威儀迷亂, 而善人不得有所爲也.〕"라고 하였다.

142 시(尸) : 《집전》에는 시(尸)는 말하지 않고 일하지 않고 음식만 먹을 뿐인 자로 보았다. 시에 대해서는 〈기취〉 3장의 각주 참고.

여 감히 백성의 일을 헤아리지 못하는 것이다. 멸자(蔑資)는 자뢰(資賴)할 바가 없는 것이다. 사(師)는 무리이다.

하늘이 백성을 열어 밝혀줌이	如璋如圭
질나팔과 같고 젓대와 같으며	如壎如篪
장(璋)과 같고 규(圭)와 같으며	如璋如圭
취함과 같고 손을 잡아줌과 같으니	如取如携
손을 잡아줌에 더 보탤 것이 없는지라	携無曰益
백성을 열어줌이 매우 쉬우니라	牖民孔易
백성들이 법이 많으니	民之多辟
스스로 법을 세우지 말지어다	無自立辟

부이다. 유(牖)는 열어 밝혀주는 것이다. '질나팔과 같고 젓대와 같다'는 것은 화(和)하게 응하는 것이니, 윗사람이 백성들과 좋아하고 싫어함을 함께하면 백성들이 화하게 응한다. '장(璋)과 같고 규(圭)와 같다'는 것은 백성을 덕으로써 인도하는 것이다. 백성들이 스스로 즐기는 것이 취하는 듯하고, 윗사람을 따르는 것이 손을 잡고 이끌려 가는 듯하니, 취하는 듯한 백성으로서 손을 잡아 이끌어주는 윗사람을 따르면 백성을 다스리는데 무슨 어려움이 있겠는가. 백성들이 선을 좋아하고 이익을 좋아하는 성품이 있으니, 선과 이로움으로 인도하는 것을 덕이라고 하는바, 그 천성(天性)을 인하여 그 천성을 이루어주는 것이요, 내가 무슨 일을 해서 그 도를 보태주는 것이 아니다. 그러므로 '손을 잡아줌에 더 보탤 것이 없다.'라고 한 것이다. 백성들의 이 본성을 거슬러 제재하여 그 잘못된 행동을 막으려 하면 될 수가 없고, 이 본성을 순히 하여 인도하면 물이 아래로 내려가는 것과 같아서 자연히 이를 수 있는 것이다. '백성들이 법이 많다'는 것은 천하가 도에 통일되지

못해서 사람들이 각자 자기 법을 쓰는 것이니, 바로 "판판(板板)"과 "관관(管管)"의 뜻[143]이다. 그 도를 따라 인도하지 못하고, 군주가 또 스스로 법을 세우면 백성들이 더욱 마음과 덕이 이반(離叛)되어 다시 다스릴 수가 없는 것이다.

대덕(大德)의 사람은 나라의 울타리이며	价人維藩
많은 무리는 나라의 담장이며	大師維垣
큰 제후국은 나라의 병풍이며	大邦維屛
대종(大宗)은 나라의 우익(羽翼)이며	大宗維翰
덕으로 품어줌은 편안히 하는 방법이며	懷德維寧
종자(宗子)는 나라의 성(城)이니	宗子維城
성이 무너지게 하지 말아서	無俾城壞
고독하여 이에 두려워하게 하지 말라	無獨斯畏

부이다. 《집전》에 말하였다. 개(价)는 큼이니, 대덕(大德)의 사람이다. 사(師)는 무리이다.

○대방(大邦)[144]은 이성(異姓)의 제후(諸侯)이고, 대종(大宗)[145]은 동

143 판판(板板)과 관관(管管)의 뜻 : 위의 〈판〉에 "상제(上帝)가 사람들을 각각 분산되게 하는지라 하민(下民)들이 모두 병들거늘 말을 냄이 이치에 옳지 못하며 꾀를 함이 원대하지 못하여 성인(聖人)이 없다 해서 의거함이 없으며 성실함에 진실하지 못하니 계책이 원대하지 못한지라 이 때문에 크게 간하노라.〔上帝板板, 下民卒癉, 出話不然, 爲猶不遠, 靡聖管管, 不實於亶, 猶之未遠, 是用大諫.〕"라고 하였는데, 심대윤은 주에서 판판은 조각조각〔片片〕 나뉘어짐을 의미하여 나라에 도가 없으면 사람들은 각각 다른 마음을 품는다고 하였고, 관관은 대의 통〔竹管〕을 의미하여 사람들이 남의 말을 듣지 않고 자신의 의견을 쓰는 것이라고 해석하였다.

144 대방(大邦) : 《집전》에는 '강한 나라〔强國〕'로 풀이하였다.

145 대종(大宗) : 《집전》에는 '강한 종족〔强族〕'으로 풀이하였다.

성(同姓)의 나라이다. 한(翰)[146]은 우익(羽翼)이다. 종자(宗子)[147]는 태자이다. '덕으로 품어줌은 편안히 하는 방법'은 종자를 포함하였고,[148] '성(城)이 무너지지 말게 하는 것'은 종자뿐만 아니라 위의 네 가지[149]를 포함하였다. 덕이 있으면 다섯 가지를 모두 덕으로 품어주어 나라가 편안한 것이요, 덕이 없으면 다섯 가지가 모두 무너지니, 고독하여 두려움이 있지 않게해야 하는 것이다.[150]【《좌전》에 '군주가 덕을 닦고 종자의 위치를 견고히 하면 이만한 성이 어디에 있겠습니까'[151]라고 하였다. ○'종자유성(宗子維城)'은 혹 유왕(幽王)이 태자인 의구(宜臼)를 폐위함을 풍자하기 위하여 언급한 듯하니, 그렇다면 이 시는 바로 유왕을 풍자한 것이다.[152]】

146 한(翰) : 《집전》에는 '근간〔楨幹〕'으로 해석하였다.

147 종자(宗子) : 《집전》에는 동성(同姓)이라 하였다.

148 덕으로……포함하였고 : 덕으로 품어주는 대상에 위의 대덕의 사람·많은 무리·큰 제후국·대종뿐만 아니라 종자도 포함된다는 말이다. 《시전대전》의 소주에 "왕이 의지하여 나라를 지키는 것은 이 몇 가지에 있으니, 만일 이들을 덕으로 품는다면 편안하지 않음이 없을 것이다. 시인이 '회덕유녕(懷德惟寧)'을 가운데에 끼웠으니, 나라의 성인 종자도 마땅히 덕으로 품는 것이다.〔王所恃以衛國家者, 在此數者, 苟懷之以德, 則無不寧矣. 詩人以'懷德惟寧'間於中, 則'宗子惟城'亦當以德懷之也.〕"라고 하였다.

149 네 가지 : 바로 '대덕(大德)의 사람은 나라의 울타리〔价人維藩〕', '많은 무리는 나라의 담장〔大師維垣〕', '큰 제후국은 나라의 병풍〔大邦維屛〕', '대종은 나라의 우익〔大宗維翰〕'을 가리킨다.

150 덕이……것이다 : 다섯 가지는 위의 네 가지에 '종자는 나라의 성〔宗子維城〕'을 포함하는바, 《집전》의 장하주에는 "군주가 덕이 있으면 이 다섯 가지의 도움을 얻을 것이요, 그렇지 못하면 친척이 이반하여 성이 파괴될 것이다. 성이 파괴되면 울타리와 담장과 병풍과 정간이 모두 무너져 홀로 거처하게 될 것이니, 홀로 거처하면 두려워할 만한 일이 이를 것이다.〔有德, 則得是五者之助, 不然, 則親戚叛之而城壞. 城壞, 則藩垣屛翰, 皆壞而獨居, 獨居而所可畏者至矣.〕"라고 하여 덕이 근본임을 설명하였다.

151 좌전에……있겠습니까 : 진(晉)나라 헌공(獻公)이 두 공자를 위해 사위(士蔿)를 시켜 성벽을 축조하게 하였는데, 사위가 짚을 섞어 대충 쌓았다. 헌공이 이를 책망하자 사위가 〈판〉의 구절을 인용하여 대답한 일을 가리킨다. 《春秋左傳 僖公 5年》

하늘의 노여움을 공경하여	敬天之怒
감히 안일하지 말며	無敢戲豫
하늘의 변함을 공경하여	敬天之渝
감히 치구(馳驅)하지 말지어다	無敢馳驅
호천(昊天)이 매우 밝으사	昊天曰明
너의 나가고 왕래함에 미치시며	及爾出王
호천이 매우 밝으사	昊天曰旦
너의 유연(游衍)함에 미치시느니라	及爾游衍

부이다.[153] 유(渝)는 변함이니, 천명(天命)이 일정함이 없어서 변함을 말한 것이다. 왕(王)은 왕(往)과 통한다. 연(衍)은 너그럽고 공평함이니, 유연(游衍)은 놀고 즐기며 너그럽고 편안한 것이다. 이는 왕이 잘못을 깨우쳐서 어둠을 버리고 밝게 함이 마치 밤에 아침이 있는 것처럼 하여 그 충직한 말을 써서 함께 국정을 도모하기를 축원한 것이다.[154]

152 유왕(幽王)이……것이다 : 주나라 유왕이 포사(褒姒)를 총애하여 신후(申后)와 태자 의구(宜臼)를 폐위하고, 포사를 왕후로 삼고 그녀의 아들 백복(伯服)을 태자로 삼은 일을 말한다. 《史記 周本紀》

153 부이다 : 장재(張載)는 《집전》의 장하주에서 "하늘이 물건의 체(體)가 되어서 빠트리지 않는 것은 인(仁)이 일의 체가 되어 있지 않음이 없는 것과 같다. 예의(禮儀) 삼백(三百)과 위의(威儀) 삼천(三千)이 한가지 일도 인 아닌 것이 없으며, 하늘이 매우 밝아서 너의 출왕(出往)에 미치며, 하늘이 매우 밝아서 너의 유연(游衍)에 미치는 것이 한 가지 물건도 체가 되지 않음이 없는 것이다.〔天體物而不遺, 猶仁體事而無不在也. 禮儀三百, 威儀三千, 無一事而非仁也, 昊天曰明, 及爾出王, 昊天曰旦, 及爾游衍, 無一物之不體也.〕"라고 하여 하늘의 밝음이 미치지 못하는 것이 없어서 공경하지 않을 수 없음을 설명하였다.

154 이는……것이다 : 《집전》에는 "하늘의 총명함이 미치지 못하는 바가 없으니, 공경하지 않을 수 없음을 말한 것이다.〔言天之聰明, 無所不及, 不可以不敬也.〕"라고 해석하였다.

이상은 〈판〉 8장이니, 장마다 8구이다.

이상은 〈생민지십〉이다.

탕지십 蕩之什

탕 蕩

광대하신 상제는	蕩蕩上帝
하민(下民)의 법이시니	下民之辟
포학한 상제는	疾威上帝
그 명에 편벽됨이 많도다	其命多辟
하늘이 뭇 백성을 내시니	天生烝民
그 명이 믿을 수 없음은	其命匪諶
처음에는 선하지 않은 이가 없으나	靡不有初
선으로 마치는 이가 적기 때문이니라	鮮克有終

부이다. 벽(辟)[1]은 법이다. 다벽(多辟)의 벽(辟)은 마땅히 벽(僻)이 되어야 한다. 하늘이 백성을 낼 적에 중화(中和)의 덕을 책임지게 하였으나 타고난 성품에 욕망이 있다. 혹자는 능히 자신의 사욕[2]을 이겨서 중화에 나아가 복을 받고, 혹자는 이를 능히 이기지 못하여 사욕에 빠져서 화를 부른다. 오로지 욕망이 있기 때문에 자신의 사욕을 이길 수도 있고,【선(善)이 이로움이 됨을 알기 때문에 자신의 사욕을 이겨서 선에 나아가

1 벽(辟) : 《집전》에는 군주라고 하였다.

2 사욕 : 저본의 난외주에 "과(過)와 불급(不及)이 모두 사욕이니, 명예에 편벽되고 이익에 편벽됨이 바로 과와 불급이다.〔過不及, 皆私慾也, 偏於名, 偏於利, 是過不及也.〕"라고 하였다.

는 것이다.】 자신의 사욕을 이기지 못할 수도 있다.【선이 이로움이 됨을 알지 못하고 오직 이익이 이로움이 되는 것만 알기 때문에 능히 자신의 사욕을 이기지 못하는 것이다.】 그러므로 말하기를 그 명이 믿을 수 없다고 하였으니, 심성(心性)은 서로 비슷하나 익힘에 의하여 서로 멀어지고,[3] 도는 서로 똑같으나 행실이 서로 반대되는 것이다. 선과 악은 근본은 하나이나 궤도가 다르기 때문에 '처음에는 선하지 않은 이가 없다'고 한 것이요, 백성들이 능히 자신의 사욕을 이겨서 도를 따르는 자가 적기 때문에 '선으로 마치는 이가 적다'고 한 것이다.

구설에 이것을 여왕(厲王)을 풍자한 시라 하였다. 무릇 하늘을 말한 것은 다 천자의 일이니, 여기서는 가탁하여 말하기를 광대하신 왕은 하민의 법인데 포악한 왕은 그 명령에 편벽됨이 많아서 자신의 사욕을 이겨 도를 따를 줄을 모른다고 한 것이다.

문왕(文王)이 말씀하시기를 아!	文王曰咨
슬프다 너 은(殷)나라 주왕(紂王)이여	咨女殷商
일찍이 강포(彊暴)한 자와	曾是彊禦
가렴주구하는 자들이	曾是掊克
지위에 있으며	曾是在位

3 심성(心性)은……멀어지고 : 이는 《논어》 〈양화(陽貨)〉에 보이는데, 그 주석에서 심대윤은 "이 성(性)은 심성을 말한 것이니, 하늘이 명한 성이 아니다. 사람의 심성은 서로 멀지 않으나 배우고 익힘이 다르기 때문에 선과 악이 서로 멀어짐이 있는 것이다. 하늘이 명한 성은 이롭게 여기는 성품이 이것이고, 심성은 도심(道心)이 이것이다.〔此言心性也, 非天命之性也. 人之心性不遠, 而學習不同, 故有善惡之相遠也. 天命之性, 利是也, 心性, 道心是也.〕"라고 풀이하였다. 또 《주역》 〈곤괘(坤卦) 문언전(文言傳)〉에도 "심성은 선하지 않음이 없으나 인심(人心)이 형기(形氣)에 가리어져 완전하지 않기 때문에 '서로 비슷하다'고 한 것이다.〔心性無不善, 而以其人心之蔽於形氣者不周, 故曰'相近'.〕"라고 하였다. 《周易象義占法》

용사(用事)하는 자리에 있음은 曾是在服
하늘이 내린 나쁜 덕을 天降慆德
네가 일어나 힘써 행하기 때문이니라 女興是力

부이다. 자(咨)는 한탄함이다. 감히 지척(指斥)하여 말할 수가 없기 때문에 할아버지 문왕의 말로 가탁해서 상(商)나라 주왕(紂王)을 탄식하여 이로써 왕을 경계한 것이다. 강어(彊禦)는 강포(彊暴)한 신하요, 부극(掊克)은 가렴주구하는 신하이다. 복(服)은 일이다. 도(慆)는 태만함이니, 하늘이 태만한 덕을 너에게 내렸는데 네가 일어나 힘써 그 덕을 행한 것이다.[4]

문왕이 말씀하시기를 아! 文王曰咨
슬프다 너 은나라 주왕이여 咨女殷商
네가 등용한 선한[5] 부류라고 하는 자들은 而秉義類
강포하여 많이 미워할 자들인데 彊禦多懟
유언(流言)으로써 대답하게 하나니 流言以對
도둑질하는 자가 안에 있는지라 寇攘式內
저주함이 侯作侯祝
끝이 없고 다함이 없도다 靡屆靡究

4 하늘이……것이다 : 【집전】 이 포학하고 가렴주구하는 신하들이 지위에 있고 용사함은 하늘이 태만한 덕을 내려 백성을 해쳐서이다. 그러나 이는 하늘이 스스로 한 것이 아니요, 바로 네가 이 사람들을 홍기시켜 힘써 이런 짓을 하게 한 때문이라고 말한 것이다.

5 선한 : 義는 《집전》에 선(善)이라 하였다.

부이다. 네가 등용한 선한 부류라고 하는 자는 바로 강포하여 많이 미워할 만한 사람이다.[6]【《서경》에 "큰 죄악은 크게 미워한다."[7]라고 하였다.】 유언(流言)은 근거 없는 말이니, '유언이대(流言以對)'는 근거 없는 말로써 응대하는 것이다. 식(式)은 어조사이니, '구양식내(寇攘式內)'는 도둑질하는 자들이 안에 있는 것이다. 저(作)는 마땅히 저(詛)가 되어야 하고, 주(祝)는 마땅히 주(呪)가 되어야 한다. '미계미구(靡届靡究)'는 끝에 이르는 바가 없는 것이다.

문왕이 말씀하시기를 아!	文王曰咨
슬프다 너 은나라 주왕이여	咨女殷商
네 중국(中國 서울)에서 포효(炰烋)[8]하여	女炰烋于中國
원망스러운 일을 거두어 덕으로 여기나니[9]	斂怨以爲德
네 덕을 밝히지 않는지라	不明爾德
이에 뒤에서 모시고 곁에서 돕는 자가 없으며	時無背無側
네 덕이 밝지 못한지라	爾德不明
대부와 경(卿)이 없도다	以無陪無卿

부이다. 포휴(炰烋)는 화염이 세차게 불태우는 모양이다. 시(時)는

6 네가……사람이다 : 이는 3·4구에 대한 풀이인데, 《집전》에는 이 부분을 "네 마땅히 선한 부류들을 등용해야 할 것이어늘 도리어 포학하고 원망이 많은 사람을 임용하여 유언으로써 응대하게 한다."라고 해석하였다.

7 큰……미워한다 : 이는 《서경》 〈강고(康誥)〉에 '元惡大憝'라고 보인다.

8 포효(炰烋) : 【집전】 기세가 건장한 모양〔氣健貌〕

9 원망스러운……여기나니 : 【집전】 원망스러운 일을 많이 하고는 도리어 스스로 덕으로 여기는 것이다.

이것이다. 배(背)는 등 뒤에서 모시는 자요, 측(側)은 좌우에서 보필하는 자이다. 배(陪)는 보좌이니, 경(卿)을 보좌하는 대부이다.

문왕이 말씀하시기를 아!	文王曰咨
슬프다 너 은나라 주왕이여	咨女殷商
하늘이 너를 술에 빠지게 하지 않으셨거늘	天不湎爾以酒
불의한 일을 따라 항상 쓰도다	不義從式
이미 네 행동거지를 잘못하여	旣愆爾止
밝음도 없고 어둠도 없으며	靡明靡晦
고함치고 소리쳐서	式號式呼
낮을 밤으로 삼도다	俾晝作夜

부이다. 면(湎)은 술에 빠짐이다. 식(式)[10]은 항상 씀이다. 《서경》에 "항상 쓴다.〔式爾〕[11]"라고 한 것이 이것이니, 오직 불의한 일을 따라 항상 쓰는 것이다. 지(止)는 용모와 행동거지이다. '밝음도 없고 어둠도 없음'은 밤낮이 없는 것이다.

문왕이 말씀하시기를 아!	文王曰咨
슬프다 너 은나라 주왕이여	咨女殷商

10 식(式) : 【집전】 씀〔用〕

11 항상 쓴다 : 《서경》 〈강고(康誥)〉에 "사람들이 작은 죄가 있더라도 과오가 아니라면 바로 회개할 마음이 없이 다시 죄를 저지른 것으로, 스스로 떳떳하지 않은 일을 하여 이를 항상 쓰는 것이니, 그 죄가 작더라도 죽이지 않을 수 없다.〔人有小罪, 非眚, 乃惟終. 自作不典, 式爾, 有厥罪小, 乃不可不殺.〕"라고 보이는데, 심대윤은 "식(式)은 항상이며 씀이니, 식이(式爾)는 그것을 항상 쓰는 것이다.〔式, 恒也, 用也, 式爾, 爲其恒用也.〕"라고 하였다. 《書經蔡傳辨正》

매미와 같이 시끄러우며 如蜩如螗
끓는 물과 같고 끓는 국과 같아서 如沸如羹
작은 자와 큰 자가 망함에 가깝거늘 小大近喪
사람들은 아직도 잘못을 그대로 행하여 人尙乎由行
안으로는 중국(中國)에서 노여움을 받아 內奰于中國
귀방(鬼方)에까지 노여움이 뻗치도다 覃及鬼方

부이다. 당(螗) 또한 매미이다. '여조여당(如蜩如螗)'은 시끄럽게 떠드는 것이요, '여비여갱(如沸如羹)'은 소란함이다. 작은 자와 큰 자가 망함에 가까운데, 아직도 그대로 따라서 행하는 것이다. 비(奰)는 노여워하는 모양이다. 담(覃)은 뻗음이다. 귀방(鬼方)은 북쪽의 먼 나라이다.

문왕이 말씀하시기를 아! 文王曰咨
슬프다 너 은나라 주왕이여 咨女殷商
상제가 나쁜 때를 만드시려는 것이 아니라 匪上帝不時
은나라가 옛 신하를 쓰지 않기 때문이니라 殷不用舊
비록 노성(老成)한 사람[12]은 없으나 雖無老成人
그래도 떳떳한 법이 있거늘 尙有典刑
마침내 들어주지 않는지라 曾是莫聽
대명(大命)이 이 때문에 기울도다 大命以傾

부이다. 불시(不時)는 시운이 좋지 못함이다. 전형(典刑)[13]은 떳떳

12 노성(老成)한 사람 : 【집전】 옛 신하〔舊臣〕

한 법이다.

문왕이 말씀하시기를 아!	文王曰咨
슬프다 너 은나라 주왕이여	咨女殷商
사람들이 또한 말하되	人亦有言
나무가 뽑혀 넘어질 적에	顚沛之揭
지엽(枝葉)은 해가 없으나	枝葉未有害
뿌리가 실로 먼저 뽑힌다 하는도다	本實先撥
은나라의 거울이 멀리 있지 아니하여	殷鑑不遠
하후(夏后)[14]의 세대에 있느니라	在夏后之世

부이다. 게(揭)[15]는 뽑아서 듦이다. 발(撥)[16]은 흙에서 뽑힘이다. 소씨(蘇氏)가 말하였다. "상(商)나라와 주나라가 쇠할 적에 제후들이 아직 배반하지 않았고 사방 오랑캐들이 일어나지 않았는데, 그 군주가 스스로 불의한 일을 하여 하늘을 끊은 것이다. 은나라 거울이 하(夏)나라에 있다는 것은 주나라 거울이 은나라에 있음을 말한 것이다."

이상은 〈탕〉 8장이니, 장마다 8구이다.

13 전형(典刑) : 【집전】 옛 법〔舊法〕

14 하후(夏后) : 【집전】 걸왕(桀王)

15 게(揭) : 【집전】 나무뿌리가 움직여 일어나는 모양〔本根蹶起之貌〕

16 발(撥) : 【집전】 끊김〔絶〕

억 抑

겸손한 위의는	抑抑威儀
덕의 단면이니라	維德之隅
사람이 또한 말하되	人亦有言
현철(賢哲)한 사람치고 어리석지 않은 이가 없다 하나니	靡哲不愚
서인들의 어리석음은	庶人之愚
또한 심성의 병통 때문이거니와	亦職維疾
철인의 어리석음은	哲人之愚
그 자질에 위반되도다	亦維斯戾

부이다. 억억(抑抑)[17]은 겸손하고 억제하는 모양이다. 우(隅)는 집의 모습이 밖에 드러난 것이니, 유종원(柳宗元)의 글에 "집을 관찰하는 자는 반드시 그 귀퉁이를 살펴본다."라고 한 것이 이것이다.[18] 위의(威儀)는 덕이 외면에 나타난 것이다. 공자가 말씀하시기를 "지나침은 미치지 못함과 같다."[19] 하셨고, 노담(老聃)이 말하기를 "선과 악이 그

17 억억(抑抑) : 《집전》에는 '치밀함〔密〕'이라 하였고, 〈빈지초연(賓之初筵)〉의 '威儀抑抑'에 대해서는 《집전》에 '삼가고 치밀함〔愼密〕'이라 하였다.

18 우(隅)는……이것이다 : 유종원의 글에 "집을 살펴보는 자는 그 귀퉁이를 살펴보아야 하니, 귀퉁이가 우뚝이 곧고 바르며 견고하면 그 안이 반드시 단정하고 웅장하여 살 만한 집일 것이다.〔觀室者, 觀其隅, 隅之巍然直方以固, 則其中必端莊宏達可居者也.〕"라고 보인다.《柳河東集 卷22 同吳武陵送前桂州杜留後詩序》《집전》에는 정현(鄭玄)의 전(箋)을 인용하여 "사람이 위의를 치밀히 하고 살피는 자는 그 덕이 반드시 엄정하다. 그러므로 옛 현자들은 도가 행해지고 마음이 화평해서 외면을 관찰하여 내면을 알 수 있었으니, 궁실의 체제(體制)에 안에 먹줄을 따른 곧음이 있으면 밖에 반듯한 귀퉁이가 있는 것과 같다."라고 하였다.

19 지나침은……같다 : 《논어》〈선진(先進)〉에 공자가 자장(子張)은 지나치고 자하

차이가 얼마나 되는가."[20] 하였다. 행실을 밝게 하고 웅변을 하여 풍채로써 사람들을 감동시켜 기운으로 한 시대를 압도함은 겸손하고 공손한 중화(中和)의 덕이 아니니, 이는 재앙이 됨이 혹 어리석고 불초한 자보다 더하다. 현철(賢哲)하다는 이름은 있으나 실제의 덕이 없고 실제의 이로움이 없어서, 현철하다는 이름만 있고 어리석은 실제가 있다. 그러므로 "현철한 사람치고 어리석지 않은 이가 없다." 한 것이다. '역직유질(亦職維疾)'[21]은 부여받은 것이 편벽되게 가리움이 있는 것[22]이요, '역유사려(亦維斯戾)'[23]는 고명한 자질을 가지고서 스스로 그 자질에 위반되는 것이다.

○《집전》에 이것을 위(衛)나라 무공(武公)이 이 시를 지어서 사람들로 하여금 그 곁에서 외우게 하여 스스로 경계했다고 하였는데, 지금

(子夏)는 미치지 못하는데, 지나침이 더 나은 것은 아니라고 한 말이 보인다. 주자의 주에 자장은 재주가 높고 뜻이 넓었으나 구차히 어려운 일을 하기 좋아했다고 하였다.

20 선과……되는가 : 이는 노자(老子)의 《도덕경(道德經)》 20장에 "배움을 끊으면 근심이 없어지니, 공손하게 '네' 하는 대답과 태만하게 '응' 하는 대답의 차이가 얼마나 되는가. 선과 악이 그 차이가 얼마나 되는가.〔絶學無憂. 唯之與阿, 相去幾何? 善之與惡, 相去若何?〕"라고 보인다.

21 역직유질(亦職維疾) : 모형(毛亨)의 전(傳)에 "직(職)은 주(主)이다."라고 하고 정현(鄭玄)의 전(箋)에 "여러 사람의 성품은 무지하여 어리석음을 위주로 하니, 어리석음이 그들의 통상(通常)임을 말한 것이다.〔衆人性無知, 以愚爲主, 言是其常也.〕"라고 하였다. 《집전》에도 직(職)을 주(主)로 훈하고 "여러 사람의 어리석음은 부여받은 기질에 편벽됨이 있어서이니, 이러한 병통이 있는 것이 마땅하다."라고 하였다. 또 《시경언해(詩經諺解)》에 '庶人의 愚홈은 또한 疾을 職ᄒᆞ얏거니와'로 해석하였으니, '亦職維疾'을 《집전》에 따라 직역한다면 '또한 병통을 주된 성품으로 가지고 있음'이 될 듯하다.

22 부여받은……것 : 이를 주자는 기질(氣質)의 편벽됨이라 하고 심대윤은 인심(人心)의 편벽됨이라 하였는바, 실질적으로 거의 같은 내용인 듯하다. 73쪽 각주 3) 참조.

23 역유사려(亦維斯戾) : 《집전》에는 여(戾)는 '위반됨〔反〕'이라 하고, "철인으로서 어리석음은 그 상도(常道)에 위반되는 것이다."라고 풀이하였다.

시의 내용을 읽어 보면 전혀 스스로 경계한 말이 아니고, 의(懿)를 억(抑)이라 한 것의 터무니없음은 군이 변론할 것이 못 된다.【《춘추좌전》에 무공(武公)이 의계(懿戒)를 지었다고 하였는데, 《집전》에 "의(懿)는 억(抑)이다."라고 하였다.[24]】

이 시에서 쓴 사방·사방 나라·선왕(先王)·황천(皇天)·만방(蠻方) 등의 말은 모두 천자를 위한 것이며, 또한 유왕(幽王)과 여왕(厲王)의 무도한 왕에 대한 것도 아니다. 이 시는 아마도 제후가 선왕(宣王)이 고명한 자질이 없지 않으나 말년에 교만하여 공업(功業)을 제대로 끝마치지 못함을 풍자한 듯하다. 이 시에서 풍자한 네 가지 일은 왕이 스스로 어질고 성스럽다고 여겨 겸손하고 공손하고 경계하고 삼감이 없는 것이 첫 번째요, 언어를 삼가지 않은 것이 두 번째요, 술에 빠짐이 세 번째요, 겉으로 보이고 들리는 것을 꾸며서 실제 행실을 돈독히 하지 않은 것이 네 번째이니, 틀림없이 이는 선왕의 시이다. 선왕은 주나라를 중흥시킨 군주였으나, 왕자진(王子晉)이 여왕과 유왕과 함께 칭하였고,[25] 〈동궁지십 정료(庭燎)〉에는 선왕이 처음에는 부

24 춘추좌전에……하였다 : 《춘추좌전》은 《국어(國語)》의 오류이다. 《집전》에 《국어》 〈초어 상(楚語上)〉을 인용하여 "옛날 위나라 무공은 나이가 95세였으나 오히려 나라 사람들에게 경계하여 말하기를 '경(卿)으로부터 이하로 사(師)·장(長)·사(士)에 이르기까지 진실로 조정에 있는 자들은 내가 늙었다 하여 나를 버리지 말고 반드시 아침저녁으로 공손히 하고 조심하여 서로 나를 경계하라.' 하여, 수레에 있을 때에는 여분(旅賁 수레의 좌우에서 호위하는 군사)의 경계가 있고, 저위(宁位)에 있을 때에는 관사(官師 관리의 우두머리)의 전장(典章)에 관한 말이 있고, 궤(几)에 기대어 있을 때에는 훈송(訓誦)하는 간언이 궤에 쓰여 있고, 침소에 있을 때에는 가까이 모시는 자들의 경계가 있고, 일을 임해서는 악사와 태사(太史)의 인도함이 있고, 편안히 거처할 때에는 악사와 소경의 욈이 있었다. 사관(史官)이 군주의 말을 하나도 빠뜨리지 않고 쓰고, 소경들이 한시도 빠뜨리지 않고 좋은 말로써 외워 가르치고 인도하였다. 이에 무공이 의계를 지어 스스로 경계하였다."라고 하고, 위소(韋昭)의 주를 인용하여 "의(懿)는 억(抑)으로 읽으니, 바로 이 편이다."라고 하였다.

지런하였으나 끝에는 태만함을 풍자하였으며, 그 아들 유왕에 미쳐서 마침내 주나라 왕업을 잃었으니,[26] 선왕이 끝마침을 잘하지 못한 것을 알 수 있다. 위나라 무공은 여왕과 선왕의 시대에 함께 살았는데, 이 시가 무공이 지은 것인지는 또한 알 수 없다.

막강한 사람이면　無競維人
사방이 그를 법으로 삼으며　四方其訓之
높고 큰 덕이 있으면　有覺德行
사방 나라가 순종하나니　四國順之
계책을 크게 하고 명(命)을 안정시키며　訏謨定命
계획을 장구히 하고[27] 때에 따라 알맞게 하며　遠猶辰告
위의를 공경하고 삼가야　敬愼威儀
백성의 모범이 되리라　維民之則

부이다. 경(競)은 강력함이요,[28] 각(覺)[29]은 높고 큼이다. 우(訏)[30]는

25 왕자진(王子晉)이……칭하였고 : 왕자진은 주나라 영왕(靈王)의 태자로 왕자교(王子喬)라고도 한다. 《국어(國語)》 〈주어 하(周語下)〉에 왕자진이 영왕에게 한 간언에 "우리 선군이신 여왕 · 선왕 · 유왕 · 평왕(平王) 때부터 하늘의 화를 초래하여 지금까지 그 화가 그치지 않고 있습니다.〔自我先王厲、宣、幽、平而貪天禍, 至於今未弭.〕"라고 보인다.

26 유왕에……잃었으니 : 유왕은 포사(褒姒)를 총애하고 신후(申后)와 태자를 폐출하여 신(申)나라와 견융(犬戎)의 공격을 받았다. 이에 서주(西周)의 땅을 잃고 평왕(平王)이 낙읍(洛邑)으로 천도하자 주나라 왕실은 권위를 잃게 되었다.

27 계획을 장구히 하고 : 【집전】 원모(遠謀)는 일시의 계책을 하지 않고 장구한 계획을 함을 말한다.

28 경(競)은 강력함이요 : 아래 〈상유(桑柔)〉의 '秉心無競'에 대하여 심대윤은 "경(競)은 강력함이니, 무경(無競)은 막강(莫彊)이라는 말과 같다."라고 하였다. 《집전》

대언(大言 큰일을 계획하는 말)이요, 모(謨)는 계책이다. 유강공(劉康公)이 "사람이 천지의 중(中)을 받아 태어나니, 이른바 명(命)이다. 그러므로 동작과 예의와 위의의 법칙이 있어서 정명(定命)[31]을 한다."[32]라고 하였다.【사람이 천지의 중화(中和)의 기운을 받고 태어나서 하늘이 중화의 덕을 명하였으니, 동작이 예의를 따르고 위의가 중도(中道)를 얻음이 바로 '정명'이다.】 때에 따라 알맞은 뒤에야 비로소 선한 것이니, 신고(辰告)[33]는 아마도 시중(時中)의 뜻인 듯한데, 고(告) 자에 오류가 있는 듯하다. 혹자는 말하기를 "고(告)는 마땅히 약(若)이 되어야 하니, 때에 따라 순함을 말한 것이다." 하였다.

지금에 있어서는	其在于今
정사에 미란(迷亂)함을 숭상하여	興迷亂于政
그 덕을 전복하고	顚覆厥德
술에 빠지고 즐거워하는구나	荒湛于酒

에는 경(競)은 '강함〔强〕'이라 하고, '無競維人, 四方其訓之'를 "능히 인도(人道)를 다하면 사방에서 모두 법으로 삼는다."라고 풀이하여 '강함'을 능히 인도를 행하는 것으로 보았다.

29 각(覺) : 【집전】 곧고 큼〔直大〕

30 우(訏) : 《집전》에는 '큼〔大〕'이라 하고 "대모(大謀)는 자기 한 몸의 계책을 하지 않고 천하에 대한 생각이 있음을 이른다."라고 하였다.

31 정명(定命) : 《집전》에는 "정(定)은 살펴 정해서 고치거나 바꾸지 않음이요, 명(命)은 호령이다."라고 하여, '명령을 살펴 정함'으로 해석하였다.

32 사람이……한다 : 이는 《춘추좌전》 성공(成公) 13년 조에 사(社)에서 제사 고기를 받을 때 공경하지 않는 것을 보고 유강공이 한 말이다. 유강공은 주나라 정왕(定王)의 동모제(同母弟)로 왕계자(王季子)라고도 한다.

33 신고(辰告) : 【집전】 신(辰)은 때이고 고(告)는 경계함이니, 신고는 때에 따라 포고(布告)함을 이른다.

네 비록 술에 빠지고 즐거워함을 따르나 女雖湛樂從
그 전통을 생각하지 않는가 弗念厥紹
널리 선왕의 법을 구하여 罔敷求先王
밝은 법을 공손히 행하지 않는구나 克共明刑

부이다. 무릇 '너〔汝〕'라고 말하고 '소자(小子)'라고 말한 것은 아랫사람에게 고하는 말로 가탁하면서 실제는 왕을 가리킨 것이다.[34] '담락종(湛樂從)'은 오직 즐거움을 따르는 것이다. 소(紹)는 계통을 이음이다. '부구선왕(敷求先王)'은 선왕의 법을 널리 구하는 것이다. 공(共)[35]은 공손함이요, 형(刑)은 법이니, 밝은 법을 공손히 행하는 것이다.

이러므로 황천(皇天)이 숭상하지 아니하시니 肆皇天弗尙
저 흐르는 물과 같은지라 如彼流泉
빠져서 서로 망하지 않을까 無淪胥以亡
일찍 일어나고 밤늦게 자서 夙興夜寐
뜰 안을 물 뿌리고 청소하여 灑掃廷內
백성의 법문(法文)이 되며 維民之章
네 거마(車馬)와 修爾車馬
궁시(弓矢)와 병기들을 수선해서 弓矢戎兵
병란(兵亂)이 일어날 것을 경계하여 用戒戎作
먼 오랑캐에게까지 미칠지어다 用逷蠻方

34 무릇……것이다 : 【집전】 여(女)는 무공(武公)이 사람으로 하여금 시를 외워서 자기에게 명하게 하는 말이니, 뒤에 무릇 여(女)라고 말하고, 이(爾)라고 말하고, 소자(小子)라고 말한 것이 이와 같다.

35 공(共) : 【집전】 집행함〔執〕

부이다. 상(尙)[36]은 숭상함이다. 윤서(淪胥)는 여럿이 함께 빠지는 것이니, 흐르는 물에 빠짐과 같은 것이다. 장(章)[37]은 법문(法文)이다. '뜰 안을 물 뿌리고 청소함'[38]은 왕국을 깨끗이 숙청(肅淸)함을 가탁하여 말한 것이다. 융작(戎作)은 병란이 일어남이고, 적(逷)은 멂이다. 이는 위엄으로 천하를 제압함을 말한 것이다.

너의 인민들에게 징험하며	質爾人民
네 법도를 조심하여	謹爾侯度
민심을 두려워하고	用戒不虞
네 내는 말을 삼가며	愼爾出話
네 위의를 공경하여	敬爾威儀
유순하고 아름답지 않음이 없게 할지어다	無不柔嘉
백규(白圭)의 흠은	白圭之玷
오히려 갈아 없앨 수 있거니와	尙可磨也
이 말의 결함은	斯言之玷
다스릴 수가 없느니라	不可爲也

부이다. 질(質)[39]은 징험함이다.【《중용》에 "귀신에게 질정하고 여러 백성들

36 상(尙) : 《집전》에는 불상(弗尙)을 "싫어하여 버림이다.〔厭棄之也.〕"라고 하여 상(尙)을 '좋아함'으로 풀이하였다.

37 장(章) : 【집전】 본보기〔表〕

38 뜰……청소함 : 【집전】 안으로는 가까운 뜰로부터 밖으로는 먼 오랑캐 지역까지 미치며, 작게는 자고 일어나며 물 뿌리고 청소하는 일상생활로부터 크게는 거마(車馬)와 전쟁의 변란에 이르기까지 생각이 두루하지 않음이 없고 대비가 삼가지 않음이 없는 것이다.

39 질(質) : 《집전》에는 "이룸이요, 정함이다.〔成也, 定也.〕"라고 하여, 인민을 '안정

에게 징험한다."[40]라고 하였다.】 후(侯)[41]는 유(維)이니, '근이후도(謹爾侯度)'는 너의 법도를 삼가 지키는 것이다. '용계불우(用戒不虞)'[42]는 민심의 험함을 돌아보고 두려워하는 것[43]이다. 점(玷)은 하자이다.

내는 말을 함부로 하지 말아	無易由言
구차히 하지 말지어다	無曰苟矣
내 혀를 잡아 주는 이가 없는지라	莫捫朕舌
말을 함부로 해서는 안되느니라	言不可逝矣
말에 대답하지 않음이 없으며	無言不讎
덕에 보답하지 않음이 없나니	無德不報

시킴'으로 풀이하였다.

40 귀신에게……징험한다 : 이는 《중용》에 "이 때문에 군자의 도는 자기 몸에 근본하여 여러 백성들에게 징험하며, 삼왕(三王)에게 상고해도 틀리지 않으며, 천지에 세워도 어그러지지 않으며, 귀신에게 질정하여도 의심이 없으며, 백세에 성인을 기다려도 의혹되지 않는 것이다.〔故君子之道, 本諸身, 徵諸庶民, 考諸三王而不謬, 建諸天地而不悖, 質諸鬼神而無疑, 百世以俟聖人而不惑.〕"라고 보인다.

41 후(侯) : 《집전》에는 '후도(侯度)'를 '제후로서 지켜야 할 바의 법도'라고 하여, '후'를 제후로 해석하였다.

42 용계불우(用戒不虞) : 《집전》에는 '뜻밖의 환난을 막음〔防意外之患〕'으로 풀이하였다.

43 민심의……것 : 이는 《서경》 〈소고(召誥)〉에 "크게 소민(小民)에게 성실하여 이제 아름답게 하소서. 왕은 감히 소민을 뒤늦게 하지 마시어 민심의 험함을 돌아보고 두려워하소서.〔其丕能諴于小民, 今休. 王不敢後, 用顧畏于民碞.〕"라고 보인다. 심대윤은 이에 대해 "민암(民碞)은 민심의 험함이니, 천명을 공경함은 철인(哲人)을 공경하고 소민을 공경함에 있음을 말한 것이다. 철인을 공경함도 소민을 공경하기 위함이니, 철인의 도모가 백성에게 이롭기 때문에 철인을 공경하는 것이다.〔民碞, 民心之碞險. 言敬天命, 在敬哲人、敬小民也. 敬哲人, 亦所以敬小民也, 哲人之謀, 利於民, 故敬之.〕"라고 하였다. 《書經蔡傳辨正》

붕우와	惠于朋友
서민과 소자(小子)들에게 순히 하면	庶民小子
자손들이 대대로 이어가서	子孫繩繩
만민이 받들지 않음이 없으리라	萬民靡不承

부이다. 말은 반드시 실제의 형체가 있어야 하고[44] 구차히 해서는 안 된다. 문(捫)은 손으로 잡는 것이다. '불가서(不可逝)'는 말을 함부로 내서는 안 됨을 말한 것이다. '붕우'는 우방(友邦)이니, 선왕(宣王)이 제후들에게 실수한 말이 많았다. 그러므로 말에 대답하지 않음이 없으니 붕우에게 순하게 하라고 한 것이다.

네 군자를 벗함을 보건대	視爾友君子
네 얼굴을 온화하게 하고 유순히 하여	輯柔爾顔
어떤 잘못이 있지 않은가 하는구나	不遐有愆
네 거실(居室)에 있음을 보건대	相在爾室
거의 옥루(屋漏)에 부끄럽지 않게 할지니	尙不愧于屋漏
밝지 않은지라	無曰不顯
나를 보는 이가 없다고 말하지 말라	莫予云覯
신의 이르름은	神之格思
헤아릴 수가 없거늘	不可度思

44 말은……하고 : 《주역》〈가인(家人卦) 대상전(大象傳)〉에 ""군자가 보고서 말에 실제의 형체가 있고 행실에 항상함이 있게 한다.〔君子以, 言有物而行有恒.〕" 라고 보이는데, 심대윤은 '언유물(言有物)'에 대하여 "분명히 살피고 신중히 하여 함부로 말하지 않는 것이다.〔明愼而不妄也.〕"라고 하고, 또 "물(物)은 실제의 형체이니, 말에 실제의 형체가 있는 것은 끝이 없어 알 수 없거나 일정하지 않거나 허망하지 않은 것이다.〔物, 實形也, 言有實形, 无汗漫浮浪虛妄.〕"라고 풀이하였다. 《周易象義占法》

부이다. 집(輯)은 온화함이다. 네가 군자와 벗할 때를 보면 용모를 꾸미기를 이와 같이 하나 홀로 있을 때는 삼가지 않는다. 옥루(屋漏)[45]는 중류(中霤 실(室)의 한가운데)이다. 역(射)은 싫어함이니, '신가역사(矧可射思)'는 싫어하여 외면할 수 없음[46]을 말한 것이다. 사람의 선과 악은 천지의 기운을 감동시켜 불러서 경사(慶事)가 되고 앙화(殃禍)가 되기도 하는데, 숨은 덕행과 숨은 악이 경사와 앙화가 됨이 더욱 심하다. 그러므로 《중용》에 이르기를 "숨은 것보다 드러남이 없으며, 은미한 일보다 드러남이 없다."[47] 하였다. 기운이 같은 종류끼리 감응함은 멀어도 이르지 않음이 없고 숨겨져도 나아가지 않음이 없어서 하늘과 땅 사이에 도망할 곳이 없다. 무릇 귀신을 말한 것은 화와 복을 말한 것이다.

45 옥루(屋漏) : 【집전】 실(室)의 서북쪽 모퉁이

46 싫어하여……없음 : 《중용》에서 심대윤은 '矧可射思'에 해당하는 부분을 "하물며 남이 보지 않는 바는 악을 해도 해가 없고 선을 해도 이익이 없다고 하겠는가.〔況以人之所不見, 爲爲惡而無傷, 爲善而無益乎?〕"라고 풀이하였다. 《中庸訓義》

47 숨은 것보다……없다 : 이에 대하여 심대윤은 "무릇 사람의 선・악과 천지의 길상(吉祥)・재해의 기운이 감응하여 화와 복이 된다. 화와 복은 하늘이 낱낱이 들어서 사람마다 두루 살펴서 내리는 것이 아니고 사람이 스스로 부르는 것이다. '숨은 것보다 드러남이 없음〔莫顯乎隱〕'은 바로 《대학》의 '열 눈이 보는 바'와 '마음속에 성실하면 외면에 나타남'의 뜻이며, '은미한 일보다 드러남이 없음〔莫顯乎微〕'은 귀신을 감응시켜 앙화와 경사를 부르는 것이니, 두 가지는 모두 성(誠)의 가릴 수 없음이다. 숨은 덕행과 숨은 악이 복과 재앙이 됨이 더욱 중하다. 그러므로 '막(莫)'이라고 한 것이다.〔凡人之善惡、天地之吉祥・災沴之氣, 感應而爲禍福. 禍福者, 非天之枚擧而歷察乎人人降之也, 人之自召之也. 莫見乎隱者, 卽《大學》十目所視、誠中形外之意也. 莫顯乎微者, 言感應鬼神而召殃慶也. 二者, 皆誠之不可掩也. 陰德隱慝之爲福殃, 尤重, 故曰莫.〕"라고 풀이하였다. 《中庸訓義》

신하들이 너를 본받아 덕을 행하여　辟爾爲德
선하게 하고 아름답게 하니　俾臧俾嘉
네 행동거지를 선하게 하고 삼가　淑愼爾止
위의에 허물이 없게 할지어다　不愆于儀
어그러지지 아니하고 해치지 아니하면　不僭不賊
법도가 되지 않음이 적을 것이다　鮮不爲則
나에게 복숭아를 던져 줌에　投我以桃
오얏으로 보답하는 것과 같으니　報之以李
저 어린아이가 쌍상투를 한 것은　彼童而角
실로 소자(小子)를 어지럽히느니라　實虹小子

부이다. 신하들이 너를 본받아 덕을 행하여 자신을 선하게 하는 것이다.[48] 복숭아를 던져 주었는데 오얏으로 보답함[49]은 왕이 제후들에게 덕을 행하면 제후들 또한 본받아서 왕에게 충성을 바침을 말한 것이다. 신하의 의리는 군주가 덕이 없다 하여 불충할 수 없지만, 제후의 의리는 천자가 덕이 없으면 떠나가서 다른 사람을 따를 수 있는 것이다. '동이각(童而角)'[50]은 어린아이가 쌍상투를 한 것이다. 상투가 높은 곳에 있고 위로 서 있으니, 아는 것이 없으면서 스스로 어질고 성스럽다

48 신하들이……것이다 : 《집전》에는 벽(辟)을 군주로 훈하여 무공(武公)을 가리킨다고 하였다. 이를 따르면 '辟爾爲德, 俾臧俾嘉'는 "군주여 네 덕을 행하기를 선하게 하고 아름답게 할 것이니"라고 해석된다.

49 복숭아를……보답함 : 《집전》에는 "덕을 행하면 사람들이 본받는 것은 마치 복숭아를 던져 주면 오얏으로 갚는 것처럼 반드시 그러하다."라고 풀이하였다.

50 동이각(童而角) : 《집전》에는 뿔이 없는 것을 동(童)이라 하여 '童而角'을 "저 군이 덕을 닦지 않고도 남을 복종시킬 수 있다고 말하는 자는 뿔이 없는 소와 양에 그 뿔을 구하는 격이다."라고 풀이하였다.

고 함을 가탁하여 말한 것이다. 홍(虹)은 마땅히 홍(訌)이 되어야 하니, 파괴하고 어지럽힘이다.

야들야들한 부드러운 나무에 荏染柔木
실을 매어 낚시하느니라 言緡之絲
온순하고 온순한 공인(恭人)은 溫溫恭人
덕의 기본이니라 維德之基
철인들은 其維哲人
좋은 말을 고해 줌에 告之話言
덕을 순히 하여 행하거든 順德之行
그 어리석은 사람들은 其維愚人
도리어 나더러 거짓말한다 이르나니 覆謂我僭
사람들이 각기 딴마음이 있도다[51] 民各有心

홍이다. 염(染)은 마땅히 염(冉 부드러움)이 되어야 한다. 대나무 낚싯대가 없으면 부드러운 나뭇가지에 실을 매어 낚시질하는 것이다.[52]

아! 소자여 於乎小子
좋고 나쁨을 알지 못하는가 未知臧否
손으로 잡아 줄 뿐만 아니라 匪手攜之
일로 보여주며 言示之事

51 사람들이……있도다 : 【집전】 사람들의 마음이 똑같지 아니하여 지혜로움과 어리석음의 간격이 서로 멂을 말한 것이다.

52 부드러운……것이다 : 《집전》에는 '言緡之絲'를 나무에 실을 매어 활을 만드는 것으로 해석하였다.

대면하여 가르쳐 줄 뿐만 아니라　匪面命之
그 귀를 잡고 말해주노라　言提其耳
설령 아직 알지 못한다 하나　借曰未知
또한 이미 아들을 안고 있도다　亦旣抱子
사람들이 자만하지 않는다면　民之靡盈
누가 일찍 알고 늦게 이루리오　誰夙知而莫成

부이다. 다만 손으로 잡아 줄 뿐만 아니라 일로써 보여주고, 다만 대면하여 가르쳐 줄 뿐만 아니라 그 귀를 잡고 말해 준다. 가령 내가 아직 알지 못한다고 말하더라도 이미 장성하여 아들을 안고 있으니, 그렇다면 이미 알 만한 나이를 지난 것이다. 영(盈)은 교만함이다. 만일 선왕(宣王)이 스스로 중흥한 것을 믿고서 교만한 마음을 내지 않았다면 어찌하여 이처럼 초년에 일찍 알았다가 만년에 늦게 이루겠는가. 아들을 안고 있으면서도 아직 알지 못하면 늦게 이루어졌다고 이를 만하다.【무공(武公)은 95세의 노인이었는데,[53] 아들을 안고 있다고 말할 수 있겠는가.】

호천(昊天)이 매우 밝아 위엄이 있으시니　昊天孔昭
우리 삶이 즐겁지 않도다　我生靡樂
네 우매함을 보고　視爾夢夢
내 마음 서글퍼지노라[54]　我心慘慘

53 무공(武公)은 95세의 노인이었는데 : 《집전》에 《국어》를 인용하여 무공이 95세에 이 시를 지었다고 하였으므로 말한 것이다. 81쪽 각주 24) 참조.

54 서글퍼지노라 : 《집전》의 음주(音註)에 "참(慘)은 마땅히 조(懆)가 되어야 한다." 라고 하고, 《집전》에 참참(慘慘)은 '근심하는 모양〔憂貌〕'이라고 하였다.

너를 가르치기를 간곡히 하는데도　　誨爾諄諄
너는 내 말을 건성으로 듣는구나　　聽我藐藐
가르쳐 준다 여기지 않고　　匪用爲敎
도리어 사납다 하는구나　　覆用爲虐
설령 아직 알지 못한다 하나　　借曰未知
또한 이미 늙었도다　　亦聿旣耄

부이다. 공소(孔昭)는 밝은 위엄을 말한 것이다. 몽(夢)은 마땅히 몽(懜)[55]이 되어야 한다. 순순(諄諄)은 상세하고 익숙함이요, 막막(藐藐)은 소홀히 하고 간략히 함이다. 가령 내가 아직 알지 못한다고 말하더라도 또한 마침내 늙음에 이르러서 잘못을 고치고 깨달을 날이 없으니, 후일에 희망이 없음을 말한 것이다.

아! 소자여　　於乎小子
너에게 옛 법을 말해주노라　　告爾舊止
내 계책을 들어 쓴다면　　聽用我謀
거의 큰 후회가 없으리라　　庶無大悔
하늘이 막 어려운지라　　天方艱難
그 나라를 망하게 하였으니　　曰喪厥國
비유를 취함이 멀지 않은지라　　取譬不遠
하늘의 도가 어그러지지 않거늘　　昊天不忒

55 몽(夢)은 마땅히 몽(懜) : 《집전》에는 몽몽(夢夢)은 "밝지 못함이니, 어지러운 뜻이다.〔不明, 亂意也.〕"라고 하였다. 심대윤은 〈기보지십(祈父之什) 정월(正月)〉에서 "몽몽(夢夢)은 마땅히 몽몽(懜懜)이 되어야 하니, '어둡고 불분명함〔昏昧〕'이다."라고 하였다.

그 덕을 간사하게 하여 回遹其德
백성들로 하여금 크게 곤궁하게 하는구나 俾民大棘

부이다. 지(止)는 어조사이다. 상국(喪國)은 여왕(厲王)이 체(彘) 땅으로 쫓겨남[56]을 말한 것이다. '비유를 취함이 멀지 않음'은 망한 사람과 똑같은 일을 하면 화도 그와 같은 것이니, 하늘의 도가 어그러지지 않는 것이다. 선왕이 아버지 여왕의 화를 경계로 삼지 않고 그 덕을 간사하게 해서 백성들로 하여금 곤궁하고 위급하게 한 것이다.[57] 휼(遹)[58]은 마땅히 휼(譎 속임)이 되어야 한다.

이상은 〈억〉 12장이니, 세 장은 장마다 8구이고, 아홉 장은 장마다 10구이다.

56 여왕(厲王)이……쫓겨남 : 여왕이 포학하고 사치하여 나라 사람들이 비방하였는데, 비방하는 자들을 감시하고 죽여 비방을 막았다. 뒤에 나라 사람들의 공격을 받아 여왕이 체(彘)로 도망쳤고, 14년간의 공화(共和) 시기를 거친 뒤에 여왕이 체에서 죽자 선왕(宣王)이 즉위하였다.

57 선왕이……것이다 :【집전】천운(天運)이 이 어려운 때를 당하여 장차 나라를 망하게 하니, 내 비유를 취함이 어찌 멀리 있겠는가. 하늘의 도가 악한 자에게 화를 내리고 선한 자에게 복을 내림이 어그러지지 않음을 본다면 이것을 알 것이다. 그런데 너는 마침내 덕을 사벽(邪僻)하게 하여 백성들로 하여금 곤궁하고 위급한 지경에 이르게 하니, 나라를 망칠 것이 틀림없다.

58 휼(遹) :【집전】사벽함〔僻〕

상유 桑柔

무성한 저 부드러운 뽕나무여 菀彼桑柔
그 아래에 그늘이 두루 덮이더니 其下侯旬
크고 작은 뽕잎을 모두 따서 捋采其劉
하민(下民)들을 병들게 하도다 瘼此下民
마음에 근심을 끊지 못해서 不殄心憂
슬프고 민망하여 병드니 倉兄塡兮
아득한 저 호천(昊天)은 倬彼昊天
어찌하여 우리를 불쌍히 여겨 구휼하지 않는고 寧不我矜

흥이다.[59] 순(旬)은 《집전》에 '두루함'이라고 하였다. 유(劉)는 쇠잔함이니, 크고 작은 뽕잎을 모두 따서 다 없어짐을 가지고 왕과 제후의 나라가 모두 병듦을 흥하였다.[60] 창황(倉兄)은 마땅히 창황(愴怳)[61]이 되어야 하고, 전(塡)[62]은 마땅히 전(瘨)이 되어야 한다. 탁(倬)[63]은 '아

59 흥이다 : 《집전》에는 비로 보았다.

60 크고……흥하였다 : 【집전】 뽕나무로써 비유한 것은, 뽕나무라는 물건은 잎이 가장 무성하나 뽕잎을 땀에 미쳐서는 하루아침에 다하여 점점 잎이 누레져서 떨어지는 일이 없다. 그러므로 이것을 취하여 주나라가 성하였을 때에는 뽕잎이 무성함과 같아서 그 그늘이 두루 덮이지 않는 바가 없었는데, 여왕(厲王)에 이르러 함부로 포학한 짓을 행하여 성취한 왕업을 무너뜨리자 왕실이 갑자기 쇠락함을 비유하였다.

61 창황(愴怳) : 【집전】 슬퍼하고 민망히 여기는 뜻〔悲閔之意〕

62 전(塡) : 【집전】 塡은 미상(未詳)이다. 구설에 진(陳)·진(塵)과 같다고 하였으니, 오램을 말한 것이다. 혹은 의심하기를 전(瘨)과 같다고 하니, 병든다는 뜻이나, 〈소민(召旻)〉 안에 전(塡)과 전(瘨) 두 글자가 함께 나오니, 또 옳지 않을 듯하다. 이제 우선 빼놓는다.

63 탁(倬) : 【집전】 밝은 모양〔明貌〕

득히 멈〔曠遠〕'이다. '영불아긍(寧不我矜)'은 '어찌하여 우리를 불쌍히 여겨 구휼하지 않는가'이다.

구설에 예백(芮伯)이 여왕(厲王)을 풍자한 것이라 하였고, 《춘추좌전》에도 이것을 예량부(芮良夫)의 시라고 하였다.[64] 《국어(國語)》에는 예량부가 여왕이 이익을 독점하는 영이공(榮夷公)을 좋아하는 것에 대하여 간했다고 하였다.[65]

네 필의 말이 굳세고 굳세니	四牡騤騤
깃발이 펄럭이도다	旟旐有翩
난이 생겨나 평화롭지 못하여	亂生不夷
나라가 멸하지 않음이 없으며	靡國不泯
백성들이 젊은이가 없어서	民靡有黎
모두 화를 입어 불타 없어지도다	具禍以燼
아! 가련하니	於乎有哀
국운(國運)이 위축되도다	國步斯頻

부이다. 네 필의 말과 깃발은 부역이 번잡함을 말한 것이다.[66] 구(具)

64 춘추좌전에도……하였다 : 《춘추좌전》 문공(文公) 원년 조에 진(秦)나라 목공(穆公)이 〈상유〉 13장을 예량부의 시로서 인용하고 효산(殽山)의 전투에서 패배한 것은 자신의 죄라고 하였다. 예량부는 주나라의 경사(卿士)이자 예백(芮伯 예(芮)나라의 군주)이다.

65 국어(國語)에는……하였다 : 《국어》 〈주어 상(周語上)〉에 예량부가 왕이 이익을 독점하면 귀의하는 사람이 적을 것이고, 영이공을 중용하면 주나라는 패망할 것이라고 간언하는 내용이 보인다. 영이공은 영(榮)나라의 군주로, 여왕이 그를 경사(卿士)로 등용하자 제후들이 조공을 바치지 않았다.

66 네……것이다 : 【집전】 여왕의 혼란에 천하의 부역이 그치지 않았다. 그러므로 그 백성들이 거마(車馬)와 깃발을 보고는 이를 싫어하고 괴롭게 여겼다.

는 모두이다. 보(步)는 운(運)이다. 빈(頻)[67]은 빈(嚬)과 통하니, 국운의 위축됨이 얼굴을 찌푸림과 같은 것이다.

국운이 자뢰(資賴)할 바 없는지라	國步蔑資
하늘이 우리들을 붙잡아 주지 않으시어	天不我將
그쳐 안정할 곳이 없으니	靡所止疑
간들 어디로 가리오	云徂何往
군자가 실제로	君子實維
마음을 잡음이 막강하시니	秉心無競
누가 화의 계제(階梯)를 내어	誰生厲階
지금에 이르러 막히게 하였는고	至今爲梗

부이다. 멸자(蔑資)[68]는 자뢰할 바가 없는 것이다. 장(將)[69]은 붙잡아 줌이다. 응(疑)은 마땅히 응(凝)이 되어야 한다. 《의례》의 '응립(疑立)'[70]과 《순자(荀子)》의 '견응(堅凝)'[71]이 이것이니, 정(定)함이요, 견고함이요, 후중(厚重)함이다. 경(競)[72]은 강력함이니, 무경(無競)은 막강

67 빈(頻) : 【집전】 급박함〔急蹙〕

68 멸자(蔑資) : 《집전》에는 멸(蔑)은 '멸함〔滅〕'이고, 자(資)는 '서글피 탄식함〔咨〕'이라 하여, '國步蔑資'를 '국운이 멸망하여 서글픈지라'로 해석하였다.

69 장(將) : 【집전】 기름〔養〕

70 응립(疑立) : 《의례》 〈사혼례(士昏禮)〉에 "며느리는 자리의 서쪽에 단정하게 바르게 선다.〔婦疑立于席西.〕"라고 보이는데, 정현(鄭玄)의 주에 "응(疑)은 바르게 서서 스스로 안정한 모습이다.〔疑, 正立自定之貌.〕"라고 하였다.

71 견응(堅凝) : 《순자》 〈의병(議兵)〉에 "다른 나라를 겸병하는 것은 쉽게 할 수 있으나, 다만 그 땅을 견고하게 유지하는 것은 어렵다.〔兼幷易能也, 唯堅凝之難焉.〕"라고 보이는데, 양경(楊倞)의 주에 "응(凝)은 정(定)함이니, 견고하고 일정하게 땅을 소유하는 것이 어렵다.〔凝, 定也, 堅固定有地爲難.〕"라고 하였다.

(莫彊)이라는 말과 같다. 여계(厲階)는 화(禍)의 계제(階梯)이다. 경(梗)[73]은 막음이다.【전씨(錢氏)가 "경(梗)은 물 위에 떠서 물을 막는 나무이다."[74]라고 하였으니, '목이 막힘〔哽咽〕'의 경(哽)과 같다.】

마음에 근심하기를 간절히 하여 憂心慇慇
우리 토우(土宇)[75]를 생각하노라 念我土宇
내 태어남이 좋은 때가 아닌지라 我生不辰
하늘의 심한 노여움을 만났노라 逢天僤怒
서쪽으로부터 동쪽으로 감에 自西徂東
정처가 없으니 靡所定處
나의 폐해를 받음이 많도다 多我覯痻
우리 변방이 심히 급하도다 孔棘我圉

부이다. 탄(僤)은 《집전》에 "두터움이다."라고 하였다. 어(圉)는 변방이니, 변방이 위급하여 영토가 날로 위축되는 것이다.

도모하며 어려워해야 하니 爲謀爲毖
하물며 나라가 혼란하여 영토가 줄어듦에랴 亂況斯削
그대에게 근심해야 할 일을 말해주며 告爾憂恤
그대에게 인재에 따라 관작을 서열할 것을 가르치노라 誨爾序爵

72 경(競) : 【집전】 다툼〔爭〕

73 경(梗) : 【집전】 병듦〔病〕

74 경(梗)은……나무이다 : 이는 《시전대전》의 소주에 보인다.

75 토우(土宇) : 《집전》에 "토(土)는 '향토〔鄕〕'이고, 우(宇)는 '사는 곳〔居〕'이다."라고 하였으니, 영토를 이른다.

누가 뜨거운 물건을 쥐고서	誰能執熱
가 손을 차가운 물에 씻지 않으리오	逝不以濯
그 어찌 선할 수 있겠는가	其何能淑
서로 빠짐에 미칠 뿐이로다	載胥及溺

부이다. 비(毖)[76]는 '어려워함〔憚〕'이니, 마땅히 지혜를 다하여 도모하고 마음을 움직여 어려워해야 한다. 하물며[77] 지금 나라가 혼란하고 영토가 날로 줄어듦에 있어서랴. 어찌 태연히 마음을 움직이지 않을 수 있겠는가. 서작(序爵)은 어진 이와 불초한 이의 등급을 분별하여 벼슬을 내리는 것이다. 뜨거운 물건을 쥐고서 차가운 물에 손을 씻는다는 것[78]은 심한 치욕과 화를 당하면 급히 제거하지 않을 수 없음을 가탁하여 말한 것이다.【《전국책(戰國策)》에 "치욕과 화가 반드시 심하다."[79]라고 하였다.】 그렇지 않으면 어찌 능히 선하겠는가. 다만 서로 함께 빠질 뿐이다. 난을 그치게 하는 방도는 어진 이를 등용하고 불초한 이를

76 비(毖) : 【집전】 삼감〔愼〕

77 하물며 : 심대윤은 '亂況斯削'의 況을 '하물며'로 해석하였다. 반면에 《집전》에는 "황(況)은 '불어남〔滋〕'이다."라고 하고, "왕이 어찌 도모하고 또 신중히 하지 않으리오마는 그 도리를 얻지 못하니, 다만 난을 조장하여 스스로 침삭될 뿐이다."라고 하여, '爲謀爲毖, 亂況斯削'을 "도모하며 신중히 하나 난이 불어나 나라가 침삭되도다."라고 해석하였다.

78 뜨거운……것 : 【집전】 현자가 능히 난을 그치게 함은 손을 씻음이 뜨거움을 능히 해결함과 같다.

79 치욕과……심하다 : 《전국책》 〈제책(齊策)〉에 "공이 없이 녹을 받는 자는 치욕과 화가 반드시 심하다.〔無功而受其祿者, 辱、禍必握.〕"라고 보이는데, 요굉(姚宏)의 주에 악(握)은 "《고사전(高士傳)》에 악(渥 두터움)으로 되어 있다."라고 하였다. 이 구절은 '無功而受其祿者辱, 禍必握.'으로 구두를 끊기도 하는데, 여기서는 심대윤의 구두를 따라 번역하였다.

물리침에 있다.

저 바람을 거슬러 서 있는 듯한지라 如彼遡風
또한 심히 숨이 막히도다 亦孔之僾
백성들이 나아가려는 마음이 있으나 民有肅心
여럿이 모여 미칠 수 없다 하여 荓云不逮
이 농사짓는 것을 좋아하여 好是稼穡
백성의 농사일에 힘써서 녹식(祿食)을 대신하노니 力民代食
농사짓는 것이 보배로우며 稼穡維寶
녹식을 대신함이 좋은 일이로다 代食維好

부이다. 소풍(遡風)은 바람을 거스름이다. 애(僾)는 애(噯)와 통하니, 숨이 막혀 호흡이 짧은 것이다. 숙심(肅心)은 나아가고자 하는 마음이다. 병(荓)[80]은 여럿이 모여 있는 것이니, 병(幷)과 뜻이 대략 같다. 왕의 하는 바가 사람을 천 리 밖에서 막으니,[81] 나아가고자 하는 사람들이 마치 맞바람을 맞아 숨이 막히는 듯해서 여럿이 모여 똑같이 말하기를 "내 힘으로 능히 미칠 바가 아니다. 우리들은 오직 백성의 농사일에 힘써서 녹식(祿食)을 대신해야 한다." 하였으니, 어진 자가 물러가 은둔함을 말한 것이다.

80 병(荓) : 【집전】 하여금〔使〕

81 왕의……막으니 : 이는 정사를 하는 사람이 선(善)을 좋아하지 않으면 훌륭한 사람들이 오지 않음을 말한 것으로, 《맹자》 〈고자 하(告子下)〉에 "잘난 체 하는 음성과 얼굴빛이 사람을 천 리 밖에서 막는다.〔訑訑之聲音顏色, 距人於千里之外.〕"라고 보인다.

하늘이 상란(喪亂)을 내린지라 天降喪亂
우리들이 세운 왕을 멸망시키려 하니 滅我立王
이 해충들을 내려서 降此蟊賊
농사가 모두 병들었도다 稼穡卒痒
애통한 중국(中國)이 哀恫中國
붙어 있는 나라와 함께 모두 황폐하니 具贅卒荒
하늘의 화를 생각할 靡有旅力
여력(旅力 체력)이 있는 사람이 없도다 以念穹蒼

부이다. 입왕(立王)은 여왕(厲王)을 이르니, '멸아입왕(滅我立王)'은 장차 멸망할 화가 있음을 말한 것이다.[82] 구(具)는 '함께'이고, 췌(贅)는 붙어 있는 것이다. '구췌졸황(具贅卒荒)'[83]은 붙어 있는 바와 함께 모두 황폐한 것이니, 바로 2장의 '나라가 멸하지 않음이 없다〔靡國不泯〕'고 한 것이다. '미유여력 이념궁창(靡有旅力以念穹蒼)'은 하늘의 화를 생각할 여력(旅力)이 있는 사람이 없는 것이다.[84] 궁창(穹蒼)은 하늘의 형체가 가운데가 높고 사방이 아래로 드리우며 색깔이 푸른

82 멸아입왕(滅我立王)은……것이다 : 이는 여왕이 아직 왕위에 있을 때 지은 시로 본 것이다. 반면에 《집전》에는 '滅我立王'을 "진실로 이미 우리들이 세운 왕을 멸하였다.〔固已滅我所立之王矣.〕"라고 해석하고, "이 시가 지어진 것이 정확히 어느 때인지 알 수가 없으나 우리들이 세운 왕을 멸했다고 말했으니, 아마도 공화(共和)의 뒤에 있었던 듯하다."라고 하였다. 공화(共和)는 여왕이 쫓겨나고 신하들이 정사를 한 시기를 이른다.

83 구췌졸황(具贅卒荒) : 《집전》에는 "췌(贅)는 붙어 있는 것이니, 위태로움을 말한 것이다. 《춘추공양전(春秋公羊傳)》에 '군주가 기(旗)에 붙어 있는 술과 같다.'라고 한 것의 '붙어 있음'이 여기의 췌(贅)와 같다."라고 하고, '具贅卒荒'을 '모두 위태로워 다 황폐함〔皆危盡荒〕'으로 해석하였다.

84 여력(旅力)이……것이다 : 《집전》에는 '여력이 없다'로 해석하였다.

것이니, 왕실을 가탁하여 말한 것이다.

도리를 순히 하는 군주를	維此惠君
백성들이 우러러봄은	民人所瞻
마음을 잡아 계책을 두루해서	秉心宣猶
보필하는 신하를 살펴 신중히 등용하기 때문이니라	考愼其相
저 도리에 순종하지 않는 군주는	維彼不順
신하로 하여금 스스로 홀로 잘한다고 여기게 하며	自獨俾臧
스스로 자기 생각을 써서	自有肺腸
백성들로 하여금 모두 미치게 하는구나	俾民卒狂

부이다. 상(相)은 보필하는 신하이다. '자독비장(自獨俾臧)'[85]은 그 신하로 하여금 스스로 홀로 잘한다고 여겨 여러 사람의 뜻을 상고하지 않게 하는 것이요, '자유폐장(自有肺腸)'은 공정한 이치를 헤아리지 않고 자기 생각을 스스로 쓰는 것이니, 자기 생각을 스스로 쓰면 떳떳한 이치와 떳떳한 정에 부합하지 못한다. 그러므로 광(狂 정상(正常)을 벗어남)이라 한 것이다.[86]

85 자독비장(自獨俾臧) : 《집전》에는 군주 스스로 잘한다고 여기는 것으로 해석하였으나, 심대윤은 군주가 신하로 하여금 스스로 잘한다고 여기게 하는 것으로 해석하였는바, 다음 장의 주석을 참고하면 신하가 스스로 잘한다고 하는 군주를 본받아서 신하도 그렇게 하는 것이다.

86 자유폐장(自有肺腸)은……것이다 : 다음 장의 주석을 참고하면 이는 군주가 자기 생각을 쓰면 백성들도 군주를 본받아 자기 생각을 써서 떳떳한 이치에 부합하지 못하는 것이다.《집전》에는 "〈군주가〉 스스로 사견(私見)을 두어서 여러 사람의 뜻을 통하지 않으니, 이 때문에 백성들로 하여금 현혹되어 광란에 이르게 하는 것이다."라고 풀이하였다.

저 숲속을 보건대 瞻彼中林
사슴 무리가 떼 지어 가거늘 甡甡其鹿
붕우들의 말에 실제가 없어 朋友已譖
서로 선으로 대하지 않도다 不胥以穀
사람들이 또한 말하되 人亦有言
진퇴유곡이라 하도다 進退維谷

홍이고 부이다.[87] 신신(甡甡)은 《집전》에 '많은 무리가 함께 가는 모양'이라 하였다.【이는 상반되는 종류에 가탁하여 흥한 것이다.】 붕우는 동료를 가리킨 것이요, 참(譖)[88]은 실제가 없는 말이니, 조정에 가득한 사람이 한갓 말만 하고 실제가 없는 것이다. '진퇴유곡(進退維谷)'은 위에는 현명한 군주가 없고 아래에는 어진 신하가 없어서[89] 나아가고 물러감에 모두 곤궁한 것이니, 그 이유는 어진 자가 물러가 은둔해서 하늘의 화를 생각하지 않고 지위에 있는 자가 왕이 스스로 잘한다고 함을 본받아서 떳떳한 이치를 따르지 않음에 있는 것이다.

이 성스러운 사람은 維此聖人
백 리 밖을 내다보거늘 瞻言百里
저 어리석은 사람은 維彼愚人
도리어 미쳐서 눈앞의 상쾌함만 기뻐하나니 覆狂以喜
능하지 못하다고 말하지 않으니 匪言不能

87 홍이고 부이다 : 《집전》에는 홍으로 보았다.

88 참(譖) : 【집전】 불신(不信)함

89 아래에는……없어서 : 《집전》에는 아래에는 나쁜 풍속이 있다고 하였다. 심대윤은 '朋友已譖'의 붕우를 신하의 동료로 본 반면에 《집전》에는 백성의 붕우로 본 것이다.

어찌 두려워하겠는가 胡斯畏忌

부이다. 언(言)은 어조사이니, '첨언백리(瞻言百里)'[90]는 보이지 않고 들리지 않는 것을 능히 살핌을 말한 것인데, 어리석은 사람은 오직 눈앞의 상쾌함을 즐거워하여[91] 보이지 않고 들리지 않는 것을 도모하지 않는 것이다. 자신이 능하지 못하다고 스스로 말하지 않고 스스로 옳다고 여기니, 어떻게 두려움이 있겠는가.[92]

이 선량한 사람들을 維此良人
구하지 아니하며 행하지 아니하고 弗求弗迪
저 잔인한 마음을 가진 자를 維彼忍心
돌아보고 생각하며 이에 거듭하나니 是顧是復
백성들이 난을 탐함이여 民之貪亂
어찌하여 도독(荼毒)[93]을 행하는고 寧爲荼毒

90 첨언백리(瞻言百里) : 《집전》에는 "성인은 일이 일어나기 전에 밝게 알아서 보고 말하는 것이 먼 곳까지 살피지 않음이 없다."라고 풀이하여, 언(言)을 말함으로 해석하였다.

91 어리석은……즐거워하여 : 《집전》에는 '維彼愚人, 覆狂以喜'를 "어리석은 사람은 화(禍)가 장차 이르는 것을 알지 못하여 도리어 미쳐서 화를 좋아한다."라고 풀이하였다.

92 자신이……있겠는가 : 《집전》에는 '匪言不能, 胡斯畏忌'를 "내가 능히 말을 못하는 것이 아니거늘 이와 같이 두려워함은 어째서인가. 왕이 포학하여 사람들이 감히 간하지 못함을 말한 것이다."라고 풀이하였다.

93 도독(荼毒) : '심한 해독' 또는 '심한 고통'으로, 《집전》에 "도(荼)는 쓴 나물이니, 맛이 쓰고 냄새가 매워서 생물을 죽일 수 있다. 그러므로 도독이라 이른 것이다."라고 하였다.

부이다. 적(迪)은 행함이다.[94] 복(復)은 거듭함이다. '영위도독(寧爲荼毒)'[95]은 어찌하여 도독을 하느냐고 한 것이다.

큰 바람의 불어옴이 길이 있으니	大風有隧
빈 큰 골짝이로다	有空大谷
이 선량한 사람은	維此良人
떳떳한 선을 행하거늘	作爲式穀
저 도리에 순종하지 않는 자는	維彼不順
행실이 더러움에 부합하도다	征以中垢

흥이다. 땅에 구멍을 파서 길을 낸 것을 수(隧)라 한다. 바람은 빈 골짜기를 따라 지나가니, 선과 악이 길이 다름을 말한 것이다. 식곡(式穀)[96]은 항상 쓰는 선이다. 정(征)은 행(行)이요, 구(垢)는 더러움이니, '정이중구(征以中垢)'[97]는 행실이 더러움에 부합하여 혹시라도 선에 부합하지 않는 것이다. 《한서(漢書)》에 "왕께서 행하시는 바는 《시경》 중 어떤 편에 부합합니까?"[98]라고 하였다. 선량한 사람이 항상 쓰

94 적(迪)은 행함이다 : 선량한 사람의 말을 실행한다는 뜻인 듯하다. 《집전》에는 적(迪)을 '등용함〔進〕'이라 하였다.

95 영위도독(寧爲荼毒) : 《집전》에는 영(寧)을 '편안함'으로 보아, "백성들이 명령을 견뎌내지 못하니, 이 때문에 행동을 함부로 하고 난을 탐하여 도독을 편안히 여기는 것이다."라고 풀이하였다.

96 식곡(式穀) : 《집전》에는 식(式)은 '씀〔用〕'이라 하였는데, 《시경언해(詩經諺解)》에 '作爲式穀'을 '作ᄒᆞ야 爲홈이 穀을 ᄡᅧᄒᆞ거늘'이라 하여, 작위함이 선으로써 한다고 해석하였다.

97 정이중구(征以中垢) : 《집전》에는 뜻이 상세하지 않다고 하고 혹자의 설로서 중(中)은 음암(隱暗)이라 하여, 행하기를 중구(中垢 은밀히 하는 더러운 짓)로써 한다고 해석하였다.

는 선을 행함과 도리에 순종하지 않는 사람이 더러움에 부합함은 마치 땅에 구멍을 파서 만든 길이 있어서 옮기거나 바꿀 수 없음과 같은 것이다.

큰 바람이 감에 길이 있으니	大風有隧
탐하는 사람들이 동류(同類)를 무너지게 하도다	貪人敗類
말을 들으면 꾸며서 대답하고	聽言則對
말을 해주어도 취한 듯이 대하니	誦言如醉
좋은 계책을 쓰지 아니하고	匪用其良
도리어 나로 하여금 노망들게 하도다	覆俾我悖

흥이다. 바람이 지나가면 만물이 꽃이 피고 시든다. 탐욕스러운 사람이 지위에 있으면 불선한 자들이 휩쓸려 그것을 본받는다. 그러므로 동류를 무너지게 한다[99]고 한 것이다. '청언즉대(聽言則對)'는 말이 잘못을 꾸며서 덮을 수 있는 것이요,[100] '송언여취(誦言如醉)'[101]는 말을

98 왕께서……부합합니까 : 이는 한(漢)나라의 공수(龔遂)가 창읍왕(昌邑王) 유하(劉賀)에게 한 간언에 "대왕께서 외우시는 《시경》 305편에 인간의 일이 모두 스며들어 있고 왕도가 갖추어져 있는데, 왕께서 행하시는 바는 《시경》 중 어떤 편에 부합합니까?〔大王誦《詩》三百五篇, 人事浹, 王道備, 王之所行中《詩》一篇何等也?〕"라고 보인다. 《漢書 卷63 武五子傳》

99 동류를 무너지게 한다 : 《집전》에는 '패류(敗類)'를 《서경》에 보이는 '족류(族類)를 무너지게 한다.〔圮族〕'라는 말과 같다고 하였다.

100 청언즉대(聽言則對)는……것이요 : 이는 왕이 간언을 듣고 자신의 잘못을 꾸미는 대답을 한다고 본 듯하다. 반면에 《집전》에는 "내가 혹시나 내 말을 들어줄까 하여 대답하였다."라고 하여 '왕이 말을 들어줄까 하여 신하가 대답하는 것'으로 해석하였다.

101 송언여취(誦言如醉) : 《집전》에는 "말을 들어주지 못할 줄을 알기에 말을 하고는 중심에 취한 듯하다."라고 하여 신하의 마음이 취한 듯하다고 보았다.

해주어도 소홀히 여겨 살피지 않는 것이다. 왕이 좋은 계책을 쓰지 않고[102] 도리어 그를 노망[103]이라고 하였다. 그러므로 나로 하여금 노망들게 한다고 한 것이다.

슬프다 너희 붕우들아　嗟爾朋友
내 어찌 알지 못하고 행동하리오　予豈不知而作
저 날아가는 벌레를　如彼飛蟲
때로는 또한 주살로 맞히는 것과 같은지라　時亦弋獲
내 이미 가서 그대를 비호해 주려 하였는데　既之陰女
도리어 나에게 와서 노여워하는구나　反予來赫

부이고 흥이다.[104] 날아가는 벌레도 혹 때로 주살로 맞힐 수가 있는데, 내가 너를 위하여 도모함은 너의 마음에 부합하는 경우가 없다.[105] 지(之)는 감이요, 음(陰)은 가려서 비호함이요, 혁(赫)은 위엄으로 노여워하는 모양이니, 내가 너를 위하여 도모함은 너를 비호해 주기 위한 것인데 너는 도리어 나에게 와서 노여워한다는 것이다.

백성들이 난을 그치지 않음은　民之罔極
오로지 진실로 잘 배반하기 때문이니라　職涼善背

102 왕이……않고 : 《집전》에는 '匪用其良'을 '왕이 선량한 사람을 등용하지 않음〔王不用善人〕'으로 해석하였다.

103 노망 : 경문의 패(悖)를 집전에 패모(悖眊 정신이 혼미함)로 풀이하였다.

104 부이고 흥이다 : 《집전》에는 부로 보았다.

105 나는……없다 : '如彼飛蟲, 時亦弋獲'을 《집전》에는 "자기 말이 간혹 또한 맞음이 있음을 말한 것이니, 천 번 생각하면 한 번은 맞는다는 말과 같다."라고 하여 부로 본 반면에, 심대윤은 아래 5·6구에 대한 홍으로 본 것이다.

백성들에 불리한 짓을 하되　爲民不利
이루 해내지 못할 듯이 하니　如云不克
백성들의 간사함은　民之回遹
오로지 다투어 힘을 쓰기 때문이니라　職競用力

부이다. 양(涼)은 마땅히 양(諒)이 되어야 하니, '직량선배(職涼善背)'[106]는 '오로지 진실로 잘 배반함에 연유함'이다. 휼(遹)[107]은 마땅히 휼(譎 속임)이 되어야 한다.

백성들이 흉악한 마음을 그치지 않음은　民之未戾
도적 신하들이 도둑질하기 때문이니라　職盜爲寇
앞에서는 불가하다고 진실로 말하나　涼曰不可
돌아서면 나쁜 말을 잘하여 나를 꾸짖나니　覆背善詈
네가 비록 말하지 않았다고 하나　雖曰匪予
내 이미 너의 노래를 지었노라　既作爾歌

부이다. 여(戾)[108]는 그침이니, 《서경》에 이르기를 "흉악한 마음을 그치지 않았다."[109] 하였다. 네가 나와 대면하여 말하면 진실로 자기가

106 직량선배(職涼善背) : 《집전》에는 "오로지 이 사람들이 겉으로는 정직하고 성실하다고 하나 실제로는 잘 배반하기 때문이다."라고 풀이하였다.

107 휼(遹) : **【집전】** 회휼(回遹)은 사벽(邪僻)함이다.

108 여(戾) : **【집전】** 안정함〔定〕

109 나쁜……않았다 : 이는 《서경》 〈강고(康誥)〉에 "지금 백성들이 안정하지 못해서 흉악한 마음을 그치지 아니하여 인도하기를 여러 번 하였으나 평정(平靜)한 백성과 똑같아지지 않는다.〔今惟民不靜, 未戾厥心, 迪屢未同.〕"라고 보인다. 채침(蔡沈)의 주에 '厥心'을 '그 마음이 사납고 미워함〔其心之狠疾〕'으로 해석하였다. 《書經集傳》

한 행위가 불가하다고 말하나, 등을 돌리면 도리어 나를 꾸짖는다.[110] 네가 비록 말하지 않았다고 하나 나는 오히려 너의 정상(情狀)을 꿰뚫어 보아서 이 노래를 지으니, 네가 겉으로 가리고자 하는 것이 또 될 수 있겠는가.

이상은 〈상유〉 16장이니, 여덟 장은 장마다 8구이고, 여덟 장은 장마다 6구이다.

운한 雲漢

아득한 저 운한(雲漢)이여	倬彼雲漢
빛이 하늘을 따라 돌도다	昭回于天
왕이 말씀하기를 아!	王曰於乎
지금 사람에게 무슨 죄가 있는가	何辜今之人
하늘이 상란(喪亂)을 내리사	天降喪亂
기근이 거듭 이르기에	饑饉薦臻
신의 제사를 거행하지 않음이 없으며	靡神不擧
이 희생을 아끼지 아니하여	靡愛斯牲
규벽(圭璧)을 이미 모두 올렸거늘	圭璧旣卒
어찌하여 내 말을 들어주지 아니하시는가	寧莫我聽

110 네가……꾸짖는다 : '涼曰不可, 覆背善詈'를 《집전》에는 "성실한 척할 때에는 또한 소인을 불가하다고 하다가 등을 돌림에 미쳐서는 또 나쁜 말을 잘하여 군자를 꾸짖는다."라고 풀이하였다.

부이다. 탁(倬)은 아득히 먼 모양이다. 은하(銀河)가 구름과 같기 때문에 운한(雲漢)이라 한 것이다. 회(回)는 하늘을 따라 도는 것이다. 천(薦)은 천(荐 거듭)과 통한다. '미신불거(靡神不擧)'는 예(禮)에 나라에 큰 재앙이 있으면 귀신을 찾아 제향하는 것이다.[111] 졸(卒)은 모두이다. 구설에 선왕(宣王)이 혼란한 여왕(厲王)의 뒤를 이어 즉위하여 혼란을 평정하려는 뜻을 품었는데, 재앙을 만나 두려워하여 잠시도 몸을 편안히 하지 못하고 정사를 닦자 잉숙(仍叔 주나라 대부)이 이 시를 지어서 찬미했다고 하였다. 이 편의 글에 번잡함을 줄이지 않은 것은 왕이 근심과 수고를 그치지 않음을 나타낸 것이다. 시를 편집한 자가 이 시를 취한 것은 선왕이 중흥한 이유를 드러내려고 한 것이다.

가뭄이 너무도 심하여	旱旣大甚
열기가 꽉 막혀 왕성하기에	蘊隆蟲蟲
제사를 그치지 아니하여	不殄禋祀
교제(郊祭)로부터 종묘에 가서	自郊徂宮
위아래에 제사하며 예물을 올리고 폐백을 묻으며	上下奠瘞
신을 높이지 않음이 없으니	靡神不宗
후직(后稷)이 감당해내지 못하시며	后稷不克
상제가 강림하지 않으시도다	上帝不臨
하토(下土)에 폐해를 입히고 패망하게 함이	耗斁下土
어찌하여 내 몸에 당하였는가	寧丁我躬

111 예(禮)에……것이다 : 《주례》 〈지관(地官) 대사도(大司徒)〉에 기근을 구제하는 정책으로 '귀신을 찾아 제향함〔索鬼神〕'이 있는데, 정중(鄭衆)은 "폐지한 제사를 찾아 제사하는 것이다.〔求廢祀而修之.〕"라고 풀이하였다.

부이다. 온륭(蘊隆)은 가뭄의 기운이 밀폐되어 왕성한 것이다. 충(蟲)은 마땅히 충(爞)이 되어야 하니, 열기(熱氣)이다. 교(郊)는 하늘에 제사함이니,[112] 중하(仲夏)에 기우제를 지내어 비 오고 날이 갬이 고르고 적당하여 곡식이 잘 영글기를 하늘에 기원하는데, 이때 사(社)·직(稷)·풍백(風伯)·우사(雨師)로 배향한다.[113] 궁(宮)은 종묘이

112 교(郊)는 하늘에 제사함이니 : 《집전》에는 하늘과 땅에 제사함이라고 하였다. 교제(郊祭)에 관한 일반적인 설은, 천자가 교(郊)에서 하늘과 땅에 지내는 제사로서 동지(冬至)에 남교(南郊)에서 하늘에 제사하고 하지(夏至)에 북교(北郊)에서 땅에 제사한다는 것이다. 《삼례사전(三禮辭典)》에 이르기를, 하늘에 제사하는 것만을 교제로 보는 주석도 있으나 여러 경전의 내용을 검토하면 교제는 하늘과 땅에 제사하는 것이 맞다고 하였다. 반면에 심대윤은 교제를 하늘에 제사하는 것으로 보았고, 또 땅에 제사하는 것은 사(社)에서 제사할 뿐이고 교(郊)에서 제사하는 것은 예가 아니라고 보았다. 이 내용은 《예기정해(禮記正解)》〈교특생(郊特牲)〉의 주에 "후대에 남교에서 하늘과 땅을 함께 제향하는 것은 존귀한 하늘과 비근한 땅이 같은 자리에 있는 것이요, 땅을 북교에서 나누어 제사하는 것은 땅을 높여서 멀리하는 것이요, 사(社)에 제사하고 또 후토(后土)에 제사하는 것은 하나의 신에 다른 제사를 지내는 것이니, 모두 예가 아니다.……동지의 제사는 교(郊)의 본(本) 제사이고, 맹춘(孟春)에 풍년을 기원하고 계추(季秋)에 보답하는 제향은 모두 교제와 사(社)·직(稷)의 제사를 겸하여 하는 것이고, 중하(仲夏)에 기우제를 지내면서 결실을 기원하는 것은 교제와 우사(雨師)의 제사를 겸하여 하는 것이고, 중춘(仲春)과 중추(仲秋)의 제사는 사·직의 본 제사이다.〔後世合饗於南郊, 是尊卑同位也; 分祭於北郊, 是尊而遠之也; 祭社而又祭后土, 是一神而異祭也, 皆非禮也.……冬至, 郊之本祀也; 孟春祈穀, 季秋報饗, 皆兼祭郊及社稷也; 仲夏雩而祈實, 兼祭郊及雨師也; 仲春、仲秋, 社稷之本祭也.〕"라고 보인다.

113 중하(仲夏)에……배향한다 : 이에 따르면 '위아래에 제사함'은 위로 하늘에 제사하고 아래로 사·직·풍백·우사에 제사하는 것인 듯하다. 《집전》에는 "위로는 하늘에 제사하고 아래로는 땅에 제사한다."라고 하였다. 심대윤의 기우제에 대한 설은 《예기》〈월령(月令)〉의 주에 다음과 같이 보인다. "크게 기우제를 지내는 것은 상제에게 제사하면서 사·직·풍백·우사로 배향하여 비바람이 순조롭고 곡식이 잘 영글기를 기원하니, 이것은 일정한 제사로서 음악을 사용한다. 만약 가뭄으로 기우제를 지내어 비를 기원할 경우에는 음악을 사용하지 않는다.……오직 가뭄이 들어 기우제를 지낼 경우에만 산천까지 미쳐 제사한다.〔大雩, 祀于上帝, 而以社、稷及風伯、雨師配, 以祈風雨順

니, 큰일이 있으면 종묘에서 기도한다. 예(瘞)는 무릇 신에게 제사할 때에 그 폐백을 땅에 묻는 것이다. 후직(后稷)은 농사(農師)였기 때문에 특별히 여기에서 말한 것이다.[114] 두(斁)는 패망함이다. 정(丁)은 당함이니, '영정아궁(寧丁我躬)'은 "어찌하여 재앙이 내 몸에 당하였는가."라는 뜻이다.

가뭄이 너무 심한지라	旱既大甚
밀쳐낼 수가 없도다	則不可推
조심하고 두려워하여	兢兢業業
벼락처럼 여기고 천둥처럼 여기노라	如霆如雷
주나라에 남은 여민(黎民)들이	周餘黎民
반신(半身)도 남은 이가 없거늘	靡有孑遺
호천(昊天) 상제가	昊天上帝
나를 남겨두지 않으시도다	則不我遺
어찌 서로 두려워하지 않으리오	胡不相畏
선조의 제사가 끊기게 되었도다	先祖于摧

부이다. 퇴(推)는 밀쳐서 제거함이다. 업(業)은 업(嶪)이 되어야

調而穀成實, 此常祀也, 用樂. 若旱而雩以祈雨者, 不用樂也.……惟旱而雩, 則及於山川也.〕" 《禮記正解》

114 후직(后稷)은……것이다 : 기우제에서 상제에 배향하는 사・직(稷)・풍백・우사 중에 직만 특별히 말했다는 것이다. 후직은 본래 농사를 담당하는 관원인데, 주나라 시조인 기(棄)가 순(舜)임금 때 후직이 되었으므로 그를 후직이라 칭하며 곡신(穀神)인 직으로서 제사한다. 또 후직은 요(堯)임금 때에는 농사를 담당하는 관원인 농사(農師)였다. 반면에 《집전》에는 "후직은 친함으로써 말한 것이요, 상제는 높음으로써 말한 것이다."라고 하였다.

하니, 위태로움이다. '벼락처럼 여기고 천둥처럼 여김'은 깜짝 놀라 두려워함을 말한 것이다. 혈(孑)[115]은 단독(單獨)이니, '미유혈유(靡有孑遺)'는 이와 같이 하기를 그치지 않으면 장차 한 백성도 살아남지 못함을 말한 것이니, 두려움이 심하고 염려함이 지나친 것이다. 백성이 없으면 군주도 존재하지 못하여 선조의 제사 또한 끊긴다. 최(摧)는 멸함이다.

가뭄이 너무 심한지라 旱旣大甚
막을 수가 없도다 則不可沮
열기가 혁혁(赫赫)하고 뜨거워서 赫赫炎炎
내 머물 곳이 없도다 云我無所
죽음이 가까운지라 大命近止
바라보아 구원을 청할 곳이 없노라 靡瞻靡顧
군공(群公)과 선정(先正)들은 群公先正
나를 도와주지 않거니와 則不我助
부모와 선조께서는 父母先祖
어찌하여 나를 차마 버리시는가 胡寧忍予

부이다. 소(所)[116]는 처소(處所)이다. 지(止)[117]는 어조사이다. '미첨미고(靡瞻靡顧)'[118]는 고함쳐 부르고 바라보아 구원을 청할 곳이 없는

115 혈(孑) : **【집전】** 오른쪽 팔이 없는 모양〔無右臂貌〕

116 소(所) : 《집전》에는 무소(無所)는 "용납될 곳이 없는 것이다.〔無所容也.〕"라고 하였다.

117 지(止) : 《집전》에는 대명근지(大命近止)는 "죽음이 장차 이른 것이다.〔死將至也.〕"라고 하여, 지(止)를 '이름〔至〕'으로 해석하였다.

118 미첨미고(靡瞻靡顧) : 《집전》에는 첨(瞻)은 '우러러 봄〔仰〕'이고, 고(顧)는 '바

것이다. '군공(群公)과 선정(先正)'[119]은 옛날의 공덕이 있는 자이니, 재앙이 있으면 그 빌미가 된 것을 찾아 기도한다.【필부(匹婦)가 원한을 품어도 3년의 가뭄을 불러오니,[120] 군공(群公) 중에 원통함이 있어 여귀(厲鬼)가 된 자 역시 능히 재앙을 부를 수 있는 것이다.】

가뭄이 너무 심한지라	旱旣大甚
산천을 씻어낸 듯하도다	滌滌山川
한발이 사나워	旱魃爲虐
속이 타는 듯하며 불을 놓은 듯하도다	如惔如焚
내 마음에 더위를 두려워하여	我心憚暑
마음에 근심함이 불로 지지는 듯하노라	憂心如熏
군공과 선정들이	群公先正
내 말을 들은 척하지 않노니	則不我聞

라봄〔望〕'이라 하여, "우러러볼 곳이 없으며 돌아볼 곳이 없다."고 해석하였다.

119 군공(群公)과 선정(先正) : 《집전》에는 "《예기》 〈월령(月令)〉에 이른바 '여러 제후와 경사(卿士)로서 생전에 백성에게 유익함이 있었던 자에게 기우제를 지내서 곡식이 잘 영글기를 기원한다.'는 것이다."라고 하였다. 심대윤은 여러 제후와 경사에게 기우제를 지내는 것은 터무니없다고 비판하고 "여러 제후와 경사는 천자의 곡식에 관여하지 않으니, 재앙이 있으면 그 빌미가 된 것을 찾아 기도한다.〔百辟、卿士, 無與於穀, 有災則索其爲祟者而禱之.〕"라고 하였다. 《禮記正解 月令》

120 필부(匹婦)가……불러오니 : 이는 《한서(漢書)》 〈우정국전(于定國傳)〉에 나오는 효부(孝婦)의 고사이다. 젊어서 과부가 된 효부는 시어머니가 개가시키려 해도 따르지 않고 정성껏 시어머니를 10여 년간 봉양하였다. 시어머니는 자신이 며느리에게 누가 된다 하고 자결하였는데, 시누이는 효부가 어머니를 죽였다고 관아에 무고하였고, 체포된 효부는 억지 자백을 하고 말았다. 우정국의 아버지 우공(于公)이 효부의 무죄를 쟁변하였으나 태수는 듣지 않고 효부를 처형하였다. 이에 3년 동안 그 군에 가뭄이 들었는데, 후임 태수가 소를 잡아서 효부의 무덤에 제사를 지내고 비(碑)를 세우자 큰비가 내렸다.

호천 상제는 昊天上帝
어찌 나로 하여금 물러가게 하시는가 寧俾我遯

부이다. 척척(滌滌)은 산에는 풀과 나무가 없고 내에는 물이 없어서 깨끗이 씻어서 제거함과 같은 것이다. 발(魃)은 가뭄의 신이니, 이것이 나타나면 큰 가뭄이 든다. 담(惔)[121]은 마음의 열병이니, 마음을 불로 지지는 듯이 초조하고 열이 남을 말한 것이다. 둔(遯)은 거두어 물러감이니, '영비아둔(寧俾我遯)'[122]은 어찌하여 나로 하여금 거두어 물러가게 해서 무슨 일을 하지 못하게 하느냐고 반문한 것이다.

가뭄이 너무 심한지라 旱旣大甚
힘을 다해 구원하여 감히 포기하지 못하노라 黽勉畏去
어찌 나를 병들게 하되 한해(旱害)로써 하는가 胡寧瘨我以旱
그 참혹한 연고를 알지 못하겠도다 憯不知其故
풍년을 기원하기를 심히 일찍 하였으며 祈年孔夙
사방의 제사와 사직의 제사를 늦게 하지 않았으니 方社不莫
호천 상제가 昊天上帝
나의 마음을 헤아려주지 않으시도다 則不我虞
신명(神明)을 공경한 것으로 보아서는 敬恭明神
마땅히 후회와 노여움이 없어야 할 것이니라 宜無悔怒

121 담(惔) : 【집전】 불태움〔燎之〕

122 영비아둔(寧俾我遯) : 《집전》에는 둔(遯)을 '도망함〔逃〕'이라 하여, '寧俾我遯'을 "하늘이 또 나로 하여금 도망하여 떠나갈 수 있게 해 주지 않으려고 함을 말한 것이다." 라고 풀이하였다.

부이다. '민면외거(黽勉畏去)'[123]는 힘을 다해 구원을 도모하여, 감히 버리고 하지 않을 수 없는 것이다.【거(去)는 이것을 버림이니, 왕(往) 자의 뜻과는 똑같지 않다.】 '참부지기고(憯不知其故)'[124]는 잔인하게 참혹한데 그 이유를 알지 못하는 것이다.

계동(季冬)에 전조(田祖)[125]에게 사제(蜡祭)[126]를 하여 풍년을 기원하고, 맹춘(孟春)에 하늘에 교제(郊祭)를 지내어 곡식이 풍년 들기를 기원하는데,[127] 이때에 사(社)·직(稷)·풍백(風伯)·우사(雨師)로써 배향한다. 방(方)은 사립(四立)[128]의 날에 태호(太昊)·염제(炎帝)·소호(少昊)·전욱(顓頊)[129]을 맞이하여 한 마리 소로써 제사하고, 창룡(蒼龍)·주조(朱鳥)·백호(白虎)·현무(玄武)[130]로써 배향하여

123 민면외거(黽勉畏去) : 《집전》에는 "나가도 갈 곳이 없는 것이다."라고 하여, 힘써 떠나려고 해도 갈 곳이 없어 떠나기 두렵다고 풀이하였다

124 참부지기고(憯不知其故) : 《집전》에는 참(憯)은 '일찍이〔曾〕'라고 하여, "일찍이 그 연고를 알지 못하겠다."라고 풀이하였다.

125 전조(田祖) : 백성에게 처음으로 농사를 가르친 신으로 선색(先嗇)이라고도 한다. 일반적으로 신농(神農) 또는 후직(后稷)을 이르는데, 심대윤은 《예기》 〈교특생(郊特牲)〉의 주에서 신농이라 하였다.

126 사제(蜡祭) : 《예기》 〈교특생(郊特牲)〉에 천자의 성대한 사제〔大蜡〕는 그 대상이 되는 신이 여덟이며 선색(先嗇)을 위주로 하고 사색(司嗇 사공(司空)에서 전준(田畯)까지 농사에 공이 있는 모든 전관(田官))을 배향한다고 하였는데, 심대윤은 그 여덟 신을 선색·사색·농부·우표철(郵表畷)·고양이와 범·제방 ·도랑·곤충과 초목이라 하였다. 《禮記正解》

127 계동(季冬)에……기원하는데 : 이는 '기년(祈年)'을 설명한 것인데, 《집전》에는 "기년은 맹춘에 상제에게 곡식이 풍년 들기를 기원하고 맹동(孟冬)에 일(日)·월(月)·성신(星辰)에게 풍년을 기원하는 것이 이것이다."라고 하여, 계동의 사제(蜡祭) 대신에 맹동의 제사를 말하였다.

128 사립(四立) : 입춘(立春)·입하(立夏)·입추(立秋)·입동(立冬)을 이른다.

129 태호(太昊)……전욱(顓頊) : 각각 동·남·서·북의 제(帝)이다.

한 마리 양[131]을 사용하며, 마침내 그날로 사시(四時)의 신인 구망(句芒)・축융(祝融)・욕수(蓐收)・현명(玄冥)[132]을 제사하되, 대부를 제사하는 예[133]를 쓰고 중(重)・여(黎)・해(該)・희(熙)[134]로써 배향한다. 사(社)는 중춘(仲春)과 중추(仲秋)의 무일(戊日)에 제사한다. 제후는 다만 사시의 신에만 제사하고 사방의 신은 맞이하지 않는다. 우(虞)는 헤아림이다.

가뭄이 너무 심한지라 旱旣大甚
백관의 일정한 법도가 흩어져 버렸다 散無友紀

130 창룡(蒼龍)……현무(玄武) : 각각 동・남・서・북의 신(神)으로 본래는 사방의 별자리 이름이다.

131 한 마리 양 : 〈북산지십 보전(甫田)〉의 '희생 양을 가지고 사(社)에 제사하고 방(方)에 제사하니'라는 구절에 대하여, 심대윤은 사방의 신의 본 제사가 아니므로 한 마리의 양으로 기도한 것이니, 제례를 갖춘 것이 아니라고 하였다.

132 구망(句芒)……현명(玄冥) : 봄・여름・가을・겨울은 각각 목(木)・화(火)・금(金)・수(水)의 사행(四行)에 해당하는데, 사행의 신이 구망・축융・욕수・현명이므로 이들을 사시의 신 또는 사행의 신이라 한다. 《춘추좌전》 소공(昭公) 29년 조에 목・화・금・수를 맡아 다스리는 관원이 각각 구망・축융・욕수・현명이었는데, 사후에는 제사를 받는 신이 되었다고 하였으며, 소호씨(少皞氏)의 자손에 중(重)・해(該)・수(修)・희(熙)라는 네 사람이 있었는데 중을 구망으로, 해를 욕수로, 수와 희를 현명으로 삼았고, 전욱씨(顓頊氏)에게 여(黎)라는 아들이 있었는데 축융이 되었다고 하였다. 또 《예기》 〈월령(月令)〉에 봄・여름・가을・겨울의 신이 각각 구망・축융・욕수・현명이라 하였다.

133 대부를 제사하는 예 : 《의례》 〈소뢰궤사례(少牢饋食禮)〉가 제후의 경・대부가 그 할아버지와 아버지를 사당에서 제사하는 예이다. 심대윤의 《의례정론(儀禮正論)》에서도 경・대부는 희생으로 소뢰(少牢)를 쓴다고 하였다. 소뢰는 양과 돼지를 희생으로 사용하는 것이다.

134 중(重)……희(熙) : 위의 각주 132) 참조. 일반적으로 중・여・해・희가 바로 구망・축융・욕수・현명이라고 하는데, 심대윤은 구분하고 있다.

궁한 서정(庶正)이며 鞫哉庶正
병든 총재(冢宰)[135]며 疚哉冢宰
추마(趣馬)[136]와 사씨(師氏)와 趣馬師氏
선부(膳夫)[137]와 좌우(左右)에 膳夫左右
사람마다 백성을 구원하지 않는 이가 없고 靡人不周
근심을 그칠 수 있는 일을 하지 않음이 없도다 無不能止
하늘을 우러러보니 瞻卬昊天
어찌 의뢰하리오 云如何里

부이다. 우기(友紀)[138]는 요우(僚友 하급관리)의 기강이니, '산무우기(散無友紀)'는 백관이 일정한 법도를 잃은 것이다. 국(鞫)은 곤궁함이다. 서정(庶正)은 여러 관원의 우두머리이다. 사씨(師氏)는 해설이 〈시월지교(十月之交)〉에 보인다.[139] 농사가 흉년이 들어 그해 곡식이 성숙하지 못하였으면 추마(趣馬)는 말에게 곡식을 먹이지 않고, 군주의 수레가 달리는 길을 소제(掃除)하지 않고, 선부(膳夫)는 군주의 음식의 수를 줄이고, 사구(司寇)는 금령(禁令)을 풀고, 사마(司馬)는 병력을 동원하지 않고, 군주는 음악을 연주하며 성찬을 들지 않고,

135 총재(冢宰) : 【집전】 여러 장관의 우두머리이다.〔衆長之長也.〕

136 추마(趣馬) : 말을 관장하는 관원이다.

137 선부(膳夫) : 음식을 관장하는 관원이다.

138 우기(友紀) : 【집전】 강기(綱紀)라는 말과 같다.

139 사씨(師氏)는……보인다 : 《주례》에는 사씨를 왕에게 선한 도(道)를 고하는 일을 맡은 교관(敎官)이라 하였으나 심대윤은 이를 잘못된 것으로 보고, 왕의 동정(動靜)을 관장하여 왕에게 예의를 고하는 자인 듯하다고 하였다. 〈기보지십 시월지교〉 4장의 주와 각주 참조. 《집전》에는 '병사를 거느리고 왕문을 지킴을 관장하는 자〔掌以兵守王門者〕'라고 하였다.

제사에 악기를 매달지 않고, 대부는 잔치하지 않고, 사(士)와 서인(庶人)은 술을 마셔 즐거움을 구하지 않으니,[140] 이것을 일러 백관의 떳떳한 법도가 흩어져 없다고 한 것이다. 주(周)는 구원함이다. '무불능지(無不能止)'[141]는 그칠 수 있는 일을 하지 못하는 것이 없다고 말한 것이니, 바로 아래 장에 서정(庶正)의 근심을 그치게 한다는 것이다. 이(里)는 《집전》에 "《한서(漢書)》에 나오는 '무리(無俚)'의 이(俚)와 같으니, 의뢰한다는 뜻이다."[142]라고 하였다.

하늘을 우러러보니　　　　瞻卬昊天

140 농사가……않으니 : 《예기》 〈곡례 하(曲禮下)〉에 비슷한 내용으로 "농사가 흉년이 들어 그해 곡식이 익지 못하였으면 군주의 음식에 폐(肺)로 고수레하지 않으며, 말에게 곡식을 먹이지 않으며, 군주의 수레가 달리는 길을 소제하지 않으며, 제사에 악기를 매달지 않으며, 대부는 가찬(加饌)인 양(粱 차조)을 먹지 않으며, 사(士)는 술을 마시되 즐거움을 구하지 않는다.〔歲凶, 年穀不登, 君膳不祭肺; 馬不食穀, 馳道不除, 祭事不縣, 大夫不食粱, 士飮酒不樂.〕"라고 보이는데, 이에 따라 원문 '不秣'과 '不縣'을 각각 '馬不食穀'과 '祭事不縣'으로 번역하였다. 원문 '司馬弛兵'은 모형(毛亨)의 전(傳)에 '師氏弛其兵'이라 하고 공영달의 소에 "이(弛)는 병력을 놓아두고 부리지 않음을 이른다.〔弛, 謂舍力不役之耳.〕"라고 한 것을 따르고, 원문 '飮酒爲樂'은 《예기정해(禮記正解)》의 주석을 따랐다.

141 무불능지(無不能止) : 《집전》에는 "여러 신하 중에 한 사람도 백성을 구원하지 않는 자가 없어서, 스스로 능하지 못하다 말하고는 마침내 그치고 하지 않는 이가 없음을 말한 것이다."라고 풀이하였다.

142 이(里)는……뜻이다 : 《집전》에는 "이(里)는 근심〔憂〕이다."라고 하고 이 내용을 언급하였다. 화서(華西) 이항로(李恒老)는 '근심'과 '의뢰'의 두 훈이 서로 달라 억지로 합할 수 없으니, 근심이 바른 훈이고 의뢰는 두루 통하는 일설(一說)이라 하였다. 또 근심의 뜻이면 '里에 엇지ᄒᆞ리오'로 읽고, 의뢰의 뜻이면 '어지 里ᄒᆞ리오'로 읽는다고 하였다. 《華西集 卷6 答李善之》 인용한 《한서》는 〈계포전(季布傳)〉의 찬(贊)에 "비첩(婢妾) 등의 천인(賤人)들이 감개하여 자살하는 것은 용기가 있어서가 아니요, 의뢰할 데가 다 없어졌다고 여겨서 자살에 이른 것이다.〔夫婢妾賤人, 感慨而自殺, 非能勇也, 其盡無俚之至耳.〕"라고 보인다.

찬란히 빛나는 별이 있도다	有嘒其星
대부와 군자들이	大夫君子
하늘의 신에 밝게 연결하려는 정성에 남김이 없도다	昭假無贏
죽음이 가까이 왔으나	大命近止
네가 이룬 공을 버리지 말지어다	無棄爾成
어찌 내 한 몸을 위해 도모하리오	何求爲我
서정(庶正)의 근심을 그치려 해서이니라	以戾庶正
호천(昊天)을 우러러보노니	瞻卬昊天
언제나 그 편안함을 내려주시려는가	曷惠其寧

부이다. 격(假)[143]은 격(格)과 통하니, 정신이 서로 연결됨을 격(格)이라 한다. 영(贏)은 남음이다. '네가 이룬 공을 버리지 말지어다'는 더욱 힘쓰기를 권면한 것이다. '하구위아(何求爲我)'는 내 한 몸을 위한 도모를 구함이 아닌 것이다. 여(戾)[144]는 그침이니, '이려서정(以戾庶正)'은 서정의 근심과 두려움을 그치게 하려는 것이다.

이상은 〈운한〉 8장이니, 장마다 10구이다.

숭고 崧高

높은 산악이 높아서	崧高維嶽

143 격(假) : 【집전】 이름〔至〕

144 여(戾) : 【집전】 안정시킴〔定〕

하늘에 이르도다 駿極于天
산악에서 신을 내려 維嶽降神
보후(甫侯)와 신백(申伯)을 내셨도다 生甫及申
신백과 보후는 維申及甫
주나라의 우익(羽翼)이라 維周之翰
사방 나라에 번병(藩屛)이며 四國于蕃
사방에 덕화를 펴셨도다 四方于宣

부이다. 《집전》에 말하였다. 산이 높고 큰 것을 숭(崧)이라 한다. 보후(甫侯)는 바로 여후(呂侯)[145]이고, 신(申)은 신백(申伯)이니, 모두 강성(姜姓)이다. 선왕(宣王)의 외숙인 신백을 사(謝) 땅에 봉할 적에 윤길보(尹吉甫)가 이 시를 지어서 전송하였다.
○신백과 여후는 사악(四岳)의 후손이다. 그러므로 산악에 가탁하여 신(神)이 내려와 태어났다고 말한 것이다.[146] 한(翰)은 우익(羽翼)이다. 번(蕃)은 마땅히 번(藩 울타리)이 되어야 한다. 선(宣)은 덕화를 폄이다.

145 여후(呂侯) : 여후는 주나라 목왕(穆王)의 사구(司寇)로, 《서경》 〈여형(呂刑)〉은 그가 가르친 형벌을 기록한 것이다. 공안국(孔安國)은 여후가 뒤에 보후(甫侯)가 되었다고 하였다.

146 신백과……것이다 : 《집전》에는 "신백의 선대는 신농(神農)의 후예로 요순(堯舜)의 사악(四岳)이 되어서 사방의 방악(方嶽) 제후들을 모두 거느리고 악신(嶽神)의 제사를 받들었는데, 능히 그 직책을 수행하여 악신이 흠향하였다. 그러므로 이 시에 신백이 태어나게 된 바를 미루어 근본하여 산악에서 신을 내려 그를 내었다고 한 것이다."라고 하였다. 사악(四岳)에 대해 채침(蔡沈)은 "관명이니, 한 사람으로서 사악에 있는 제후의 일을 총괄한 것이다."라고 하였고, 심대윤은 "관명으로 모두 4명이니, 안으로 백관을 주관하고 밖으로 방면을 나누어 제후들을 주관한 자이다.〔官名, 凡四人, 內主百官, 外分主諸侯者也.〕"라고 하였다. 《書經集傳 堯典》, 《書經蔡傳辨正 堯典》

신백을 사 땅에 봉한 것은 본래 취하여 경서에 드러낼 만한 것이 없는데, 이미 〈서묘(黍苗)〉[147]를 취하고 또 〈숭고〉를 취하였다. 〈숭고〉의 글은 중복됨이 특별히 심하니, 이는 이 가운데에 깊은 뜻이 존재하는 것이다.

석작(石碏)이 말하기를 "교만함·사치함·음탕함·방일함은 간사함이 말미암아 생기는 것이니, 네 가지가 오는 것은 총록(寵祿 총애와 부귀를 줌)이 지나치기 때문이다. 대체로 총애를 받으면서도 교만하지 않고, 교만하면서도 능히 자신을 낮추고, 자신을 낮추면서도 원한을 품지 않고, 원한을 품으면서도 능히 자중(自重)하는 자는 적다." 하였다.[148] 선왕이 큰 외숙을 총애하여 큰 나라를 봉해 주어 방백(方伯)으로 삼고【신(申)은 후작(侯爵)인데, 신백이라고 한 것은 제후의 우두머리가 되게 한 것이다.】 심지어는 소백(召伯 소목공(召穆公) 호(虎))으로 하여금 신백의 성읍과 침묘를 경영하고 그 토지의 경계를 구획하게 하며,【봉건(封建)하는 예에 왕은 사공(司空)을 보내어서 국도(國都)를 정할 곳을 살펴보고 국경을 구획하게 하는 것은 괜찮지만, 제후를 위하여 성을 쌓고 궁궐을 경영하고 토지를 다스린다면 이는 천자로서 제후에게 사역하는 것이다.】 신백이 무리를 많이 거느리고 갔는데, 왕이 자신을 보좌하고 모시는 신하들로 하여금 그 가인(家人)을 옮겨가게 해서 토지를 나누어주고 또 백성을 나누어주었으니,[149]【왕자(王者)는 토지를 나누어줌은 있으나 백성을 나누어줌은 없다.】 총록이 지나쳐서 분수를 넘고 예를 참람함을 알 수 있다. 유왕(幽王)이 신백을 소원히

147 서묘(黍苗) : 〈도인사지십 서묘〉는 선왕이 소목공(召穆公)에게 명하여 신백의 사(謝) 땅의 성읍을 경영하게 하였을 적에 신백이 소목공을 위로한 내용이다.

148 석작(石碏)이……하였다 : 이는 《춘추좌전》 은공(隱公) 3년 조에 보인다. 위(衛)나라 장공(莊公)이 폐인(嬖人)의 아들 주우(州吁)를 총애하자 대부 석작이 장공에게 주우가 난을 일으킬 수 있다고 경고한 말이다.

149 소백(召伯)으로……나누어주었으니 : 이 내용은 아래 2장과 3장에 보인다.

하자 그 원한을 참지 못하여 군대를 동원해 난리를 일으켜서 주나라 왕업이 마침내 실추되었다.[150]

'높아서 하늘에 이름'은 신백의 높고 귀함이 천자에 가까움을 가탁하여 말한 것이다. 말이 중복된 것은 총록을 하사함이 이와 같이 잦고 많아서는 안 됨을 나타낸 것이다. 소백의 일을 많이 말한 것은 윗사람이 아랫사람을 위하여 부역함이 예가 아님을 풍자한 것이다.【신백을 위한 시에 이와 같이 소백을 여러 번 말하는 것은 마땅하지 않다.】 마지막 장에는 말하기를 "그 풍(風)이 마침내 아름답다."라고 하였으니, 가탁한 뜻이 있음을 밝힌 것이다.【이 시는 아(雅)의 체제인데 풍이라고 한 것은 가탁한 뜻이 있는 것이다.】 시를 편집한 자가 이 시를 취하여 서주(西周) 멸망의 근본이 선왕에게 있었음을 드러낸 것이니, 이 편은 〈정료(庭燎)〉와 〈억(抑)〉과 서로 표리가 된다.[151]

왕이 신백의 일을 부지런히 힘써 이으시어	亹亹申伯 王纘之事
사(謝)에 도읍을 만들어	于邑于謝
남국(南國)이 본받게 하셨도다	南國是式
왕이 소백(召伯)을 명하사	王命召伯
신백의 집을 정하사	定申伯之宅

150 군대를……실추되었다 : 아래 8장의 주석에서 심대윤은 선왕의 외숙 신백과 유왕을 공격한 신후(申侯)를 동일인으로 보았다.

151 이 편은……된다 : 심대윤은 〈동궁지십 정료〉에 대하여 "선왕이 처음에는 근심하고 부지런하여 중흥의 기업(基業)을 세웠는데, 뒤에는 점점 태만해지고 안일하였으므로 그 공렬이 낮아지고 기업이 오래가지 못함을 풍자한 것이다."라고 하였고, 〈억〉에 대하여는 "아마도 제후가 선왕이 고명(高明)한 자질이 없지 않으나 말년에 교만하여 공업을 제대로 끝마치지 못함을 풍자한 듯하다."라고 하였다.

이 남방(南邦)을 이루게 하시니	登是南邦
대대로 그 일을 집행하게 하셨도다	世執其功

부이다. 미미(亹亹)는 힘을 쓰는 뜻이니, 왕이 신백의 일을 이어서 힘쓰고 힘써 그치지 않는 것이다.[152] 등(登)은 이룸이다. 공(功)은 일이니, '세집기공(世執其功)'[153]은 신백의 후손이 대대로 그 일을 집행하는 것이다.

왕이 신백을 명하사	王命申伯
이 남방에 법이 되게 하시고	式是南邦
사읍(謝邑)의 사람을	因是謝人
너의 속민(屬民)으로 삼게 하셨도다	以作爾庸
왕이 소백을 명하사	王命召伯
신백의 토지를 구획하게[154] 하시고	徹申伯土田
왕이 부어(傅御)를 명하사	王命傅御
그 가인(家人)들을 옮겨가게 하셨도다	遷其私人

부이다. 용(庸)[155]은 부용(附庸)의 용이니, 사(謝) 땅 백성을 신백의

152 왕이……것이다 : 《집전》에는 "신백으로 하여금 선대의 일을 계속하게 하는 것이다."라고 풀이하였다.

153 세집기공(世執其功) : 《집전》에는 "신백의 후손으로 하여금 항상 그 공을 지키게 함을 말한 것이다. 혹자는 말하기를 '크게 봉해주는 예는 소공이 대대로 맡아온 직책이다.' 한다."라고 풀이하였다.

154 구획하게 : 원문 철(徹)은 《집전》에 "경계를 정하고 부세를 바로잡는 것이다."라고 하였다.

155 용(庸) : 《집전》에는 "성(城)이니, 사읍의 사람을 인하여 나라를 만듦을 말한 것

용(庸)으로 삼은 것이다. 부어(傅御)는 왕의 삼공(三公)과 왕을 시어(侍御)하는 신하이다. 소공이 신백의 성읍을 경영하고 부어가 그곳으로 옮겨갔으니,[156] 이는 총애와 영광을 말했으나 실제는 비난한 것이다.

신백의 일을	申伯之功
소백이 경영하도다	召伯是營
그 축성을 시작하니	有俶其城
침묘가 이미 완성되어	寢廟旣成
이미 완성됨에 깊고 크거늘	旣成藐藐
왕이 신백에게 주시니	王錫申伯
네 필의 말이 장대(壯大)하며	四牡蹻蹻
가슴걸이[157]가 반들거리도다	鉤膺濯濯

이다. 정현(鄭玄)은 '용(庸)은 공(功)이니, 나라를 만들어 그 공을 일으킨 것이다.' 하였다."라고 하였으니, 성(城)과 공(功)의 뜻이 겸하여 있다고 볼 수 있다. 심대윤이 말한 용(庸)의 뜻이 분명하지 않으나, 부용(附庸)이 부속(附屬) 또는 종속(從屬)된 나라이므로 경문의 용(庸)을 속민(屬民)으로 번역하였다.

156 부어(傅御)는……옮겨갔으니 : 《집전》에는 부어는 신백의 가신(家臣)의 우두머리이고, 사인(私人)은 가인(家人)이고, 천(遷)은 자기 나라로 나아가게 하는 것이라 하고, "한(漢)나라 명제(明帝)가 후(侯)의 직인(職印)을 보내어 동평왕(東平王) 창(蒼)의 여러 아들에게 줄 적에 직접 쓴 조서를 그 나라의 중부(中傅 환관)에게 하사하였으니, 옛 제도가 이와 같았다."라고 하였으니, 이는 왕이 신백의 가신에게 명하여 신백의 가인을 옮겨가게 한 것이다. 반면에 심대윤은 1장의 주석에서 백성을 나누어주었다고 하였으니, 왕이 자신의 신하와 그 가인을 신백의 나라에 이주하게 하였다고 해석한 것이다.

157 가슴걸이 : 원문 구응(鉤膺)은 〈동궁지십(彤弓之什) 채기(采芑)〉에 보이는데, 《집전》에는 갈고리와 가슴의 큰 띠와 가슴걸이라 하였으나, 심대윤은 갈고리로 연결하고 금박(金箔)으로 장식하여 가슴에 댄 것이라 하였다.

부이다. '신백의 일을 소백이 경영함'은 지위를 잃음을 말한 것이다. 숙(俶)은 시작하는 것이다. 막(藐)은 마땅히 막(邈)이 되어야 하니, 막막(邈邈)은 심원한 모양이다. 갹갹(蹻蹻)[158]은 높고 큰 모양이요, 탁탁(濯濯)[159]은 광택이 나는 모양이다.

왕이 신백을 보내시니	王遣申伯
노거(路車)와 네 필의 말이로다	路車乘馬
내 너의 거처할 곳을 도모해 보니	我圖爾居
남쪽 땅만한 곳이 없도다	莫如南土
너에게 개규(介圭)[160]를 하사하여	錫爾介圭
네 보물로 만들게 하노니	以作爾寶
사(謝) 땅으로 가지만 가까이 있도다 왕의 외숙이여	往近王舅
이 남쪽 땅을 보전할지어다	南土是保

부이다. 왕근(往近)[161]은 자세하지 않다. 혹자는 "가되 멀리 가지 않는 것이니, 사 땅이 남양(南陽)에 있어서 호경(鎬京)으로부터 거리가 멀지 않다. '왕근'은 친근히 하고 멀리하지 않는 뜻이다." 하였다. '왕의 외숙'은 신백을 높이고 귀하게 여긴 것이다.

신백이 진실로 자기 나라로 가거늘	申伯信邁

158 갹갹(蹻蹻) : 【집전】 건장한 모양〔壯貌〕

159 탁탁(濯濯) : 【집전】 광명(光明)한 모양

160 개규(介圭) : 【집전】 제후를 봉할 때 주는 홀〔諸侯之封圭〕

161 왕근(往近) : 《집전》에는 "기(近)는 어조사이다."라고 하였고, '往近王舅'을 《시경언해(詩經諺解)》에 '往ᄒᆞ라 王舅아'로 해석하였다.

왕이 미(郿)에서 전송하시도다　　王餞于郿
신백이 남쪽으로 돌아가니　　申伯還南
사읍으로 진실로 돌아가도다　　謝于誠歸
왕이 소백을 명하사　　王命召伯
신백의 땅에서 부세를 거두어　　徹申伯土疆
그 양식을 쌓아 놓게 하니　　以峙其粻
그 감을 빨리하도다[162]　　式遄其行

부이다. 《집전》에 말하였다. 미(郿)는 지금의 봉상(鳳翔)의 미현(郿縣)이다.

○'신매(信邁)'와 '성귀(誠歸)'[163]는 신백이 공이 없이 봉함을 얻음을 나타낸 것이니, 왕이 분에 넘치게 상을 줌을 애석해 한 것이다. 치(峙)는 저축함이다.

신백이 건장하니　　申伯番番
이미 사읍에 들어가　　既入于謝
보졸(步卒)과 어자(御者)가 많고 많도다　　徒御嘽嘽
주나라가 모두 기뻐하여　　周邦咸喜
그대 훌륭한 우익(羽翼)을 두었다 하도다　　戎有良翰
드러나지 않을까 신백이여　　不顯申伯

162 그 감을 빨리하도다 : 【집전】 소백이 사읍을 경영할 때에 이미 부세를 거두어 식량을 쌓아서 여막(廬幕)과 시장에 머무르고 유숙하는 데 필요한 비축된 물자가 있게 하였다. 그러므로 신백으로 하여금 걸음을 멈추는 일이 없게 할 수 있었다.

163 신매(信邁)와 성귀(誠歸) : 《집전》에는 "왕이 자주 만류하여 가기를 결단하지 못할 듯하였음을 나타내려 한 것이다."라고 풀이하였다.

왕의 큰 외숙이로소니　王之元舅
문무(文武)의 신하들이 이에 법으로 삼도다　文武是憲

부이다. 파파(番番)는 《집전》에 '힘차고 용감한 모양'이라 하였다. 탄탄(嘽嘽)은 많고 성한 모양이다. 융(戎)은 너이니, 왕을 가리킨 것이다.[164] '문무시헌(文武是憲)'은 신백이 왕의 큰 외숙이 되어서 지위가 높고 명망이 무거우니, 문무의 신하들이 법을 취하는 바임을 말한 것이다. 전편(全篇)에 일찍이 신백의 공덕을 칭한 적이 없는데, 여기에서 왕의 큰 외숙이기 때문에 남들이 법으로 삼는 바가 된다고 하였으니, 신백이 공이 없으면서 총애로 봉함을 얻은 것을 알 수 있다.

신백의 덕이여　申伯之德
유순하고 또 정직하도다　柔惠且直
이 만방을 구원하여　揉此萬邦
사방 나라에 알려지도다　聞于四國
길보(吉甫)가 송시(誦詩)를 지으니　吉甫作誦
그 시가 심히 훌륭하도다　其詩孔碩
그 풍(風)[165]이 마침내 아름다우니　其風肆好
이것을 신백에게 주노라　以贈申伯

164 융(戎)은……것이다 : 《집전》에는 "신백이 이미 사읍에 들어가니, 주나라 사람들이 모두 기뻐하여 서로 이르기를 '그대가 지금 훌륭한 정간(楨榦)을 두었다.' 한 것이다."라고 하여 '너'를 주나라 사람들로 보았다.

165 풍(風) : 《집전》에는 '소리〔聲〕'라고 하였는데, 심대윤은 1장의 주석에서 시의 체제로서의 풍이라고 하였다. 풍은 일에 가탁하여 뜻을 붙인 것이다.

부이다. 이는 편 끝에 경계하는 말을 붙인 것이다. '유순하고 또 정직함'은 신백이 부족한 것이다. 그러므로 반대로 말하여 타이른 것이다. 유(揉)[166]는 구원함이다. 유왕이 재위한 것이 11년인데, 신후(申后)가 폐출(廢黜)될 적에 아들 의구(宜臼)가 이미 장성했으니,[167] 그렇다면 신후의 혼인은 선왕 때에 있었던 것이고 유왕을 시해한 자는 바로 선왕이 사읍에 봉한 사람이다.[168] 편 끝에 경계하는 말을 붙인 것은 선견지명이 있는 것이다.

이상은 〈숭고〉 8장이니, 장마다 8구이다.

증민 烝民

하늘이 여러 백성을 내시니 天生烝民
사물이 있음에 법칙이 있도다 有物有則
백성이 떳떳한 정(情)을 갖고 있는지라 民之秉彝
이 의덕(懿德 어진 덕)을 좋아하도다 好是懿德

166 유(揉) : 【집전】 다스림〔治〕

167 의구(宜臼)가 이미 장성했으니 : 이는 주요 문헌에 보이지 않는다. 의구가 태자가 되었다는 것과 《모시서》에 〈소반(小弁)〉을 의구가 폐출되었을 때 지은 시라고 한 것에서 의구가 어리지 않았음을 추정할 수는 있다. 그러나 심대윤은 〈소반〉을 의구의 사부가 지은 시로 보았으니, 무엇을 근거로 하였는지 미상이다.

168 유왕을……사람이다 : 유왕을 시해한 자는 신후(申后)의 아버지 신후(申侯)를 가리키니, 신후(申后)가 폐출되자 신후(申侯)는 견융(犬戎) 등과 함께 유왕을 공격하였다. 선왕의 외숙 신백과 유왕을 공격한 신후(申侯)의 관계는 정설(定說)이 없는데, 심대윤은 동일인으로 본 것이다.

하늘이 주나라를 굽어보시니　　天監有周
밝게 아래로 연결하기에　　昭假于下
천자를 보우하사　　保玆天子
중산보(仲山甫)를 낳으셨도다　　生仲山甫

부이다. 물(物)은 실제의 형체이니, 실제의 형체가 있으면 고치고 변화할 수가 없다.【소는 말이 될 수 없고, 말은 소가 될 수 없는 것이다.】 형체가 생겨나면 그것에 이치〔理〕가 붙어 있으니,【소가 있으면 소의 이치가 있고 말이 있으면 말의 이치가 있으니, 이는 형체가 생긴 뒤에 있는 이치[169]를 말한 것이다.】 그 이치를 따름을 도(道)라 하고【소가 소의 걸음을 함은 소의 도이고, 말이 말의 걸음을 함은 말의 도이다.】 그 도를 닦음을 가르침〔敎〕이라 한다. 사람이 하늘에서 성품〔性〕을 받을 적에, 고요하여 고치고 변화할 수가 없어서 근거할 수 있는 형적(形迹)이 있으므로 '사물이 있다'고 하였다. 사물로 인하여 이치가 있고, 이치로 인하여 도가 있고, 도로 인하여

169 형체가……이치 : 심대윤은 이치를 형체 이전의 이치와 형체 이후의 이치로 나누어 다음과 같이 설명하였다. "기가 있으면 이에 이치가 있으니, 기가 없다면 이치가 어디에 붙겠는가. 그러므로 형체가 생기기 전에 있는 이치는 은미하게 기에 붙어 있기 때문에 기라고 하고 이치라고 하지 않는다. 이는 낳고 낳는 이치이니, 낳고 낳는 이치는 하나일 뿐이다. 형체가 생긴 뒤에 있는 이치는 기에 짝하여 드러나기 때문에 기라고 하지 않고 이치라고 한다. 이는 능히 작용하는 이치이니, 능히 작용하는 이치는 만 가지로 다르다.【이치는 소이연의 까닭이니, 어디든 없는 곳이 없다. 기의 이치는 비유하면 하늘에 오재(五材 금·목·수·화·토)가 있고서 비로소 집·배·수레 등의 온갖 기물을 만들 수 있는 것이고, 형체의 이치는 비유하면 집·배·수레 등의 온갖 기물이 있고서 비로소 거처하고 의뢰하여 쓸 수 있는 것이다.……】〔夫有氣, 斯有理. 無氣, 理安所附? 故理之在乎形之先者, 微而付乎氣, 故曰氣而不曰理. 是生生之理也, 生生之理, 一而已矣. 理之在乎形之後者, 配乎氣而著, 故不曰氣而曰理. 是克用之理也, 克用之理, 萬而殊矣.【理者, 所以然之故也, 無往不在. 氣之理者, 譬如天有五材, 乃可以爲宮室、舟、車凡百器物也; 形之理者, 譬如有宮室、舟、車凡百器物, 乃可以居處資用也.……】〕" 《周易象義占法 程朱易序說》

가르침이 있으므로 '법칙이 있다'고 하였다.

병이(秉彝)[170]는 사람이 간직한 바의 떳떳한 정(情)이다. 의덕(懿德)[171]은 사람이 좋아하는 바의 덕이다.【덕에는 흉한 덕이 있고 길한 덕이 있으니, 인(仁)을 남에게 베푸는 것을 덕이라 하고 악을 남에게 가하는 것도 덕이라 한다. 그러므로 의덕(懿德)이라고 말한 것이니, 좋아하는 바라고 말하여 분명히 구별한 것이다.】

사람의 성품은 욕망이 있어서 이로움을 좋아하고 해로움을 싫어하므로, 그 정이 남이 자기에게 의덕을 베푸는 것을 좋아하지 않는 이가 없고, 남이 자기에게 악덕을 가하는 것을 싫어하지 않는 이가 없다. 이런 성품이 있고 이런 정이 있기 때문에 선을 행할 수 있다. 그러나 그 앎에 가려진 바가 있음으로 인하여 밝음이 비추지 못함이 있고, 이 때문에 자기 몸에 돌이킬 줄을 알지 못하여 오직 자기의 이해만 보고 남의 이해를 보지 못하며 오직 자기의 호오(好惡)만 믿고 남의 호오를 헤아리지 못하니, 이러한 가려짐이 있기 때문에 또 악을 행할 수가 있는 것이다. 선을 할 수 있게 하는 것이 또한 악을 할 수 있게 하는 것이다.【오직 욕망이 있기 때문에 선을 행할 수 있고, 오직 욕망이 있기 때문에 악을 행할 수 있는 것이다.】 만약 선이 이로움이 되고 악이 해로움이 됨을 분명히 안다면 또한 능히 남에게 의덕을 베풀고 남에게 악덕을 가하지 않을 것이다. 만약 능히 격물치지(格物致知)하여 가려짐을 제거하고, 충서(忠恕)를 행하여 공정함을 베풀고, 중용을 행하여 법도를 세우면

170 병이(秉彝) : 《집전》에는 이(彝)를 '떳떳한 성품〔常性〕'으로 풀이하여 '有物有則'의 칙(則)과 같은 것으로 보고, "예컨대 봄에 눈이 밝음과 들음에 귀가 밝음과 모양에 공손함과 말함에 순함과 군주와 신하 사이에 의(義)가 있음과 부자간에 친함이 있는 따위가 이것이다."라고 하였다.

171 의덕(懿德) : 《집전》에 의(懿)는 '아름다움〔美〕'이라 하였다.

이것을 지선(至善)이라 하고 복리(福利)가 한량이 없다.

이는 백성들의 호오에 떳떳함이 있어서 윗사람이 된 자가 덕을 힘쓰지 않을 수 없으며, 중산보가 덕이 있다고 말한 것이다. 격(假)은 격(格)과 통한다. 〈운한(雲漢)〉의 소격(昭假)은 아래에서 위로 연결함이요,[172] 여기의 소격은 하늘에서 아래로 연결함이다. 중산보는 번백(樊伯)[173]의 자(字)이니, 선왕(宣王)이 번백인 중산보로 하여금 제(齊)나라에 성을 쌓게 할 적에 윤길보(尹吉甫)는 천자가 원로대신으로 하여금 아래로 제후를 위하여 부역하게 함은 예가 아니라고 생각하였다. 그러므로 이 시를 지어 풍자한 것이다.[174]

중산보의 덕이	仲山甫之德
유순하고 아름다우면서 법이 있는지라	柔嘉維則
위의가 훌륭하고 안색이 훌륭하며	令儀令色
마음을 조심하고 정돈하며	小心翼翼
옛 교훈을 이에 본받으며	古訓是式
위의를 힘쓰며	威儀是力
천자를 순히 하며	天子是若
밝은 명(命)을 사방에 펴도다	明命使賦

172 운한(雲漢)의……연결함이요 : 위의 〈운한〉 8장에 '大夫君子, 昭假無贏'이라고 보이는데, 이는 대부와 군자들이 하늘의 신에 밝게 연결하려고 하는 것이다. 격(假)을 심대윤은 '정신이 서로 연결됨'이라 하였고, 《집전》에는 '이름〔至〕'이라 하였다.

173 번백(樊伯) : 《집전》에는 번후(樊侯)라고 하였다. 번(樊)은 중산보의 봉지(封地)이다. 아래 2장의 주석에서 중산보가 방백(方伯)이 되었다고 하였으므로 번백이라고 한 듯하다.

174 풍자한 것이다 : 《집전》에는 윤길보가 제나라에 가는 중산보를 전송한 시라고 하였다.

부이다. '유가유칙(柔嘉維則)'[175]은 군자가 지극히 강한 것이다. 사람이 유순함에 편벽되면 나약하고 굳셈에 편벽되면 사나우니, 유순하고 아름다우면서 법이 있음은 중화(中和)의 덕이다.【지극히 굳센 뒤에야 능히 유순하고, 지극히 강한 뒤에야 능히 법이 있다. 양기(陽氣)는 지극히 강하나 훈훈하게 화하고, 음기(陰氣)는 지극히 유순하나 맹렬하게 급하다. 군자의 덕은 양이고 소인의 도는 음이니, 유순하면서 법이 있음은 지극히 강하기 때문이다.】 훌륭한 위의와 훌륭한 안색이 가지런히 정돈된 마음[176]에 연유한다면 외면에 꾸미는 자가 아니다. 약(若)은 순함이다. 부(賦)는 폄이다.

왕이 중산보를 명하사　王命仲山甫
모든 제후에 법이 되게 하며　式是百辟
네 조고(祖考)를 계승하여　纘戎祖考
왕의 몸을 보호하게 하시도다　王躬是保
왕명(王命)을 출납하니　出納王命
왕의 후설(喉舌)이며　王之喉舌
밖에 정사를 베푸니　賦政于外
사방이 이에 흥기하도다　四方爰發

부이다. '모든 제후에 법이 됨'은 방백(方伯)이 되어 방면을 주관한 것이요, '왕의 몸을 보호함'은 태보(太保)가 된 것이요, '왕명을 출납함'

175 유가유칙(柔嘉維則) : 《집전》에는 "그 법도를 넘지 않는 것이니, 법도를 넘으면 이는 약함이 되니, 유가(柔嘉)라고 이를 수 없다."라고 하여 '유순하고 아름다움이 법도에 맞음'으로 해석하였다.

176 가지런히 정돈된 마음 : 이는 '小心翼翼'을 풀이한 것이니, 익익(翼翼)을 정돈된 모양으로 본 것이다. 반면에 《집전》에는 익익을 '공경하는 모양[恭敬貌]'이라고 하였다.

은 총재(冢宰)가 된 것이다.[177] 《주례》에는 태복(太僕)[178]이 왕명의 출납을 관장하는 자로 왕명을 전달하고 선포하는 직책이니, 순(舜)임금의 납언(納言)[179]이 이것이다. 여기서 태재(太宰 총재)가 왕명을 출납한 것은 그 가부를 의논하여 왕명을 내고 들여서 백관에 명령하여 나라의 다스림을 펴는 것이니,[180] 한(漢)나라의 상서(尙書)가 하늘에 북두성(北斗星)이 있는 것처럼 천자의 후설(喉舌)이 된다[181]고 한 것과 같다. 발(發)[182]은 흥기함이다.

177 모든……것이다 : 《집전》에는 중산보는 총재로서 태보를 겸하였다고 하고, 《시전대전(詩傳大全)》의 소주에 주자가 말하기를 "'모든 제후에 법이 되게 한다.' 하였으니 그가 재상이 된 것을 알 수 있고, '천자를 보우하였다.' 하고 '왕의 몸을 보호하게 한다.' 하였으니 그가 태보가 된 것을 알 수 있다.〔其言'式是百辟', 則是爲宰相可知. 其曰'保茲天子'、'王躬是保', 則是爲大保可知.〕" 하였다.

178 태복(太僕) : 《주례》 〈하관 태복(太僕)〉에 "왕의 의복과 서 있는 위치를 관장하고 왕명의 출납을 관장한다.〔掌正王之服位, 出入王之大命.〕"라고 보이는데, 정현의 주에 "왕명을 냄은 왕의 가르침을 반포하는 것이고 왕명을 들임은 여러 신하들이 왕명을 시행하고 아뢴 바를 왕에게 전하는 것이다.〔出大命, 王之教也; 入大命, 群臣所奏行.〕"라고 하였다.

179 순(舜)임금의 납언(納言) : 《서경》 〈순전(舜典)〉에 순임금이 "너를 명하여 납언을 삼노니, 밤낮으로 짐의 명령을 출납하되 진실하게 하라.〔命汝作納言, 夙夜出納朕命, 惟允.〕"라고 하였다.

180 태재(太宰)가……것이니 : 【집전】 출(出)은 왕명을 받들어 폄이요, 납(納)은 행하고 복명(復命)하는 것이다.

181 한(漢)나라의……된다 : 《후한서(後漢書)》 〈이고전(李固傳)〉에 "지금 폐하에게 상서가 있는 것은 하늘에 북두성이 있는 것과 같습니다. 북두성은 하늘의 후설이고 상서는 폐하의 후설입니다.〔今陛下之有尙書, 猶天之有北斗也. 斗爲天喉舌, 尙書亦爲陛下喉舌.〕"라고 보인다. 후설은 《집전》에 "말을 내는 것이다.〔所以出言也.〕"라고 하였으니, 왕명을 출납하는 중신(重臣)을 비유한다.

182 발(發) : 【집전】 정사를 시행하여 호응하는 것이다.〔發而應之也.〕

엄숙한 왕명을 肅肅王命
중산보가 받들어 행하며 仲山甫將之
나라의 좋고 나쁨을 邦國若否
중산보가 밝히도다 仲山甫明之
이미 도리에 밝고 또 일을 살펴서[183] 旣明且哲
그 몸을 보호하며 以保其身
밤낮으로 게을리하지 아니하여 夙夜匪解
한 사람을 섬기도다 以事一人

부이다. 약부(若否)[184]는 순함과 순하지 않음이다. 해(解)는 해(懈 게으름)가 되어야 한다. '이보기신(以保其身)'[185]은 "자기의 군주를 이롭게 하면서도 자기 몸을 잊지 않았다."[186]라고 한 것이 이것이다. 자기 몸을 제대로 보호하지 못하고서 능히 그 군주를 이롭게 하는 자는 있지 않다.

사람들이 말하되 人亦有言

183 이미……살펴서 : 《집전》에 명(明)은 '이치에 밝음〔明於理〕'을 이르고 철(哲)은 '일을 살핌〔察於事〕'을 이른다고 하였다.

184 약부(若否) : 【집전】 약(若)은 순함이니, 순부(順否)는 장부(臧否 좋고 나쁨)라는 말과 같다.

185 이보기신(以保其身) : 【집전】 보신(保身)은 이치를 순히 하여 몸을 지키는 것이요, 이로움을 따르고 해로움을 피하여 구차하게 몸을 온전히 함을 말한 것이 아니다.

186 자기의……않았다 : 《예기》 〈단궁 하(檀弓下)〉에 춘추 시대 진(晉)나라의 조문자(趙文子 조무(趙武))가 자신은 이미 죽은 진나라 경(卿) 중에 수무자(隨武子 사회(士會))를 따를 것이라고 하며, 수무자는 "자기의 군주를 이롭게 하면서도 자기 몸을 잊지 않았으며, 자기 몸을 도모하면서도 자기 친구를 버리지 않았다.〔利其君, 不忘其身; 謀其身, 不遺其友.〕"라고 하였다.

부드러우면 씹어 먹고 柔則茹之
강하면 뱉는다 하나니 剛則吐之
중산보는 維仲山甫
부드러워도 씹어 먹지 아니하며 柔亦不茹
강해도 뱉지 아니하여 剛亦不吐
홀아비와 과부를 업신여기지 아니하며 不侮矜寡
강포한 자를 두려워하지 않도다 不畏彊禦

부이다. 여(茹)[187]는 씹어 먹음이니, '풀을 씹어 먹음'과 '털을 씹어 먹음'[188]이 이것이다. 강어(彊禦)는 강포(彊暴)함이다.

사람들이 또한 말하되 人亦有言
덕이 가볍기가 털과 같으나 德輶如毛
사람들이 능히 덕을 행하는 이가 적다 하나니 民鮮克擧之
내 견주어 보고 도모해 보건대 我儀圖之
오직 중산보만이 덕을 거행하노니 維仲山甫擧之
사랑하되 도와줄 수가 없도다 愛莫助之
곤직(袞職)에 결함이 있거든 袞職有闕
오직 중산보만이 보좌하도다 維仲山甫補之

187 여(茹) : 【집전】 넣는 것〔納〕

188 풀을……먹음 : '풀을 씹어 먹음〔茹草〕'은 《맹자》 〈진심 하(盡心下)〉에 "순(舜) 임금이 마른 밥을 먹고 채소를 씹어 먹을 때에는 장차 그대로 몸을 마칠 듯이 하셨다.〔舜之飯糗茹草也, 若將終身焉.〕"라고 보이고, '털을 씹어 먹음〔茹毛〕'는 《예기》 〈예운(禮運)〉에 "아직 화식(火食)이 없었기 때문에 초목의 열매와 조수의 고기를 먹었으며 그 피를 마시고 그 털까지 함께 씹어 먹었다.〔未有火化, 食草木之實、鳥獸之肉, 飮其血, 茹其毛.〕"라고 보인다.

부이다. 유(輶)는 가벼움이다. 의(儀)[189]는 마땅히 의(擬)가 되어야 하니, 《주역》에 "견주어 보고 의논한다."[190]라고 하였고, 《예기》에 "사람을 견줄 적에는 반드시 그와 같은 무리와 견주어야 한다."[191]라고 하였다. 도(圖)는 도모함이다. 곤직(袞職)은 《집전》에 "왕의 직책이니, 감히 왕을 지척할 수 없기 때문에 곤직이라 한 것이다." 하였다.

중산보가 나가 조도(祖道)를 하니	仲山甫出祖
네 필의 말이 장대(壯大)하며	四牡業業
정부(征夫)들이 민첩하고 민첩하니	征夫捷捷
매양 생각함에 미치지 못할 듯이 여기도다	每懷靡及
네 필의 말이 건장하며	四牡彭彭
여덟 방울이 쟁쟁히 울리니	八鸞鏘鏘
왕이 중산보를 명하사	王命仲山甫
저 동방에 성을 쌓게 하셨도다	城彼東方

부이다. 조(祖)는 〈패풍(邶風) 천수(泉水)〉에 보인다.[192] 업업(業業)은 건장하고 큰 모양이요, 첩첩(捷捷)은 빠름이다.

189 의(儀) : 【집전】 헤아림〔度〕

190 견주어 보고 의논한다 : 이는 《주역》 〈계사전 상(繫辭傳上)〉에 "견주어 본 뒤에 말하고 의논한 뒤에 동(動)하니, 견주어 보고 의논하여 그 변화를 이룬다.〔擬之而後言, 議之而後動, 擬議, 以成其變化.〕"라고 보인다.

191 사람을……한다 : 이 내용은 《예기》 〈곡례 하(曲禮下)〉에 보인다.

192 조(祖)는……보인다 : 〈천수〉 2장의 주에 조도(祖道)는 길을 떠나는 자가 사당에 고유(告由)하고 사당문 밖의 행신(行神)에게 기도하며, 전송하는 사람들이 술과 음식을 가지고 그를 전별하는 것이라 하였다. 《집전》에는 조(祖)를 행제(行祭)라고 하였다.

네 필의 말이 건장하며 四牡騤騤
여덟 방울이 화하게 울리니 八鸞喈喈
중산보가 제(齊)나라에 가나니 仲山甫徂齊
그 돌아옴을 빨리하리로다 式遄其歸
길보(吉甫)가 송시(誦詩)를 지으니 吉甫作誦
의미심장함이 청풍(淸風)[193]과 같도다 穆如淸風
중산보가 길이 생각하는지라 仲山甫永懷
그 마음을 위로하노라 以慰其心

부이다. '그 돌아옴을 빨리함'은 그가 제나라에 감이 불가하다는 뜻을 약간 붙인 것이다. 이 편은 중산보의 덕을 성하게 칭찬하고 끝을 맺기를 "곤직(袞職)에 결함이 있거든 오직 중산보만이 보좌한다." 하였으니, 원로대신은 밖으로 부역을 가서는 안 됨을 밝힌 것이다. 출행하는 일을 서술하고 끝을 맺기를 "그 돌아옴을 빨리하라." 하였으니, 이 부역은 천자가 마땅히 해서는 안 됨을 말한 것이다. "길이 생각한다." 하고 "그 마음을 위로한다." 하였으니,[194] 능히 간하여 만류하지 못하고서 뜻을 굽혀 순종한 뜻을 볼 수 있다.

중산보・소호(召虎 소목공(召穆公))・방숙(方叔)[195]・윤길보의 보좌

193 청풍(淸風) : 【집전】 맑고 부드러운 바람이니, 만물을 화양(化養)하는 것이다.

194 길이……하였으니 : 《집전》에는 증공(曾鞏)의 말로 "정사를 밖에 펴는 것이 비록 중산보의 직책이나 왕의 몸을 보호하고 왕의 잘못을 보좌하는 것이 더욱 그 시급한 바이니, 저 동방에 축성하러 감에 그 마음에 길이 생각한 것이다. 그의 마음에 불안한 바가 있음을 윤길보가 깊이 알고는 송시를 지어 빨리 돌아오라고 하였으니, 그 마음을 위안한 것이다."라고 하였다.

195 방숙(方叔) ; 선왕 때의 경사(卿士)로 형만(荊蠻)과 험윤(玁狁)을 정벌하였다. 〈동궁지십(彤弓之什) 채기(采芑)〉에 방숙이 형만을 정벌한 일이 보인다.

가 있었으나 능히 중흥의 업을 끝마치지 못했으니, 선왕이 어진 이를 끝까지 쓰지 못하였음을 알 수 있다. 참으로 〈억(抑)〉에서 말한 것[196]이 옳지 않은가.【《국어(國語)》에 선왕은 인구조사를 하고 적전(藉田)을 친경(親耕)하지 않으며 간언을 모두 듣지 않았다고 하였으니,[197] 교만하여 스스로 성인이라 여긴 것을 볼 수 있고, 덕을 닦지 아니하여 나라가 피폐하고 백성이 병든 것을 알 수 있다.】

이상은 〈증민〉 8장이니, 장마다 8구이다.

한혁 韓奕

높고 큰 양산(梁山)을	奕奕梁山
우(禹)임금이 다스리셨도다	維禹甸之
머나먼 그 길에	有倬其道
한후(韓侯)가 명을 받았도다	韓侯受命
왕이 친히 명하시되	王親命之
너의 조고(祖考)의 뒤를 잇게 하노니	纘戎祖考
내 명을 폐하지 말아서	無廢朕命
밤낮으로 게을리하지 말아	夙夜匪解

196 억(抑)에서 말한 것 : 심대윤은 〈억〉을 선왕이 고명한 자질이 있었으나 말년에 교만하여 공업을 제대로 끝마치지 못함을 풍자한 시로 보았다.

197 선왕은……하였으니 : 《국어》 〈주어 상(周語上)〉에 선왕이 군사를 잃고 나서 인구조사를 하려 하자 중산보가 까닭 없이 인구수를 조사하면 정사에 해롭다고 간하였으나 듣지 않았고, 선왕이 천 무(畝)의 적전을 친경하지 않자 괵문공(虢文公)이 백성의 큰일은 농사에 있다고 간하였으나 듣지 않았다. 이외에도 노(魯)나라에 작은아들을 태자로 세우는 등 간언을 듣지 않은 일이 《국어》에 보인다.

네 지위를 공경히 수행하라 虔共爾位
내 명은 얻기도 지키기도 쉽지 않느니라 朕命不易
조회 오지 않는 방국(方國)들을 주간(主幹)하여 榦不庭方
네 군주를 도우라 以佐戎辟

부이다. 혁혁(奕奕)은 높고 큰 모양이다. 양산(梁山)은 한(韓)나라의 진산(鎭山)이다. 탁(倬)[198]은 멀리 떨어진 모양이다. 한후(韓侯)는 무왕(武王)의 후손이다. 제후가 서면 천자가 사람을 보내서 작명(爵命)을 하사하고〔錫命〕 제후가 상(喪)을 벗고서 천자에게 조회하면 천자가 친히 만나 가르치니, 한후가 명을 받은 것은 왕이 친히 가르침을 명한 것이요, 작명을 하사한 명이 아니다.[199]【세자가 상을 당하여 장례를 마치고 다음해에 천자가 사람을 보내서 작명을 하사하니, 그런 뒤에야 제후가 비로소 서고, 작명을 하사하지 않으면 감히 자기 마음대로 스스로 서지 못하여 그 나라의 여러 신하들이 천자에게 군주를 세워줄 것을 청하여 명을 따른다. 《춘추》에 왕에게 작명을 받지 않고 스스로 서면 즉위하였다고 쓰지 않는다.[200]】 '찬융조고(纘戎祖考)' 이

198 탁(倬) : 【집전】 밝은 모양〔明貌〕

199 작명을……아니다 : 《집전》에는 '명을 받음'을 작명(爵命)을 받는 것으로 보아서, "'명을 받음'은 즉위하여 상을 마치고서 선비의 복장을 입고 들어와 천자를 뵙고 명령을 듣는 것이다. 찬(纘)은 이음이요, 융(戎)은 너이니, '찬융조고(纘戎祖考)'는 왕이 작명을 하사하여 대를 이어 제후가 되게 함을 말한 것이다."라고 하였다.

200 춘추에……않는다 : 양백준(楊伯峻)은 "《춘추》의 서법(書法)에 따르면 노(魯)나라 열 두 군주에 대하여 그 원년에 마땅히 '원년 봄 왕의 정월에 공이 즉위하였다.'라고 써야 한다. 그런데 은공(隱公)· 장공(莊公)·민공(閔公)·희공(僖公)의 원년에는 단지 '원년 봄 왕의 정월'이라고만 쓰고 '공이 즉위하였다.'라고 쓰지 않았다. 이는 각각 연유가 있으니, 《춘추좌전》의 글에 각각 해석이 있다."라고 하였다. 《春秋左傳注 隱公元年》 그러나 《춘추좌전》의 해석에 이의를 제기하는 여러 설이 있는데, 심대윤도 《춘추좌전》을 따르지 않은 것이다.

하는 제후가 명을 받을 적에 천자가 친히 명한 말이다. 간(幹)[201]은 주간(主幹)하여 다스림이니, 《주역》의 '간사(幹事)'와 '간고(幹蠱)'[202]가 이것이다. '부정방(不庭方)'은 천자의 조정에 조회 오지 않는 나라이다.【'짐명불이(朕命不易)'의 이(易)는 '하늘의 명은 얻기도 지키기도 쉽지 않음'[203]과 '큰 명은 얻기도 잃기도 쉽지 않음'[204]의 '이'이다. 《집전》에는 '이'를 '고치고 바꿈'이라 하였으니, 터무니없는 것이다.】

네 필의 말이 높고 크니　　四牡奕奕

201 간(幹) : 《집전》에는 '바로잡음〔正〕'이라 하였다.

202 간사(幹事)와 간고(幹蠱) : 간사(幹事)는 〈건괘(乾卦) 문언전(文言傳)〉에 "〈군자가〉 정(貞)하여 견고함이 족히 일을 주간(主幹)할 수 있다.〔貞固, 足以幹事.〕"라고 보이는데, 심대윤은 정하여 견고함이 백성을 감화시키고 복종하게 할 수 있으므로 일을 주간할 수 있는 것이라 하였다. 간고(幹蠱)는 〈고괘(蠱卦) 초육(初六)〉에 "아버지의 일을 맡음이니, 아들이 아버지에 대하여 허물이 없으리니, 노고하고 부지런히 힘써야 끝내 길하리라.〔幹父之蠱, 有子考, 无咎, 厲, 終吉.〕"라고 보이는데, 심대윤은 "유순하고 삼가서 부지런히 힘쓰고 일을 집행하는 것은 어리고 비천한 자가 어른과 윗사람을 섬기는 도이다. 그러므로 아버지의 일을 맡음이라고 한 것이다."라고 하였다. 《周易象義占法》 이에 의하면 '간사'는 윗사람으로서 아랫사람의 일을 주간함을 말하고 '간고'는 아랫사람으로서 윗사람의 일을 맡아서 집행함을 말한 것이다.

203 하늘의……않음 : 이는 《서경》 〈군석(君奭)〉에 "하늘의 명은 얻기도 지키기도 쉽지 않아 하늘을 믿기 어렵다.〔天命不易, 天難諶.〕"라고 보인다. 채침은 '명은 보전하기가 쉽지 않음〔命不易保〕'으로 해석하였는데, 심대윤은 "하늘의 명은 얻기도 어렵고 지키기도 어려워서 이미 얻었다고 해서 명을 믿어서는 안 된다. 얻기가 쉽지 않으니 마땅히 보호하고 아껴야 할 바이고, 지키기도 어려우니 오로지 후대 사람의 일로 맡길 수 없다.〔天命得之難而守之難, 不可以旣得而信之也. 得之不易, 則所宜保惜勿失也; 守之亦難, 則不可獨任於後人也.〕"라고 풀이하였다. 《書經蔡傳辨正》

204 큰……않음 : 원문 '駿命不易'는 〈문왕지십 문왕(文王)〉에 보이는데, 심대윤은 "하늘의 큰 명을 얻음은 한 해나 한 달에 이루어지는 것이 아니요, 이것을 잃음 또한 한 해와 한 달에 이루어지는 것이 아니니, 행하여 쌓고 오래하면 경사와 재앙이 비로소 이루어진다."라고 하였다.

심히 키가 크고 또 몸집이 크도다 孔脩且張
한후가 들어와 뵈니 韓侯入覲
개규(介圭)로써 以其介圭
들어와 왕을 뵙도다 入覲于王
왕께서 한후에게 물건을 내려주시니 王錫韓侯
숙기(淑旂)와 유장(綏章)과 淑旂綏章
화문석으로 만든 가리개와 문채 나는 형(衡)[205]과 簟茀錯衡
검은 곤룡포와 붉은 신과 玄袞赤舃
가슴걸이와 조각한 당로(當盧)와 鉤膺鏤鍚
가죽을 감은 식(軾)과 호피(虎皮)로 만든 덮개와 鞹鞃淺幭
고삐 머리[206]를 쇠고리에 묶은 것이로다 鞗革金厄

부이다. 수(脩)는 길이요, 장(張)은 큼이다. 제후가 〈즉위하고〉 처음 천자를 뵐 적에 명규(命圭)[207]를 집지(執贄)의 예물로 삼고 속백(束帛 다섯 필(匹)의 비단)의 위에 벽옥(璧玉)을 올려 폐백을 삼으면 천자가 명규는 되돌려 주고 벽옥과 속백은 받는다. 숙기(淑旂)[208]와 유장(綏

205 문채 나는 형(衡) : 착형(錯衡)은 〈동궁지십 채기(采芑)〉에 보이는데, 심대윤은 착(錯)을 '무늬가 섞여 있는 것〔雜文〕'이라 하였다. 형(衡)은 액(軛 멍에) 위에 가로 댄 나무이다.

206 고삐 머리 : 조혁(鞗革)은 《집전》 〈백화지십 육소(蓼蕭)〉에 "조(鞗)는 고삐요, 혁(革)은 고삐의 머리이니, 말고삐를 잡은 부분 외에 남음이 있어서 길게 드리워진 것이다."라고 하였다.

207 명규(命圭) : 제후의 명규는 제후를 처음 봉할 때 천자가 작명(爵命)을 하사하는 홀〔圭〕이니, 천자를 조회하거나 제후끼리 서로 만나는 예에 사용한다. 집전에도 개규(介圭)는 봉규(封圭 제후를 봉할 때 주는 홀)이니, "집지의 예물로 삼아 왕과 서옥(瑞玉)을 맞추어 보는 것이다."라고 하였다.

208 숙기(淑旂) : 【집전】 숙(淑)은 좋음〔善〕이다. 용(龍) 두 마리가 서로 마주하게

章)[209]은 기치(旂幟)의 이름이다. 《집전》에 말하였다. 말 눈썹 위의 장식을 양(鍚)이라 하니, 지금의 당로(當盧)이다. 곽(鞹)은 가죽에 털을 제거한 것이요, 굉(鞃)은 식(軾)의 중앙이니, 두 각(較)[210]의 사이에 기댈 수 있는 가로 나무의 중앙을 곽으로 감아 견고하게 한 것이다. 천(淺)은 호피(虎皮)이다. 멱(幭)은 어떤 본에는 멱(幦)으로 되어 있으니, 가죽으로 식(軾)을 덮는 것이다. 금액(金厄)은 쇠고리에 고삐 머리를 감아서 매는 것이다.

한후가 나가 조도(祖道)를 하니	韓侯出祖
나가 도(屠)땅에서 유숙하도다	出宿于屠
현보(顯父)가 전송하니	顯父餞之
청주(淸酒)가 백 병이로다	淸酒百壺
그 안주는 무엇인가	其殽維何
삶은 자라와 생선이로다	炰鼈鮮魚
그 나물은 무엇인가	其蔌維何
죽순과 포약(蒲蒻) 나물이로다	維筍及蒲
그 선물은 무엇인가	其贈維何
네 필의 말과 노거(路車)로다	乘馬路車
변두(籩豆)가 많기도 하니	籩豆有且
제후들이 서로 잔치하도다	侯氏燕胥

그린 것을 기(旂)라 한다.

209 유장(綏章) : 【집전】 새의 깃털을 물들이거나, 또는 모우(旄牛)의 꼬리로 만들어서 깃대의 머리에 달아 표장(表章)으로 삼는 것이다.

210 각(較) : 수레의 양쪽 옆판의 위에 있는 가로 나무이다. 양옆의 두 각 사이에 앞쪽으로 기댈 수 있는 가로나무가 식(軾)이다.

부이다. 《집전》에 말하였다. 도(屠)는 지명이다. 현보(顯父)는 주나라의 경사(卿士)이다. 속(蔌)은 채소이다. 저(且)는 많은 모양이다. 연서(燕胥)는 여럿이 함께 잔치하고 즐거워하는 것이다. 왕이 현보를 명하여 전송할 적에 그에게 네 필의 말과 노거를 하사한 것이다.

한후가 아내를 취하니	韓侯取妻
분왕(汾王)의 생질이요	汾王之甥
궤보(蹶父)의 자식이로다	蹶父之子
한후가 맞이하니	韓侯迎止
궤(蹶)의 마을에서 하도다	于蹶之里
수레 백 대가 많기도 하며	百兩彭彭
여덟 방울이 쟁쟁히 울리니	八鸞鏘鏘
그 빛이 드러나지 아니할까	不顯其光
여러 여동생[211]들이 따라서 시집오니	諸娣從之
얌전하고 구름처럼 많고 또 곱도다	祁祁如雲
한후가 이들을 돌아보니	韓侯顧之
찬란한 문에 가득하도다	爛其盈門

부이다. 앞에 이미 왕을 뵙고 돌아갔는데, 지금 또다시 와서 아내를 맞이한 것이다. 《집전》에 말하였다. 분왕(汾王)은 여왕(厲王)이 체(彘) 땅으로 쫓겨가서 분수(汾水)의 가에 있었으므로 분왕이라 한 것이다. 궤보(蹶父)는 주나라의 경사(卿士)이니, 길성(姞姓)이다. 기기(祁祁)[212]는 천천히 하고 평온한 것이요, 여운(如雲)[213]은 많고 또 고운

211 여러 여동생 : 《집전》에 제후가 장가들면 두 나라가 잉첩(媵妾)을 보내는데, 각각 여동생과 조카딸이 있어 모두 아홉 명의 여인을 얻는다고 하였다.

것이다.

궤보가 매우 건장하여　　蹶父孔武
나라마다 이르지 않은 곳이 없어서　　靡國不到
한길(韓姞)을 위하여 시집보낼 만한 곳을 보니　　爲韓姞相攸
한(韓)나라만큼 즐거운 곳이 없도다　　莫如韓樂
심히 즐거운 한나라 땅이여　　孔樂韓土
천택(川澤)이 매우 크고 너르며　　川澤訏訏
방어와 연어가 크기도 하며　　魴鱮甫甫
암사슴과 사슴이 우글거리며　　麀鹿噳噳
곰도 있고 큰 곰도 있으며　　有熊有羆
고양이도 있고 범도 있도다　　有貓有虎
이미 좋은 거처를 소유함을 기뻐하니　　慶旣令居
한길이 편안하고 즐겁도다　　韓姞燕譽

부이다. 《집전》에 말하였다. 한길(韓姞)은 궤보의 딸이니, 한후의 아내이다. 상유(相攸)는 시집보낼 만한 곳을 살펴본 것이다. 우우(訏訏)와 보보(甫甫)는 큼이요, 우우(噳噳)는 많음이다. 경(慶)은 기뻐함이다. 영(令)은 좋음이다. 예(譽)는 마땅히 예(豫 즐거움)가 되어야 한다.

광대한 저 한나라의 성(城)이여　　溥彼韓城

212　기기(祁祁) : 《집전》에는 서정(徐靚)이라 하였는데, 이 또한 조용함·얌전함의 뜻이다.

213　여운(如雲) : 【집전】 많음〔衆多〕

연(燕)나라 무리가 완전하게 해준 바로다 燕師所完
선조의 명령을 받음이 以先祖受命
이 백만(百蠻)[214]에 세운 공을 인했으므로 因時百蠻
왕께서 한후에게 내려주시니 王錫韓侯
그 추(追)와 맥(貊)이로다 其追其貊
문득 북쪽 나라를 받아서 奄受北國
인하여 그 패자(霸者)가 되니 因以其伯
실로 성을 쌓고 해자를 파며 實墉實壑
실로 이랑을 다스리고 부세(賦稅)를 받으며 實畝實籍
비휴(貔貅)[215] 가죽과 獻其貔皮
붉은 표범[216]과 누런 곰 가죽을 바치도다 赤豹黃羆

부이다. 보(溥)는 넓음이다. 한(韓)나라를 처음 봉할 때[217]에 연(燕)나라 사람이 왕명을 받들고 가서 한나라 성을 쌓는 것을 도운 것이니, 천자가 제후에게 명해서 서로 돕게 하는 것이 예이다.【소강공(召康公 소공석(召公奭))이 일찍이 봉국으로 나아가지 않고 아들이 대신하여 연나라의 군주가 되었는데, 《집전》에는 소공(召公)이 한나라 성을 쌓았다고 하였으니, 이는 터무니없는 말이다.[218]】 '인시백만(因時百蠻)'[219]은 한나라에 처음 봉해진 선조가 백만(百

214 백만(百蠻) : 공영달의 소에 북쪽의 여러 오랑캐 나라로 보았다.

215 비휴(貔貅) : 공영달의 소에 범과 표범의 등속으로 범 또는 큰곰과 비슷하며, 일명은 집이(執夷) 또는 백호(白狐)라고 하였다.

216 붉은 표범 : 공영달의 소에 붉은 털에 검은 무늬라고 하였다.

217 한(韓)나라를……때 : 공영달의 소에 무왕(武王)의 아들이 한나라에 봉해졌으니, 성왕(成王)의 때라고 하였다.

218 소강공(召康公)이……말이다 : 《집전》에 "한나라가 처음 봉해질 때에 소공이 사공(司空)이 되었는데, 왕이 명하여 그 무리로써 한후를 위하여 이 성을 쌓아주게 하였

蠻)에 공을 세웠기 때문에 봉해진 것이다. 시(時)는 이것이다. 추(追)와 맥(貊)은 북쪽 오랑캐이다. 기패(其伯)는 그 지역의 패자가 된 것이다. 학(壑)은 해자요, 적(籍)은 세금을 장부에 올린 것이다. 추와 맥의 땅을 받아서 성과 해자를 다스리고 전지(田地)의 세금을 매기고 피폐(皮幣)를 공물로 바친 것이다.

이 시는 한후가 왕에게 조회 오고 아내를 친영하며 왕이 총애하여 하사한 것에 지나지 않으니, 취할 만한 내용이 없는데도 이를 취한 것은 깊은 뜻이 붙어 있는 것이다. 시 가운데 한마디 말도 한후의 공과 덕을 칭송한 것이 없고, 궤보가 사위를 가릴 적에 한후의 대대로 쌓은 덕과 인품의 기국을 말하지 않고 오직 한나라 땅의 풍요로움을 말했으니, 그렇다면 한후의 사람됨을 알 수 있다. 왕이 총애하여 하사함에 법도가 없음을 여러 번 말한 것은 왕이 사사로운 사랑으로 제후 중에 무뢰한 자에게 지나치게 은택을 베풀어 천하의 제후가 모두 배반할 마음을 품음을 나타낸 것이다. 견융(犬戎)이 유왕(幽王)을 시해하자 제후 중에 힘을 내서 달려가 구원한 자가 없었던 것은 주나라가 자초(自招)한 바가 있는 것이며, 한나라도 얼마 후에 망하였다.[220] 불인(不

다."라고 하였다. 심대윤은 〈주남(周南) 서설(序說)〉에서 소공이 무왕 때부터 강왕(康王) 때까지 제후들을 주관하는 직방(職方)을 맡았다고 하였으니, 연나라 사람을 동원하여 성을 쌓는 것은 타당하지 않다고 본 듯하다.

219 인시백만(因時百蠻) : 《집전》에는 "한나라가 이 인접(隣接)한 백만을 인하여 주관하여 그들의 우두머리가 되어 거느렸다.〔因是百蠻而長之.〕"라고 해석하였다. 《집전》의 인(因)은 공영달의 소에 "본래 후백(侯伯)을 세우면 그가 구주(九州)의 안을 주관하여 다스리고, 인하여 구주 밖의 오랑캐를 주관한다. 그러므로 인(因)이라고 한 것이다.〔本立侯伯, 主治州內, 因主外夷, 故云因也.〕"라고 한 뜻인 듯하다.

220 한나라도……망하였다 : 《춘추좌전》에 한나라가 진(晉)나라에 멸망하였다고 하였으나 그 시기는 밝히지 않았다. 공영달의 소에는 진나라 무공(武公) 때의 대부인 한만(韓萬)이 한(韓) 땅을 식읍으로 받아 씨(氏)로 삼았으니, 아마도 진나라 문후(文

仁)한 사람에게 은덕을 베푸는 것은 상서롭지 못하고, 남의 사사로운 은혜를 받는 것은 복이 아니다. 불인한 사람에게 은덕을 베풀면 도리어 나쁜 보답을 받고, 남의 사사로운 은혜를 받으면 끝내 뒤에 오는 화가 있다. 이 때문에 군자는 함부로 남에게 주지도 않고 함부로 남에게서 취하지도 않는 것이다.

이상은 〈한혁〉 6장이니, 장마다 12구이다.

강한 江漢

강한(江漢)이 넘실넘실 흐르니 江漢浮浮
무부(武夫)들이 가득하도다 武夫滔滔
편안하며 한가로이 놀려는 것이 아니라 匪安匪遊
회이(淮夷)[221]를 찾으러 온 것이니라 淮夷來求
이미 내 수레를 내려 旣出我車
이미 내 깃발을 설치하니 旣設我旟
편안하며 느긋하게 하려는 것이 아니라 匪安匪舒
회이에 왕의 위엄을 펴려고 온 것이니라 淮夷來鋪

부이다. 부부(浮浮)[222]는 물이 흘러가는 모양이요, 도도(滔滔)[223]는

侯)가 방백으로 평왕(平王)을 보좌할 때에 한나라를 멸하였을 것이라고 하였다.

221 회이(淮夷) : 회수(淮水) 가의 오랑캐.

222 부부(浮浮) : 【집전】 물이 성한 모양〔水盛貌〕

223 도도(滔滔) : 《집전》에는 '물결을 따르는 모양〔順流貌〕'이라 하여, '武夫滔滔'를

가득한 것이다.【"홍수가 하늘에 가득하다."[224]라고 한 것과 "가득한 자들이 모두 이러하다."[225]라고 한 것이 이것이다.】 비안(匪安)은 감히 편안함을 마음에 품지 않는 것이요, 비유(匪遊)는 감히 한가로이 놀아서 스스로 편하지 않은 것이요, 비서(匪舒)는 감히 느긋하게 하여 스스로 여가가 있지 않은 것이다. 포(鋪)[226]는 폄이니, 왕의 위엄을 펴는 것이다. 구설에 선왕(宣王)이 소목공(召穆公)에게 명하여 회이(淮夷)를 평정하게 하자 시인이 이것을 찬미했다고 하였다. 장강(長江)과 한수(漢水)로부터 배를 타고 내려가서 회수(淮水)로 들어가기 때문에 강한(江漢)이라고 말한 것이다.[227]

강한이 넘실넘실 흐르니	江漢湯湯
무부가 굳세고 굳세도다	武夫洸洸
사방을 경영하여	經營四方

"무부들이 물결 따라 내려가도다."라고 해석하였다. 이는 정현의 전을 따른 것인데, 공영달의 소에는 군대가 동쪽으로 흐르는 물을 따라 동쪽으로 내려간 것이지 배를 타고 내려간 것은 아니라고 하였다.

224 홍수가 하늘에 가득하다 : 이는《서경》〈익직(益稷)〉에서 우(禹)가 한 말이다.

225 가득한……이러하다 : 이는《논어》〈미자(微子)〉에 은자(隱者) 걸익(桀溺)이 자로(子路)에게 한 말로 "가득한 자들이 천하에서 모두 이러하니, 누구와 더불어 변역시키겠는가〔滔滔者天下皆是也, 而誰以易之?〕"라고 보인다. 주자는 도도(滔滔)를 '흘러가고 돌아오지 않는 뜻〔流而不反之意〕'이라 하였는데, 심대윤은 "물이 성하여 넘치는 것이다.〔水盛而溢也.〕"라고 하였다.

226 포(鋪) :【집전】 진을 침이니, 군대를 진열하여 정벌하는 것이다.

227 장강(長江)과……것이다 : 한수는 장강의 지류로서 현재의 호북성(湖北省) 무한시(武漢市)에서 장강과 합류하고, 회수는 하류에서 물길이 셋으로 나뉘어 그 중 하나가 현재의 강소성(江蘇省) 양주시(揚州市)에서 장강과 합류한다. 공영달의 소에는 장강과 한수가 합류하는 곳의 물가에서 선왕(宣王)이 군대에 명한 것이라고 하였다.

왕께 성공을 아뢰도다 告成于王
사방이 이미 평정되니 四方旣平
왕국이 행여 안정되리로다 王國庶定
이에 다툼이 없으니 時靡有爭
왕의 마음이 곧 편안하시도다 王心載寧

부이다. 광광(洸洸)은 굳센 모양이다. 서(庶)는 '행여'이다.

강한의 물가에 江漢之滸
왕께서 소호(召虎)를 명하사 王命召虎
사방을 법으로 바루고 式辟四方
우리 강토를 구획하심은 徹我疆土
피해를 입히고 위급하게 하여 해치려는 것이 아니라 匪疚匪棘
왕국의 황극(皇極)으로 오게 하심이니 王國來極
큰 경계를 다스리고 작은 조리(條理)를 다스려서 于疆于理
남해에 이르도다 至于南海

부이다. 호(虎)는 소목공(召穆公)의 이름이다. 벽(辟)[228]은 법이니, '식벽사방(式辟四方)'은 왕법을 가지고 사방을 바루는 것이다. '철아강토(徹我疆土)'[229]는 제후의 강토를 다스려서 서로 침략하고 빼앗지 못하게 한 것이다. 극(極)[230]은 황극(皇極)의 극이다. 피해를 입히고 핍박

228 벽(辟) : 【집전】 벽(闢 개척함)과 같다.

229 철아강토(徹我疆土) : 【집전】 철(徹)은 토지를 정전(井田)으로 만드는 것이다.

230 극(極) : 【집전】 중앙의 표지이니, 중앙에 처하여 사방에서 바름을 취하는 바가 된 것이다.

하여 해치려는 것이 아니요, 그들이 왕국의 황극으로 오게 하려는 것이다.【중(中)은 도(道)의 자리이고 극은 중덕(中德)의 자리이니, 《서경》〈홍범(洪範)〉에 자세히 보인다.】[231]

왕께서 소호를 명하사 王命召虎
와서 두루 나라를 다스리며 와서 가르침을 펴게 하셨도다 來旬來宣
문왕(文王)과 무왕(武王)께서 천명을 받으실 적에 文武受命
소공(召公)이 우익(羽翼)이 되었으니 召公維翰
소자가 어찌 감히 無曰予小子
소공과 같겠냐고 말하지 말지어다 召公是似
네 공(功)을 열어 민첩히 하면 肇敏戎公
너에게 복을 내려 주리라 用錫爾祉

부이다. 순(旬)은 '두루'이니, 여러 나라를 두루 다스리는 것이다. 선(宣)은 왕의 가르침을 펴는 것이다. 소공(召公)은 강공(康公) 석

231 그들이……보인다 : 이는 황극의 자리에 있는 왕에게 사방의 사람들이 교화되기를 바란다는 것이니, 심대윤은 중덕(中德)을 지닌 자가 왕의 자리에 있는 것을 황극이라 하였다. 《서경》〈홍범(洪範)〉에 "다섯 번째 황극(皇極)은 군주가 극(極)을 세움이다.〔五皇極, 皇建其有極.〕"라고 보이는데, 심대윤은 "극(極)은 중(中)이 지위를 얻어서 쓰는 것이므로 황극(皇極)이라 하였다. 인(仁)이 중(中)에 서고 중이 극(極)에 서므로 세움〔建〕이라 하였다. 공자께서 '정치를 덕으로 하는 것은 비유하면 북극성이 제자리에 머물러 있으면 뭇별들이 그에게로 향하는 것과 같다.'라고 하셨으니, 황극을 말씀한 것이다. 중덕이 자리를 얻어 천하에 베풀어 쓰면 천하의 백성들이 그를 따라 교화되니, 공자께서 말씀한 '인도하기를 덕으로써 하는 것'이 이것이다.〔極, 中之得位而用者也, 故曰皇極. 仁立于中, 而中立于極, 故曰建. 子曰'爲政以德, 譬如北辰居其所, 而衆星拱之', 皇極之謂也. 中德得位而施用於天下, 天下之民從而化之, 子曰'道之以德'是也.〕"라고 풀이하였다. 《書經蔡傳辨正》

(奭)이다. 소자가 어찌 감히 선조를 바라보아 그와 같기를 힘쓰겠냐고 하지 말라는 것이다.[232] 융(戎)은 너이고, 공(公)은 공(功)이다.

너에게 규찬(圭瓚)[233]과 釐爾圭瓚
검은 기장술 한 동이를 내려 주며 秬鬯一卣
문인(文人)에게 아뢰어 告于文人
산천과 토지를 하사하노니 錫山土田
주나라가 천명을 받은 곳에서 于周受命
소조(召祖)가 명을 받았던 것을 따르노라 自召祖命
소호가 절하고 머리를 조아리니 虎拜稽首
천자께서 만년을 누리소서 天子萬年

부이다. 이(釐)는 이(貽)와 통한다. 유(卣)는 술동이이다. 문인(文人)은 문덕(文德)이 있는 자이니, 선왕의 통칭이다.【열조(烈祖)와 문모(文母)라는 말과 같다.[234]】 너에게 산천과 토지를 하사한 곳이 주나라가 천명을 받은 곳에 있으니, 바로 문왕과 무왕이 천명을 받은 곳인데, 이는

232 소자가……것이다 : 이는 5·6구를 풀이한 것으로, 《집전》에는 "지금 너는 여소자(予小子 왕의 자칭(自稱)) 때문에 한다고 하지 말고, 다만 스스로 소공의 일을 계승하도록 하여라."라고 풀이하였다.

233 규찬(圭瓚) : 술을 푸는 용기로, 《집전》 〈한록(旱麓)〉에 "규(圭)로 자루를 만들고 황금(黃金)으로 국자를 만들며 청금(靑金)으로 밖을 만들고 그 안을 붉게 한 것이다."라고 하였다.

234 열조(烈祖)와……같다 : 심대윤은 〈주송(周頌) 옹(雝)〉에서 "열고(烈考)는 공렬이 있는 선조이며, 부인(婦人)의 덕도 문(文)이라 하니, 열고는 부조(父祖)의 통칭이고 문모(文母)는 조비(祖妣)의 통칭이다."라고 하였다. 열고와 문모가 본래는 공렬과 문덕이 있음을 뜻하는 말이지만 선조의 통칭으로 쓰이듯이, 여기의 문인도 통칭이라는 말이다.

너의 소조(召祖 강공(康公))가 작명(爵命)을 소유하고 주나라에서 봉읍을 받음을 따르는 것이다.[235]【소공이 연(燕)나라에 봉해졌으나 주나라 서울에 남아 왕을 보필하였다. 그러므로 다시 주나라 땅에서 채읍(采邑)을 준 것이다.】

소호가 절하고 머리를 조아려	虎拜稽首
왕의 아름다운 명을 답하여 칭송해서	對揚王休
소공의 선을 행하리니	作召公考
천자께서 만수를 누리소서	天子萬壽
밝고 밝으신 천자께서	明明天子
훌륭한 명예가 그치지 않으시며	令聞不已
문덕(文德)을 베푸사	矢其文德
이 사방 나라를 무젖게 하소서	洽此四國

부이다. 대(對)는 답함이다. '작소공고(作召公考)'[236]는 소자가 어찌 소공을 바라보겠느냐고 감히 말하지 않고 소공의 선을 행할 것을 생각

235 주나라가……것이다 : 이는 '于周受命 自召祖命'을 풀이한 것으로 소호가 소공의 봉읍인 소(召) 땅을 하사받음을 말한 것이다. 《집전》에는 "소호로 하여금 기주(岐周)에 가서 명을 받아 그 할아버지 강공(康公)이 문왕에게 명을 받았던 곳을 따르게 하여, 그를 총애하고 특별하게 대우하였다."라고 풀이하였다. 이는 우(于)를 '감〔往〕'으로, 주(周)를 기주(岐周)로 해석하였고, 소호가 받은 땅을 기주로 보지 않은 점이 심대윤과 다르다. 기주는 기산(岐山) 아래의 주나라의 옛 도읍으로 문왕이 이곳에서 주나라 왕업의 기초를 닦았으며, 풍(豐)으로 도읍을 옮긴 후에 기주를 나누어 주공과 소공의 봉읍으로 삼았다.

236 작소공고(作召公考) : 《집전》에는 고(考)를 '이룸〔成〕'이라 하여, "소강공의 종묘의 그릇을 만들어 왕의 책명한 말을 새겨 그 성취를 완성한다."라고 풀이하였다. 반면에 심대윤은 고(考)를 선(善)으로 풀이하였으니, 〈위풍(衛風) 고반(考槃)〉 등에서도 '고'를 '훌륭함〔令善〕'으로 해석한 바 있다.

한 것이다. '시기문덕(矢其文德)'[237]은 이미 소공의 선으로 스스로 권면하고 다시 왕에게 무공(武功)을 그치고 문덕을 닦을 것을 권면한 것이다. 선왕(宣王)이 시에 보이는 것은 오직 무공뿐이다. 겨우 자신의 대(代)에 화를 면하고서 뒤를 이은 왕의 대에 나라가 망하였으니, 덕이 없음을 알 수 있다. 그러므로 소목공이 권면한 것이 여기에 있는 것이다. 덕을 힘쓰지 않고 무력을 힘쓰면 속히 패망하지 않는 자가 있지 않다. 전(傳)에 "덕에 의지하는 자는 창성하고 무력에 의지하는 자는 패망한다."[238]라고 하였다.

덕은 양(陽)이고 무력은 음(陰)이다. 음은 양을 도와 공을 이룰 수 있으니, 무력을 끝까지 사용해서는 안 되고 조장해서는 안 되지만, 무력을 완전히 폐기해서도 안 된다. 선왕(先王)이 무력을 길러 때를 기다려서 덕으로 교화시키지 못하는 것을 마침내 무력으로 굴복시켰으니, 이는 하늘이 음을 쌓아 때를 기다려서 양이 잘하지 못하는 것을 마침내 음으로 이루는 것과 같다.

이상은 〈강한〉 6장이니, 장마다 8구이다.

상무 常武

혁혁(赫赫)하고 명명(明明)히[239] 赫赫明明

237 시기문덕(矢其文德) : 【집전】 시(矢)는 '베풂〔陳〕'이다.

238 덕을……패망한다 : 이는 《사기》 〈상군열전(商君列傳)〉에 《서경》의 글로 나오는데, 현재의 《서경》에는 없는 내용이다.

239 혁혁(赫赫)하고 명명(明明)히 : 모형(毛亨)의 전에 "혁혁하게 성대함이고, 명명

왕께서 경사(卿士) 중에　王命卿士
남중(南仲)을 태조로 하는　南仲大祖
태사(太師) 황보(皇父)를 명하사　大師皇父
우리 육군(六軍)을 정돈하여　整我六師
우리 병기를 수선해서　以修我戎
이미 공경하고 이미 경계하여　既敬既戒
이 남국(南國)을 은혜롭게 하셨도다　惠此南國

부이다. 경사 중에 남중(南仲)을 태조(太祖)로 하는[240] 태사 황보에게 명하였으니, 서이(徐夷 서주(徐州)의 오랑캐)의 난을 제거하여 남방의 나라를 은혜롭게 한 것이다. 선왕(宣王)이 직접 군대를 거느리고 서이를 정벌할 적에 황보를 명하여 원수로 삼고 정백 휴보(程伯休父)[241]를 명하여 부원수로 삼은 것이다.【황보는 〈시월지교(十月之交)〉에서 말한 황보이다.[242]】

하게 살핌이다.〔赫赫然盛也, 明明然察也.〕"라고 하였다.

240 남중(南仲)을 태조(太祖)로 하는 : 남중은 〈녹명지십 출거(出車)〉에 그가 삭방(朔方)에 성을 쌓고 서융(西戎)을 정벌한 것을 찬미한 내용이 보이는데, 모형의 전에 남중은 문왕(文王)의 신하라고 하였다. 《집전》에 태조는 시조이니, 굳이 남중을 태조로 한다고 말한 것은 대대로 내려오는 공을 일컬어서 황보를 찬미하고 훌륭히 여긴 것이라고 하였다.

241 정백 휴보(程伯休父) : 《국어》 〈초어 하(楚語下)〉에 중(重)·여(黎)의 후손으로 선왕(宣王) 때에 사마씨(司馬氏)가 되었다고 하였다. 위소(韋昭)의 주에 정(程)나라는 백작(伯爵)이고 휴보는 이름이라고 하였다.

242 시월지교(十月之交)에서 말한 황보이다 : 〈기보지십 시월지교〉에 경사인 황보가 방자하게 행동한 내용이 있는데, 심대윤은 이를 유왕(幽王) 때의 일로 보았고, 황보는 이름이거나 자(字)라고 하였다. 공영달의 소에는 〈시월지교〉가 여왕(厲王) 또는 유왕 때의 일로 이 시의 선왕(宣王) 때보다 앞이거나 뒤인데, 모두 서로 이어진 때이므로 이 시의 황보와 같은 사람일 수도 있고, 혹은 황(皇)이 씨(氏)이고 보(父)가 자(字)이

왕께서 윤씨(尹氏)에게 이르사 王謂尹氏
정백 휴보(程伯休父)를 명하여 命程伯休父
좌우로 행렬을 벌여 左右陳行
우리 사려(師旅)들을 경계하여 戒我師旅
저 회수(淮水)의 물가[243]를 따라 率彼淮浦
이 서주(徐州) 땅을 살피시니 省此徐土
머무르지 아니하며 편안히 처하지 아니하여 不留不處
삼사(三事)가 일에 나아가게 하도다 三事就緖

부이다. 윤씨는 길보(吉甫)이니, 아마도 내사(內史)가 되어서 책명(策命)을 주관한 듯하다.[244] 삼사(三事)[245]는 《서경》의 삼사이다.【삼사는 백성에게 임하여 다스리는 자와 맡은 직책이 있는 자와 법을 집행하는 자이니,[246] 군중(軍中)에도 반드시 삼사가 있었다.】

어서 이를 대대로 전하여 호칭한 것인지도 모른다고 하였다.

243 물가 : 모형의 전에 포(浦)는 '물가〔涯〕'라고 하였다.

244 내사(內史)가……듯하다 : 내사는 작록(爵祿)을 내리고 관직을 파면하고 배치하며 사람을 주살하고 사형을 사면하며 하사하고 박탈하는 법을 관장하는 직책이다. 책명은 책서(策書)로 관작(官爵)을 명하는 것이다. 《집전》에 정백 휴보를 책명하여 사마(司馬)로 삼은 것이라 하였다.

245 삼사(三事) : 《집전》에는 "미상이다. 혹자는 말하기를 '삼농(三農)의 일이다.' 한다."라고 하였다. 혹자의 말은 정현의 전으로, 삼농은 평지·산·소택지(沼澤地)를 말한다. 정현은 서(緖)를 업(業)이라 하고, '三事就緖'를 서주(徐州)의 백성들에게 말하기를 "너희 삼농의 농사를 하는 자들은 모두 본업에 나아가 종사하라." 한 것으로 풀이하였다.

246 삼사는……자이니 : 《서경》의 삼사는 〈입정(立政)〉에 보이는 임인(任人)·준부(準夫)·목(牧)의 관직인데, 백성에게 임하여 다스리는 자는 목(牧)이고, 맡은 직책이 있는 자는 임인(任人)이고, 법을 집행하는 자는 준부(準夫)이다. 〈기보지십 시월지교(十月之交)〉 6장의 각주 참조.

혁혁하고 장대하니 赫赫業業
위엄이 있는 천자로다 有嚴天子
왕이 천천히 대비하시고 출동하사 王舒保作
급히 서둘지 않으며 한가로이 놀지 않으시니 匪紹匪遊
서방(徐方)이 연이어 소동(騷動)하도다 徐方繹騷
서방을 진동하니 震驚徐方
우레와 같고 벼락과 같아서 如雷如霆
서방이 진동하도다 徐方震驚

부이다. 업업(業業)은 장대한 모양이다. 엄(嚴)은 위엄이다. '왕서보작(王舒保作)'[247]은 뜻이 상세하지 않으니, 혹자는 말하기를 느리고 편안하면서도 엄하게 대비하여 스스로 보전한 뒤에 군대를 출동하는 것이라 하였다. 소(紹)는 《집전》에 '급함'이라 하였다. 역소(繹騷)는 연이어 소동하는 것이다.

왕이 그 무력을 뽐내시니 王奮厥武
벼락을 치는 듯하며 노한 듯하도다 如震如怒
북을 쳐서 범 같은 신하들을 진출시키시니 進厥虎臣
포효함이 사나운 범과 같도다 闞如虓虎
회수 가에 진을 쳐 병력을 집중시켜 鋪敦淮濆
나아가 큰 오랑캐를 잡으니 仍執醜虜

247 왕서보작(王舒保作) : 《집전》에도 그 뜻이 상세하지 않다고 하고, 혹자의 설로 "서(舒)는 천천히 함〔徐〕이요 보(保)는 편안함〔安〕이요 작(作)은 행함〔行〕이니, 왕의 군대가 천천히 하고 느긋하게 하여 편안히 감을 말한다."라고 하였는데, 이는 심대윤이 보(保)를 '보전함'으로 해석한 것과 다르다.

절연(截然)한 저 회수의 물가여 截彼淮浦
왕의 군대가 계신 곳이로다 王師之所

부이다. 함(闞)은 노여움을 떨치는 모양이요, 효(虓)[248]는 사나운 모양이다. 포(鋪)는 군대를 펼침이요, 돈(敦)은 진(陳)을 두터이 치는 것이다. 잉(仍)은 나아감이니, 노자(老子)가 "팔뚝을 걷어붙이고 사람에게 나아간다."[249]라고 하였다. 절(截)은 절연(截然)하여 범할 수 없는 모양이다.

왕의 군대가 많고 많으니 王旅嘽嘽
나는 듯하고 활개치는 듯하며 如飛如翰
장강(長江)과 같고 한수(漢水)와 같으며 如江如漢
산의 밑동과 같고 如山之苞
내의 흐름과 같으며 如川之流
면면히 이어지고 질서 정연하며 綿綿翼翼
측량할 수 없고 감당할 수 없어서 不測不克
서국(徐國)을 깨끗이 정벌하도다 濯征徐國

부이다. 불극(不克)은 이길 수 없는 것이다. 탁(濯)[250]은 세척함이니, 서국의 악을 깨끗이 씻은 것이다.

248 효(虓) : 【집전】 범이 스스로 노하는 것이다.

249 팔뚝을……나아간다 : 이는 《도덕경(道德經)》 38장에 "높은 예를 행하였는데 응하는 사람이 없으면 팔뚝을 걷어붙이고 사람에게 나아간다.〔上禮爲之, 而莫之應, 則攘臂而仍之.〕"라고 보인다.

250 탁(濯) : 【집전】 큼〔大〕

왕의 도가 진실로 독실하시니	王猶允塞
서방(徐方)이 이미 와서 복종하도다	徐方旣來
서방이 이미 함께하니	徐方旣同
이는 천자의 공이로다	天子之功
사방이 이미 평정되니	四方旣平
서방이 와서 조회하도다	徐方來庭
서방이 어기지 않거늘	徐方不回
왕께서 회군하라 하시도다	王曰還歸

부이다. 색(塞)은 독실함이다. 불회(不回)는 어긋나지 않고 거역하지 않는 것이다. 이 편은 천자가 직접 육군(六軍)을 거느려서 작은 오랑캐를 공격하였으니, 이른바 이겨도 무용(武勇)이 되지 못한다는[251] 것이다. 그런데도 과장하여 말하며, 번잡하고 중복된 말을 줄이지 않았으니, 그 뜻은 칭송이 아니요 실로 비난한 것이다.[252] 이 편의 이름을 〈상무(常武)〉라고 한 것은 무력을 씀에 그쳤을 뿐이요 문덕을 칭송할 것이 없음을 말한 것이다.

무력은 평상시에 써서는 안 되니, 평상시에 쓰면 은혜와 위엄이 모두 고갈되어서 조정의 안팎이 함께 쇠잔한다. 이극(李克)이 말하기를 "자주 싸우면 백성들이 피폐해지고 자주 승리하면 군주가 교만해지니, 교만한 군주로 피폐한 백성을 통솔하게 하면 망하지 않는 경우가 없

251 이겨도……못한다는 : 이는 《춘추좌전》 양공(襄公) 10년 조에 "성(城)이 작지만 견고하니 이겨도 무용이 되지 못하고, 이기지 못하면 사람들의 비웃음거리가 된다.〔城小而固, 勝之不武, 弗勝爲笑.〕"라고 보인다.

252 칭송이……것이다 : 【집전】 왕이 실로 친히 출동하였으므로 마지막 장에 그 말을 반복해서 천자에게 공을 돌렸으니, 왕도(王道)가 심히 커서 먼 지방까지 회유된 것이요, 단지 군대의 위엄으로 그런 것이 아님을 말하였다.

다."[253] 하였으니, 이는 선왕(宣王)을 두고 말한 것이다. 위세와 무력을 믿고서 교만하고 사치하여 스스로 성인이라 여기면 어찌 망하지 않겠는가. 유왕(幽王)이 즉위한 지 11년 만에 망하였으니, 만일 나라가 병들어 있지 않았다면 비록 유왕이 심히 무도(無道)하였더라도 자신을 망하게 할 수는 있으나 나라를 망하게 할 수는 없는 것이다. 《춘추좌전》에 이르기를 "몇 대 동안 음탕하지 않으면 나라가 망하지 않는다."[254] 하였으니, 유왕이 망한 것은 유왕 때의 일로 망한 것이 아니고, 여왕(厲王)과 선왕 때로부터 나라가 이미 병든 것이다.

선왕이 여왕의 난리를 뒤이어서 덕을 닦아 기업(基業)을 안정시키고 공고히 할 것을 힘쓰지 않고 오직 무력으로 일삼았다. 비록 잠시 반란하는 자들을 평정하였으나 나라의 병이 회복되지 못하였는데, 이것을 걱정할 줄 모르고 대번에 스스로 교만하고 자부하고 태만해졌으니, 〈정료(庭燎)〉·〈억(抑)〉·〈숭고(崧高)〉·〈한혁(韓奕)〉·〈강한(江漢)〉·〈상무〉가 이 때문에 지어진 것이다.[255] 〈숭고〉·〈증민(烝

253 자주……없다 : 이 내용은 이극이 오(吳)나라가 망한 것은 자주 싸워서 자주 승리하였기 때문이라 하고 그 이유를 설명한 것으로, 《여씨춘추(呂氏春秋)》, 《한시외전(韓詩外傳)》 등 여러 책에 보인다. 이극은 전국 시대 위(魏)나라 문후(文侯)의 신하이다.

254 몇……않는다 : 이는 《춘추좌전》 소공(昭公) 원년 조에 진(秦)나라 경공(景公)의 아우 침(鍼)이 한 말로, 진나라의 군주가 무도하지만 나라는 망하지 않을 것이라며 "한 대(代)의 군주가 무도하여도 나라가 망하지는 않는다. 하늘과 땅 사이에 세워진 나라에는 존립(存立)을 돕는 자가 있으니, 몇 대 동안 음탕하지 않으면 나라가 망하지 않는다.〔一世無道, 國未艾也. 國於天地, 有與立焉, 不數世淫, 弗能斃也.〕"라고 하였다.

255 정료(庭燎)……것이다 : 〈동궁지십 정료〉는 선왕(宣王)이 처음에는 부지런하였으나 끝에는 태만함을 풍자하고, 〈억〉은 선왕이 고명한 자질이 없지 않으나 말년에 교만하여 공업을 제대로 끝마치지 못함을 풍자하였다. 〈숭고〉는 신백(申伯)에게 총록을 지나치게 하사함을 풍자하였는데, 선왕의 총애를 말했으나 실제는 비난한 것이다. 〈한혁〉은 선왕이 사사로운 사랑으로 한후(韓侯)에게 지나치게 은택을 베풂을 풍자하였는데, 한나라를 칭송하는 말을 하였으나 실은 비난한 것이다. 〈강한〉은 선왕이 소목공

民)〉[256] · 〈한혁〉 · 〈상무〉는 아(雅) 중에 풍(風)에 가까운 것이니, 그 일을 곧바로 서술하였는데 뜻이 저절로 드러났다.[257]

이상은 〈상무〉 6장이니, 장마다 8구이다.

첨앙 瞻卬

하늘을 우러러보니	瞻卬昊天
나에게 은혜를 내리지 않는지라	則不我惠
심히 병들어 편치 못하여	孔塡不寧
이 큰 난을 내리셨도다	降此大厲
나라가 안정됨이 없어	邦靡有定
선비와 백성들이 병드니	士民其瘵
해충(害蟲)의 해로움과 병이	蟊賊蟊疾
평정되어 끝남이[258] 없으며	靡有夷届

(召穆公)에게 회이(淮夷)를 평정하게 한 것을 찬미하였는데, 무공(武功)을 그치고 문덕을 닦을 것을 권면하였다.

256 증민(烝民) : 제(齊)나라에 성을 쌓으러 가는 중산보를 찬미하였으나, 그 뜻은 선왕이 원로대신으로 하여금 제후를 위하여 부역하게 함을 풍자한 것이다.

257 아(雅)……드러났다 : 이는 풍자하지 않고 곧바로 그 일을 말하였으므로 아(雅)이지만, 말한 바와 가리키는 뜻이 똑같지 않으므로 풍에 가깝다고 한 것이다. 심대윤은 풍은 일에 가탁하여 뜻을 붙인 것이니, '말한 바〔所言〕'는 여기에 있으나 '생각하는 바〔所謂〕'는 저기에 있다고 하였다.

258 평정되어 끝남이 : '夷届'는 《집전》에 이(夷)는 '평함〔平〕'이고, 계(届)는 '극에 이름〔極〕'이라 하였다.

죄망을 거두지 아니하여	罪罟不收
평정되어 나음이 없도다	靡有夷瘳

부이다. 전(塡)[259]은 전(瘨 병듦)이 되어야 한다. 채(瘵)는 병이다. '모적모질(蟊賊蟊疾)'[260]은 모(蟊)가 해로움이 되고 병이 되는 것이다. 이 시는 오로지 유왕(幽王)과 포사(褒姒)를 풍자하였으니,[261] 이 장은 나라의 백성이 곤궁하고 피폐함을 말한 것이다.

남이 소유한 토전(土田)을	人有土田
네 도리어 소유하며	女反有之
남이 소유한 민인(民人)을	人有民人
네 도리어 빼앗으며	女覆奪之
이 죄가 없는 사람을	此宜無罪
네 도리어 구속하며	女反收之
저 죄가 있는 사람을	彼宜有罪
네 도리어 놓아주도다	女覆說之

259 전(塡) : 【집전】 진(塡)은 오램〔久〕이다.

260 모적모질(蟊賊蟊疾) : 《집전》에는 모적(蟊賊)은 묘(苗)를 해치는 벌레이고, 질(疾)은 '해침〔害〕'이라 하였으며, 공영달의 소에는 모적은 곡식을 해치는 벌레이고 모질(蟊疾)은 '곡식을 해치는 모양〔害禾稼之狀〕'이라 하였다. 〈북산지십 대전(大田)〉의 주에 뿌리를 파먹는 해충을 모(蟊)라 하고, 마디를 파먹는 해충을 적(賊)이라 하였다. 반면에 심대윤은 모적(蟊賊)을 '모가 해로움이 됨', 모질(蟊疾)을 '모가 병이 됨'으로 해석한 것으로 보인다.

261 오로지……풍자하였으니 : 《집전》에는 "이 시는 유왕이 포사를 총애하고 내시를 임용하여 난을 이룬 것을 풍자한 시이다."라고 하여, 내시를 임용함도 겸하여 풍자한 것으로 보았다. 아래의 3장 참조.

부이다. 탈(說)은 탈(脫 풀어 줌)과 통한다. 이 장은 왕이 덕이 없음을 말한 것이다.

명철한 지아비는 나라의 방위(防衛)가 되거늘 哲夫成城
명철한 부인은 나라의 방위를 허무느니라 哲婦傾城
아름다운 명철한 부인이 懿厥哲婦
올빼미가 되며 솔개가 되도다[262] 爲梟爲鴟
부인이 말을 잘함이여 婦有長舌
난(亂)의 계제(階梯)로다 維厲之階
난이 하늘로부터 내려오는 것이 아니라 亂匪降自天
부인으로부터 생기느니라 生自婦人
가르칠 수 없는 자는 匪教匪誨
이 부인과 내시니라 時維婦寺

부이다. 성성(成城)[263]은 나라의 방위(防衛)가 됨이요, 경성(傾城)[264]은 나라의 방위를 허무는 것이다. 장설(長舌)[265]은 말을 잘하는 것이다. '비교비회(匪教匪誨)'[266]는 교회(教誨)할 수 있는 자가 아님을 말한 것이다. 시(寺)는 내시이니, 부자(夫子)가 말씀하신 가까이 하면

262 올빼미가……되도다 : 《집전》에 효(梟)와 치(鴟)는 '듣기 싫은 소리를 내는 새〔惡聲之鳥〕'라고 하였다.

263 성성(成城) : 《집전》에는 성(城)은 국(國)과 같다고 하여 '哲夫成城'을 남자가 "지혜가 있으면 나라를 세울 수 있다."라고 풀이하였다.

264 경성(傾城) : 【집전】 나라를 전복(顚覆)시킴

265 장설(長舌) : 【집전】 능히 말을 많이 하는 것〔能多言者〕

266 비교비회(匪教匪誨) : 《집전》에는 "그 말이 비록 많으나 가르침의 유익함이 없는 자는 이 부인과 내시일 뿐이다."라고 풀이하였다.

불손하고 멀리하면 원망하여 부리기가 어려운 자이다.[267] 부인과 내시는 성질이 편벽되고 지식이 천근하여 가장 교화하기가 어려우니, 이들을 통솔함에 그 도리를 얻지 못하면 재앙이 되지 않는 경우가 드물다. 이 장은 포사가 화가 됨을 말한 것이다.[268]

도(道)가 궁한 사람이 질투하고 어기어	鞫人忮忒
빈말로 시작해서 마침내 위배하거든	譖始竟背
어찌 스스로 법도에 맞지 않는다 하리오	豈曰不極
이것이 어찌 잘못이 되는고 하나니	伊胡爲慝
마치 장사꾼이 세 배 이익을 보는 것을	如賈三倍
군자가 아는 것과 같은지라	君子是識
부인은 조정의 일이 없거늘	婦無公事
누에치고 베 짜는 일을 쉬도다	休其蠶織

부이다. 국인(鞫人)[269]은 그 도가 궁극(窮極)함을 말한 것이니, 왕과 포사를 가리킨 것이다. 기(忮)[270]는 시기하고 질투함이요, 특(忒)[271]은

267 가까이……자이다 : 이는 《논어》 〈양화(陽貨)〉에 "여자와 소인은 기르기가(대하기가) 어려우니, 가까이 하면 불손하고 멀리 하면 원망한다.〔唯女子與小人爲難養也, 近之則不孫, 遠之則怨.〕"라고 보인다.

268 포사가……것이다 : 【집전】 앞 구절에는 다만 부인의 화를 말하였고, 끝 구절에는 내시를 겸하여 말했다. 이 둘은 항상 서로 의지하여 간악한 짓을 하니, 아울러 경계하지 않을 수 없기 때문이다.

269 국인(鞫人) : 《집전》에는 국(鞫)은 '궁함〔窮〕'이라 하고 "부인과 내시는 그 지혜와 변설로써 남의 말을 궁하게 한다."라고 풀이하였다.

270 기(忮) : 【집전】 해침〔害〕

271 특(忒) : 《집전》에는 '변함〔變〕'이라 하고 '속임수가 일정하지 않음〔變詐無常〕'으

어기고 어그러짐이다. 참(譖)은 진실하지 않은 말이니, '참시경배(譖始竟背)'[272]는 진실하지 않은 말을 처음에 하였다가 끝내 위배하는 것이다. 극(極)[273]은 법도에 맞음이다. 스스로 법도에 맞지 않는다고 여기지 아니하고 이것이 어찌 잘못이 되냐고 반문한 것이니, 의리와 염치가 없음을 말한 것이다. '장사꾼의 이익을 군자가 앎'[274]은 왕이 이익에 빠져 있음을 말한 것이다. 부인은 조정의 일에 관여함이 없는데, 누에치고 베 짜는 일을 버리고 조정의 일을 도모한 것이니, 포사가 국정에 참여함을 말한 것이다. 이 장은 왕과 포사가 선하지 못함을 함께 말하였다.

하늘은 어찌하여 신문(訊問)하며	天何以刺
신(神)은 어찌하여 나라를 부유하게 하지 않는고	何神不富
저 가까이 있는 오랑캐를 버려두고	舍爾介狄
나를 서로 꺼리는구나	維予胥忌
가엾게 여기지 아니하고 상서롭지 못한 일을 하며	不弔不祥
위의가 좋지 못하며	威儀不類
선인(善人)이 없으니	人之云亡
나라가 끊기고 병들리로다	邦國殄瘁

로 풀이하였다.

272 참시경배(譖始竟背) : 《집전》에는 '이미 헛된 참언을 앞에서 주창하여 시작하였다가 마침내 혹 뒤에서 맞지 않음'으로 풀이하였다.

273 극(極) : 《집전》에는 '끝남〔已〕'이라 하고, '豈曰不極'을 "다시 스스로 그 말의 방자함이 끝이 없다고 여기지 않는다."라고 풀이하였다.

274 장사꾼의……앎 : 《집전》에는 "장사꾼의 이익은 마땅히 군자가 알 바가 아니니, 조정의 일은 부인이 참여할 바가 아닌 것과 같다."라고 풀이하였다.

부이다. 자(刺)[275]는 신문(訊問)함이다.【《주례》의 '세 번 신문함'[276]과 《춘추》의 '신문하여 죽임'[277]이 이것이다.】 불부(不富)[278]는 나라의 재정이 궁핍하여 고갈된 것이다. 개적(介狄)[279]은 가까이 있는 오랑캐이니, 포사를 이른다. 이를테면 "강족(羌族)과 동이(東夷) 사람이 수레 뒤턱 나무에 붙고 호족(胡族)과 월(越)나라 사람이 수레 바퀴통 아래에서 일어난다."[280] 한 것이 이것이고, 여희(驪姬)를 여융(女戎)이라[281] 한 것이 이

275 자(刺) : 《집전》에는 '책함〔責〕'이라 하여 '왕을 책함'으로 풀이하였다.

276 세 번 신문함 : 원문 삼자(三刺)는 중대한 범죄에 대하여 세 번 신문하여 형벌을 결정하는 것으로, 《주례》 〈추관(秋官) 사자(司刺)〉에 "첫 번째는 모든 대신들에게 형벌을 가해야 하는지를 묻고, 두 번째는 모든 관리들에게 묻고, 세 번째는 만백성들에게 묻는다.〔壹刺曰訊群臣, 再刺曰訊群吏, 三刺曰訊萬民.〕"라고 보인다.

277 신문하여 죽임 : 노(魯)나라에서 대부를 죽인 경우 《춘추》에 '자(刺)'로 기록하였는데, 두예(杜預)의 주에 이는 《주례》의 '세 번 신문하는〔三刺〕' 법을 써서 죽임을 말한 것이라고 하였다. 《春秋左傳 僖公 28年》

278 불부(不富) : 《집전》에는 '왕을 부유하게 하지 않음〔不富王〕'으로 해석하였다.

279 개적(介狄) : 《집전》에는 개(介)는 '큼〔大〕'이라 하여 큰 오랑캐로 해석하였다. 또 혹자의 설로 "개적은 바로 부인과 내시를 가리킨 것이니, 이른바 여융(女戎)이라는 것과 같다."라고 하였다.

280 강족(羌族)과……일어난다 : 이는 《사기》 〈사마상여열전(司馬相如列傳)〉에 보이니, 천자가 사냥을 좋아하자, 위험을 가까이해서는 안 된다고 간언한 것이다. '수레 바퀴통 아래'는 왕의 수레 아래 또는 도성의 아래라는 뜻으로, 위험이 가까운 곳에서 일어남을 말한 것이다.

281 여희(驪姬)를 여융(女戎)이라 : 이는 《국어》 〈진어(晉語)1〉에 진(晉)나라 헌공(獻公)이 여융(驪戎)을 정벌하고 여희를 잡아 와서 부인으로 삼자, 태사(太史)인 사소(史蘇)가 이를 경계하며 "남자 군사가 있다면 반드시 '여자 군사〔女戎〕'도 있게 마련이다. 만약 진나라가 남자 군사로써 여융(驪戎)을 이겼다면 여융은 반드시 여자 군사로 진나라를 이길 것이다.〔夫有男戎, 必有女戎. 若晉以男戎勝戎, 而戎亦必以女戎勝晉.〕"라고 한 것을 말한다. 《국어》의 여융(女戎)은 여자 군사의 뜻이지만, 심대윤은 여기서 '가까이 총애하는 오랑캐'의 의미로 인용하였다.

것이다.【적(狄)을 대적(大狄)이라고 말해서는 안 되니, 개(介)를 대(大)로 훈(訓)할 수 없음이 분명하다.】 가엾게 여기지 않으면 사람이 원망하고, 상서롭지 못한 일을 하면 신이 앙화(殃禍)를 내린다.[282] 무(亡)는 없음이니, 《춘추좌전》에 "이는 선인이 없음을 말한 것이다."[283]라고 하였다.

하늘이 멸망을 내림이여	天之降罔
그 많기도 하도다	維其優矣
선인이 없음이여	人之云亡
마음에 근심하도다	心之憂矣
하늘이 멸망을 내림이여	天之降罔
그 시기가 가까웠도다	維其幾矣
선인이 없음이여	人之云亡
마음에 서글퍼하도다	心之悲矣

부이다. 망(罔)[284]은 망(亡)과 같다. 기(幾)는 가까움이다.

용솟음쳐 나오는 함천(檻泉)이여	觱沸檻泉
그 깊기도 하도다	維其深矣
마음에 근심함이여	心之憂矣

282 가엾게……내린다 : 이는 '不弔不祥'을 '不弔하고 不祥하며'로 풀이한 것이다. 반면에 《집전》에는 "하늘이 상서롭지 못한 일을 내림은 행여 왕이 두려워하여 스스로 닦기를 바라서인데, 지금 왕은 재앙을 만나고도 걱정하지 않는다."라고 하여, '不祥을 不弔하며'로 해석하였다.

283 이는……것이다 : 《춘추좌전》 양공(襄公) 26년 조에 이 시의 '人之云亡, 邦國殄瘁'를 인용하고, "이는 선인이 없음을 말한 것이다."라고 하였다.

284 망(罔) : 【집전】 그물〔罟〕

어찌 지금부터이리오 寧自今矣
나로부터 먼저도 아니며 不自我先
나로부터 뒤도 아니로다 不自我後
하늘이 아득히 머나 藐藐昊天
능히 공고히 하지 못함이 없으시니 無不克鞏
황조(皇祖)를 욕되게 하지 마라 無忝皇祖
그대의 후일을 구원해 주리라 式救爾後

흥이고 부이다.[285] 필불(觱沸)은 샘물이 용솟음쳐 나오는 모양이다. 함천(檻泉)은 샘물이 곧바로 위로 나오는 것이니, '유기심의(維其深矣)'는 화의 근원이 깊고 많이 쌓임을 말한 것이다.[286] 막(藐)은 막(邈)이 되어야 하니, 막막(邈邈)은 높고 먼 모양이다. 공(鞏)은 견고함이다. 화의 근원이 비록 깊어서 혼란과 멸망이 당장 닥치게 되었으나[287] 군주가 만일 능히 홀연히 고치고 뉘우친다면 또한 완전히 변하여 편안할 수 있는 것이다. '식구이후(式救爾後)'는 지나간 것은 타이를 수 없지만 앞으로 오는 것은 구원할 수 있는 것이다. 이는 오히려 왕이 행여 고치기를 바란 것이니, 충후(忠厚)함이 지극한 것이다.

이상은 〈첨앙〉 7장이니, 세 장은 장마다 10구이고, 네 장은 장마다 8구이다.

285 흥이고 부이다 : 《집전》에는 흥으로 보았다.

286 화의……것이다 : 《집전》에는 "샘물이 용솟음쳐 위로 나옴은 그 근원이 깊기 때문이니, 내 마음의 근심 또한 다만 오늘만 그런 것이 아니다."라고 하여 1·2구를 근심이 깊음에 대한 흥으로 보았는데, 심대윤은 화가 깊음에 대한 흥으로 본 것이다.

287 혼란과……되었으나 : 이는 '不自我先, 不自我後'를 풀이한 것으로 보인다. 《집전》에는 이를 "재앙과 난의 극이 마침 이때를 당했다."라고 풀이하였다.

소민 召旻

하늘이 포학한지라 旻天疾威
하늘이 두터이 상란(喪亂)을 내려서 天篤降喪
나를 기근으로 오랫동안 곤궁하게 해서 瘨我饑饉
백성들이 모두 유망하여 民卒流亡
우리 서울과 변방이 모두 황폐하도다 我居圉卒荒

부이다. 거(居)는 국도(國都)의 안이요, 어(圉)는 변방이다. 이는 유왕(幽王)이 소인을 임용함을 풍자한 것이다.

하늘이 죄망을 내리사 天降罪罟
모적(蟊賊)들이 안으로 난을 일으키며 蟊賊內訌
난적(亂賊)들이 공손하지 아니하여 昏椓靡共
혼란하고 혼란하여 간사(奸詐)하거늘 潰潰回遹
실로 우리나라를 다스리도다 實靖夷我邦

부이다. 홍(訌)은 파괴하고 어지럽힘이다. 탁(椓)은 해침이다. 공(共)은 공(恭)과 통한다. 궤궤(潰潰)는 혼란함이다. 휼(遹)[288]은 마땅히 휼(譎 속임)이 되어야 한다. 정(靖)[289]은 편안하고 고요하게 함이다. 이는 소인에게 정치하는 도[290]를 맡김을 말한 것이다.

288 휼(遹) : 【집전】 회휼(回遹)은 사벽(邪僻)함이다.

289 정(靖) : 【집전】 다스림〔治〕

290 정치하는 도 : 경문의 정이(靖夷)를 가리키니, 《집전》에 이(夷)는 '평함〔平〕'이라 하였다.

교만하고 비방하는 이는 皐皐訿訿
왕이 일찍이 그 결함을 알지 못하고 曾不知其玷
조심하고 두려워하여 兢兢業業
심히 병들어 편치 못한 孔塡不寧
우리는 권위가 심히 폄하되도다 我位孔貶

부이다. 고고(皐皐)는 《집전》에 '완강하고 거만한 뜻'이라고 하였다. 자자(訿訿)는 헐뜯어 비방함이다. 점(玷)은 하자이다. 업(業)은 마땅히 업(嶪 높고 험함)이 되어야 하니, 업업(嶪嶪)은 위태로움[291]이다. 전(塡)[292]은 마땅히 전(瘨)이 되어야 한다. 폄(貶)은 폄하함이니, '아위공폄(我位孔貶)'[293]은 소인이 권력을 행사하면 조정의 권위가 날로 낮아지고 천자의 권위가 날로 폄하됨을 말한 것이다. 조정의 권위가 낮아지면 백성들이 조정을 업신여기고 태만히 하여 딴마음을 품고, 천자의 권위가 폄하되면 도적이 찬탈할 것을 생각하니, 《주역》에 "등에 업고 또 타는지라 도적이 오게 한다."[294]라고 하였다.

291 위태로움 : 위태롭게 여겨 두려워함의 뜻으로, 《집전》에 '兢兢業業'을 '경계하고 두려워함〔戒敬恐懼〕'으로 풀이한 것과 다르지 않다.

292 전(塡) : 【집전】 진(塡)은 오램〔久〕이다.

293 아위공폄(我位孔貶) : 《집전》에는 "경계하고 두려워하여 심히 오래도록 편치 못한 자는 그 지위가 다시 폄출(貶黜)을 당한다."라고 풀이하였다.

294 등에……한다 : 이는 《주역》 〈해괘(解卦 ䷧)〉의 육삼(六三) 효사에 "등에 업고 또 타는지라 도적이 오게 하니, 정(貞)하더라도 부끄러우리라.〔負且乘, 致寇至, 貞, 吝.〕"라고 보인다. 심대윤은 육삼의 음효(陰爻)가 구사(九四)와 구이(九二)의 두 양효(陽爻)에게 너그럽게 하는 상으로, 위의 구사에게 업신여김을 당하고 아래의 구이에게 능멸을 당하여 도적을 불러들인다고 풀이하였으니, 여기서는 소인에게 권력을 주어서는 안 됨을 말한 것이다. 《周易象義占法》

저 해가 가물어　如彼歲旱
무성한 풀에 물을 대지 못함과 같으며　草不潰茂
저 나무 위에 붙은 부평초(浮萍草)와 같으니　如彼棲苴
내 이 나라를 보건대　我相此邦
무너지지 않음이 없도다　無不潰止

부이다. 궤(潰)[295]는 물을 댐이니, 무성한 풀에 물을 대지 못하는 것이다. 서차(棲苴)는 《집전》에 '물 가운데 떠 있는 풀이 나무 위에 붙어 있는 것'이라 하였으니, 표류하며 정박할 곳을 알지 못함을 말한 것이다.[296] 궤지(潰止)의 궤(潰)[297]는 본자대로 읽는다.

옛날 부유할 때엔　維昔之富
이처럼 궁핍하지 않았으며　不如時
이제 병듦도　維今之疚
지금처럼 심한 적은 없었도다　不如玆
저는 거친 쌀이요 이는 피인데　彼疏斯粺
어찌하여 스스로 폐하지 아니하고　胡不自替
하물며 오로지 길이 이어지게 하는고　職兄斯引

부이다. 옛날 부유할 적에 일찍이 이와 같이 궁핍하지 않았고, 지금 병듦이 이와 같이 심한 적은 있지 않았다. 소(疏)는 거친 쌀이고, 패

295 궤(潰) : 【집전】 이룸〔遂〕

296 표류하며……것이다 : 【집전】 말라빠져 윤택함이 없음을 말한 것이다.

297 궤지(潰止)의 궤(潰) : 《집전》에는 '혼란함〔亂〕'이라 하였다. 본자로는 무너짐이다.

(粺)는 마땅히 패(稗)가 되어야 하니, 쭉정이[298]와 피이다. 이는 소인이 먹을 수 없는 거친 쌀과 피와 같음을 비유한 것이다.【《서경》에 이르기를 "묘(苗)에 가라지가 있는 것과 같고 곡식에 쭉정이가 있는 것과 같다."[299] 하였다.】 어찌 스스로 폐하지 않고 하물며 오로지 주장하여 차례차례로 이끌어 길게 하느냐고[300] 반문한 것이다. 황(兄)은 마땅히 황(況)이 되어야 한다.

못이 마름을 池之竭矣
물가로부터 한다고 말하지 않으며 不云自頻
샘물이 마름을 泉之竭矣
가운데로부터 한다고 말하지 않는구나 不云自中
이 폐해가 넓거늘 溥斯害矣

298 쭉정이 : '거친 쌀〔糲〕'은 왕겨만 벗긴 쌀이고 '쭉정이〔秕〕'는 알맹이가 들지 않은 곡식으로 서로 다른데, 심대윤은 여기서 먹을 수 없는 곡식의 의미로 함께 사용하고 있다.

299 묘(苗)에……같다 : 이는 《서경》 〈중훼지고(仲虺之誥)〉에 보이니, 하(夏)나라의 걸왕(桀王)과 상(商)나라의 탕왕(湯王)이 서로 용납할 수 없음을 말한 것이다. 심대윤은 "상나라가 하나라에 있어서, 마치 묘에 가라지가 있어 가라지를 제거하지 않으면 묘가 성숙할 수 없는 것과 같고, 마치 곡식에 쭉정이가 있어 쭉정이를 제거하지 않으면 곡식을 먹을 수 없는 것과 같으니, 걸왕이 천하를 어지럽히는데 이를 평정하지 않으면 탕왕이 백성에게 덕을 세울 수 없는 것이다.〔商之在夏, 如苗之有莠, 不除則苗不成; 如粟之有秕, 不去則粟不可食. 桀亂天下而不平之, 則湯無以立德于民矣.〕"라고 풀이하였다. 《書經蔡傳辨正》

300 하물며……하느냐고 : 이는 '職兄斯引'의 해석이다. 《집전》에는 "내 마음으로 하여금 오로지 이 때문에 길게 이어져 스스로 그칠 수 없는 창황(愴怳)함에 이르게 한다.〔使我心專爲此故, 至於愴怳引長而不能自已也.〕"라고 하여, 직(職)을 전(專), 황(兄)을 황(怳), 인(引)을 장(長)으로 해석하였다. 심대윤이 인(引)을 '차례차례로 이끌어 길게 함'으로 해석하였는데, 이는 소인이 계속 이어지게 함을 말한 것이다.

하물며 오로지 크게 키우는가 職兄斯弘
재앙이 내 몸에 미치지 않겠는가 不烖我躬

비이고 부이다.[301] 빈(頻)은 빈(瀕)과 통하니, 물가이다. 못이 마름[302]은 물이 사방 두둑으로 스며들어 빠지기 때문이므로 "물가로부터 한다고 말하지 않는다." 하였고, 샘물이 마름은 근원이 안에서 끊어지기 때문이므로 "가운데로부터 한다고 말하지 않는다." 하였다. 이로써 국토가 쭈그러듦은 사방 이웃의 제후들이 잠식하기 때문임을 비유한 것이다.【제후들에게 봉하여 상을 주는 것이 한도가 없어서 왕기(王畿)가 점점 후복(侯服)과 전복(甸服)[303]으로 들어가고, 변방이 견고하지 못해서 융적(戎狄)이 점점 왕도(王都)에 다가오는 것이다.】 끼치는 은택이 고갈됨은 왕과 조정의 신하가 덕이 없어서이니, 이 폐해가 이미 넓거늘 하물며 오로지 주장하여 이를 크게 하는가. 이렇게 하면 재앙이 왕의 몸에 미치지 않겠는가.

옛날 선왕(先王)이 천명을 받을 때에는 昔先王受命
소공(召公) 같은 분이 있어 有如召公
날마다 나라를 백 리씩 개척하였는데 日辟國百里
지금엔 날마다 나라가 백 리씩 쭈그러들도다 今也日蹙國百里
아! 슬프다 於乎哀哉

301 비이고 부이다 : 《집전》에는 부로 보았다. 《집전》에는 1~4구에 대하여 "재앙과 난이 일어난 연유가 있는데, 지금 그렇다고 말하지 않는다고 한 것이다."라고 하여 부로 본 반면에 심대윤은 은택이 고갈됨의 비유로 보았다.

302 못이 마름 : 《집전》에는 '물이 밖에서 들어가지 않기 때문〔由外之不入〕'이라 하였다.

303 후복(侯服)과 전복(甸服) : 왕기의 밖 사방 500리를 후복이라 하고, 후복의 밖 사방 500리를 전복이라 한다.

지금 사람들 중에　　　　維今之人
행여 옛날 소공과 같은 자가 있지 아니한가　　　　不尙有舊

부이다. 벽(辟)은 벽(闢)과 통한다. 지금 사람들 중에 행여 옛날 소공과 같은 자가 있지 않느냐고 하였으니, 조정에 사람이 없음을 한탄하여 행여 다시 소공과 같은 자가 있기를 바란 것이다.[304] 소공은 제후를 주관하여 〈감당(甘棠)〉의 덕[305]이 있어서 제후들이 서로 거느리고 와서 복종하였는데, 유왕의 때에는 제후가 모두 배반할 뜻을 가지고 있었으므로 소공과 같은 자를 보고 싶다고 생각한 것이다.

○국풍(國風)의 끝에 붙인 뜻[306]은 다음과 같다.

장차 성인이 다시 나와서 천하가 길이 창성할 것이라는 것이니, '작은 가마솥과 큰 가마솥을 씻어 줌'은 천하의 더러운 덕을 씻어서 제거하여 다시 새롭게 하는 것이요, '그를 좋은 소리로 위로함'은[307] 경전(經傳)의 도가 다시 밝아져서 우주에 크게 드러나는 것이며, "사방 나라를 바로잡는다." 하고 "어찌 만년을 누리지 않으리오." 한 것은 만세(萬世)의 사람들이 그 법을 사용하여 다시는 혼미하지 않음이며,[308] '사방 나

304 지금……것이다 : 《집전》에는 "탄식하고 애통하여 말하되 '지금 세상이 비록 혼란하나 그래도 옛 덕을 지닌 쓸 만한 사람이 있지 않겠는가.' 하였으니, 있어도 쓰지 못함을 말한 것이다."라고 하였다.

305 감당(甘棠)의 덕 : 〈소남(召南) 감당〉은 소공이 지방을 주관하여 그 덕이 제후에게 흡족하므로 제후들이 노래하여 잊지 않은 시라고 하였다.

306 국풍(國風)의……뜻 : 이는 〈조풍(曹風) 하천(下泉)〉 4장의 주 참조. 여기서 말한 '국풍의 끝'은 〈회풍(檜風)〉과 〈조풍(曹風)〉을 말한다. 본래 국풍의 끝은 주공(周公)의 시인 〈빈풍(豳風)〉인데, 심대윤은 아래에서 국풍의 끝에 〈빈풍〉을 이었다고 하였다.

307 작은……위로함은 : 이 내용은 〈회풍(檜風) 비풍(匪風)〉에 보인다.

308 사방……않음이며 : 이 내용은 〈조풍(曹風) 시구(鳲鳩)〉에 보인다.

라에 왕이 계심'은 왕도가 천하에 행해져서 천하의 나라가 다스려지지 않음이 없는 것이다.[309]

삼황(三皇)·오제(五帝)의 여러 성인의 도가 요(堯)임금에 이르러 크게 밝아졌고 삼황·오제의 여러 성인의 정사가 주나라에 이르러 크게 갖추어졌다.【경서에 오직 요임금을 신(神) 자로 칭하였고[310] 오직 주나라를 문(文) 자로 칭하였으니,[311] 도는 요임금보다 더 훌륭한 사람이 없고 문은 주나라보다 더 훌륭한 나라가 없는 것이다.】 주공(周公)이 절충하며 본받고 변혁하여 예악을 만들어서 천지의 큰 중(中)을 세우셨고,[312] 공자가 성인을 조종(祖宗)으로 삼아 전술(傳述)하시고 법으로 본받아서, 집대성하여 천지의 도의 표준이 되고 만세 경서의 주인이 되었다.[313]

309 사방 나라에……것이다 : 이 내용은 〈조풍 하천〉에 보인다.

310 요임금을……칭하였고 : 《서경》 〈대우모(大禹謨)〉에 요(堯)임금의 사당을 신종(神宗)으로 칭하여, "우(禹)가 신종에서 명을 받았다.〔受命于神宗.〕"라고 하였다.

311 주나라를……칭하였으니 : 《논어》 〈팔일(八佾)〉에 "주나라는 하(夏)나라·은(殷)나라 두 대를 보았으니, 찬란하다. 그 문(文)이여! 나는 주나라를 따르겠다.〔周監於二代, 郁郁乎文哉! 吾從周.〕"라고 보인다.

312 예악을……세우셨고 : 심대윤은 〈용풍(鄘風) 백주(柏舟)〉 1장의 주에서 "예는 천하 만세(萬世)에 인정(人情)의 큰 중(中)이다.……중은 천하의 중이 있고 한 나라의 중이 있고 한 집안의 중이 있고 한 사람의 중이 있으니, 작은 중을 가지고 큰 중을 침범해서도 안 되고 또한 큰 중을 가지고 작은 중을 없애지 않는 것이 예의 큰 법도이다." 라고 하였다.

313 공자가……되었다 : 《중용》에 "중니(仲尼)는 요(堯)·순(舜)을 조종으로 삼아 전술하시고 문왕(文王)·무왕(武王)을 법으로 본받으시며, 위로는 천시(天時)와 화합하시고 아래로는 수토(水土)와 배합하셨다. 비유하면 하늘과 땅이 실어 주지 않음이 없고 덮어 주지 않음이 없는 것과 같으며, 비유하면 사시(四時)가 교대하여 운행함과 같으며 해와 달이 교대하여 밝음과 같다. 만물이 함께 길러져 서로 해치지 않으며, 권도(權道)와 정도(正道)가 함께 행해져 서로 위배되지 않는다. 작은 덕은 냇물의 흐름이요 큰 덕은 조화를 도타이 하니, 이는 천지가 위대함이 되는 것이다."라고 보이는데, 이를 심대윤은 "부자를 도의 주인이며 만세의 표준으로 삼은 것이다.〔以夫子爲道之主而

천지의 문(文)이 주나라에서 성하여 오경(五經)이 지어졌으니, 오경은 천지의 도의 명맥(命脈)이다. 비록 성인이라도 한 세대 만에 천지의 정미(精微)함을 다하지 못한다. 그러므로 주나라에 이르러 비로소 구비한 것이다. 성인은 천하에 항상 있지 않고 또한 나라마다 있을 수가 없으나, 오경은 천하에 항상 남아 있어서 천하 사람이 누구나 읽을 수 있으므로 천지의 도의 명맥이라고 한 것이다.

국풍의 끝에 〈빈풍(豳風)〉을 이은 것은 말하자면 주공의 예악은 만세의 법이니 장차 성인이 다시 일어나면 또한 반드시 이것을 사용하여 다스릴 것이라고 한 것이다.

그리고 아(雅)의 끝에 "하늘이 아득히 머나 능히 공고(鞏固)히 하지 못함이 없다." 한 것은 말하자면 천운(天運)이 끝내 다스려짐으로 완성된다는 것이요, "황조(皇祖)를 욕되게 하지 마라 그대의 후일을 구원해 주리라." 한 것은[314] 말하자면 주나라의 도를 사용해서 후세의 혼란을 구원한다는 것이요, "아! 슬프다." 한 것은 말하자면 천하의 혼란이 수천 년이 되어도 끝나지 않음을 말한 것이요, "지금 사람들 중에 행여 옛날 소공과 같은 자가 있지 아니한가."라고 한 것은 말하자면 장차 다시 일어나는 자가 있으면 또한 반드시 주나라의 도를 사용할 것이라고 한 것이다.

봄은 인(仁)이니 인은 몸에 독실히 행하는 것이요, 여름은 예(禮)이니 예는 몸을 닦아 남을 다스리는 것이요, 가을은 의(義)이니 의는 실제의 이로움이다. 천지의 공(功)이 가을에서 이루어지니, 가을이 공을 이루는 이유는 봄과 여름의 낳고 자람을 쓰기 때문이다.【이는 천지의 큰 운과 도(道)의 성쇠를 말한 것이다.】[315]

標準萬世也.]"라고 하였다. 《中庸訓義》

314 하늘이……것은 : 인용한 부분은 위의 〈첨앙(瞻卬)〉 7장에 보인다.

이상은 〈소민〉 7장이니, 네 장은 장마다 5구이고, 세 장은 장마다 7구이다.

《집전》에 말하였다. 첫 장에 민천(旻天)이 있고 마지막 장에 소공(召公)이 있으므로 둘을 인하여 〈소민(召旻)〉이라 한 것이다.[316]

이상은 〈탕지십〉 11편이다.

315 봄은……것이다 : 주자는 천도(天道)로 말하면 원(元)·형(亨)·이(利)·정(貞)이 되고, 사시(四時)로 말하면 봄·여름·가을·겨울이 되고, 인도(人道)로 말하면 인·의·예·지가 된다고 하였다. 《朱子語類 卷68 易4》 심대윤이 이 말을 한 의도는 분명하지 않으나, 장차 성인이 나오면 옛 성인의 인(仁)과 예(禮)의 도를 사용할 것이며, 또 실제의 이로움을 구하는 도를 행할 것이라는 뜻으로 보인다.

316 소민(召旻)이라 한 것이다 : 《집전》에는 "〈소민(召旻)〉이라 하여 〈소아 소민(小旻)〉과 구별한 것이다."라고 하였다.

송頌

송(頌)[1]은 용(容)이니, 사람의 덕행을 형용(形容)하여 그 실제를 잃지 않는 것이다. 예를 들면 화공(畫工)이 그림을 그릴 적에 용을 뱀으로 그리고 개를 호랑이로 그리면 그 참모습을 잃은 것이니, 이는 천하에 값어치 없는 화공이다. 사람을 형용하면서 실제를 잃으면 이는 망령된 사람이요, 부조(父祖)를 형용하면서 사실을 속이면 이는 죄인이다. 송이라는 것은 제사할 때의 악가이니, 선조의 공덕을 잊지 않고자 하여 엄숙하고 공경하는 마음을 인하여 계술(繼述)[2]하는 뜻을 일으킨 것이다. 음악의 도(道)는 혹은 기쁨과 즐거움을 인하여 감발(感發)하고 혹은 엄숙함과 공경함을 인하여 흥기하니, 이는 모두 가르침이 되는 것이다.

1 송(頌) : 《집전》에는 〈대서(大序)〉를 인용하여 '성덕(盛德)의 형용을 찬미하여 그 성공을 신명에게 고한 것'이라 하고, 송과 용(容)은 고자(古字)에 통용되었다고 하였다.

2 계술(繼述) : 선인의 뜻과 사업을 계승하고 전술(傳述)하는 것으로, 《중용》에 "효는 부모의 뜻을 잘 계승하며, 부모의 일을 잘 전술하는 것이다.〔夫孝者, 善繼人之志, 善述人之事者也.〕"라고 하였다.

주송 周頌 청묘지십 淸廟之什

연릉 계자(延陵季子)가 말하였다. "지극하구나! 성한 덕이 똑같다."[1]

청묘 淸廟

아! 엄숙하고 깨끗한 청묘(淸廟)에	於穆淸廟
공경하고 화(和)한 현상(顯相)이며	肅雝顯相
많고 많은 선비들이	濟濟多士
문왕(文王)의 덕을 잡아 지켜	秉文之德
하늘에 계신 분을 대하고	對越在天
사당에서 분주하게 제사를 도우니	駿奔走在廟
덕을 드러내지 아니할까, 문왕을 받들지 아니할까	不顯不承
사람들에게 미움을 받음이 없도다	無射於人斯

부이다. 목(穆)[2]은 엄숙하고 깨끗한 모양이다. 현상(顯相)[3]은 현

1 지극하구나……똑같다 : 이는 《춘추좌전》 양공(襄公) 29년 조에 연릉 계자가 송(頌)을 듣고 평한 말에 "지극하구나! 곧으면서도 오만하지 않고 굽히면서도 굴복하지 않으며……여러 악기가 법도에 맞게 어울리고 연주에 차례가 있으니, 성한 덕이 똑같다.〔至矣哉! 直而不倨, 曲而不屈……節有度, 守有序, 盛德之所同也.〕"라고 보이고, 두예(杜預)의 주에 "송에는 〈주송 이외에〉 상송(商頌)과 노송(魯頌)이 있기 때문에 '성한 덕이 똑같다'고 한 것이다."라고 하였다.

2 목(穆) : 【집전】 심원(深遠)함

(獻)이다. 제사는 연향의 빈(賓)과 주인의 예를 쓰는데, 자손은 부조(父祖)의 신과 바로 빈과 주인이 될 수 없다.[4] 그러므로 시(尸)를 세워서 신보(神保)[5]로 삼고 헌을 세워서 섭주(攝主 대리 주인)로 삼으니, 헌은 제주(祭主)의 예를 돕는 자이다. 그러므로 헌을 현상이라 한 것이다. 문(文)은 문왕(文王)이다. 월(越)은 어(於)이다. 준(駿)은 취(驟)이니, 달려가기를 빨리하는 것이다. '재묘(在廟)'[6]는 사당 안에서 제사를 도움을 말한 것이다. 모두 능히 덕을 드러내어서 문왕을 받들어 사람들에게 미움을 받지 않는 것이다.[7]

○천자의 태묘(太廟)는 하나의 궁에 신주가 일곱이고, 제후의 사당은 신주가 다섯이고,[8] 대부는 신주가 셋이고, 사는 신주가 둘이니,[9] 제사

3 현상(顯相) : 【집전】 현(顯)은 밝음이고 상(相)은 도움이니, 제사를 돕는 공경(公卿)과 제후를 이른다.

4 제사는……없다 : 심대윤은 "연향에는 주인이 직접 헌주(獻酒)하지만, 제사에는 사자(嗣子)가 부조(父祖)의 신과 빈·주의 예를 주고받을 수 없으므로 헌을 세워 돕게 한다. 신하가 있는 자는 신하를 헌으로 삼고 신하가 없는 자는 가신의 장(長)이나 문객을 헌으로 삼는다."라고 하였다. 《儀禮正論》

5 신보(神保) : 심대윤은 〈북산지십 초자(楚茨)〉에서 "시는 신의 예를 대행하고 도와주므로 신보라 했다."라고 풀이하였다.

6 재묘(在廟) : 《집전》에는 '사당에 계신 문왕의 신주〔其在廟之主〕'로 해석하였다.

7 모두……것이다 : 이는 제사를 돕는 자들을 '不顯不承, 無射於人斯'의 주어로 해석한 것이다. 반면에 《집전》에는 "문왕의 덕이 어찌 드러나지 않겠는가. 어찌 떠받들지 않을 수 있겠는가. 진실로 사람들에게 미움을 받음이 없다."라고 풀이하여 문왕의 덕을 주어로 해석하였다.

8 천자의……다섯이고 : 《예기》〈왕제(王制)〉에 "천자는 7묘(廟)이니 3소(昭)·3목(穆)과 태조(太祖)의 사당을 합하여 7개이고, 제후는 5묘이니 2소·2목과 태조의 사당을 합하여 5개이다."라고 하였다. 사계(沙溪)의 《경서변의(經書辨疑)》에 제후오묘도(諸侯五廟圖)를 해설한 것에 의하면 하나의 도궁(都宮) 안에 5개의 묘가 있으며, 묘마다 문(門)·당(堂)·침(寢)·실(室)·담이 있다. 반면에 심대윤은 '天子七廟'에 대하여 "7대의 묘를 말한 것이지 묘가 일곱 개가 있음을 말한 것이 아니다.〔謂七世之廟也,

를 지내면 이들을 함께 제사하고 음식을 올리면 함께 올리니, 한 사당에서 한때에 음식을 올리고 제사하면서 신주마다 음악을 달리할 수 없다.【일곱 신주를 한때에 함께 헌주하면서 신주마다 음악을 달리한다면 시끄럽고 뒤섞여서 들을 수 없을 것이다.】

선조 중에 칭술(稱述)할 만한 공렬(功烈)이 없는 자는 거짓말로 속여서 과장하여 노래를 지어 읊을 수가 없다.【이는 음악으로써 간사함을 가르치는 것이다.】 이 때문에 오직 그 선조 중에 공덕이 있어서 자손과 후세에 모범이 될 만한 자를 칭술해서 사당의 음악으로 만들어 자손과 여러 신하들로 하여금 선조의 공업을 잊지 아니하여 계술하고자 하는 것이요, 그 선조 중에 칭술하여 법으로 삼을 만한 것이 없는 자는 시가(詩歌)를 짓지 않는다. 예와 음악은 다 가르침을 붙이기 위한 것이요, 구차히 헛된 문식을 할 뿐이 아니니, 《서경》에 "7대의 사당에서 덕을 관찰할 수 있다."[10]라고 한 것이 이를 말한 것이다.【만약 사당 안의 소와 목의 선조 중에 공덕을 읊을 만한 자가 없으면 다만 태조의 시를 연주한다.】 대아와【대아 중에 선조의 덕을 칭술한 시는 또한 사당 안의 악가인데 조정에서 통용된 것이다.[11]】

非謂廟有七也.〕"라고 하고, 또 "태묘의 제도는 하나의 궁에 일곱 개의 실이 있으니, 모두 칸막이로 실을 만들어서 제사를 지낼 때에는 그 칸막이를 치운다.〔太廟之制, 一宮七室, 皆以障爲室, 當祭則撤其障.〕"라고 하였다. 《禮記正解 祭法, 大傳》

9 대부는……둘이니 : 《예기》 〈왕제〉에 "대부는 3묘이니 1소·1목과 태조의 사당을 합하여 3개이고, 사는 1묘이다."라고 하였는데, 이에 대하여 심대윤은 "대부는 태조가 없으니, 3묘는 증조까지 제사하는 것이다. 사는 2묘로서 할아버지까지 제사한다.〔大夫無太祖也, 三廟者, 祭及其曾祖也. 士二廟而祭及其祖.〕"라고 하였다. 《禮記正解》

10 7대의……있다 : 《서경》 〈함유일덕(咸有一德)〉에 "7대의 사당에서 덕을 관찰할 수 있으며, 만부(萬夫)의 우두머리에게서 정사를 관찰할 수 있다."라고 보인다.

11 대아……것이다 : 심대윤은 대아의 서설(序說)에서 "대아 가운데에 또한 선조에게 제사하는 송이 있으나, 연향에 통용되어서 오로지 제사에 사용하는 악가가 되지 않으므로 대아에 편찬한 것이다."라고 하였다.

송의 읊은 바가 후직(后稷)・공류(公劉)[12]・태왕(大王)・왕계(王季)・문왕(文王)・무왕(武王)・성왕(成王)・강왕(康王)에 그치고 선공(先公) 이상[13]과 소왕(昭王)[14] 이하로는 시가 없다. 송의 여러 편은 통용하여 사당 안의 음악으로 삼으니, 구설에 말한 것처럼 어떤 편은 다만 어떤 왕의 제사에 쓴 것은 아니다.[15]【그렇다면 문왕・무왕・성왕・강왕을 함께 칭술한 시는 어느 왕의 제사에 쓰겠는가.】

이상은 〈청묘〉 1장이니, 8구이다.

유천지명 維天之命

하늘의 명이	維天之命
아! 성실하여 그치지 않으시니	於穆不已
아! 드러나지 않겠는가	於乎不顯
문왕(文王)의 덕의 순일함이여	文王之德之純

12 공류(公劉) : 후직의 증손자로 빈(豳)에 나라를 세웠다. 〈생민지십 공류〉는 그의 공업을 칭술한 시이다.

13 선공(先公) 이상 : 선공은 주나라가 제후국이었을 때의 선조로서, 왕으로 추존된 태왕・왕계・문왕 이전의 군주를 말하니, 《중용장구(中庸章句)》의 주자의 주에 "선공은 조감(組紺 공숙조류(公叔祖類)) 이상으로부터 후직까지이다."라고 하였다. 여기의 '선공 이상'은 후직과 공류를 제외한 선공을 가리킨다.

14 소왕(昭王) : 주나라의 제4대 왕으로 강왕(康王)의 아들이다. 초(楚)나라 지역을 순행하다가 돌아오지 못하고 실종되었다.

15 구설에……않다 : 【집전】 〈청묘〉는 주공(周公)이 이미 낙읍(洛邑)을 이루어 제후들에게 조회받고 인하여 제후들을 거느리고서 문왕을 제사한 악가이다.

부이다. 천명(天命)[16]은 하늘이 물건에게 부여해 준 것이다. '오목불이(於穆不已)'는 지극히 정(精)하여 잡되지 않고 지극히 성실하여 그치지 않는 것이다.[17] 순(純)[18]은 정일(精一 정하고 한결같음)함이다. 정일하면 그치지 않고 그치지 않으면 정일하니, 그치지 않으면 변화하고 정일하면 신묘해진다.[19]

16 천명(天命) : 《집전》에는 '하늘의 도'라고 하였다.

17 오목불이(於穆不已)는……것이다 : 《중용》에 이 시를 인용하여 "《시경》에 이르기를 '하늘의 명이 아! 성실하여 그치지 않는다.' 하였으니, 이는 하늘이 하늘이 된 소이(所以)를 말한 것이요, '아! 드러나지 않겠는가. 문왕의 덕의 순일함이여.' 하였으니, 이는 문왕이 문(文)이 되신 소이가 순일함이 또한 그치지 않음임을 말한 것이다."라고 하였는데, 심대윤은 "하늘과 성인이 보통 사람들과 다른 점은 오직 지극히 성실하고 쉼이 없는 것뿐임을 말하였다. 그치지 않으므로 능히 순일함을 이루고 순일하므로 그치지 않는다. 그치지 않으면 순일하고 순일하면 그치지 않는다.〔言天與聖人之異乎人者, 惟至誠無息而已也. 不已, 故能致純一; 純一, 故不已也. 不已則純一, 純一則不已矣.〕"라고 풀이하였다.《中庸訓義》

18 순(純) : 《집전》에는 '잡되지 않음〔不雜〕'이라 하고, "하늘의 도가 다함이 없는데 문왕의 덕이 순일하고 잡되지 아니하여 하늘과 더불어 간격이 없음을 말하였다."라고 하여 순일(純一)로 해석하였다.

19 정일하면……신묘해진다 : 《중용》에 이 시를 인용한 단락의 주석에서 심대윤은 "이는 성실함의 변화를 말한 것이니, 능히 한결같음을 이루면 신묘해져 변화한다. '한결같음을 이룸'은 하나가 아니면서 하나인 것이니, 바로 한 가지로 하지 않으면서 한결같은 것이다. 한 가지로 하지 않음은 나뉨이 다름이고 한결같음은 크게 합함이니, 나뉨이 다름은 예를 말하고 크게 합함은 음악을 말한다. 그치지 않으면 순일하고 순일하면 그치지 않는다. 그치지 않으면 변화하고 순일하면 신묘해진다. 팔음(八音)과 오성(五聲)이 화합하여 하나가 되면 귀신이 오르내리고 오장육부(五臟六腑)가 합하여 하나가 되면 신묘한 지혜가 생겨난다. 천지와 성인의 묘함은 여럿으로 나뉜 것을 모아서 하나로 만듦에 불과하다. 남들의 인정(人情)을 아는 것이 마치 자신을 아는 것과 같고, 남을 위하여 도모함이 마치 자기를 위하는 것과 같으니, 이것을 일러 지극히 성실하여 한결같음을 이룸이 능히 신묘해져 변화한다는 것이다. 한마디 말을 하여도 이쪽과 저쪽을 아울러 다하며, 한 가지 일을 하여도 남과 내가 아울러 만족하니, 이것을 일러 지극히 성실하여 한결같음을 이룸이 능히 신묘해져 변화한다는 것이다.〔言誠之變化也, 能致

무엇으로써 나를 아껴 주실까	假以溢我
내 그것을 받아서	我其收之
어서 우리 문왕께 순히 하여	駿惠我文王
증손(曾孫)들의 복을 돈독히 하리라	曾孫篤之

"무엇으로써 나를 아껴 주실까."[20] 한 것은 감히 스스로 기필하지 못하는 말이다. 부조(父祖)의 선한 일이 자손에게 미치는 은택은 믿을 수 없으니, 자손 중에 선한 자는 은택을 입고 선하지 못한 자는 은택을 입지 못하여 자손이 스스로 거두어 취함에 달려 있을 뿐이다. 비록 심은 곡식이 구름처럼 이어져 있더라도 이를 거두어들이면 부자가 되고 거두지 않으면 굶주리는 것이다. 준(駿)[21]은 급함이요, 혜(惠)는 순함이다. '증손독지(曾孫篤之)'[22]는 이로써 후세의 왕들의 복을 돈독히 하는 것이다.

一, 則神變化. 致一者, 非一而一也, 乃不一而一也. 不一者, 分殊也; 一者, 大合也. 分殊者, 禮之謂也; 大合者, 樂之謂也. 不已則純一矣, 純一則不已矣. 不已則化, 純一則神. 八音、五聲諧而爲一, 則鬼神上下; 五臟六腑合而爲一, 則神知發生. 天地聖人之妙, 不過以衆分致爲一而已矣. 知人情如知己, 爲人謀如爲己, 此謂至誠而致一也, 能神變化. 出一言而彼此兼盡, 行一事而物我竝得, 此謂至誠而致一也, 能神變化.]"라고 풀이하였다.《中庸訓義》

20 무엇으로써 나를 주실까. : 경문 '假以溢我'를《집전》에 '何以恤我'의 잘못으로 보아 "문왕의 신이 나를 장차 무엇으로써 아껴 주실까."라고 해석하였다. 또 "하(何)가 가(假)가 됨은 음이 바뀐 것이요, 휼(恤)이 일(溢)이 됨은 글자가 잘못된 것이다."라고 하였다.

21 준(駿) : 【집전】 큼〔大〕

22 증손독지(曾孫篤之) :《집전》에는 증손은 '후세의 왕〔後王〕'이라 하고, "후세의 왕들은 또 마땅히 문왕의 도를 돈독히 하여 잊지 말아야 한다."라고 해석하였다.

이상은 〈유천지명〉 1장이니, 8구이다.

유청 維清

마음을 깨끗이 하여 아름다움을 이을 것은	維清緝熙
문왕의 법이니라	文王之典
처음 제사함으로부터 이룸이 있음에 이르렀으니	肇禋迄用有成
주나라의 상서(祥瑞)로다	維周之禎

부이다. 청(淸)[23]은 생각과 마음을 깨끗이 하여 잡된 생각이 없는 것이다. 집(緝)은 이음이요, 희(熙)[24]는 조화롭고 아름다움이다. 인(禋)은 마음을 정성스럽게 하여 제향하는 것이다. 이는 제사에 의탁하여 정성스런 뜻으로 문왕을 받듦을 말한 것이다. 흘(迄)은 이름이요, 정(禎)은 상서이다.

이상은 〈유청〉 1장이니, 5구이다.

열문 烈文

공적이 훌륭한 제후들에게	烈文辟公
이 복을 주니	錫玆祉福

23 청(淸) : 【집전】 청명(淸明)함

24 희(熙) : 【집전】 밝음〔明〕

나를 순히 따르기를 한이 없이 하여　　惠我無疆
너의 자손들이 보존되리라　　子孫保之

부이다. 열(烈)[25]은 공(功)이다. '석자지복(錫玆祉福)'[26]은 제후에게 복을 주는 것이다. 나를 순히 따르기를 끝없이 하여 너의 자손들이 영원히 보존되는 것이다.[27] 이는 제후가 처음 봉해지거나 제후의 세자가 천자에게 명(命)을 받을 적에 사당에 고하는 악가이다.[28]

너의 나라에서 가렴주구하여 커지거나 사치함이 없으면
　　無封靡于爾邦
왕이 높이 여길 것이며　　維王其崇之
이 큰 공이　　念玆戎功
대를 이어 미칠 것을 생각하리라　　繼序其皇之

봉(封)은 이익을 독점하여 자기 재산만 증식하는 것이요, 미(靡)는 사치함이다. 융(戎)은 큼이다. 네가 능히 재산을 증식하거나 사치함이

25 열(烈) : 【집전】 빛남〔光〕

26 석자지복(錫玆祉福) : 《집전》에는 "제후들이 제사를 도와서 나로 하여금 복을 받게 하였다."라고 풀이하였다.

27 나를……것이다 : 이는 경문 '惠我無疆, 子孫保之'를 해석한 것으로, 《집전》에는 "제후들이 이 복을 내려서 나를 사랑하기를 끝이 없게 하여 내 자손으로 하여금 보존되게 하였다."라고 풀이하였다.

28 이는……악가이다 : 《집전》에는 '종묘에서 제사하고는 제사를 도운 제후들에게 올리는 악가'라고 하였다. 여기의 사당은 주나라의 사당을 말한다. 심대윤은 뒤를 이어 즉위한 군주의 경우 주나라 사당에서 작명(爵命)을 받지 않고, 왕이 사람을 보내어 작명을 하사한다고 하였다. 〈신공지십 재현(載見)〉의 각주 참조. 원문의 서(誓)는 명(命)과 같으니, 천자가 제후의 적장자를 태자로 명하는 것이다.

없으면 왕이 이를 존숭(尊崇)하여 공이 후손에게 미칠 것을 생각한다고[29] 한 것이다.

더 강함이 없는 사람을 無競維人
사방에서 교훈으로 삼으며 四方其訓之
덕이 드러나지 않겠는가 不顯維德
이 덕을 제후들이 본받나니 百辟其刑之
아! 전왕(前王)을 잊지 못하리로다 於乎前王不忘

【제후의 의(義)는 선왕에게 나라를 받고 후왕(後王)에게 하사받은 것을 보답하는 것이니, 선왕을 잊지 못하면 후왕에게 힘을 다한다.】

경(競)은 강력함이니, 더 강함이 없는 사람을 사방이 교훈으로 삼는 것이다. 덕이 드러나지 않겠는가.[30] 제후들이 본받는 바이다. 전왕을

29 공이……생각한다고 : '念兹戎功, 繼序其皇之'를 《집전》에는 "네가 제사를 도와 복을 준 큰 공이 있음을 생각하여 너의 자손들로 하여금 대를 이어 더욱 크게 할 것이다."라고 풀이하였다. 반면에 심대윤은 제후가 재산을 증식하거나 사치하지 않고 나라를 다스린 공을 말하였고, 황(皇)을 '확장되어 미침〔延〕'으로 풀이하였다.

30 덕이 드러나지 않겠는가 : 이는 경문 '不顯維德'을 해석한 것으로, 《집전》에는 '이 덕보다 더 드러난 자가 없음〔莫顯於德〕'으로 풀이하였다. 《중용》에 이 시를 인용한 부분에서 심대윤은 덕의 드러남에 대하여 "'그 덕이 드러나지 않겠는가. 제후들이 본받는다.'라고 한 것은 덕이 드러남이 큰 것이다. 소인은 구차히 어려운 행실과 쓸모없는 말에 힘을 써서 스스로 남다름을 드러내니, 비록 한때의 빛남을 얻더라도 사람들이 모두 겉으로만 공경하고 친근히 하지 않으며 마음속으로 꺼려서 원하지 않는다. 고고하게 홀로 서서 겉으로는 존귀한 듯하지만 실은 사람들에게 버림받는 바가 되어 하늘이 돕지 않고 신이 복을 주지 않아 끝내 한 가지 일도 성립하지 못하고 한 가지 물건도 구제하지 못하여 날로 어두운 곳으로 나아간다. 같은 무리로 교유하는 자들은 행실을 꾸미고 명예를 탐하는 무리이니, 서로 더불어 허망한 담론을 하고 자질구레한 예의를 강론한다. 인정(人情)과 세상사의 이치를 물어보면 깜깜해서 마치 다른 종류인 것 같으

잊지 못하는 것은 그 가르침과 본보기가 사람들에게 남아 있기 때문이다. 이는 선왕의 덕을 칭술하여 제후들이 본받아서 잊지 않기를 바란 것이다.

이상은 〈열문〉 1장이니, 13구이다.

천작 天作

하늘이 높은 산[31]을 만드시거늘	天作高山
태왕(太王)이 나라를 넓히셨도다	大王荒之
저 만드시거늘	彼作矣
문왕(文王)이 편안히 하신지라	文王康之
저 험한 기산(岐山)에[32]	彼徂矣岐

니, 드러나지 않음이 심하다. 충서(忠恕)와 중용(中庸)을 행하여 한결같음을 이루는 도는 천하 사람들이 마음으로 기뻐하고 진심으로 복종하여 모두 따르고 교화되어 천하에 충만하여 만대에 유전(流傳)되니, 그 드러남이 크다.〔言不顯其德乎, 百辟刑之, 則德之顯大矣. 小人務爲苟難之行, 無用之言, 以自表異, 雖得一時之暉赫, 人皆貌敬而不親, 心憚而不願. 孤絶而獨立, 外若尊貴, 而實爲人之所棄, 天不祐, 神不福, 終不能立一事, 濟一物, 而日趨於冥冥矣. 其所黨遊者, 不過飾行釣譽之徒, 相與爲繆悠之談, 講毛瑣之儀, 問之人情、事理, 則昧昧焉, 如異類矣. 其爲不顯甚矣. 若夫忠恕中庸致一之道, 則天下之人心說誠服, 莫不從而化之, 洋溢於天下, 而流被於萬世矣, 其爲顯大矣.〕"라고 하였다. 《中庸訓義》

31 높은 산 : 【집전】 기산(岐山)

32 저 험한 기산(岐山)에 : 《집전》에는 조(徂)를 조(岨)로 보아 '험하고 궁벽한 뜻〔險僻之意〕'이라 하였다. 반면에 정현(鄭玄)은 조(徂)를 '감〔往〕'으로 보아 '彼徂矣'에서 구두를 끊었다.

평탄한 길이 있으니[33] 有夷之行
자손들은 보전할지어다 子孫保之

부이다. 황(荒)[34]은 광활〔曠遠〕함이니, 태왕이 기산의 아래에 살면서 처음으로 그 나라를 크게 한 것이다. '이행(夷行)'은 평탄한 길이다. 이는 세실(世室)의 악가이다.[35] 주나라 사람들은 왕업이 태왕·왕계(王季)·문왕에게서 일어났으므로 이들을 추존하여 왕으로 삼아서 제사가 친묘(親廟)에서 다하면 세실로 옮기고 조종(祖宗)이라 호칭하여 주나라 세대가 마칠 때까지 제사하였다.[36]【증제(烝祭)를 지낼 때에 제사하여[37] 1년에 한 번 행한다.】 주나라의 왕업이 세 왕에게서 일어났으니, 왕업

33 평탄한 길이 있으니 :【집전】 기산에 돌아오는 사람들이 많아서 평탄한 도로가 생기게 되었다.

34 황(荒) :【집전】 다스림〔治〕

35 이는 세실(世室)의 악가이다 : 《집전》에는 태왕을 제사한 시라고 하였다.

36 세실(世室)의……제사하였다 : 세실은 공과 덕이 있는 군주가 친진(親盡)하면 그 신주를 체천(遞遷)하지 않고 모시는 사당을 말한다. 주나라의 태묘에 대한 일반적인 설은 후직(后稷)을 태조로 하고 문왕과 무왕의 세실이 각각 목(穆)과 소(昭)의 열에 있는 것인데, 7묘에 문왕과 무왕의 세실을 포함시키는 설과 포함시키지 않는 설이 있다. 반면에 심대윤은 무왕을 태묘의 태조로 하고 세실은 태묘와 다른 궁(宮)에 있다고 하였다. 또 한(漢)나라 학자들은 체천한 신주를 모두 세실에 넣는다고 하였으나, 심대윤은 공덕이 있어 체천하지 않는 신주와 공덕이 없어 체천한 신주가 함께 있는 것은 패란(悖亂)한 것이라 하였다. 공이 있는 선조가 조(祖)이고 덕이 있는 선조가 종(宗)인데, 심대윤은 재앙과 난리를 평정하여 사직을 보존한 것이 공이며 법과 은택을 백성에 베풀어 사직을 안정시킨 것이 덕이라 하고, 제사가 태묘에서 다하였으나 공덕이 다하지 않으면 별도로 세실을 세워 제사하여 불천위(不遷位)로 삼는다고 하였다. 《禮記正解 祭法, 大傳》

37 증제(烝祭)를……제사하여 : 겨울 제사를 증(烝)이라 하는데, 여기의 증제는 겨울에 선왕에게 제사하고 공신을 배향하는 대증(大烝)을 말한다. 《서경》 〈낙고(洛誥)〉에 "공과 덕이 있는 자를 기록하여 공로에 따라 원사(元祀)에 배향하라.〔記功宗, 以功作元

이 끝날 때까지 제사하지 않을 수 없는 것이다.

이상은 〈천작〉 1장이니, 7구이다.

호천유성명 昊天有成命

호천(昊天)이 이룬 명이 있으시거늘	昊天有成命
두 임금께서 받으시니라	二后受之
성왕(成王)께서 감히 편안히 계시지 못하사	成王不敢康
밤낮으로 복의 터전을 넓히고 천명을 치밀하게 하사	夙夜基命宥密
아! 이어 밝혀	於緝熙
그 마음을 다하시니	單厥心
이러므로 천하를 안정시키시니라	肆其靖之

부이다. 사람이 선을 쌓고 악을 쌓아서 천명(天命)이 이미 이루어지면 옮기고 바꿀 수가 없으니, 천명이 태왕(太王)과 왕계(王季)에 의해 이루어져서 문왕과 무왕이 받은 것이다.[38] 기명(基命)[39]은 복의 터전을

祀.〕"라고 보이는데, 심대윤은 그 주석에서 "종(宗)은 덕이 있는 분을 종이라 한다는 종이다. 원사(元祀)는 체천하지 않는 제사이다. 왕은 공이 있는 조(祖)와 덕이 있는 종을 세실에서 제향하는데, 신하 중에 사직에 공이 있어 사직이 힘입어 보존된 자를 세실에 배향하여 1년에 한 번 증제를 지낼 때에 제사하여 나라의 세대를 마칠 때까지 체천하지 않는다.〔宗, 宗有德之宗也. 元祀, 不遷之祀也. 王者, 祖有功, 宗有德, 享于世室, 而臣下之功德在於社稷, 社稷賴以存者, 配食於世室, 一年一祀於烝祭時, 終國之世而不遷也.〕"라고 하였다. 반면에 채침(蔡沈)은 '功宗'을 '공이 높은 자'로 해석하였다. 《書經蔡傳辨正》, 《書經集傳》

두터이 하여 천명을 견고히 함이다. 유(宥)는 넓음이니, 유밀(宥密)[40]은 범위가 넓고 짜임새가 치밀한 것이다. 단(單)은 탄(殫 다함)이 되어야 한다. 《국어(國語)》에 "이 시는 성왕(成王)의 덕을 말한 것이다. 성왕은 능히 문왕의 빛나는 덕을 밝히고 무왕의 무공을 안정시킨 분이다."[41]라고 하였다.

이상은 〈호천유성명〉 1장이니, 7구이다.

아장 我將

내 받들어 올리며 내 제향함이	我將我享
양과 소이니	維羊維牛
하늘이 도와주시리라	維天其右之

부이다. 장(將)은 받들어 올림이다. 우(右)는 우(佑 도움)가 되어야 한다. 이는 능히 성의를 다하여 문왕(文王)에게 제향하면 하늘이 도와주실 것이라고 말한 것이다.[42]

38 태왕(太王)과……것이다 : 【집전】 하늘이 주나라에게 천하를 복으로 내려 주어 이미 정한 명이 있었는데, 문왕과 무왕이 받으셨다.

39 기명(基命) : 【집전】 기(基)는 아래에 많이 쌓아 위의 것을 이어 받드는 것이다.

40 유밀(宥密) : 《집전》에는 유(宥)는 '크고 깊음〔宏深〕'이고, 밀(密)은 '침착함〔靜密〕'이라 하였다.

41 이 시는……분이다 : 이는 《국어(國語)》 〈주어 하(周語下)〉에 진(晉)나라 대부 숙향(叔向)이 한 말이다.

42 우(右)는……것이다 : 《집전》에는 우(右)는 '높임〔尊〕'이니, "신의 위패(位牌)가

문왕의 법을 본받아　儀式刑文王之典
날로 사방을 안정시키면　日靖四方
복을 내리는 문왕께서　伊嘏文王
이미 도와주시고 흠향하시리라　旣右享之

의(儀)·식(式)·형(刑)은 모두 본받음〔法〕이다. 가(嘏)는 복(福)이다. 능히 문왕의 법을 본받아서 백성을 편안히 하면 복을 내려 주는 문왕이 이미 도와주시고 제사를 흠향함을 말한 것이다.

내 밤낮으로　我其夙夜
하늘의 위엄을 두려워하여　畏天之威
이에 보전할지어다[43]　于時保之

〈문왕을 말하지 않고〉 홀로 하늘의 위엄을 두려워한다고 말한 것은[44] 문왕에게 순함이 바로 하늘에게 순한 것임을 밝힌 것이며, 문왕의 덕이 하늘과 똑같음을 밝힌 것이다.【문왕을 명당(明堂)[45]에서 종사(宗祀 조종

동향(東向)하여 제찬(祭饌)의 오른쪽에 있으니, 이것은 위패를 높이는 것이다."라고 하고, '維天其右之'를 "하늘이 행여 강림하여 이 소와 양의 오른쪽의 높은 자리에 계실까.〔天庶其降而在此牛羊之右乎?〕"라고 해석하였다.

43 보전할지어다 : 《집전》에 '하늘과 문왕께서 강림하여 보시는 바의 뜻을 보전함〔保天與文王所以降鑑之意〕'이라고 하였다.

44 문왕을……것은 : 《집전》에는 문왕을 언급하지 않은 것은 "높은 분에 포함된 것이니, 하늘을 두려워함은 문왕을 두려워하는 것이다."라고 하였다.

45 명당(明堂) : 왕이 정치와 교화를 시행하던 곳으로, 조회(朝會)·제사·경상(慶賞)·양로(養老)·교학(教學) 등을 여기에서 거행하였다. 반면에 심대윤은 "명당은 조당(朝堂)이다. 천자가 남면해서 조회하여 밝음을 향하여 다스리기 때문에 명당이라고 한 것이다. 사방의 산악을 순수(巡守)할 적에 제후들에게 조회 받는 곳도 명당이라

(祖宗)에 대한 제사)한다는 설[46]은 《예기》에서 그 터무니없음을 분변하였다.[47] 무릇

한다. 명당이 바로 조당이니 따로 명당을 세운 것이 아니다. 명당은 조회를 받는 곳이지 제사를 지내는 곳이 아니다. 문왕을 명당에서 종사하였다고 하는 것은 터무니없다. 명당은 천자의 조당이다.〔明堂者, 朝堂也. 天子南面而朝, 向明而治, 故曰明堂. 巡守方岳, 朝諸侯之宮, 亦曰明堂. 明堂卽朝堂也, 非別立明堂也. 明堂, 受朝之所, 非以祭祀也. 其云宗祀文王於明堂者, 妄也. 明堂, 天子之朝堂也.〕"라고 하였다. 《禮記正解 明堂位》

46 문왕을……설 : 《효경(孝經)》에 "옛날에 주공(周公)이 교제(郊祭)에 후직(后稷)을 하늘에 배향하고, 문왕을 명당에서 종사하여 상제에 배향하였다.〔昔者周公郊祀后稷以配天, 宗祀文王於明堂以配上帝.〕"라고 보인다. 《집전》에는 이 시를 문왕을 명당에서 종사하여 상제에 배향하는 악가라고 하였다. 또 정자(程子)와 진씨(陳氏)를 인용해서, 교제에 후직을 하늘에 배향한 것에 대하여 "만물은 하늘에 근본하고 사람은 선조에 근본한다. 그러므로 동지에 하늘에 제사하면서 선조를 하늘에 배향하니, 동지에는 기운이 시작되기 때문이다." 하고, "하늘은 바로 상제이니, 교제에 하늘이라고 말한 것은 높이는 것이다. 그러므로 후직을 하늘에 배향하였다. 후직은 먼 조상이니, 후직을 교제에 배향함은 또한 후직을 높이려 해서이다." 하였으며, 명당의 종사에 문왕을 상제에 배향한 것에 대하여 "만물은 상제에게서 형체를 이루고 사람은 아버지에게서 형체를 이룬다. 그러므로 계추(季秋)에 상제에 제향하면서 아버지를 배향하니, 계추는 물건을 이루는 때이기 때문이다." 하고, "명당의 제사에 상제라 말한 것은 친히 여기는 것이니, 문왕을 명당에 배향하였다. 문왕은 어버이이니, 문왕을 명당에 배향함은 또한 문왕을 친히 하려고 해서이다." 하였다.

47 예기에서……분변하였다 : 심대윤은 "하늘은 만물의 시조이니, 시초이고 멂을 말한 것이다. 무릇 제사에 홀로 흠향하는 경우는 없으니, 반드시 배향이 있다. 배(配)란 것은 모시고 먹는 것이다. 귀한 빈(賓)도 홀로 먹지 않고 반드시 개(介)가 있으니, 개는 모시고 먹는 자이다. 구룡(句龍)을 사(社)에 배향하고 기(棄)를 직(稷)에 배향하는 것이 바로 그 의리이다. 그러므로 교제에 시조로써 배향하니, 하늘은 시초이고 멀기 때문이다. 주나라는 후직을 시조로 하기 때문에 그를 하늘에 배향하는 것이다. '주공이 문왕을 명당에서 종사하고 그를 상제에 배향하였다.' 한 것은 부친을 하늘에 배향한 것이니, 터무니없는 말이다. 높고 먼 신을 제(帝)라고 하니, 상제는 하늘의 주재자이다. 하늘에 제사함이 상제에 제사하는 것인데, 교(郊)에서 하늘에 제사하고 명당에서 상제에 제사하여 하늘과 상제를 나누어 둘로 하는 것이 옳은가. 친하고 가까운 아버지를 밀쳐 멀리하여 상제에 배향하는 것이 옳은가. 덕을 높인다면 나라의 태조가 있고 친함을 높인다면 역대 선조가 있는데, 모두 버리고 오직 아버지만 상제에 배향하는 것이 옳은가. 가장 낮은 선조의 신이 상제에 배향하면 그 위의 신은 어디에 두는가. 가장 낮은

배향하여 제사할 적에 다만 주위(主位)의 악장(樂章)만 있고 배향한 자의 공덕은 별도로 칭송하지 않으니, 제사에는 두 분을 대등하게 높이는 법이 없기 때문에 흠향을 돕는 자[48]를 말하지 않는 것이다.】

이상은 〈아장〉 1장이니, 10구이다.

시매 時邁

때로 그 나라[49]에 감에	時邁其邦
호천(昊天)이 자식처럼 사랑해 주시리라	昊天其子之

부이다. 매(邁)는 감이다. '호천기자지(昊天其子之)'[50]는 호천이 자

신과 가장 높은 신【시조】을 함께 배향하는 그런 방식으로 반열(班列)을 정하는가. 장차 세대마다 배향을 바꿔야 할 터인데, 다른 왕이 상제에 배향했다는 말을 듣지 못한 것은 또 어찌된 것인가. 장차 세대마다 배향을 바꾸고 세대마다 배향을 폐하면 도리에 어긋나지 않는가. 이는 한(漢)나라 학자가 만든 것이지 선왕의 예가 아님을 알 수 있다.〔天者, 萬物之祖也, 言其始而遠也. 凡祭祀無獨食者也, 必有配也. 配也者, 侍食也. 賓之貴者, 亦不獨食, 必有介也, 介也者, 侍食也. 以句龍配社, 以棄配稷, 是其義也, 故郊祭以始祖配之, 以其始而遠也. 周以后稷爲始祖, 故以配天也. 其云'宗祀文王於明堂, 以配上帝', 所以嚴父以配天, 妄也. 高遠之神, 謂之帝, 帝, 天之主宰也. 祀天者, 祀帝也, 祀天於郊, 祀帝於明堂, 分天與帝而二之可乎? 以父之親且近也而推以遠之, 以配帝可乎? 尊德則有國之太祖焉, 尊親則有列祖焉, 皆舍之, 而獨以其父配帝可乎? 其神之最下者配帝, 而置其上於何地乎? 其神之最下者與其最上者【始祖】同配, 若是班乎? 將世易配焉, 而未聞他王之配帝, 抑又何歟? 將世易配而世廢之, 不亦悖乎? 是知漢儒之爲也, 非先王之禮也.〕"라고 하였다.《禮記正解 郊特牲》

48 흠향을 돕는 자 : 주위(主位)에 배향한 신을 가리킨다. 위의 각주 47) 참조.

49 나라 :《집전》에 '제후의 나라'라고 하였다.

식처럼 사랑해 주실 것이라는 것이다. 이는 순수(巡守)하면서 온갖 신에게 제사하는 악가이다.[51]

실로 주나라가 제후들의 우두머리가 된지라	實右序有周
잠깐 위엄을 떨치니	薄言震之
거듭 두려워하지 않는 이가 없으며	莫不震疊
온갖 신들을 회유[52]하여	懷柔百神
하수(河水)와 높은 산악에 미치니	及河喬嶽
진실로 왕이 천하의 임금이시도다	允王維后

우(右)는 위〔上〕이니, '우서유주(右序有周)'[53]는 제후들의 우두머리가 됨을 말한 것이다. 진(震)은 위엄을 떨치는 것이다. 진첩(震疊)[54]은 두려워하고 또 두려워해서 한 번만 두려워할 뿐이 아닌 것이다. 《주역》에 이르기를 "믿음이 있어 서로 사귀고 위엄이 있으면 길하다."[55] 하였

50 호천기자지(昊天其子之) : 《집전》에는 "하늘이 나를 자식처럼 사랑해 주실까.〔天其子我乎哉〕"라고 한 것은 감히 기필하지 못하는 것이라고 하였으니, 이는 其를 추측하는 말로 해석한 것이다. 반면에 심대윤은 '昊天其子之也'라고 하여 其를 '장차 ~할 것이다'로 해석하였다.

51 이는……악가이다 : 《집전》에는 "주나라 제도에 12년마다 왕이 여러 나라들을 순수하면서 시제(柴祭)와 망제(望祭)를 지내어 고하면 제후들이 모두 조회하였다."라고 하고, 이때의 제사에 고하는 악가라고 하였다.

52 회유 : 《집전》에 회(懷)는 '옴〔來〕'이고 유(柔)는 '편안함〔安〕'이라 하여, '편안히 오게 함'으로 풀이하였다.

53 우서유주(右序有周) : 《집전》에는 우(右)는 '높임〔尊〕'이고, 서(序)는 차례라 하여, '右序有周'를 "주나라를 높여 〈왕위를 전하는〉 차례를 잇게 하였다."라고 풀이하였다.

54 진첩(震疊) : 《집전》에는 첩(疊)을 '두려워함〔懼〕'이라 하였으나 심대윤은 거듭함으로 풀이하였다.

다. 여러 신하들이 군주가 불선함이 없다고 믿으면 군주를 우레와 벼락처럼 두려워하고 부모처럼 사랑한다. 두려워함이 거듭하여 한 번에 그치지 않으면 친애함도 거듭하여 한 번에 그치지 않는 것이다. 엄한 처벌을 위엄으로 삼는 자는 끝내 백성을 이기지 못하고 온화하게 도와줌을 은혜로 삼는 자도 많은 사람을 복종시킬 수 없으니, "거듭 두려워하지 않는 이가 없다."라고 말한 것에서 그가 천하에 신임 받음을 알 수 있고 불선함이 없음을 알 수 있다.【아내를 두려워하는 사람은 반드시 아내를 사랑하니, 진실로 두려워함은 진실로 사랑하는 것임을 여기에서 알 수 있다.】

천자가 사방의 산악에 이르러서 오악(五嶽)[56]에 시망(柴望) 제사[57]를 지내는데, 오악은 상공(上公)[58]의 예를 사용한다. 천자는 지위가 높아서 오악에 직접 제사할 수 없기 때문에 하늘에 제사하면서 오악을

55 믿음이……길하다 : 이는 《주역》〈대유괘(大有卦) 육오(六五)〉에 "그 믿음이 서로 사귀니, 위엄이 있으면 길하리라.〔厥孚交如, 威如, 吉.〕"라고 한 것과 〈가인괘(家人卦) 상구(上九)〉에 "믿음이 있고 위엄이 있으면 마침내 길하리라.〔有孚, 威如, 終吉.〕"라고 한 것을 합하여 말한 것이다.

56 오악(五嶽) : 동악(東嶽)인 태산(泰山), 남악(南嶽)인 형산(衡山), 서악(西嶽)인 화산(華山), 북악(北嶽)인 항산(恒山), 중악(中嶽)인 숭산(嵩山)을 말한다.

57 시망(柴望) 제사 : 일반적으로 시제(柴祭)는 나무를 불태워 하늘에 제사하는 것이며, 망제(望祭)는 산천을 멀리서 바라보며 제사하는 것인데, 심대윤은 시(柴)를 산에 제사하면서 섶나무를 태워 강신(降神)하는 것으로 보았다.《儀禮正論》

58 상공(上公) : 공작(公爵)을 말하기도 하고, 태사(太師)·태부(太傅)·태보(太保)의 삼공(三公)을 말하기도 한다. 채침(蔡沈)은 오악은 제사하는 예를 삼공에 견주고 사독(四瀆)은 제후에 견주고 나머지 명산대천은 백(伯)·자(子)·남(男)에 견준다고 하였으나, 심대윤은 "오악과 동해·남해는 제후에 견주고, 사독은 대부에 견주고,【사직에서 제사하는 의례와 같다.】 나머지 명산대천은 모두 대부의 천례(薦禮)로써 예우한다.〔五嶽及東南海視諸侯, 四瀆視大夫,【如祭社稷之儀.】 其餘名山大川皆以大夫之薦禮, 禮之.〕"라고 하였으므로 여기의 상공은 제후의 공작을 말한 것으로 보인다.《書經集傳》, 《儀禮正論》

배향하여 제사하고, 나머지 온갖 신은 모두 유사(有司)로 하여금 제사를 지내게 한다.[59] 먼저 온갖 신을 말하고 하수와 오악을 뒤에 말한 것은 회유함을 말하기 때문에 작아서 쉬운 것으로부터 큰 것에 미친 것이다.

밝은 주나라가	明昭有周
지위에 있는 자들을 차례로 서열하고	式序在位
방패와 창을 거두며	載戢干戈
활과 화살을 활집에 넣고	載櫜弓矢
내 아름다운 덕을 구하여	我求懿德
이 중국(中國)에 베푸니	肆于時夏
진실로 왕이 보전하시도다[60]	允王保之

'식서재위(式序在位)'는 지위에 있는 여러 제후들을 차례로 서열한 것이다. 집(戢)은 거둠이요, 고(櫜)는 활집에 넣음이다. 이는 군대의

59 천자는……한다 : 심대윤은 산천(山川)의 제례에 대하여 "기내(畿內)에 있는 산천은 천자가 유사(有司)를 보내어 예를 행하고, 제후의 나라 안에 있는 것은 각각 그 군주로 하여금 주관하게 한다. 오직 바다와 오악은 천자가 사람을 보내어 제물(祭物)과 제문(祭文)을 내려 제사하게 한다. 무릇 오악을 제사할 적에 가까운 산으로 배향하고 바다에 제사할 적에 가까운 물로 배향하며, 모두 그 옆에 단(壇)을 만들어 제사를 행한다. 오직 천자가 순수하여 오악을 명당(明堂)에서 제사할 때에는 상제를 주위(主位)로 하여 오악을 상제에 배향한다. 무릇 산에 제사할 적에 모두 섶나무를 불태워 강신하고 물에 제사할 적에 술을 물에 부어 강신한다.〔在畿內者, 天子使有司禮之; 在諸侯之方內者, 各使其君主之; 惟海、嶽, 天子遣人致祭. 凡祭嶽, 配以近山; 祭海, 配以近水, 皆爲壇於其傍而行事. 惟天子巡守, 望祀嶽於明堂, 則主帝而以嶽配之. 凡祭山皆燔柴以降神, 祭水皆灌酒於水以降神.〕"라고 하였다. 《儀禮正論》

60 보전하시도다 : 《집전》에 '천명을 보전함'으로 풀이하였다.

위엄을 쓰지 않고 아름다운 덕을 구하여 교화를 베푸는 것이니, '잠깐 위엄을 떨침'이 덕에 있고 사나움에 있지 않은 것이다.

이상은 〈시매〉 1장이니, 15구이다.

《춘추좌전》에 "무왕(武王)이 상(商)나라를 이기고 송(頌)을 짓기를 '방패와 창을 거두었다.' 했다."[61]라고 하고, 《국어(國語)》에 또 이 시를 주 문공(周文公)의 송이라고 하였으니,[62] 이는 《춘추좌전》과 《국어》를 전한 자가 그 시대를 자세히 알지 못한 것이다.【〈《춘추좌전》과 《국어》에 근거하여〉 《집전》에 주공(周公)이 무왕의 시대에 이 시를 지었다고 하니, 이 설은 잘못되었다. 무릇 아(雅)와 송과 고(誥)와 명(命)[63]은 다 당시의 사관(史官)이 지은 것이니, 일찍이 글을 지은 당사자의 이름을 칭하지 않는다.】 《국어》에 "종(鐘)으로 〈사하번(肆夏樊)〉과 〈알(遏)〉과 〈거(渠)〉를 연주하여 천자가 원후(元侯 제후의 우두머리)에게 연향을 베푼다."[64]라고 하였다. 지금 그 시들은 다 없어졌는데, 그 시들이 속한 구하(九夏)를 빈객의 연향에 사용하니, 제사의 송이 아님이 분명하다.[65] 선

61 무왕(武王)이……했다 : 《춘추좌전》 선공(宣公) 12년 조에 '載戢干戈'에서 '允王保之'까지 인용하였다.

62 이 시를……하였으니 : 이 내용은 《국어》 〈주어 상(周語上)〉에 보인다. 주 문공은 주공 단(旦)이다.

63 고(誥)와 명(命) : 《서경》의 문체로, 고는 회동(會同)에서 사용하여 무리들을 깨우치는 것이고 명은 관직을 명하면서 지은 글이다.

64 종(鐘)으로……베푼다 : 이 내용은 《국어》 〈노어 하(魯語下)〉에 보인다.

65 구하(九夏)를……분명하다 : 구하는 《주례》 〈춘관(春官) 종사(鍾師)〉에 보이는 아홉 가지 악가로, 천자가 문을 출입할 때에 연주하는 왕하(王夏), 시(尸)가 출입할 때의 사하(肆夏), 희생이 출입할 때의 소하(昭夏), 사방의 빈이 왔을 때의 납하(納夏), 공신(功臣)을 위한 위하(章夏), 부인(夫人)이 제사할 때의 제하(齊夏), 종족(宗族)이

유들이 억지로 송에 해당시킨 것은 모두 근거가 없다.[66]

집경 執競

강함을 잡으신 무왕(武王)이여[67]	執競武王
더 강함이 없는 공렬(功烈)이시도다	無競維烈
드러나지 않을까, 성왕(成王)과 강왕(康王)이여	不顯成康
상제가 크게 강림하시도다	上帝是皇

부이다.[68] 황(皇)[69]은 큼이다.

모시고 있을 때의 족하(族夏), 손님이 술에 취하여 나갈 때의 해하(陔夏), 제후가 출입할 때의 오하(驁夏)이다. 또 《국어》의 위소(韋昭)의 주에 "〈사하〉는 일명 〈번(樊)〉이요, 〈소하(韶夏)〉는 일명 〈알(遏)〉이요, 〈납하(納夏)〉는 일명 〈거(渠)〉이니, 바로 《주례》의 구하의 세 가지이다."라고 하였다. 심대윤은 제사와 연향에 통용하는 악가는 대아에 편찬한다고 보았는데, 이 때문에 구하는 제사에 오로지 사용하는 악가가 아니라고 말한 듯하다.

66 선유들이……없다 : 이는 《집전》에 구하의 세 악가가 〈시매〉·〈집경(執競)〉·〈사문(思文)〉의 송이라는 설을 인용하였으므로 말한 것이다. 《집전》에 혹자의 말로 〈시매〉는 "바로 이른바 〈사하(肆夏)〉이니, 시에 '사우시하(肆于時夏)'라는 말이 있기 때문에 명명한 것이다." 하고, 〈사문〉은 "이른바 〈납하(納夏)〉이니, 시에 '시하(時夏)'라는 말이 있기 때문에 명명한 것이다."라고 하며, 여숙옥(呂叔玉)의 말로 "〈사하〉는 〈시매〉요, 〈번알(樊遏)〉은 〈집경〉이요, 〈거〉는 〈사문〉이다."라고 하였다.

67 강함을 잡으신 무왕(武王)이여 : 《집전》에 "무왕이 스스로 힘쓰고 쉬지 않는 마음을 가졌다.〔武王持其自强不息之心.〕"라고 풀이하였다.

68 부이다 : 《집전》에 무왕·성왕·강왕을 제사하는 시라고 하였다.

69 황(皇) : 《집전》에는 군주로 훈하여 '上帝是皇'을 "상제께서 군주로 삼은 바이다〔上帝之所君也.〕"라고 풀이하였다.

저 성왕 강왕으로부터 自彼成康
마침내[70] 사방을 소유하시니 奄有四方
드러난 그 밝음이시도다 斤斤其明

성왕과 강왕의 세대에 순종하는 사방 오랑캐들의 영역이 더욱 넓어졌다. 그러므로 "마침내 사방을 소유했다."라고 한 것이다. 근근(斤斤)은 《집전》에 "밝음이 드러남이다."라고 하였다.[71]

종과 북이 화하게 울리며 鍾鼓喤喤
경쇠와 피리가 장장(鏘鏘)히 울리니 磬筦將將
복을 내림이 많고 많도다 降福穰穰

관(筦)은 관(管 피리)과 같다. 장(將)[72]은 마땅히 장(鏘)이 되어야 한다. 양양(穰穰)은 많음이다.

복을 내리기를 연이어 하거늘 降福簡簡

70 마침내 : 〈문왕지십 황의(皇矣)〉에서 주자는 '奄有四方'의 "엄자(奄字)의 뜻은 홀(忽)과 수(遂)의 중간에 있다."라고 하였는데, 심대윤은 이를 수(遂)로 풀이하였다. 한편 엄(奄)을 '모두'로 풀이하기도 한다.

71 근근(斤斤)은……하였다 : 《집전》에는 근근은 '明之察'이라 하고 "성왕・강왕의 덕이 밝게 드러남이 이와 같음을 말한 것이다.〔言成、康之德, 明著如此也.〕"라고 하였다. 이에 의하면 찰(察)은 '드러남〔著〕'의 뜻이라 할 수 있으므로 심대윤이 '明之著'라고 한 것이다. 그러나 《시전대전》의 소주에 "밝게 임하여 사방을 모두 살핌을 말한 것이다.〔言昭臨四方無不察也.〕"라고 하여 근근을 '밝게 살핌'으로 풀이하였다. 《경사강의(經史講義)》에도 정조(正祖)가 여기의 '찰'이 '위아래로 드러남〔上下察〕'의 찰과 같지 않은가 묻자 서유구(徐有榘)가 명찰(明察)의 찰이라고 대답한 것이 보인다.

72 장(將) : 《집전》에는 장장(將將)은 '모임〔集〕'이라 하였다.

위의를 돌아보고 돌아보니	威儀反反
이미 취하고 배불러	旣醉旣飽
복록이 돌아오도다	福祿來反

간간(簡簡)[73]은 연이어 나란히 하는 뜻이다.【엮어진 죽간(竹簡)이 연이어 나란히 있는 것과 같다.】 반반(反反)[74]은 예를 돌아보아 함부로 하지 않는 것이다. 내반(來反)[75]은 돌아온다는 말과 같다.

이상은 〈집경〉 1장이니, 14구이다.

사문 思文

문덕(文德)을 간직하신 후직(后稷)이여	思文后稷
저 하늘에 짝하여 계시도다	克配彼天
우리 뭇 백성들을 중덕(中德)에 세워 주시니	立我烝民
그대의 극(極) 아님이 없도다	莫匪爾極
우리에게 보리 종자를 주심은	貽我來牟
상제께서 명하여 백성들을 모두 기르게 하신 것이라	帝命率育
이 경계와 저 경계를 두지 않고	無此疆爾界
떳떳한 도를 이 중국(中國)에 베푸셨도다	陳常于時夏

73 간간(簡簡) :【집전】 큼〔大〕

74 반반(反反) :【집전】 신중함〔謹重〕

75 내반(來反) : 《집전》에는 반(反)은 '반복함〔覆〕'이라 하여, '福祿來反'을 '복록의 옴이 반복하여 그치지 않음'으로 풀이하였다.

부이다. 사(思)는 어조사이다. 문(文)은 문덕(文德)이다. 극(極)은 중덕(中德)의 자리이니, '입아증민(立我烝民)'은 뭇 백성들을 중덕에 세우는 것이다.[76] 문덕을 간직하였다고 하고 그대의 극이라 하고 떳떳한 도를 베풀었다고 하였으니, 후직의 덕이 성인의 경지에 들어갔음을 알 수 있다.【《집전》에는 우리 뭇 백성들에게 곡식을 먹임이 그대의 지극한 덕 아님이 없다고 하였으니,[77] 이는 도대체 무슨 말인가.】 내(來)는 소맥(小麥)이고, 모(牟)는 대맥(大麥)이다. 솔육(率育)은 하민(下民)을 다 기르는 것이다. 이 경계와 저 경계가 없어서 멀고 가까움과 이쪽과 저쪽의 제한을 두지 않고 떳떳한 도를 이 중국에 베푼 것이다. 이는 체제(禘祭)[78]의

76 뭇……것이다 : 이는 군주가 지극한 선인 중덕으로 정치를 하면 백성들이 군주의 선을 따라함을 말한 것이다. 〈녹명지십 천보(天保)〉 5장의 각주 참조.

77 우리……하였으니 : 《집전》에 입(立)은 입(粒)과 통하고, 극(極)은 지극함이니 덕이 지극한 것이라 하였다.

78 체제(禘祭) : 체제는 일반적으로 세 가지가 있으니, 하늘에 제사하면서 시조를 배향하는 대체(大禘)와 종묘의 시제(時祭)와 5년에 한 번 지내는 종묘의 큰 제사이다. 하늘에 제사하는 교제(郊祭)를 체제로 본 것은 《예기》 〈상복소기(喪服小記)〉에 "왕은 그 선조의 소자출(所自出)에게 체제를 지내고 그 선조로써 배향한다.〔王者禘其祖之所自出, 以其祖配之.〕"라고 한 것에서 '선조의 소자출'을 하늘로 보고 '배향하는 선조'를 시조로 보는 정현의 설에 근거한다. 그러나 심대윤은 이를 터무니없는 것이라 하고 '선조의 소자출'을 시조로 보고 배향하는 선조를 시조 이하의 선조라고 하였다. 또 《예기》 〈왕제(王制)〉에 천자와 제후의 종묘의 제사 중에 여름 제사를 체(禘)라고 하였는데, 심대윤은 이를 잘못 전해진 것으로 보았다. 심대윤은 체제와 여러 조상들의 신주를 모아 놓고 지내는 협제(祫祭)에 대하여 "체제와 협제의 의의는 크게 근본에 보답하고 시작으로 돌아가는 것이다. 체제는 시조로부터 이하의 왕이 되지 못한 선조를 모두 제사하고 협제는 태조로부터 이하의 훼철(毁撤)한 신주를 모두 제사한다. 체제와 협제는 종묘의 문밖에 별도로 궁(宮)을 세워 행한다.……천자는 5년에 두 번 큰 제사를 지내니, 10년에 2번 체제를 지내고 세 번 협제를 지낸다. 제후는 협제를 지내고 체제는 지내지 않는다.〔禘、祫之義, 大報本反始也. 禘則自始祖以下未王之祖盡祭之也, 祫則自太祖以下毁廟之主盡祭之也. 禘、祫, 別立宮於廟門之外而行之.……天子五年而再殷祭, 十年二禘而三祫. 諸侯祫而不禘.〕"라고 하였다. 《禮記正解 喪服小記》

악장(樂章)이다.

이상은 〈사문〉 1장이니, 8구이다.

이상은 〈청묘지십〉 10편이다.

주송 周頌 신공지십 臣工之什

신공 臣工

아! 여러 신하들아　嗟嗟臣工
그대 공가(公家)에 있음을 공경할지어다　敬爾在公
왕이 너의 이루어진 법을 다스려주시니　王釐爾成
와서 자문하여 와서 헤아릴지어다　來咨來茹

부이다. 이(釐)[1]는 다스림이요, 여(茹)는 헤아림이다.

아! 농관(農官)들이여　嗟嗟保介
늦은 봄이 되었으니　維莫之春
무엇을 챙겨야 할꼬　亦又何求
새로 개간한 밭을 어찌할꼬　如何新畬
아! 훌륭한 보리가　於皇來牟
장차 상제께서 밝게 주심을 받게 되었으니　將受厥明
밝으신 상제가　明昭上帝
풍년에 이르게 하셨도다　迄用康年
우리 여러 농부들을 명하여　命我衆人
네 가래와 호미를 장만하라　庤乃錢鎛

1 이(釐) : 【집전】 내려 줌〔賜〕

곧 낫으로 수확함을 보리로다　　奄觀銍艾

천자가 적전(籍田)을 친경(親耕)할 적에 일을 집행하는 관원을 보(保)라 하고 그 부관(副官)을 개(介)라 한다.[2] 개간한 지 3년 된 밭을 신(新)이라 하고, 2년 된 밭을 여(畬)라 한다. '궐명(厥明)'의 명(明)은 상제가 밝게 내려 주신 것이다. 상제가 내려 주신 것을 밝혀서 사람의 힘을 다하여 풍년에 이르게 한 것이다. 치(庤)는 저(儲)이니, 미리 갖추는 것을 저(儲)라 한다. 전(錢 가래)과 박(鎛 호미)은 농기구이고, 질(銍)은 낫이다. 예(艾)는 예(刈 벰)가 되어야 한다.

천자가 맹춘(孟春)에 상제에게 곡식이 풍년 들기를 기원하고 마침내 적전을 친경하니,[3] 이는 곡식이 풍년 들기를 기원하는 제례악(祭禮樂)이다.[4] 늦은 봄[5]은 주정(周正)의 3월이고 하정(夏正)의 맹춘이다. 무릇 하늘에 기도함은 오직 사람의 힘을 권면하는 것이 좋은 기도이니, 감히 허황된 말을 하여 원하는 바를 빌지 않는다. 그러므로 그 말이 이와 같은 것이다.

2 일을……한다 : 《집전》에는 보개(保介)는 농관(農官)의 부관이라고 하였다.

3 천자가……친경하니 : 《예기》 〈월령(月令)〉에 "맹춘의 달에 천자가 마침내 길일(吉日)을 가려 상제에게 곡식이 풍년 들기를 기원하고, 이에 그 다음 길일을 가려서 천자가 친히 쟁기와 보습을 싣고 가되 함께 수레에 탄 농관과 수레를 모는 자의 사이에 둔다. 삼공과 구경, 제후와 대부들을 거느리고 가서 몸소 적전을 경작하되, 천자는 세 번 쟁기를 밀고 삼공은 다섯 번 밀고 경과 제후는 아홉 번 쟁기를 민다.〔是月也, 天子乃以元日, 祈穀于上帝. 乃擇元辰, 天子親載耒耜, 措之于參保介之御間, 帥三公、九卿、諸侯、大夫躬耕帝籍. 天子三推, 三公五推, 卿諸侯九推.〕"라고 보인다. 심대윤은 "상제에게 풍년을 기원함은 하늘에 교제(郊祭)를 지내면서 사(社)와 직(稷)으로 배향하는 것이다.〔祈穀, 郊天而配以社、稷也.〕"라고 하였다. 《禮記正解》

4 이는……제례악(祭禮樂)이다 : 【집전】 농관을 경계한 시

5 늦은 봄 : 【집전】 하정의 3월

이상은 〈신공〉 1장이니, 15구이다.

희희 噫嘻

아! 성왕(成王)이	噫嘻成王
이미 밝게 너희에게 임하셨으니	旣昭假爾
이 농부들을 거느려	率時農夫
백곡(百穀)을 파종하되	播厥百穀
어서 네 사전(私田)을 밭 갈아	駿發爾私
삼십 리를 마치며	終三十里
또한 네 밭 가는 일을 일삼되	亦服爾耕
만인(萬人)으로 짝을 하라	十千維耦

부이다. 희희(噫嘻)는 감탄사(感歎詞)이다. 이(爾)는 전준(田畯 권농관(勸農官))의 부류이다. 주공(周公)이 낙읍(洛邑)을 만든 후에 철법(徹法)[6]을 시행한 것이 성왕(成王)의 시대에 있었다. 그러므로 성왕이 밝게 너에게 임하셨다고 한 것이다.[7] 준(駿)[8]은 급함이요, 발(發)은 흙을 헤쳐 놓는 것이다.

6 철법(徹法) : 아래에서 설명하고 있는 정전(井田)의 제도를 말한다. 여기서는 한 정전에 아홉 집 이상이 힘을 합한다고 하였으나, 심대윤의 《논어》의 주석에서는 여덟 집 이상이라고 하였다.

7 주공(周公)이……것이다 : 【집전】 성왕이 처음으로 전관(田官)을 두고 일찍이 경계하여 명한 것이다.

8 준(駿) : 【집전】 큼〔大〕

공전(公田)을 말하지 않고 다만 사전(私田)을 말한 것은[9] 1정(井)의 전지 900무(畝) 가운데 공전 80무[10]가 붙여 있기 때문이다. 정전(井田)은 모두 아홉 구역이 아홉 부(夫 가장(家長))의 한도가 되어서 한 부의 전지가 한 구역의 100무를 넘을 수가 없고, 혹은 두세 명의 부나 네다섯 명의 부가 한 구역을 함께 경작하는 것과 전지가 없어서 같은 정(井)에 붙여 살면서[11] 품 파는 것을 모두 금하지 않는다. 아홉 구역의 부가 노동력을 함께하여 합작해서 수확을 모두 11등분으로 나누어 나라에서는 그 하나를 세금으로 받고 백성들은 그 십을 취하여 이랑 수를 계산하여 나눈다. 아홉 구역은 모두 매매할 수 있는 사전[12]이고 공전은 사전

9 공전(公田)을……것은 : 《집전》에는 "구(溝)·혁(洫)의 도랑으로 전지를 구획한 지역에는 공법(貢法)을 사용하여 공전이 없기 때문에 모두 사전이라 이른 것이다."라고 하였다. 주자는 채읍(采邑)인 도비(都鄙)에서는 정전법을 쓰지만 성 밖의 지역인 향수(鄕遂)에서는 10부(夫)의 사이에 구(溝)의 도랑을 두어 공법을 쓴다고 하였다. 《孟子集註》

10 공전 80무 : 이는 공전 100무 가운데 전지로 이용하는 땅을 말한다. 나머지 20무는 백성들이 택지(宅地)로 이용한다.

11 정(井)에 붙여 살면서 : 심대윤은 "무릇 백성 중에 가난하여 정전에 전지가 없는 자도 모두 집이 있었는데, 집이 있으면 항상 2무 반의 택지가 따르는 것이다. 백성 중에 새로 집을 지은 자가 있으면 항상 정전 가운데 공전에서 2무 반을 잘라서 그에게 속하게 하고, 집이 허물어지면 그 땅을 정전으로 되돌려서 예전처럼 공전으로 삼는다.〔凡民之貧而無田於井者, 亦皆有宅, 有宅則輒以二畝半隨之焉. 民有新築宅者, 則輒以井中之公田割其二畝半而屬之焉, 宅毁則復歸其地於井而爲公田如故.〕"라고 하였다. 《禮記正解 王制》

12 매매할……사전 : 《예기》 〈왕제(王制)〉에 "전리(田里)를 팔지 않는다.〔田里不粥.〕"라고 보이는데, '田里'는 일반적으로 100무의 전지와 5무의 택지(宅地)로 보아, 나라에서 주는 땅이므로 백성들이 팔지 못하는 것으로 풀이한다. 반면에 심대윤은 전리를 택지로 보고 "팔지 않는다는 것은 그것을 금지한 것이 아니고 백성들이 스스로 팔지 않는 것이다. 선왕의 제도는 반드시 백성들로 하여금 저절로 그렇게 하도록 하는 것이지 억지로 원하지 않는 바를 금하는 경우는 없다. 집의 매매에는 전리가 저절로 따르므로

가운데에 들어 있다. 그러므로 다만 사전만을 말한 것이다. 선유(先儒)들의, 전지를 나라에서 주고 돌려받으며 역전(易田)은 갑절로 준다는 설[13]과 백성들의 전지 매매를 금지하고 한 부가 100무의 전지를 받는다는 설은 다 터무니없는 말이다.【그 분변이 《원위침폄(原委鍼砭)》에 있다.[14]】

백성들이 팔지 않는 것이다. 공전인 전리를 백성들이 팔지 않으면 정전의 사전은 백성들이 스스로 파는 것을 들어주었음을 알 수 있다. 이 때문에 전지를 나라에서 주고 돌려받으며 매매를 금한다는 설은 선왕의 제도가 아니라고 말하는 것이다.〔不粥者, 非禁之也, 民自不粥也. 先王之制, 必使民自然也, 未有强禁其所不欲也. 宅之賣買, 田里自隨, 則民不粥也. 田里爲公田而民不粥焉, 則井之私田, 聽民自粥, 可知矣. 故曰: 授受禁賣買之說, 非先王之制也.〕"라고 하였다. 《禮記正解 王制》

13 역전(易田)은……설 : 역전은 기름지지 않아 휴경(休耕)하는 땅으로, 《주례》 〈지관(地官) 대사도(大司徒)〉에 "휴경하지 않는 땅은 한 집에 100무이고, 1년 농사하고 1년 휴경하는 땅은 한 집에 200무이고, 1년 농사하고 2년 휴경하는 땅은 한 집에 300무이다.〔不易之地, 家百畝; 一易之地, 家二百畝; 再易之地, 家三百畝.〕"라고 보인다. 이를 《한서(漢書)》 〈식화지(食貨志)〉에서는 상전(上田)·중전(中田)·하전(下田)이라 하였는데, 심대윤은 "옛날에 상전·중전·하전과 역전을 갑절로 주는 설이 있으나 모두 터무니없는 것이다.〔古有上田、中田、下田、倍易之說, 而皆妄也.〕"라고 하였다. 《禮記正解 王制》

14 그 분변이……있다 : 《원위침폄》에 일반적인 정전(井田)의 설을 시행할 수 없는 이유를 다음과 같이 말하였다. "한 부(夫)는 100무이고 여부(餘夫 부 이외에 전지(田地)를 받는 자)는 25무라고 한 것은, 땅에는 정한(定限)이 있고 백성은 일정한 수가 없으니, 사람이 많고 땅이 적으면 땅이 없는 백성이 있게 되고 사람이 적고 땅이 많으면 경작하지 않는 땅이 있게 된다. 땅이 없는 백성이 있는 것은 균평(均平)하지 못한 것이고 경작하지 않는 땅이 있는 것은 땅을 버리는 것이다. 균평하지 못하면 백성이 원망하고 땅을 버리면 곡식이 적으니, 그 제도를 시행할 수 없는 첫 번째 이유이다. 수(隋)나라 문제(文帝)의 때에 백성들의 호구(戶口)가 불어나 인구는 많고 전지가 적은 마을에는 한 부가 겨우 25무를 받고 노인과 젊은이는 더 적었으니, 만약 100무를 정한(定限)으로 한다면 전지가 없는 백성이 5분의 4가 되었을 것이다. 하물며 오래도록 평안하여 호구가 많아진 삼대(三代)의 시대이랴. 처음에 100무를 정한으로 하였다가 해마다 빼앗아 전지를 줄이고 한 백성마다 증감이 있어 천하의 전지를 모두 취하여 다시 제정하면 법제가 일정하지 않고 번거로운 폐단을 감당하지 못할 것이니, 그 제도를 시행할 수 없는 두

30리[15]는 한 향(鄕)과 한 수(遂)의 전지를 대략 말한 것이요, 만인(萬人)은 한 향과 한 수의 백성을 대략 말한 것이다.[16] 이는 향・수에서 사(社)・직(稷)에게 곡식이 풍년 들기를 기원하는 악가이니,[17] 중춘

번째 이유이다. 토지의 비옥하고 척박함이 일정하지 않고 또 논과 밭의 동등하지 않음이 있어 혹은 서로 배가 되고 다섯 배가 되며 혹은 서로 열 배가 되고 백 배가 되어 토지를 주고받을 적에 아전이 농간을 부림과 백성들이 일어나 서로 다툼이 없는 곳이 없을 것이니, 그 제도를 시행할 수 없는 세 번째 이유이다. 혹은 매년 경작하고 혹은 두 해 걸러 경작하고 혹은 세 해 걸러 경작하는데, 토지의 좋고 나쁨을 살피기 어려워서 속임수가 거듭 생겨 어지럽고 불안할 것이니, 그 제도를 시행할 수 없는 네 번째 이유이다. 수(遂)・구(溝)・혁(洫)・회(澮)의 도랑은 공력을 쓰는 것이 매우 커서 농사를 방해하고 전지를 감소시키면서 여러 해 동안 이루지 못하며, 산의 물이 아래로 흘러내리는 것은 반드시 지세(地勢)를 따르니, 어찌 인력(人力)으로 정전의 도랑을 만들겠는가. 그 제도를 시행할 수 없는 다섯 번째 이유이다.〔一夫百畝, 餘夫二十五畝, 夫地有定限, 而民無定數, 人多而地少, 則有曠民矣, 人少而地多, 則有閑田矣. 有曠民, 不均也; 有閑田, 棄地也. 不均則民怨, 棄地則穀寡, 其不可行一也. 隋文之時, 民戶蕃滋, 狹鄕一夫授田, 纔二十畝, 老小加少焉. 若以百畝爲限, 則民之無田者五分之四耳. 況三代久安之世, 戶口至蕃者乎? 始以百畝爲限, 而歲奪而減之, 每一民有增減, 盡取天下之田而更制之, 則法制不定, 而煩弊不勝, 其不可行二也. 土之肥瘠不一, 又有水田、旱田之不等, 或相倍蓰, 或相什佰, 受授之際, 吏緣爲奸, 民興爭競, 無所不有. 其不可行三也. 或不易, 或再易, 或三易, 地之美惡難審, 奸僞層生, 紛紜不平, 其不可行四也. 遂、溝、洫、澮, 功費浩大, 妨農損地, 而屢歲不成, 山水之注下, 必因地勢, 安可以人力爲之哉? 其不可行五也.〕"

15 30리 : 《집전》에는 "30리는 1만 부(夫 100무(畝))의 땅으로 둘레에 천(川)이 있으며, 그 안은 사방 33리가 넘는데, 30리라 말한 것은 성수(成數)를 든 것이다."라고 하였다. 이는 9부가 사방 1리이므로 1만 부이면 사방 33과 1/3리임을 말한 것이다. 천(川)은 1만 부의 전지 사이에 있는 도랑으로, 부 사이에는 수(遂), 10부 사이에는 구(溝), 100부 사이에는 혁(洫), 1천 부 사이에는 회(澮)의 도랑이 있었다.

16 만인(萬人)은……것이다 : 만인의 원문은 '十千'으로, 《집전》에는 1만 부의 땅에 있는 무리를 합하여 말한 것이라고 하였다. '한 향'은 교내(郊內)의 12,500가(家)이고 '한 수'는 교외의 12,500가이다. 〈상호지십 기변(頍弁)〉 1장의 각주 참조.

17 이는……악가이니 : 《집전》에는 농관(農官)을 경계한 말이라고 하였다. 또 《모시

(中春)에는 곡식이 풍년 들기를 기원하고 중추(中秋)에는 보답하는 제향을 하는데, 모두 무일(戊日)이나 기일(己日)을 쓴다.[18]

이상은 〈희희〉 1장이니, 8구이다.

진로 振鷺

떼 지어 백로(白鷺)가 날아가니	振鷺于飛
저 서쪽 벽옹(辟廱)에서 하도다	于彼西雝
우리 손님이 이르니	我客戾止
또한 아름다운 의용(儀容)이 있도다	亦有斯容

흥이고 부이다.[19] 진(振)은 성한 모양이니, 진로(振鷺)는 여럿이 떼 지어 나는 백로이다. 옹(雝)[20]은 마땅히 옹(廱)이 되어야 하니, 문왕(文王)의 학궁(學宮)[21]이다. 이 벽옹은 풍(豊)에 있었으니, 호경(鎬京)에서 말하였으므로 서쪽 벽옹이라 한 것이다. 객(客)은 제후를 이른다.

서》에는 "봄과 여름에 곡식이 풍년 들기를 상제에게 기원하는 시이다.〔春夏祈穀于上帝也.〕"라고 하였다.

18 무일(戊日)이나 기일(己日)을 쓴다 : 심대윤은 "무(戊)는 토(土)의 자리이니, 사(社)의 제사는 무일을 쓴다. 무일에 일이 있으면 기일을 쓴다.〔戊, 土之位也, 社用戊. 戊日有故, 則用己.〕"라고 하였다. 《書經蔡傳辨正 召誥》

19 흥이고 부이다 : 《집전》에는 부라고 하였다.

20 옹(雝) : 【집전】 못〔澤〕

21 문왕(文王)의 학궁(學宮) : 벽옹은 일반적으로 천자의 학궁이라 하는데, 심대윤은 문왕의 학궁의 이름이라 하였다. 〈문왕지십 영대(靈臺)〉 3장의 주석 참조.

때 지어 나는 백로를 흥으로 삼았으면 손님이 한두 사람이 아닌 것이다. 제후는 왕이 진실로 손님으로 대접하는 자이니, 《집전》에 말한 것처럼 오직 송(宋)나라만 손님이 되는 것이 아니다.[22]【천자에게 제사가 있으면 제사 고기를 전하고, 천자에게 상사(喪事)가 있을 때 조문을 오면 천자가 배사(拜謝)하며,[23] 종묘에서 천자를 뵙고 조정에서는 천자를 뵙지 않음은[24] 오직 송나라의 공(公)이 그러하고 제사를 지낼 때는 다른 제후를 대하는 예와 같으니, 해설이 《예기》에 보인다.[25]】 용(容)은 의용(儀容)이니, '역유사용(亦有斯容)'은 그 의용

22 집전에……아니다 : 【집전】 객(客)은 이전 두 왕조의 후손을 이르니, 하(夏)나라의 후손인 기(杞)나라와 상(商)나라의 후손인 송(宋)나라는 주나라에 손님이 되어서 천자에게 제사가 있으면 제사 고기를 전하고, 천자에게 상사(喪事)가 있을 때 조문을 오면 천자가 배사(拜謝)하는 자들이었다.

23 천자에게……배사(拜謝)하며 : 《춘추좌전》 희공(僖公) 24년 조에 송나라가 주나라의 손님이 되어 이와 같은 예우를 받는다고 나온다.

24 종묘에서……않음은 : 원문은 '覲而不朝'로 심대윤은 조(朝)와 근(覲)에 대하여 "제후가 조정에서 천자를 뵙는 것을 조(朝)라 하고, 종묘에서 뵙는 것을 근(覲)이라 한다. 조정에서 뵙는 것은 군신 간의 바른 예이고, 종묘에서 뵙는 것은 외숙(이성(異姓)의 제후)과 숙부(동성(同姓)의 제후)의 친함을 펴는 것이다.〔見於朝曰朝, 見於廟曰覲. 見於朝, 正君臣之禮也; 見於廟, 展舅叔之親也.〕"라고 하였다. 《禮記正解 曲禮下》 〈동궁지십 면수(沔水)〉 1장의 각주 참조.

25 예기에 보인다 : 《집전》에는 기(杞)나라와 송나라를 이전 왕조의 후손으로 예우한다고 하였으나 심대윤은 송나라만 예우한다고 하였다. 《예기》 〈예운(禮運)〉에 "기나라에서 교제(郊祭)를 지내는 것은 우(禹)임금이 있었기 때문이요, 송나라에서 교제를 지내는 것은 설(契)이 있었기 때문이다."라고 하여 기나라도 천자의 후손으로 예우하는 내용이 보이지만, 심대윤은 이를 터무니없는 것이라 하고 "오직 천명을 받아 천자가 된 자만이 하늘에 지내는 제사의 제주(祭主)가 될 수 있으니, 비록 천자의 후손이라도 이미 내려와 제후가 되었으면 교제를 지낼 수 없다. 주나라의 선공(先公)들이 일찍이 은(殷)나라의 신하였다가 은나라를 이어 왕이 되어서 은나라 여러 왕의 제사를 폐할 수 없다. 그러므로 송나라를 세워서 그 제사를 주관하게 한 것이다. 송나라의 체제(禘祭)와 협제(祫祭)에 천자의 예악을 사용함은 은나라의 여러 왕을 제사하는 것이고 제후가 된 뒤의 선공(先公)은 천자의 예악을 사용하지 않는다. 제후는 천자를 선조로서

이 아름다움을 말한 것이다.【백로의 모습과 같다고 한 것이 아니다.[26]】

저 사람도 미워함이 없으며　　在彼無惡
이 사람도 싫어함이 없으니　　在此無斁
거의 밤낮으로 노력하여　　庶幾夙夜
명예를 길이 마치리로다　　以永終譽

멀리하여 소원한 자가 미워하지 않고 가까이하여 친한 자가 싫어하지 않음은[27] 중화(中和)의 덕이니, 중화를 하지 못하는 사람은 소원하

제사하지 못하는데, 오직 송나라만 천자를 선조로 제사하는 것은 은나라를 위하여 송나라를 세워서 다른 제후와 달리하는 것이다. 그러므로 오직 송나라에 공(公)의 작위를 준 것이다. 하(夏)나라는 시대가 멀어서 은나라와 견줄 수 없다. 기나라는 후작(侯爵)이니, 진실로 다른 제후와 같은 반열이어서 하나라의 선왕을 선조로 제사할 수 없다. 기나라가 천자의 예악을 쓴다고 하는 것은 터무니없는 것이다.〔惟受天命爲天子者, 爲天之祭主, 雖王者之後, 旣降而爲諸侯, 則不當郊也. 周之先公嘗爲殷之臣矣, 代殷爲王, 不可廢殷列辟之祀, 故立宋而主其祭. 宋之禘祫, 以天子禮樂, 祀殷之列辟也, 先公則否. 諸侯不祖天子, 而宋獨祖之者, 爲殷立宋也, 異於他諸侯也, 故獨爵爲公也. 夏則遠矣, 不與殷比也. 杞爲侯爵, 則固與他侯列矣, 不當祖夏之先王. 謂杞用天子禮樂者妄也.〕"라고 하였다.《禮記正解》

26 백로의……아니다 : 이는《집전》에 "백로가 서쪽 못의 물에서 날아가거늘 우리 손님으로서 와서 제사를 돕는 자가 그 용모의 단정함이 또한 백로의 결백함과 같다고 한 것이다."라고 하였으므로 말한 것이다.《집전》에는 손님에게 백로의 모습이 있다고 풀이하였으므로 이 시를 부라고 하였고, 심대윤은 백로를 말한 구절을 흥으로 본 것이다.

27 멀리하여……않음은 : 이는 경문의 彼와 此를 멀리하는 자와 가까이하는 자로 풀이한 것이다. 반면에《집전》에는 彼를 송나라와 기나라, 此를 주나라로 보아 "본국(本國)에 있음에 미워하는 자가 없고 여기에 있음에 싫어하는 자가 없으니, 이와 같다면 거의 일찍 일어나고 밤늦게 자서 이 명예를 길이 마칠 수 있을 것이다."라고 풀이하였다. 또 조금 다른 풀이로 "저 송나라와 기나라에서는 우리 주나라가 혁명을 했다고 해서 우리를 미워하는 마음이 있지 아니하고, 천명이 무상(無常)해서 오직 덕이 있는 이에게

면 미움을 받고 친근하면 싫어함을 받는다. '이영종예(以永終譽)'는 훌륭한 명성과 훌륭한 명망이 무궁한 것이다. 이는 왕이 제후를 거느리고서 벽옹에서 석전(釋奠)의 예를 행하는 악장(樂章)이다.[28] 그러므로 군자의 중용의 덕을 말하여 권면한 것이다.【군자의 덕은 선한 자가 좋아하여 그 덕을 싫어함이 없고, 불선한 자는 편안히 여겨 그 덕을 미워함이 없어서, 소원한 자들은 상서로운 구름처럼 바라보고[29] 친근한 자들은 산악처럼 의지한다.】

줌을 아니, 이는 마음으로 복종한 것이다. 우리 주나라에서는 저 송나라와 기나라가 천명을 실추했다고 해서 그를 싫어하지 아니하고, 덕을 높이고 어진 이를 본받아 선왕을 계승하게 하였으니, 이는 충후(忠厚)함이 지극한 것이다."라는 진씨(陳氏)의 말을 인용하였다.

28 이는……악장(樂章)이다 : 《집전》에는 이전 두 왕조의 후손이 와서 제사를 돕는 시라고 하였다. 석전은 선성(先聖)과 선사(先師)에 대한 예(禮)로, 일반적인 설은 《삼례사전(三禮辭典)》에 사냥·정벌·회동·빙문 등으로 출행하거나 돌아왔을 때 사당이나 학궁에서 석전의 예를 행하고 사시(四時)에 학궁에서 행하며, 술과 음식만 진설하는 경우도 있고 희생과 폐백을 쓰는 경우도 있다고 하였다. 한편 심대윤은 "선성과 선사는 천하 사람들이 함께 스승으로 삼는 바이니, 한 사람이 홀로 제사를 주관할 수 있는 것이 아니다. 주관할 사람이 없으면 연향의 빈과 주인의 예를 쓸 수 없다. 선성과 선사가 살아 있을 때에 봉양하는 예를 썼는데, 신으로 섬기면서 순일하게 봉양의 예를 쓸 수 없다. 제사의 예를 쓰는 것도 불가하고 봉양의 예를 쓰는 것도 불가하며, 만약 천신(薦新)의 예를 쓴다면 일헌(一獻)을 할 뿐이니, 이는 너무 가볍다. 그러므로 제사와 봉양의 예를 섞어서 쓴다. 천자는 칠헌을 하고 제후는 오헌을 하고 대부는 삼헌을 하고 사와 서인은 일헌을 하는데, 각각 제사할 때의 예를 쓰지만 시(尸)와 빈이 서로 절하며 신에게 제사하는 예는 없다. 찬(饌)은 생조(牲俎)·현주(玄酒)·태갱(大羹 간을 맞추지 않은 육수)을 쓰지 않고 고기 안주와 맛있는 음식과 밥과 국을 올리니, 이는 스승을 봉양하는 예이다.〔先聖、先師, 天下之共師也, 非一人之獨主祀者也. 無爲之主, 則不可用饗宴賓主之禮也. 生則用養禮, 而事神不可純用養禮也. 用祭禮不可, 用養禮不可, 若用薦禮而一獻而已則已輕, 故參用祭養之禮也. 天子七獻, 諸侯五獻, 大夫三獻, 士庶人一獻, 各用祭者之禮, 而無尸賓交拜祭神之禮也. 饌不用牢俎、玄酒、大羹, 而薦其肴珍飯羹, 養師之禮也.〕"라고 하였다.{儀禮正論}

29 상서로운 구름처럼 바라보고 : 원문은 '望之如雲'으로 《사기》 〈오제본기(五帝本紀)〉에 요(堯)임금에 대하여 "그 어짊은 하늘과 같고 그 지혜는 신과 같으며, 가까이

이상은 〈진로〉 1장이니, 8구이다.

풍년 豐年

풍년에 기장이 많으며 벼가 많아	豐年多黍多稌
또한 높은 곳집이	亦有高廩
만(萬)과 억(億)과 자(秭)이거늘	萬億及秭
술을 만들고 단 술을 만들어	爲酒爲醴
조비(祖妣)에게 나아가 올려서	烝畀祖妣
백례(百禮)를 흡족히 갖추니	以洽百禮
복을 내리심이 심히 구비(具備)하리로다	降福孔皆

부이다. 도(稌)는 도(稻 벼)와 같다. 십만을 억(億)이라 하고, 십억을 조(兆)라 하고, 십조를 자(秭)라 하니,[30] 공사(公私) 간에 저축한 곡식을 통틀어 말한 것이다. 증(烝)은 올림이요, 흡(洽)[31]은 흡족함이다. 개(皆)[32]는 구비함이다. 계추(季秋)에 천자가 벼를 맛보되 먼저 사당에 올리니, 이것이 그 악장이다.[33]

나아가 보면 따스한 태양과 같고 멀리서 바라보면 상서로운 구름과 같았다.〔其仁如天, 其知如神, 就之如日, 望之如雲.〕"라고 한 말이 보인다.

30 십만을……하니 : 《집전》에는 만의 만 배를 억이라 하고 억의 억 배를 자라 한다고 하였다.

31 흡(洽) : 【집전】 갖춤〔備〕

32 개(皆) : 【집전】 두루함〔徧〕

33 계추(季秋)에……악장이다 : 《예기》 〈월령(月令)〉에 "계추(季秋)에 천자가 개고기를 가지고 벼를 맛보되 먼저 침묘에 올린다.〔是月也, 天子乃以犬嘗稻, 先薦寢廟.〕"라

이상은 〈풍년〉 1장이니, 7구이다.

유고 有瞽

악사(樂師)여 악사여	有瞽有瞽
주나라의 뜰에 있도다	在周之庭

부이다. 고(瞽)는 악사이니, 눈이 멀어 보지 못하는 자이다.

업(業)을 설치하고 쇠북 틀 기둥을 설치하니	設業設虡
숭아(崇牙)에 깃털을 꽂아 놓도다	崇牙樹羽
작은 북의 매단 북과	應田縣鼓
소고와 경쇠와 축(柷)과 어(圉)가	鞉磬柷圉
갖추어 연주하니	旣備乃奏
퉁소와 피리[34]가 구비하여 연주하도다	簫管備擧

《집전》에 말하였다. 업(業)과 거(虡)는 〈문왕지십 영대(靈臺)〉에 보인다. 수우(樹羽)는 오채(五采)의 깃털을 숭아(崇牙)[35]의 위에 꽂은

고 보인다. 《집전》에는 "이는 가을과 겨울에 농사에 보답하여 굿하는 악가이니, 전조(田祖)와 선농(先農)과 사방의 신과 사(社)의 등속에 제사하는 것이다."라고 하였다.

34 피리 : 관(管)은 《집전》에 "적(篴)과 같은데, 두 개를 아울러 부는 것이다."라고 하였다.

35 숭아(崇牙) : 종과 경쇠를 매다는 틀의 양쪽 기둥을 거(虡)라 하고, 그 사이의 가로 댄 나무를 순(栒)이라 하고, 순의 위에 큰 판자를 톱니처럼 조각한 것을 업(業)이라 하고, 업 위의 조각한 톱니를 숭아라 한다.

것이다. 응(應)은 작은 비(鞞 작은 북)이다. 정현(鄭玄)이 말하기를 "전(田)[36]은 마땅히 인(輔)【음이 인(胤)이다.】이 되어야 하니, 큰 북을 앞에서 인도하는 작은 북이다."[37] 하였다. 도(鞉)는 북과 비슷한데 작으니, 자루와 두 귀가 있어서 자루를 잡고 흔들면 옆에 있는 귀가 스스로 북을 친다. 어(圉)는 또한 어(敔)로도 쓴다. 축(柷)은 모습이 옻을 담는 통과 같고 나무로 만드니, 가운데에 있는 몽치를 바닥에 닿게 하고 흔들어서 몽치의 좌우가 통을 치게 하여 풍악을 시작하는 것이다. 어(圉)는 모양이 엎드려 있는 범과 같은데, 범의 등에 27개의 들쑥날쑥한 골이 패어 있으니, 길이가 한 자인 나무로 이것을 긁어서 풍악을 그치는 것이다. 소(簫)는 작은 죽관(竹管)을 엮어서 만드는데, 죽관의 길이가 고르지 않아 마치 봉황의 날개의 모양이다.【이러한 설은 우선 옛 주(註)를 남겨 두어서 군자들의 참고에 대비한 것이지만 대체적으로 믿을 것이 못되니, 후세의 군자들은 부디 이런 설에 집착하여 실용(實用)에 막히지 말아야 할 것이다.】

우렁찬[38] 그 소리가	喤喤厥聲
엄숙하고 화(和)하게 울리니	肅雝和鳴
선조가 이에 들으시며	先祖是聽
우리 손님이 이르시어	我客戾止
그 음악이 끝남을 길이 보시도다	永觀厥成

36 전(田) : 《집전》에는 큰 북이라 하고, 또 정현의 작은 북이라는 설을 인용하였다.

37 큰……북이다 : 이는 《주례》 〈춘관(春官) 태사(大師)〉의 정현의 주에 "먼저 작은 북을 치고서 큰 북을 쳐서 작은 북이 큰 북을 앞에서 인도하므로 인(輔)이라 한다. 인(輔)은 인도(引導)의 인(引)으로 읽는다.〔先擊小鼓, 乃擊大鼓, 小鼓爲大鼓先引, 故曰輔. 輔讀爲道引之引.〕"라고 보인다. 胤・輔・引의 음은 모두 인〔羊晉切〕이다.

38 우렁찬 : 황황(喤喤)은 〈기보지십 사간(斯干)〉에서는 '큰 소리〔大聲〕'라고 하였고 〈집경(執競)〉에서는 화(和)함이라 하였다.

객(客)[39]은 제후의 통칭이다. 성(成)은 음악이 한 번 끝나는 것이다. 계춘(季春)에 우렛소리가 울린 뒤에 크게 풍악을 합주하고 이를 천자가 직접 가서 보는데,[40] 이때 먼저 악조(樂祖)[41]에게 제향한 뒤에 합주하니, 이것이 그 제례악이다.【이 제사는 천례(薦禮)[42]를 사용하므로 일헌(一獻)을 하고 음악도 한 장(章)이다.】《집전》에 이는 '처음 풍악을 만들고 태조의 사당에서 합주하는 시'[43]라고 하였다. 이는 터무니없는 말이니, 근거도

39 객(客) : 《집전》에는 '이전 두 왕조의 후손〔二王後〕'이라 하고, 유독 두 왕조의 후손만을 말한 것은 이를 더욱 성대하게 여겼기 때문이라 하였다.

40 계춘(季春)에……보는데 : 《예기》〈월령(月令)〉에 "계춘의 끝에 길일을 택하여 크게 풍악을 합주하고, 천자가 이에 삼공(三公)・구경(九卿)・제후・대부를 거느리고 직접 가서 본다.〔是月之末, 擇吉日, 大合樂, 天子乃帥三公、九卿、諸侯、大夫, 親往視之.〕"라고 보이는데, 이에 대해 심대윤은 "우렛소리가 울린 뒤에 선왕이 이를 형상하여 크게 풍악을 합주했다.〔雷聲既奮, 先王象之, 以大合樂也.〕"라고 하였다. 《禮記正解》

41 악조(樂祖) : 음악의 선사(先師)로, 《주례》〈춘관(春官) 대사악(大司樂)〉에 "무릇 도가 있는 자와 덕이 있는 자로 하여금 가르치게 하여, 그가 죽으면 악조로 삼아 고종(瞽宗 은(殷)나라 학교)에서 제사를 지낸다."라고 보이는데, 정현(鄭玄)은 순(舜)임금이 전악(典樂)으로 삼은 기(夔)와 같은 경우라고 하였다. 반면에 아래의 주석에 의하면 심대윤은 특정 인물이 아니라 자연스럽게 음악이 만들어지는 과정에 참여한 여러 인물들을 악조로 보았다.

42 천례(薦禮) : 천신(薦新)의 예를 가리키는데, 심대윤은 천신 이외의 제사에도 이 용어를 사용한다. 천신은 시물(時物)을 사당에 올리는 것으로 그 예가 제례(祭禮)보다 가벼우니, 《삼례사전(三禮辭典)》에는 천신과 제(祭)의 차이로, 제는 날짜를 점치고 천신은 점치지 않으며, 제는 시동이 있고 천신은 없으며, 제는 희생이 있고 천신은 없으며, 제는 음악이 있고 천신은 없다고 하였다. 심대윤은 천례의 절차에 대하여 "무릇 천례는 향을 피워 강신하고, 참신(參神 신을 뵙는 절차)을 할 적에 재배하고, 일헌(一獻)의 예를 할 적에 재배하고, 잠시 후에 사신(辭神 신을 사별(辭別)하는 절차)을 할 적에 재배하고, 마침내 철상(撤床)을 한다.〔凡薦禮, 焚香降神, 參神再拜, 一獻再拜, 少頃辭神再拜, 遂徹.〕"라고 하였다. 《儀禮正論》

43 처음……시 : 이는 《모시서》를 인용한 것인데, 정현(鄭玄)은 "왕자가 다스림이 안정되면 예를 제정하고 공이 이루어지면 풍악을 만든다.〔王者治定制禮, 功成作樂.〕"

없고 의의도 없다.

무릇 경사로운 상을 내리는 일을 모두 종묘 문밖의 체궁(禘宮)[44]에서 행하니, 풍악의 합주도 체궁의 뜰에서 행하여 악조에게 제사한다.【이 제사에는 단위(壇位)[45]가 없어서 제찬(祭饌)을 뜰에 진설하니, 고수레할 적에 음식을 먹는 곳에서 〈음식을 있게 한 자에게〉 제사하여 일정한 자리가 없는 것과 같다. 먼 옛날이어서 성씨(姓氏)를 알지 못하고 또 천성에서 우러나와서 저절로 음식이 있게 되고 풍악이 있게 된 것이니, 자리를 만들어서 오로지 한 사람을 받들 수 없는 것이다. 선우(先虞)와 선식(先食)에게 납제(臘祭)를 지내는[46] 경우와 사냥을 하고서 교(郊)에서 짐승으로 제사 지내는[47] 따위에 모두 단위가 없다.】

풍악의 합주가 종묘 문밖에 있기 때문에 "선조가 이에 들으신다."라고 하였으니, 이는 편안하고 즐거운 일에 선조의 공업이 있음을 잊지

라고 하였으며, 공영달(孔穎達)은 "주공이 섭정한지 6년에 예를 제정하고 풍악을 만들어 한 시대의 악공(樂功)이 이루어지자, 태조의 사당에서 여러 악기를 합주해서 신에게 고하여 조화로움을 살펴보았다.〔周公攝政六年, 制禮作樂, 一代之樂功成, 而合諸樂器於太祖之廟, 奏之, 告神以知和否.〕"라고 하고, 여기의 태조는 문왕(文王)이라고 하였다.

44 체궁(禘宮) : 체제(禘祭)를 지내는 궁으로, 심대윤은 체제와 협제(祫祭)는 종묘의 문밖에 별도로 궁(宮)을 세워 행한다고 하고 "무릇 경사로운 상을 내리는 것과 곡하고 눈물 흘리는 것, 큰 정사와 중대한 토의를 모두 이곳에서 행하였다.〔凡慶賞、哭泣及大政事、大謨議, 皆行於此.〕"라고 하였다. 《禮記正解 喪服小記》

45 단위(壇位) : 땅을 소제(掃除)하고 단을 만들어 설치한 자리.

46 선우(先虞)와……지내는 : 납제는 일반적으로 섣달에 선조와 오사(五祀)의 신에게 지내는 제사인데, 심대윤은 납제는 짐승을 사냥하여 선우에게 제사하고 겸하여 선식에게 제사하여 농부를 위로하는 것이라고 하였다. 《儀禮正論》 선우는 선대의 우인(虞人 산택과 동산을 맡은 관리)이고, 선식은 선대에 음식을 만든 자이다.

47 짐승으로 제사 지내는 : 원문은 '祭貉'으로, 〈빈풍(豳風) 칠월(七月)〉 4장의 주석에서 심대윤은 "학(貉)은 짐승으로 제사지내는 것이니, 《주례》의 '사냥할 때 표지를 세운 곳에서 지내는 제사〔田表貉〕'가 이것이다."라고 하였다.

않은 것이요, '우리 손님이 이르름'은 편안하고 즐거운 일에 남과 함께 함을 잊지 않은 것이다. 선조를 잊지 않으면 능히 공경하고 남과 함께 함을 잊지 않으면 능히 화합하니, 능히 공경하고 화합하면 그 편안함과 즐거움을 길이 보전할 것이다. 부귀를 천하 사람들과 두루 함께할 수 없기 때문에 친척과 어진 이와 함께하니, 친척과 어진 이와 함께하는 것은 천하 사람들과 두루 함께하는 것이다.【친척을 친애하고 어진 이를 높이면 천하가 그 은혜를 받는다.】

이상은 〈유고〉 1장이니, 13구이다.

잠 潛

아름답다![48] 칠수(漆水)와 저수(沮水)에	猗與漆沮
잠겨 있는 물고기가 많으니	潛有多魚
전어가 있고 상어가 있으며	有鱣有鮪
피라미와 날치와 메기와 잉어가 있으니	鰷鱨鰋鯉
이것을 올리며 제사하여	以享以祀
큰 복을 지키리로다[49]	以介景福

부이다. 잠(潛)[50]은 물고기가 잠겨 있다는 잠이다. 조(鰷)는 흰 피라

48 아름답다 : 의여(猗與)는 《집전》에는 감탄사라고 하고, 정현(鄭玄)은 '감탄하여 찬미하는 말〔歎美之言〕'이라고 하였다.

49 지키리로다 : 개(介)를 집전에는 '큼〔大〕'으로 풀이하지만, 심대윤은 '좌우에서 지킴〔夾介〕'으로 풀이한다.

미이다. 계동(季冬)에 물고기를 사당에 올리고,[51] 계춘(季春)에 상어를 사당에 올리니,[52] 이것이 그 악장이다.

이상은 〈잠〉 1장이니, 6구이다.

옹 雝

옴이 화(和)하고 화하여	有來雝雝
이르러서는 엄숙하고 엄숙하도다	至止肅肅
제사를 돕는 이는 제후들인데	相維辟公
천자는 엄숙하게 계시도다[53]	天子穆穆

50 잠(潛) : **【집전】** 삼(槮)이니, 물속에 나무를 쌓아 물고기를 길러서 물고기들로 하여금 몸을 숨겨 추위를 피할 수 있게 하고 인하여 발로 포위하여 잡는 것이다. 혹자는 깊이 숨은 것이라 한다.

51 계동(季冬)에……올리고 : 《예기》 〈월령(月令)〉에 "계동에 어사(漁師)에게 명하여 처음 물고기를 잡고는 천자가 친히 가서 물고기를 맛보되 먼저 침묘에 올린다.〔是月也, 命漁師始漁, 天子親往, 乃嘗魚, 先薦寢廟.〕"라고 보이는데, 심대윤은 "친왕(親往) 두 글자는 연문(衍文)이다. 침묘에 올리는 것이 많은데 천자가 친히 가서 취한 적이 없으니, 어찌 유독 물고기만 친히 가서 취하겠는가.〔親往二字, 衍文也. 所薦寢廟者多矣, 天子未嘗親往取之也, 何獨親往取魚乎?〕"라고 하였다. 《禮記正解》

52 계춘(季春)에……올리니 : 《예기》 〈월령〉에, 계춘에 주목(舟牧)이 배가 구비되었음을 천자에게 아뢰면 "천자가 비로소 배를 타고 상어를 침묘에 올린다.〔天子始乘舟, 薦鮪於寢廟.〕"라고 보이는데, 심대윤은 "천자가 배를 타는 것이 어찌 법으로 삼을 만한 것이겠는가.〔天子乘舟, 何足以爲法乎?〕"라고 하였다. 《禮記正解》

53 엄숙하게 계시도다 : 목목(穆穆)은 〈문왕지십 문왕(文王)〉 4장의 주석에 '엄숙하고 깨끗한 모양〔肅淸貌〕'이라 하고, "엄숙하면 번거롭지 않고, 깨끗하면 잡되지 않으니 정(精)하고 한결같은 덕이다."라고 하였다.

부이다. 옹옹(雝雝)은 화(和)함이요, 숙숙(肅肅)은 공경함이다. 상(相)은 제사를 돕는 것이다. 신하에게 공을 돌리기 때문에 먼저 제후를 말하고 뒤에 천자를 말하였다. 만일 상성(上聖)의 군주가 아니라면 반드시 어진 신하가 바로잡아 주고 인도하면서 오이를 싸는 아름다움[54]을 간직함에 힘입어야 한다.【《주역》에 "기(杞)나무 잎으로 오이를 싼다."라고 하였다.】 그러므로 신하에게 공을 돌리고 권면한 것이다.

아! 큰 희생을 올려 於薦廣牡
나를 도와 제사를 베푸니 相予肆祀
황고(皇考)께서 연결하시어 假哉皇考
나 효자의 마음을 편안하게 하시도다 綏予孝子

54 오이를 싸는 아름다움 : 어진 신하가 평범한 군주를 그 수준에 알맞게 인도함을 가리킨다. 《주역》〈구괘(姤卦) 구오(九五)〉에 "기나무 잎으로 오이를 싸는 것이니, 아름다움을 함축하면 하늘로부터 저절로 내림이 있으리라.〔以杞包瓜, 含章, 有隕自天.〕"라고 보인다. 심대윤은 기나무는 아름다움을 함축한 어진 신하의 비유이고, 오이는 어진 군주는 아니지만 기질을 변화시켜 도에 들어가게 할 수 있는 군주의 비유라고 하여, "기나무 잎으로 오이를 쌈은 아름다움을 함축하고서 중등(中等) 자질의 군주를 따름을 말한 것이다. 겨우 훌륭한 일을 할 만한 군주를 변화시켜 요순(堯舜)의 도에 들어가게 할 적에는 먼 길을 곧바로 가서 갑자기 상등의 일을 말해 주어서는 안 된다.……반드시 군주가 할 수 있는 것을 가려서 알려 주고, 군주가 밝은 바를 인하여 인도하고, 함양(涵養)하여 점차 불러들여야 하니, 그런 뒤에야 이룰 수 있다.……그러므로 아름다움을 함축한다고 한 것이다.……구오(九五)가 군주로 하여금 점차 선으로 돌아가 지성(至誠)에 이르러 그 성명(性命)을 다하게 할 수 있다. 그러므로 '하늘로부터'라고 한 것이다.〔以杞包瓜, 言含章以從於中材之主也. 夫變化僅可有爲之君以入堯舜之道, 不可逕庭直行而驟與之言上事也.……必擇其可能而告之, 因其所明而導之, 涵養而漸致, 然後乃有成也.……故曰含章.……五能令其君漸復于善, 以至於至誠, 盡其性命, 故曰自天.〕"라고 풀이하였다. 반면에 정이천(程伊川)은 기나무를 군주로 보고 오이를 현자로 보아, 군주가 아름다움을 함축하여 지성(至誠)을 쌓으면 현자를 구할 수 있다고 풀이하였다. 《周易象義占法》, 《周易傳義》

광모(廣牡)는 큰 희생이니, 종묘의 희생은 큰 것을 귀하게 여기지 않으나 어진 덕이 있는 신하가 넓게 보필함을 가탁하여 말했으므로 광모라고 한 것이다. 사(肆)는 베풂이다. 격(假)은 격(格)과 통한다.[55] 고(考)는 아버지와 할아버지의 통칭이니, 《서경》〈금등(金縢)〉에 주공(周公)이 세 왕에게 기도할 적에 말씀하기를 "저는 고를 사랑하고 순히 따릅니다."라고 한 것이 이것이다.[56] 황조(皇祖)라고 하지 않고 황고라 하고, 효손(孝孫)이라 하지 않고 효자라 한 것은 선조가 와서 연결되었으므로 친근히 여긴 것이다.[57]

명철하게 시행하는 신하이며	宣哲維人
문무겸전(文武兼全)한 임금이시니	文武維后
편안함이 황천(皇天)에 미쳐	燕及皇天
그 후손을 번창하게 하셨도다	克昌厥後

선(宣)은 사업에 베풀어 시행하는 것이요, 철(哲)은 문리(文理)에 명철한 것이다.[58] 인(人)은 신하이다. 신하가 사업을 명철하게 시행하

55 격(假)은 격(格)과 통한다 : 심대윤은 "정신이 서로 연결됨을 격(格)이라 한다.〔精神相屬曰格〕"라고 하였다. 《집전》에는 가(假)는 '큼〔大〕'이라 하였다.

56 주공(周公)이……이것이다 : 세 왕은 태왕(太王)·왕계(王季)·문왕(文王)이니, 주공이 아버지 문왕과 할아버지 태왕·왕계를 통틀어 고라고 한 것이다. 이는 무왕(武王)이 질병이 있자, 주공이 무왕의 죽음을 대신하려고 세 왕에게 "저는 고(考)를 사랑하고 순히 따르며 재예(材藝)가 많아 귀신을 잘 섬길 수 있습니다.〔予仁若考, 能多材多藝, 能事鬼神.〕"라고 한 것이다. 심대윤은 인(仁)을 '귀신을 사랑함〔仁鬼神〕'의 인이라고 하였다. 《書經蔡傳辨正》

57 황조(皇祖)라고……것이다 : 《집전》에는 이를 무왕이 문왕을 제사한 시로 보아, 황고는 문왕이고 효자는 무왕의 자칭(自稱)이라고 하였다.

58 선(宣)은……것이다 : 《집전》에는 선(宣)은 통(通)함이고 철(哲)은 지혜라고 하

고 군주가 문무겸전하여[59] 천도(天道)를 도우니, 천도가 바름을 얻어서 안정되어[60] 음양이 조화롭고 바람과 비가 시절에 맞고 사람과 물건이 번창해서 그 복이 자손에게 미친 것이다.

나를 편안히 하되 미수(眉壽)로써 하시고 綏我眉壽
나를 돕되 큰 복으로써 하시며 介以繁祉
나는 이미 열고(烈考)를 돕고 旣右烈考
또한 문모(文母)를 돕도다 亦右文母

우(右)[61]는 마땅히 우(佑)가 되어야 한다. '하늘이 도와주심〔天其右之〕'과 '문왕께서 도와주시고 흠향하심〔文王右享之〕'은[62] 하늘과 신이 사람을 도운 것이요, '이미 열고를 돕고 또한 문모를 도움'은 사람이 신을 도운 것이니, 신은 사람을 복으로써 돕고 사람은 신을 제향으로써 돕는다.[63] 이는 선조가 한 선행의 남은 경사가 자손에게 미치고 자손의 삼감이 능히 선조를 편안히 함을 말한 것이다. 열고(烈考)는 공렬이 있는 선조이고 부인의 덕을 또한 문(文)이라 하니, 열고는 아버지와

여, 선철을 통철(通徹)하게 지혜로움 또는 명철함으로 풀이하였다.

59 신하가……문무겸전하여 : 《집전》에는 문왕의 덕을 찬미한 것으로 보아 "명철하면 사람의 도를 다하고, 문무가 구비되면 임금의 덕을 갖춘 것이다."라고 하였다.

60 천도가……안정되어 : '燕及皇天'을 《집전》에는 문왕의 덕이 "능히 사람을 편안하게 하여 하늘에 미쳤다."라고 풀이하였다.

61 우(右) : 【집전】 '높임〔尊〕'이니, 《주례》에 이른바 '오른쪽에 제향하여 제사한다.〔享右祭祀〕' 한 것이 이것이다.

62 하늘이……흠향하심은 : 이 내용은 위의 〈아장(我將)〉에 보인다.

63 신은……돕는다 : 【집전】 문왕이 후손을 창성하게 하여 미수로써 편안히 하고, 많은 복으로써 도와서 나로 하여금 열고와 문모를 높일 수 있게 하셨다고 말한 것이다.

할아버지의 통칭이요 문모는 어머니와 할머니의 통칭이다.[64]

《논어》에 "삼가(三家)에서 〈옹〉을 노래하면서 철상(撤床)을 했다."[65]라고 하였으니, 이는 아마도 철상할 적에 통용하는 음악이었을 것이고, 그래서 삼가가 참람하게 사용한 것이다. 《집전》에는 오직 문왕과 태사(太姒)만 제향하는 시라고 하였으니, 그 터무니없음은 굳이 변론할 것이 못된다. 또 제사에 홀로 제향하는 경우는 없다.【오직 태묘(太廟)에서 태조의 아들이 태조를 제사하는 경우에만 홀로 제향한다.[66]】

이상은 〈옹〉 1장이니, 16구이다.

재현 載見

군왕께 뵈어	載見辟王
그 법도를 구하니	曰求厥章
용 그린 기가 펄럭이며	龍旂陽陽
수레와 깃발의 방울이 길고 조화롭게 울리며	和鈴央央

64 열고(烈考)는……통칭이다 : 《집전》에는 열고는 황고(皇考)와 같다고 하여 문왕으로 보고, 문모는 문왕의 비(妃)인 태사(太姒)라고 하였다.

65 삼가(三家)에서……했다 : 삼가는 노(魯)나라 대부인 맹손(孟孫)·숙손(叔孫)·계손(季孫)의 세 집안이다. 《논어》 〈팔일(八佾)〉에, 삼가에서 〈옹〉을 노래하면서 철상을 하자 공자께서 이에 대하여 "'제사를 돕는 이는 제후들인데 천자는 엄숙하게 계시도다.'라는 가사를 어찌해서 삼가의 당(堂)에서 취하여 쓰는가.〔'相維辟公, 天子穆穆', 奚取於三家之堂?〕"라고 하였다.

66 오직……제향한다 : 심대윤은 무왕이 주나라 태묘의 태조라고 하였다. 〈청묘지십 천작(天作)〉의 각주 참조.

고삐에 달린 방울 색깔이 고우니　　鞗革有鶬
아름다워 찬란한 광채가 있도다　　休有烈光

부이다. 양양(陽陽)[67]은 양양(揚揚)과 같으니, 펄럭이는 모양이다. 앙앙(央央)[68]은 앙앙(泱泱)과 같으니, 유양(悠揚)의 뜻으로 소리가 길게 이어지고 오르내리는 것이다. 창(鶬)[69]은 색깔이 고운 것이다.

제후가 선군(先君)의 장례를 마친 다음해에 왕이 사람을 보내어 작명(爵命)을 하사하니, 예에 제후가 주나라 사당에 알현하여 작명을 하사받는 일은 없다. 오직 세자가 천자에게 명(命)을 받고 제후의 대부가 천자에게 명을 받을 적에 사당에 고유(告由)하고 그 명복(命服)을 하사받으니, 무릇 경사로운 상을 내리고 정벌하는 일을 다 사당에 고유하고 행한다. 이 시는 제후의 세자와 대부가 사당에 알현하고 명을 하사받을 적에 사용하는 악장이다.[70]

제후들을 거느리고 소고(昭考)께 뵈어　　率見昭考
효(孝)하며 제물을 올려　　以孝以享

주나라는 후직(后稷)으로부터 이하로 세차(世次)의 소목(昭穆)[71]에

67 양양(陽陽) : 【집전】 밝음〔明〕

68 앙앙(央央) : 【집전】 소리가 화함〔聲和〕

69 창(鶬) : 【집전】 소리가 화함

70 이 시는……악장이다 : 《집전》에는 제후가 무왕(武王)의 사당에서 제사를 도운 시라고 하였다. 또 이 부분은 "제후가 조회하러 와서 법도를 받을 적에 그 수레와 예복의 성대함이 이와 같았음을 먼저 말한 것이다."라고 하였다.

71 세차(世次)의 소목(昭穆) : 시조의 아들 이하의 신주를 오른쪽의 소와 왼쪽의 목으로 차례를 정한 것이다. 심대윤은 다음과 같이 세차(世次)·서차(序次)·묘차(廟

서 문왕(文王)은 목(穆)이 되고 무왕(武王)은 소(昭)가 되니, 소고는 무왕이다. 무릇 큰일을 사당에 고유하는 자는 태조에게 고하고 여러 사당에 미친다. 그러므로 오직 소고를 말한 것이다. 나라는 태조의 나라이고 사당은 태조의 사당이다. 그러므로 홀로 태조를 소중히 여긴 것이다. '이효이향(以孝以享)'[72]은 무릇 고유하고 기도할 적에 반드시 올리는 제물이 있는 것이다. 《서경》에 "돌아와 예조(藝祖)의 사당에 이르러 한 마리 희생을 써서 제사하였다."[73]라고 하였으니, 왕과 제후는

次)의 세 가지 소목을 말하였다. "무릇 체제(禘祭)에는 시조가 정남향의 자리에 있고 시조의 아들로부터 이하로 황고(皇考 아버지)까지 모두 소목의 자리를 나누니, 이는 세차(世次)의 소목으로 변하지 않는 것이다. 협제(祫祭)에는 태조가 정남향의 자리에 있고 태조의 아들인 훼묘(毁廟)한 신주로부터 황고까지 모두 소목의 자리를 나눈다. 이 소목은 바로 태조 이하의 서차(序次)【제왕을 계승한 순서의 차례】의 소목으로 변하지 않는 것인데, 체제를 지낼 때가 되면 변하여 세차의 소목을 따른다. 아버지가 항상 소가 되어 오른쪽의 높은 자리에 있고 아들이 목이 되어 왼쪽의 낮은 자리에 있는 것은 똑같다. 태묘의 안에서는 태조가 정남향의 자리에 있고 삼소(三昭)와 삼목(三穆)이 번갈아 좌우로 옮기고 소와 목이 서로 변한다. 이는 바로 묘차(廟次)의 소목으로 항상 변하는 것이니, 체제를 지낼 때면 변하고 협제를 지낼 때면 변하고 체천(遞遷)할 때면 변하지만, 아버지가 항상 소가 되어 오른쪽에 있고 아들이 목이 되어 왼쪽에 있는 것은 똑같다.〔凡禘則始祖正南向之位, 自始祖之子以下至皇考, 皆分昭穆之位, 此世次昭穆之不變者也. 祫則太祖正南向之位, 自太祖之子毁廟主至皇考, 皆分昭穆之位. 此昭穆乃太祖以下序次【帝王繼序之次】昭穆之不變者也, 而至禘時則變而從世次昭穆也. 父常爲昭居右尊位, 子常爲穆居左卑位則同也. 太廟之中, 太祖正南向之位, 三昭、三穆更迭左右而互變. 此乃廟次昭穆之常變者也, 當禘則變, 當祫則變, 當遷則變, 而父常爲昭居右, 子常爲穆居左 則同也.〕"《禮記正解 大傳》

72 이효이향(以孝以享) : 정현은 '효자의 일을 다하고 제사의 예를 바침〔以致孝子之事, 以獻祭祀之禮〕'으로 풀이하였다. 효(孝)와 향(享)을 모두 제향(祭享)의 뜻으로 보기도 한다. 《毛詩傳箋通釋》

73 돌아와 ……제사하였다 : 이는 순(舜)임금이 순수(巡守)하고 돌아와 사당에 고유한 것이니, 《서경》〈순전(舜典)〉에 보인다. 심대윤은 "특(特)은 한 마리 소이다.……예조(藝祖)는 사당 안의 가장 높은 자리의 선조이니, 아마도 전욱(顓頊)인 듯하다. 한

한 마리 양을 쓰고 대부는 한 마리 돼지를 쓰고 사는 술과 포를 쓸 뿐이고 제물을 구비하지 않는다.[74]

미수(眉壽)를 지켜	以介眉壽
길이 보전하여	永言保之
아름다운 많은 복을 받으며	思皇多祜
공적이 훌륭한 제후들을	烈文辟公
많은 복으로 편안히 하여	綏以多福
밝음을 이어 큰 복을 이루게 하도다	俾緝熙于純嘏

위의 세 구는 왕실이 복을 받음을 말하였고, 아래 세 구는 제후가 복을 받음을 말하였다.[75] 세자와 대부에게 명을 하사함은 제후를 위하여 복을 편안히 해서 그들로 하여금 제후의 밝음을 이어 큰 복을 이루게

사당의 선조 중에서 홀로 한 선조에게만 고유한 것이 아니니, 돌아와 사당에 이른 경우에는 가장 높은 선조를 들어서 그 아래의 선조를 포함하고, 왕위를 이어받은 경우에는 왕위를 전한 선조를 든다.〔特, 特牛也.……藝祖, 廟中最高位, 疑顓頊也. 一廟之中, 非獨告一祖也. 歸格則擧其最高祖以包其下, 受終則擧其傳重之祖也.〕"라고 풀이하였다. 《書經蔡傳辨正》 아래에서 왕이 양을 쓴다고 하였으므로 특을 '한 마리 희생'으로 번역하였다.

74 왕과……않는다 : 심대윤은 "무릇 신에게 기도할 적에는 소·양·돼지 가운데 하나의 희생과 날짐승 한 마리를 올리고 폐백을 쓰고 재배할 뿐이다. 서인은 물고기 한 마리, 한 가지 찬(饌), 한 잔의 술, 한 사발의 밥이라도 괜찮다.〔凡有禱于神, 則奠以一牢、一禽, 用幣, 惟再拜而已. 庶人, 雖一魚、一饌、盃酒、盂食, 可也.〕"라고 하였다. 《儀禮正論》

75 위의……말하였다 : 《집전》에는 아래 세 구를 제후들의 덕으로 왕이 복을 받는 것으로 보아, "효도하며 제향하여 미수를 크게 하여 많은 복을 받으니, 이는 모두 제후들이 제사를 도와 이루어서 나로 하여금 이어 밝혀서 큰 복에 이르게 한 것이다."라고 풀이하였다.

한 것이다.

이상은 〈재현〉 1장이니, 14구이다.

유객 有客

손님이여, 손님이여	有客有客
흰 그 말이로다	亦白其馬
성대하고 많으니	有萋有且
단정한 그 수행원이로다	敦琢其旅

부이다. 처(萋)는 성함이고 저(且)는 많은 모양이니, '처저'는 '어우(於于)'가 큼의 뜻인 것과 같다.[76] 퇴탁(敦琢)[77]은 바로 〈문왕지십 역복(棫樸)〉의 퇴탁(追琢)이니, 옥을 다스리는 일이다. 여(旅)는 여러 사(士)와 대부로서 제후를 수행한 자들이다. 이는 제후가 왕을 조현(朝見)할 적에 사당에 알현하는 악장이다.[78]

76 처(萋)는……같다 : 어우(於于)는 《장자(莊子)》 〈천지(天地)〉에 "그대는 박학함으로 성인을 흉내 내며 과장으로 많은 사람을 누르고서 홀로 거문고를 타면서 슬피 노래하여 천하에 명성을 팔려는 자가 아닌가.〔子非夫博學以擬聖, 於于以蓋衆, 獨弦哀歌, 以賣名聲於天下者乎?〕"라고 보이는데, 《경전석문(經典釋文)》에 '과장하는 모양〔夸誕貌〕'이라 하였다. 심대윤이 '처저(萋且)'와 '어우'의 구성 원리가 같다고 한 것은 분명하지 않다. 다만 마서진(馬瑞辰)의 《모시전전통석(毛詩傳箋通釋)》에 처(萋)와 저(且)는 자음이 같은 쌍성(雙聲)으로 모두 성(盛)함의 뜻이라고 한 것과 유사해 보인다. 《집전》에는 "처와 저는 상세하지 않다. 전(傳)에 '공경하고 삼가는 모양〔敬愼貌〕'이라 했다." 하였다.

77 퇴탁(敦琢) : 【집전】 가려 뽑음〔選擇〕

손님이 유숙하고 유숙하며 有客宿宿
손님이 이틀 밤을 묵고 묵으니 有客信信
끈을 주어 言授之縶
그 말을 동여매리라[79] 以縶其馬

하룻밤을 자는 것을 숙(宿)이라 하고, 이틀 밤을 자는 것을 신(信)이라 한다.

잠깐 쫓아가서 薄言追之
좌우로 편안히 하노라[80] 左右綏之
이미 많은 위의(威儀)를 두니 旣有淫威
복을 내림이 심히 평안하도다 降福孔夷

'쫓아감'은 이미 갔는데 다시 돌아오게 함이니, 사랑함이 끝이 없는 것이다. 위(威)는 위의(威儀)이다. 《춘추좌전》에 "위엄이 있어서 두려워할 만함을 위(威)라 한다."[81]라고 하였다. 음위(淫威)[82]는 무한한 위

78 이는……악장이다 : 《집전》에는 미자(微子)가 조묘(祖廟)에 와서 알현한 시라고 하여, "객(客)은 미자(微子)이니, 주나라가 이미 상(商)나라를 멸함에 미자를 송(宋)나라에 봉하여 그 선왕을 제사하게 하고는 손님의 예로 대우하고 감히 신하로 삼지 않은 것이다."라고 하고, 흰 말은 "은(殷)나라는 백색을 숭상하였으니, 그 예물(禮物)을 갖추어 은나라의 옛것을 그대로 쓰게 한 것이다."라고 하였다.

79 그 말을 동여매리라 : 【집전】 그를 사랑하여 떠나보내고자 하지 않는 것이다.

80 좌우로 편안히 하노라 : 【집전】 편안히 머물게 함에 일정한 방법이 없는 것이다.

81 위엄이……한다 : 《춘추좌전》 양공(襄公) 31년 조에 "위엄이 있어서 두려워할 만함을 '위'라 하고, 예의가 있어서 본받을 만함을 의(儀)라 한다.〔有威而可畏, 謂之威; 有儀而可象, 謂之儀.〕"라고 보인다.

의이니, 위의가 많다는 말과 같다. 이(夷)[83]는 평안함이다.

이상은 〈유객〉 1장이니, 12구이다.

무武

아! 훌륭하신 무왕(武王)이여 於皇武王
더 다툴 수 없는 공렬이시도다 無競維烈
진실로 문덕(文德)이 있는 문왕(文王)이 允文文王
그 뒤를 열어 놓으시거늘 克開厥後
뒤를 이어 무왕께서 이것을 받으사 嗣武受之
은(殷)나라를 이겨 살육을 저지해서 勝殷遏劉
네 공을 정함을 이룩하셨도다 耆定爾功

부이다. 유(劉)는 잔인하게 죽임이니, 알류(遏劉)는 잔인한 살육을 제거한다는 말과 같다. 지(耆)는 이룸이다.

《춘추좌전》에는 이 시를 〈대무(大武)〉의 첫 장이라 하고〈민여소자지십 뇌(賚)〉를 제3장이라 하고 〈민여소자지십 환(桓)〉을 제6장이라 하였다.[84] 〈무〉의 악무(樂舞)는 악장이 여섯 번 끝나니,[85] 여섯 장이

82 음위(淫威) : 《집전》에는 "미상이다. 구설에 '음(淫)은 큼〔大〕이니, 선왕을 계승하여 천자의 예악을 쓰는 것이 이른바 음위이다.' 했다."라고 하였다. 이는 모형(毛亨)과 정현(鄭玄)의 설인데, 모형은 위(威)는 '법〔則〕'이라고 하였다.

83 이(夷) : 【집전】 평탄함이요, 큼이다.〔易也, 大也.〕

84 춘추좌전에는……하였다 : 이는 《춘추좌전》 선공(宣公) 12년 조에 무왕이 상나라

한 편이 되는 것이다. 〈무〉의 시는 본래 한 편에 여섯 장이었는데 종묘에서 제물을 올릴 적에 그 가운데 한 장만 따서 사용하여 각각 그 이름을 지었으며, 〈무〉의 본편(本篇)은 전하지 않고 따온 장만 홀로 송(頌)에 남아 있는 것이다.【《집전》에 말하였다. "《춘추좌전》에 이 시를 무왕이 지었다고 하였으나 이는 옳지 않다. 시 가운데에 이미 무왕이란 호칭이 있으니, 이는 바로 주공(周公)이 추후에 음악을 지어서 무왕의 덕을 형상한 것이다."】

이상은 〈무〉 1장이니, 7구이다.

이상은 〈신공지십〉 10편이다.

를 이기고 송(頌)을 지었다고 하며 〈청묘지십 시매(時邁)〉를 인용하고서, "무왕이 또 〈무〉를 지어 그 졸장(卒章)에 '네 공을 정함을 이룩하셨도다.' 하였고, 그 세 번째에 '이 찾아 생각할 것을 펴서 내 가서 안정을 구함이니라.' 하였으며, 그 여섯 번째에 '만방을 편안히 하시니 여러 번 풍년이 들도다.' 하였다.〔又作《武》, 其卒章曰'耆定爾功', 其三曰'鋪時繹思, 我徂惟求定', 其六曰'綏萬邦, 屢豐年'.〕"라고 하였다. 공영달의 소에 '卒章'은 '장을 마치는 구〔終章之句〕'라 하고, 두예의 주에 '其三'과 '其六'을 삼편(三篇)과 육편(六篇)으로 해석하여 〈무〉·〈뇌〉·〈환〉을 한 편의 시로 보지 않은 반면에, 《집전》에는 〈무〉를 〈대무〉의 첫 장, 〈뇌〉와 〈환〉을 〈대무〉의 제3장과 제6장으로 보았다. 〈무〉는 《예기》에서 악무(樂舞)로서 언급되며 〈대무〉라고도 하였다. 일반적으로 《시경》의 〈무〉를 《예기》의 〈무〉의 악가(樂歌)로 여기지만, 정약용(丁若鏞)은 《시경강의(詩經講義)》에서 이에 반대하였다.

85 무의……끝나니 : 《예기》 〈악기(樂記)〉에 "또 〈무〉를 춤출 때에 처음에 북쪽으로 나가고, 두 번째 악장이 끝날 때에 상나라를 멸한 것을 형상하고, 세 번째 악장이 끝날 때에 남쪽으로 돌아오고, 네 번째 악장이 끝날 때에 남방의 나라의 경계를 확정한 것을 형상하고, 다섯 번째 악장이 끝날 때에 대열을 좌우로 나누니 주공(周公)은 왼쪽 지역에 있고 소공(召公)은 오른쪽 지역에 있는 것을 형상하고, 여섯 번째 악장이 끝날 때에 남쪽 끝의 처음 자리로 돌아오니 무왕을 높여 천자로 삼음을 형상한 것이다.〔且夫《武》始而北出, 再成而滅商, 三成而南, 四成而南國是疆, 五成而分, 周公左, 召公右, 六成復綴以崇天子.〕"라고 보인다.

주송 周頌 민여소자지십 閔予小子之什

민여소자 閔予小子

불쌍한 나 소자가	閔予小子
집이 완성되지 못함을 만나서	遭家不造
외롭고 외로이 슬픔에 있으니	嬛嬛在疚
아! 황고(皇考)시여	於乎皇考
천수(天壽)를 누리시고 능히 효도하셨도다	永世克孝

부이다. 왕이 상중(喪中)에 있을 적에 스스로 '나 소자'라고 칭한다.[1] 조(造)는 이룸이다. 경경(嬛嬛)은 고독함이요, 구(疚)는 슬퍼하여 병듦이다. 이는 성왕(成王)이 무왕(武王)의 상을 당하고 다음 해에 즉위하여[2] 사당에 알현하는 시이다.[3]

1 왕이……칭한다 : 《예기》 〈곡례 하(曲禮下)〉에 "천자가 아직 상을 벗지 않았을 때에는 '나 소자'라고 칭하니, 살아 있을 때 이름을 부르며, 상을 벗지 못하고 죽었을 때에도 이름을 부른다.〔天子未除喪, 曰予小子. 生, 名之, 死, 亦名之.〕"라고 보이는데, 심대윤은 "살아 있을 때는 스스로 '나 소자 아무개'라고 칭하고, 죽었을 때는 '왕자(王子) 아무개가 졸하다.'라고 쓴다.……'아직 상을 벗지 않았을 때'는 마땅히 '아직 장례를 지내지 않았을 때'가 되어야 한다.【이는 《춘추》에 아직 장례를 지내지 않았으면 이름을 칭하고 해를 넘기지 않았으면 작위를 칭하지 않는다는 것에 근거한다.】〔生則自稱曰'予小子某', 死則書曰'王子某卒'.……未除喪, 當作未葬.【此據《春秋》, 未葬則稱名, 未踰年則不稱爵.】〕"라고 하였다. 《禮記正解》

2 상을……즉위하여 : 심대윤은 군주가 상을 당하고 다음 해 정월 초하루에 즉위하는데, 아직 빈을 하지 않았으면 빈을 한 뒤에 즉위하고 장례가 임박하였으면 장례를 하고

삼년상에 종묘에는 천(薦)만 하고 제사하지 않으니,[4] 선조의 마음에 종자(宗子)가 죽어서 음악을 들어도 즐겁지 않기 때문이요, 사자(嗣子)가 상중에 있으면서 음악을 들을 수 없기 때문이다. 천은 평상적인 음식을 올리는 것이니 음악이 없어도 되지만, 제사는 연향이니 음악이 없을 수 없다. 이 때문에 천만 하고 제사하지 않는 것이다.

사왕(嗣王)이 조복(弔服)을 입고 종묘에서 천의 일을 행해서, 길례(吉禮)[5]를 행하면서도 길례를 순일하게 쓰지 않는 것은 선조의 마음 또한 슬픔이 있기 때문이다. 그러므로 음악을 제거하고 천을 하며 조복을 입고 알현하는 것이다.【《서경》 〈이훈(伊訓)〉에 사왕이 선조를 알현할 적에 면복(冕服)을 말하지 않은 것이 이것이다.[6]】

즉위한다고 하였다. 《書經蔡傳辨正 伊訓》

3 이는……시이다 : 【집전】 이는 성왕이 상을 벗고 비로소 선왕의 사당에 조현(朝見)하면서 지은 것이니, 의심컨대 후세에 마침내 사왕(嗣王)이 사당에 조현하는 음악으로 삼은 듯하다. 뒤의 세 편도 이와 같다.

4 천(薦)만……않으니 : 천은 일반적으로 시물(時物)을 사당에 올리는 천신(薦新)을 가리키지만 여기의 천은 즉위하고서 천신의 예를 써서 사당에 고유함을 말한 듯하다. 천신의 예는 제례(祭禮)보다 가벼워서 시동·희생·음악 등이 없다. 《三禮辭典》 상중에 하는 천신은 《예기》 〈단궁 상(檀弓上)〉에 "장례하지 않았을 때 천신을 할 경우에는 삭전(朔奠 초하루에 올리는 전)과 같이 은전(殷奠)을 올린다.〔有薦新, 如朔奠.〕"라고 보인다.

5 길례(吉禮) : 일반적으로 제사의 예를 말하는데, 여기서는 사당에 천을 함을 가리킨다.

6 서경……이것이다 : 이는 《서경》 〈태갑 중(太甲中)〉에 태갑이 상을 마친 다음 해의 정월 초하루에는 이윤(伊尹)이 "면복(冕服)을 가지고 사왕을 맞이해 받들었다.〔以冕服, 奉嗣王.〕"라고 한 반면에, 〈이훈(伊訓)〉에 태갑이 상을 당한 다음 해의 정월에 사당에 고유할 때에는 "이윤이 선왕에게 천(薦)을 할 적에 사왕을 받들어 공경히 선조를 알현하게 하였다."라고 하여 길복(吉服)인 면복을 말하지 않음을 가리킨다. 이에 대하여 심대윤은 "사왕을 받듦에 면복을 말하지 않은 것은 상중에 길복을 입지 않고 또 흉복(凶服 상복)으로 신을 접할 수 없기 때문에 조복(弔服)【호관(縞冠 흰 생견으로 만든

음악은 제거하여도 송(誦)을 제거하지 않음은 이 일이 순일하게 흉(凶)하지 않고, 송에는 경계하는 말을 붙이는데 경계하는 말을 폐할 수 없기 때문이다. 악기를 함께 연주하면 시를 읊음에 장단·고저·청탁의 절조(節調)가 있는데 이를 노래〔歌〕라 이르고, 음악을 제거하고 홀로 시를 읊으면 다만 소리를 높여 길게 읊는데 이를 송이라 이르니, "봉사로 하여금 시를 송하게 한다."[7]라는 것이 이것이다. 삼년상에 종묘에서는 송만 하고 노래하지 않는다.

상을 당한 다음 해에 사당에서 선조를 알현하고 남교(南郊)에서 하늘에 알현하여 명(命)을 청한 연후에 비로소 즉위하여 여러 신하의 조회를 받고 마침내 사직에 고유하고 선성(先聖)에게 석전(釋奠)의 예를 행하는 것이다.【이는 하늘과 땅과 군주와 아버지와 스승을 소중히 여긴 것이다. 하늘과 선왕에게는 명을 청하나, 사직과 선성에게는 명을 청하지 않는다.】 자식은 아버지를 대신한 자이다. 그러므로 먼저 황고(皇考)를 말하고 뒤에 황조(皇祖)를 말한 것이다. '영세극효(永世克孝)'[8]는 종묘를 능히 보전하여 천수를 누리고 죽음을 얻음을 말한 것이다.

이 황조(皇祖)를 생각하여 念茲皇祖

관)과 흰 옷이다.】을 입고 사당에 들어간 것이다.〔奉嗣王, 不言冕服者, 喪中不爲吉服, 又不以凶服接神, 故以弔服【縞冠、素衣也.】入廟也.〕"라고 풀이하였다. 《書經蔡傳辨正》

7 봉사로……한다 : 이는 《열녀전(列女傳)》에 옛날에 부인이 아이를 임신하면 "눈으로는 부정한 색을 보지 않으며, 귀로는 부정한 소리를 듣지 않으며, 밤이면 봉사로 하여금 시를 송하며 바른 일을 말하게 하였다.〔目不視於邪色, 耳不聽於淫聲, 夜則令瞽誦詩, 道正事.〕"라고 보인다. 일반적으로 고(瞽)는 악사(樂師)인 봉사로 풀이하므로 시를 송할 때 악기를 연주하는지 여부는 분명하지 않은데, 심대윤은 음악이 없는 것으로 보았다.

8 영세극효(永世克孝) : 《집전》에는 '종신토록 능히 효도함〔終身能孝〕'으로 풀이하였다.

뜰을 오르내림을 보는 듯하니 陟降庭止
나 소자가 維予小子
밤낮으로 공경하나이다 夙夜敬止

황조[9]는 사당 안에 선조를 통칭한 것이다. '척강정지(陟降庭止)'는 선조가 강림하여 위에 계신 듯하고 좌우에 계신 듯한 것이니,[10] 소자가 감히 공경을 잊지 못하는 것이다.

아! 황왕(皇王)이여 於乎皇王
대를 이음에 생각하여 잊지 못하나이다 繼序思不忘

황왕[11]은 할아버지와 아버지를 통칭한 것이다. 대를 이음에 생각하여 잊지 못하는 것이다.[12]

이상은 〈민여소자〉 1장이니, 11구이다.

9 황조 : 【집전】 문왕(文王)

10 척강정지(陟降庭止)는……것이니 : 심대윤은 성왕 자신이 선조를 보는 듯하다고 풀이한 반면에, 《집전》에는 "윗글을 이어 무왕(武王)의 효를 말하였다. 〈무왕이〉 문왕을 그리워하여 항상 문왕이 뜰에 오르내림을 보는 듯하셨다."라고 하였다.

11 황왕 : 《집전》에는 문왕과 무왕을 겸하여 가리킨 것이라 하였다.

12 대를……것이다 : 【집전】 내가 밤낮으로 공경하는 것은 이 대를 이을 것을 생각하여 잊지 못해서이다.

방락 訪落

내 처음 시작할 때 헤아려서 訪予落止
이 소고(昭考)를 따르려 하나 率是昭考
아! 사업이 아득히 먼지라 於乎悠哉
내 다스릴 수 없노라 朕未有艾
장차 내가 사업을 이루려 하나 將予就之
계승함이 오히려 나누어지고 흩어지도다 繼猶判渙
나 소자가 維予小子
집에 다난(多難)함을 견디지 못하나니 未堪家多難
뜰에 오르내림을 계승하여 紹庭上下
오르내리시며 왕실을 비호(庇護)하시도다 陟降厥家
아름다운 황고(皇考)여 休矣皇考
내 그 도를 따라 내 몸에 보전하며 밝히리로다 以保明其身

부이다. 사당에서 선조를 알현한 뒤에【'태갑(太甲)이 공경히 선조를 알현함'[13]이 이것이다.】 마침내 상복을 입고 영좌(靈座)[14]에 고유하는데【이때에

13 태갑(太甲)이……알현함 : 태갑은 상나라의 제4대 임금으로, 숙부인 중임(仲壬)의 뒤를 이어 왕으로 즉위하였다. 《서경》 〈이훈(伊訓)〉에 "원년 12월 을축일에 이윤이 선왕에게 천(薦)을 할 적에 사왕을 받들어 공경히 선조를 알현하게 하였다.〔惟元祀十有二月乙丑, 伊尹祠于先王, 奉嗣王祗見厥祖.〕"라고 보이는데, 이에 대하여 심대윤은 태갑이 사왕이 되어 상을 당한 다음 해에 사당에 고유한 것으로 하(夏)나라 12월은 상나라 정월이라고 하였다. 《書經蔡傳辨正》

14 영좌(靈座) : 신위(神位)를 모시는 자리로, 《가례(家禮)》에 의하면 습(襲)을 하고 장례까지는 혼백(魂帛)을 놓고, 반곡(反哭) 이후에는 신주를 앞에 놓고 혼백을 뒤에 놓아 신을 의탁하게 하며, 대상(大祥)에 이르러 영좌를 거둔다. 《예기》나 《의례》에서 영좌에 해당하는 것은 궤연(几筵)으로 대렴에 전석(奠席)을 두고 우제(虞祭)에 궤연을

영좌가 정침(正寢)에 있으니, 이는 은(殷)나라 예를 말하여 세상의 법으로 삼은 것이다. 졸곡제(卒哭祭)를 지내고 나서 부제(祔祭)를 지내는 주나라 사람의 경우에는 이때에 영좌가 없다. 공자께서 은나라가 연제(練祭)를 지내고 나서 부제를 지냄을 좋게 여겼으므로 은나라 예를 세상의 법으로 삼은 것이다.[15]】 상복을 입고 영좌를 알현하니, 또한 송(誦)이 있을 수 없다.【사당과 영좌에 고유할 적에 모두 축책(祝冊)이 있고 교제(郊祭)와 선성(先聖)에 대한 석전(釋奠)에도 그러하다.】

그다음에 대상제(大祥祭)의 복장을【지금의 천담복(淺淡服)[16]이니, 제복(祭服) 중에 색깔이 엷은 것이다. 순길(純吉)의 복을 입지 않는 것은 상중이어서 일반인과 똑같이 할 수 없기 때문이다.】 하고 규(圭)와 폐백을 잡고서 남교(南郊)에서 하늘에 알현하는데 음악을 제거하고 송을 한다. 교제(郊祭)와 사제(社祭)는 상여의 당김 줄을 넘어가서 제사를 행하고[17] 선성에 대한 석전도

둔다. 또 혼백에 해당하는 것은 나무를 깎아 신주를 대신하는 중(重)이다. 심대윤은 성복(成服)을 한 뒤에 영좌를 설치하고 중을 영좌에 걸어 놓는다고 하였다.《儀禮正論》

15 이때에……것이다 :《예기》〈단궁 하(檀弓下)〉에 "은나라는 연제를 지내고 나서 부제를 지냈고, 주나라는 졸곡제를 지내고 나서 부제를 지냈는데, 공자께서는 은나라의 부제를 좋게 여기셨다.〔殷練而祔, 周卒哭而祔, 孔子善殷.〕"라고 보인다. 연제는 상을 당한 뒤 1년 만에 지내는 제사인 소상(小祥)이고, 부제는 망자의 신주를 조상의 사당에 부묘(祔廟)하는 제사로서 졸곡제 다음에 지내는 것이 일반적인 예이다. 이 시에서 언급한 시기는 상을 당한 다음 해 정월이므로 졸곡과 연제의 사이인데, 은나라 예를 따른다면 이때에 신주는 영좌에 있다.《가례(家禮)》에는 주나라 예를 따라 졸곡 후에 부묘하지만, 다시 신주를 영좌에 모시다가 대상(大祥)에 사당에 들인다고 하였다. 이에 대해 심대윤은 "만약 신주를 정침에 되돌려 놓고 여전히 제사를 지낸다면 어찌 은나라와 주나라를 구별하겠는가.〔若主反于寢而猶祭, 則何擇乎殷、周也?〕"라고 하였다.《禮記正解》

16 천담복(淺淡服) : 원문은 천담복(淺禫服)으로 엷은 옥색의 제복(祭服)이다. 삼년상을 치르고 백 일간 입고, 왕이 담제(禫祭)나 상중의 종묘 제사에 참포(黲袍)를 입으면 조신(朝臣)들이 입었다.

17 교제(郊祭)와……행하고 :《예기》〈왕제(王制)〉에 "상중에는 3년 동안 제사하지 않으니, 오직 하늘과 땅과 사직(社稷)의 신에게만 제사하되 순거(輴車 영구차)에 달아

그러한데, 지금 음악을 제거함은 어째서인가. 교제와 사제와 선성의 석전을 위한 것이 아니고[18] 즉위로 인하여 선조를 알현함이니, 이는 바로 사왕의 일이므로 음악을 제거한 것이다.【교제에는 왕이 제복을 입고 행하고, 사제에는 신하로 하여금 대행하게 하여 왕이 친히 행하지 않는다.】

〈방락〉과 〈경지(敬之)〉에서 '나 소자'라고 칭하였으니, 이것이 악가(樂歌)가 아니고 송인 것을 알 수 있다. 〈방락〉은 남교에서 하늘을 알현하는 송이고,[19] 〈경지〉는 선성을 알현하는 송이다.[20]【음악을 제거하면 순길의 의복을 입지 않음을 알 수 있다.】 교제의 알현이 끝나면 인하여 그 의복을 입고 즉위해서 병풍을 등지고[21] 여러 신하들에게 조회를 받고 훈계하기를 《서경》 〈강왕지고(康王之誥)〉와 같이 하며,[22] 인하여 그

놓은 상여의 당김 줄을 넘어가서 제사한다.〔喪三年不祭, 唯祭天地、社稷, 爲越紼而行事.〕"라고 보이는데, 심대윤은 "사직은 마땅히 교사(郊社)가 되어야 한다."라고 하여 天地社稷을 '하늘과 땅에 대한 교제와 사제'로 풀이하였다. 또 "상여의 당김 줄을 넘어가서 제사함은 시신이 빈궁(殯宮)에 있더라도 천자가 직접 행하는 것이다.〔越紼而行事, 雖在殯而天子親行也.〕"라고 하였다. 《禮記正解》

18 교제와……아니고 : 심대윤은 삼년상에 제사를 지내지 않지만 하늘과 땅에 대한 교제와 사제는 "비천한 자의 일로 존귀한 자의 일을 폐하지 않고, 가벼운 일로 중대한 일을 폐하지 않는다.〔不以卑廢尊, 不以輕廢重.〕"라고 하였다. 《禮記正解 王制》

19 방락은……송이고 : 【집전】 성왕이 〈상을 벗고〉 이미 사당에 조현(朝見)하고 인하여 이 시를 지어서 여러 신하들을 맞이해 물어보려는 뜻을 말한 것이다.

20 경지는……송이다 : 【집전】 성왕이 여러 신하의 경계를 받고 그 말을 기술하였다.

21 병풍을 등지고 : 원문은 부의(負扆)로 의(扆)는 문과 창문의 사이에 두는 병풍이니, 천자가 남면하여 조정에 임함을 가리킨다.

22 강왕지고(康王之誥)와 같이 하며 : 《서경》 〈고명(顧命)〉에 강왕이 태묘에서 대상제의 제복을 입고 성왕의 유명(遺命)을 받는 내용이 보이고, 다음 편인 〈강왕지고〉에 강왕이 명을 받고 나와 외조(外朝)인 응문(應門)의 안에서 제복을 입고 신하와 제후들을 훈계하는 내용이 보인다. 이는 성왕의 장례를 하지 않은 때이므로 채침(蔡沈)의 주에는 예(禮)를 잃은 것이라 하였으나, 심대윤은 "왕이 상중에 있으면서 즉위하지 않은 때에 여러 신하와 제후에 임하여 훈계하는 예는 없지만, 지금 대명(大命)을 받아서

의복을 입고 사제에 이르며【사제에도 송이 있다.】 선성을 알현하는 것이다.
【〈강왕지고〉에 즉위하고서 조회를 받는 예를 쓰고 순길의 의복을 입지 않았다.[23]】

방(訪)[24]은 자문하여 헤아림이요, 낙(落)은 시작함이니, 내가 처음 즉위하여 시작함을 자문하고 헤아리는 것이다. 무왕(武王)이 태조가 되어서 천자의 지위에 거하여 하늘의 일을 대신하였다. 이제 성왕이 장차 태조의 지위에 거하여 태조의 일을 행하려 하므로 "이 소고(昭考 무왕)를 따른다." 한 것이다. 하늘은 만물의 하늘이 되고 왕은 인민의 하늘이 되니, 감히 하늘을 대신하여 천도를 행한다고 바로 말할 수 없었다. 그러므로 "이 소고를 따른다." 한 것이다. 소고가 천자의 지위에 거하여 하늘의 일을 대신하였으니, 이 소고를 따르면 이는 바로 하늘을 대신하여 천도를 행하는 것이다.

'오호유재(於乎悠哉)'는 사업이 무궁함을 탄식한 것이다. 예(艾)는 마땅히 예(乂)가 되어야 하니, '짐미유예(朕未有艾)'[25]는 아직 정사를

임하여 훈계하지 않을 수 없으니, 이는 상례가 아니고 바로 길례이다. 길례라면 마땅히 상을 당한 다음 해 즉위하고서 여러 신하들에게 조회를 받는 의례를 권도(權道)로서 써야 한다.〔王在亮陰而未卽位, 無臨誥群臣、諸侯之禮, 今受大命, 不得不臨誥, 則非喪禮也, 乃吉禮也. 吉禮則當權用踰年卽位而朝諸臣之儀也.〕"라고 하였다. 《書經蔡傳辨正》, 《書經集傳》

23 순길의……않았다 : 강왕은 〈고명〉에 보이는 마면(麻冕)과 보상(黼裳)을 〈강왕지고〉의 시점에도 계속 입고 있었다. 심대윤은 "마면과 보상은 옛날의 대상제(大祥祭)의 의복이니, 지금의 이른바 천담복(淺淡服)이다. 이는 제복으로서 색깔이 엷으니 순길이 아니다.〔麻冕、黼裳, 古之祥服, 今之所謂淺禫服也, 吉服而色淺, 未純吉也.〕"라고 하였다. 《書經蔡傳辨正》

24 방(訪) : 《집전》에는 '물음〔問〕'이라 하고, '訪予落止'를 '내가 장차 시작할 때에 도모함〔我將謀之於始〕'으로 풀이하였다.

25 짐미유예(朕未有艾) : 《집전》에는 艾를 〈동궁지십 정료(庭燎)〉의 '밤이 아직 다하지 않음〔夜未艾〕'의 애(艾)와 같다고 하여 '다함〔盡〕'으로 보고, '朕未有艾'를 '내가 미칠 수 없음〔予不能及〕'으로 풀이하였다.

제대로 다스리지 못함을 말한 것이다. 하늘은 도가 있고 사람은 사업이 있으니, 사람이 하늘을 상대할 수 있는 이유는 능히 사업을 세움에 있다. 그러므로 종사함을 말할 적에 모두 윗사람에 대하여 말하는 것이다.

판환(判渙)은 분산되어 제대로 모이지 못한 것이니, 내가 장차 선왕이 시작하신 서업(緖業)을 이루려 하나[26] 일이 분산되어 있어 아직 모아서 이루지 못한 것이다. 사해가 태평한데도 오히려 어려움이 많다고 말하였으니, 이는 천자의 지위가 어렵고 군주의 일이 쉽지 않음을 안 것이다.

'소정상하(紹庭上下)'는 삼왕(三王)[27]이 위로 하늘에 이르고 아래로 사람에 이른 것을 무왕이 계승하였다고 한 것이다. '척강궐가(陟降厥家)'[28]는 무왕의 신령이 올라가 하늘에 짝하고 내려와 사람에게 있어서, 왕실을 비호함을 말한 것이니, 이로써 '이 소고를 따름'이 하늘을 대신하여 하늘의 도를 행함이 됨을 밝힌 것이다. 하늘을 대신하여 하늘의 도를 행함은 이 소고가 삼왕의 서업을 계승함을 따라서 천명을 이룸에 있는 것이다.

'휴의황고 이보명기신(休矣皇考以保明其身)'[29]은 '아름답다! 황고여,

26 내가……하나 : 이는 '將予就之'를 풀이한 것인데, 《집전》에는 '장차 나로 하여금 억지로 힘써서 나아가게 하려 하나〔將使予勉强以就之〕'라고 풀이하였다.

27 삼왕(三王) : 문왕(文王)·왕계(王季)·태왕(太王 고공단보(古公亶父))을 가리킨다.

28 척강궐가(陟降厥家) : 심대윤은 삼왕이 뜰에 오르내림을 무왕이 계승하여 집에 오르내린다고 풀이한 반면에 《집전》에는 무왕이 뜰에 오르내리며 집에 오르내림을 성왕이 계승한다고 풀이하였다.

29 휴의황고 이보명기신(休矣皇考以保明其身) : 《집전》에는 보(保)는 '안전함〔安〕'이고 명(明)은 '드러남〔顯〕'이라 하고, "황고의 아름다움에 힘입어 내 몸을 보전하고 드러내기를 바랄 뿐이다."라고 풀이하였다.

내가 오직 그 도를 따라서 내 몸에 보전하고 밝히겠다'는 것이다. 보(保)는 선조의 기업을 보전함이요 명(明)은 선조의 덕을 밝히는 것이니, 내 몸에 선조의 기업과 공덕을 보전하고 밝혀서 천하에 그 기업과 공덕을 보전하고 밝히는 것이다.

이상은 〈방락〉 1장이니, 12구이다.

경지 敬之

공경할지어다, 공경할지어다	敬之敬之
하늘이 사람의 일에 밝게 드러나시며	天維顯思
명(命)이 보전하기가 쉽지 아니하니	命不易哉
높고 높아 저 위에 있다고 말하지 말지어다	無曰高高在上
그 일에 오르내리어	陟降厥士
날로 살펴보심이 이에 계시니라	日監在茲

부이다. '천유현사(天維顯思)'[30]는 하늘의 이치가 밝게 드러남을 말한 것이요, '명불이재(命不易哉)'는 요행으로 얻고 우연히 이룰 수 없음을 말한 것이다. 사(士)는 일이니, 하늘은 사람의 일이 있는 곳에 오르내려서 일찍이 잠시도 있지 않은 때가 없는 것이다. 사람의 행하는 바가 하늘과 땅의 기운을 감동하여 불러서 이것이 맺혀 화와 복이 되니, 이는 아무리 멀어도 응하지 않음이 없고 아무리 숨겨도 이르지

30 천유현사(天維顯思) : 《집전》에는 현(顯)은 '밝음〔明〕'이라 하고, '하늘의 도가 심히 밝음〔天道甚明〕'으로 풀이하였다.

않음이 없어서 하늘과 땅 사이에 피할 곳이 없다. 오직 중화(中和)의 덕을 행하여 사공(事功)을 많이 세우는 것이 지극한 계책이 되니, 이 밖에 다른 방법이 없다. 그래서 사람은 학문을 돈독히 하고 힘써 행하지 않을 수 없는 것이다.

나 소자가	維予小子
감히 학문에 민첩하여 그 그침을 공경하지 않겠는가	不聰敬止
날로 나아가며 달로 나아가 행하여	日就月將
학문으로 선사(先師)의 광명을 잇고 밝히려 하며	學有緝熙于光明
이 맡은 짐을 도와주어서	佛時仔肩
나에게 드러난 덕행을 보여 줄지어다	示我顯德行

총(聰)은 학문에 민첩함이니, '불총경지(不聰敬止)'[31]는 감히 학문에 민첩하여 그 그침을 공경하지 않겠느냐고 한 것이다.【지(止) 한 글자는 바로 학문의 표적이다.[32]】 장(將)[33]은 나아가 행함이다. '집희우광명(緝熙于

31 불총경지(不聰敬止) : 《집전》에는 총(聰)을 총명함, 지(止)를 어조사로 보아, "내가 총명하지 못하여 공경하지 못한다.〔我不聰而未能敬也.〕"라고 풀이하였다.

32 지(止)……표적이다 : 이는 '敬止'를 《서경》 〈태갑 상(太甲上)〉에 "우인(虞人)이 쇠뇌에 기아(機牙)를 얹어 놓았거든 가서 화살 끝이 조준하는 바에 맞는가를 살피고 활을 발사함과 같이 할 것이니, '그 그침을 공경하여〔欽厥止〕' 당신의 선조가 행하신 바를 따르시면 저도 기쁠 것이며, 만세에 훌륭한 명예가 있을 것입니다." 한 것의 '欽厥止'와 같이 풀이한 것이다. 심대윤은 지(止)를 분한(分限)이라 하고, "일을 행할 적에 그 예에 맞는지 살피고 그런 뒤에 마치 활을 쏠 때에 표적을 살핀 뒤에 발사하듯이 하면 그 그침을 얻을 것이다,……'그 그침을 공경함'은 아직 그침을 얻지 못하여 신중히 살펴서 구하는 것이다.〔言行事審其合於禮, 然後乃作如射之審其準的而乃發, 則得其止矣.……欽厥止, 未有止而審愼以求之也.〕"라고 하였다. 《書經蔡傳辨正 益稷, 太甲上》

33 장(將) : 《집전》에는 '나아감〔進〕'이라고 하여 진보(進步)의 뜻으로 풀이하였다.

光明)’[34]은 선사(先師)의 광명함을 잇고 밝히는 것이다. 필(佛)은 필(弼)과 통한다. 자견(仔肩)은 《집전》에 “짐이니 부담〔負荷〕이라는 말과 같다.”라고 하였다. 삼로(三老)·오경(五更)[35]의 사우(師友)의 관원이 내가 부담하는 임무를 도와서 나에게 밝게 드러난 덕행으로써 가르쳐 줌을 말한 것이다.

〈민여소자〉·〈방락〉·〈경지〉를 보면 천자의 지위가 지극히 어려움을 볼 수 있다. 조종(祖宗)의 기업을 이어서 하늘의 일을 대신하고 선성(先聖)의 도를 행하니, 어찌 짐이 무겁고 책임이 크지 않겠는가. 짐이 무겁고 책임이 큰 지위에 거하여 그 덕에 걸맞지 못하면 재앙이 또한 무겁고 큰 것이다.

이상은 〈경지〉 1장이니, 12구이다.

소비 小毖

내 그 징계하는지라 予其懲
후환을 삼갈 수 있을까 而毖後患

반면에 심대윤은 배움을 실행함으로 본 듯하다.

34 집희우광명(緝熙于光明) : 《집전》에는 “공경을 이어 밝혀서 광명함에 이르려 한다.”라고 풀이하였다.

35 삼로(三老) 오경(五更) : 심대윤은 육경(六卿) 중에 늙어서 치사(致仕)한 자로서 천하에서 덕망이 높고 나이가 많고 도가 있는 자를 태사(太師)·태부(太傅)·태보(太保)의 삼공(三公)과 소사(少師)·소부(少傅)·소보(少保)의 삼고(三孤)로 삼는데, 삼공을 삼로라 하고 삼고에 총재(冢宰)와 사도(司徒)를 합하여 오경이라 한다고 하였다. 《禮記正解 王制》, 《書經蔡傳辨正 周官》

내 벌을 모으지 말지어다 莫予荓蜂
스스로 맵게 쏨을 구하는 것이로다 自求辛螫
처음에 저 도충(桃蟲)으로 믿었더니 肇允彼桃蟲
훨훨 날아가니 새로다 拚飛維鳥
집에 다난(多難)함을 견디지 못하거늘 未堪家多難
내 또 독한 여뀌풀에 앉았노라 予又集于蓼

부이고 비이다.[36] 징(懲)[37]은 앞의 일을 징계하는 것이요, 비(毖)[38]는 뒤의 일을 조심하는 것이다. 병(荓)[39]은 모음이다. 신(辛)은 매움이요, 석(螫)은 독을 쏘는 것이다. 도충(桃蟲)은 《집전》에 뱁새라고 하였으나 지금 문리로써 말하면 바로 날지 못하는 작은 벌레이니, 뱁새가 아님이 분명하다. 처음에는 도충이 땅에 붙어 있어 날지 못한다고 믿었는데 마침내 훨훨 날아가서 새가 되었으니,[40] 이로써 무경(武庚)[41]이 주나라의 은덕을 배반하고 반란을 일으킴을 비유하였다. 무왕이 이제 막 별세하여 많은 어려움을 견디지 못하는데, 또 괴로움[42]에 처한 것이다. 이는 무경이 배반함에 장차 정벌하려 하면서 사당에 고하여 명을

36 부이고 비이다 : 《집전》에는 부로 보았다.

37 징(懲) : **【집전】** 상한 적이 있어서 경계할 줄을 아는 것이다.

38 비(毖) : **【집전】** 삼감〔愼〕

39 병(荓) : **【집전】** 부림〔使〕

40 처음에는……되었으니 : 《집전》에는 뱁새의 새끼가 변화하여 보라매가 되니, 처음에는 작으나 끝에는 커짐을 말한 것이라 하였다.

41 무경(武庚) : 은(殷)나라 주왕(紂王)의 아들로 무왕(武王)의 아우 관숙(管叔)・채숙(蔡叔)・곽숙(霍叔)과 함께 반란을 일으켰다.

42 괴로움 : 원문은 '辛苦'로 《집전》에 요(蓼 여뀌)는 '맵고 쓴 물건〔辛苦之物〕'이라 하였다.

청하는 악장이다.[43]

이상은 〈소비〉 1장이니, 8구이다.

소비(小毖)는 작은 일을 조심하는 것이니, 작은 일을 징계하여 큰 일을 경계하는 것이다.

재삼 載芟

풀을 베고 나무를 베니	載芟載柞
밭갈이에 흙이 슬슬 풀어지도다	其耕澤澤
천 짝이 김을 매니	千耦其耘
습한 곳에 가며 밭두둑에 가도다	徂隰徂畛

부이다. 《집전》에 말하였다. 풀을 제거함을 삼(芟)이라 하고, 나무를 제거함을 작(柞)이라 한다. 석석(澤澤)은 흙이 뭉쳐 있던 것이 풀림이다. 운(耘)은 풀뿌리를 제거함이다. 진(畛)은 밭의 경계이다.

가장(家長)과 장자(長子)와	侯主侯伯
차자(次子)와 여러 자제들과	侯亞侯旅

43 이는……악장이다 : 《집전》에도 관숙과 채숙의 일을 가리키는 것으로 보았는데, 이 또한 〈방락(訪落)〉의 뜻이라 하고 "내가 막 어려서 많은 어려움을 견딜 수가 없거늘 또 괴로운 처지를 만났으니, 여러 신하들은 어찌하여 나를 버리고 도와주지 않는가.〔我方幼沖, 未堪多難, 而又集于辛苦之地, 群臣奈何捨我而弗助哉?〕"라고 하여, 신하들에게 자문을 구하는 뜻으로 보았다.

이웃집의 일 도와주는 자와 품팔이 일꾼들이　侯彊侯以
그 내온 밥을 여럿이 먹으니　有嗿其饁
그 부인이 사랑하며　思媚其婦
그 남편이 의뢰하여　有依其士
날카로운 보습으로　有略其耜
비로소 남쪽 이랑에서 일하도다　俶載南畝

《집전》에 말하였다. 주(主)는 가장(家長)이고, 백(伯)은 장자(長子)이고, 아(亞)는 둘째와 셋째이고, 여(旅)는 여러 자제이다. 강(彊)은 백성 중에 여력이 있어서 이웃에 와서 돕는 자이니, 《주례》〈지관(地官) 수인(遂人)〉에 "강하여 여력이 있는 자에게 다른 백성의 일을 주어 맡긴다."[44]라고 한 것이 이것이다. 능히 좌지우지하는 것을 이(以)라 하니, 이는 고용되어 주인의 부림을 받는 자이다. 탐(嗿)은 여럿이 음식을 먹는 소리이다. 의(依)는 의뢰함이니, 부인의 사랑에 남편이 의뢰하고, 남편이 밭을 갈면 부인이 남편에게 점심밥을 먹이는 것이다.[45] 약(略)은 날카로움이요, 재(載)는 일이다.

44 강하여……맡긴다 : 〈수인〉에 "무릇 교외의 땅을 다스릴 적에 가장 적은 인원수로 백성을 불러 요역을 시키고, 전지와 택지로 백성을 안정시키고, 혼인을 권하여 백성을 화순하게 하고, 토양에 적합한 작물을 심도록 백성을 가르치고, 서로 도움을 흥기하여 백성을 이롭게 하고, 철마다 쓰는 농기구로 백성에게 농사를 권장하고, 강하여 여력이 있는 농민에게 전지를 주어 백성에게 맡기고, 토질에 따라 균등하게 정한 조세법으로 공평하게 세금을 거둔다.〔凡治野, 以下劑致甿, 以田里安甿, 以樂昏擾甿, 以土宜教甿稼穡, 以興耡利甿, 以時器勸甿, 以彊予任甿, 以土均平政.〕"라고 보이는데, 심대윤은 여력이 있는 자에게 전지를 더 주는 것으로 보지 않는 듯하므로 일반적인 해석과 다르게 번역하였다.

45 의(依)는……것이다 : 《집전》에는 미(媚)는 '순함〔順〕'이고 의(依)는 '사랑함〔愛〕'이고 사(士)는 '남편〔夫〕'이라 하고, "밥을 내온 부인과 밭 가는 지아비가 서로

저 백곡(百穀)을 파종하여　　播厥百穀
씨앗이 기운을 머금어 이에 싹이 나오니　　實函斯活
연이어 싹이 나오며　　驛驛其達
기운을 듬뿍 받은 그 걸출한 싹이며　　有厭其傑
기운을 듬뿍 받은 그 싹이며　　厭厭其苗
끊임없는 그 김맴이로다.　　綿綿其麃

《집전》에 말하였다. 함(函)은 머금음이니, 기운을 머금는 것이다. 활(活)은 나옴이다. 역역(驛驛)[46]은 이어짐이요, 달(達)은 싹이 흙 위로 나오는 것이다. 염(厭)은 기운을 받기를 충분히 한 것이요, 걸(傑)은 싹이 장대(壯大)한 것이다. 염염(厭厭)은 충족한 모양이요, 면면(綿綿)[47]은 이어져 끊어지지 않는 모양이다. 표(麃)는 김맴이다.

많은 사람 한결같이 수확하니　　載穫濟濟
꽉찬 그 노적(露積)이　　有實其積
만(萬)이며 억(億)이며 자(秭)[48]이거늘　　萬億及秭
술을 만들고 단술을 만들어　　爲酒爲醴
조비(祖妣)에게 나아가 올려서　　烝畀祖妣

위로함을 말한 것이다."라고 하였다. 《시경언해》에는 '그 婦롤 媚ᄒᆞ며 그 士롤 依ᄒᆞ야' 라고 하여 '그 부인을 순히 하며 그 남편을 사랑하여'로 해석하였다. 《모시정의》에는 사(士)를 자제(子弟)로 보아 밥을 내오는 부인과 어린 자제를 사랑하는 것으로 풀이하였다.

46 역역(驛驛) : **【집전】** 싹이 나오는 모양〔苗生貌〕

47 면면(綿綿) : **【집전】** 상세하고 치밀함〔詳密〕

48 억(億)이며 자(秭) : 심대윤은 〈신공지십 풍년(豊年)〉에서 십만을 억이라 하고, 십억을 조(兆)라 하고, 십조를 자(秭)라 하였다.

온갖 예를 두루하도다 以洽百禮

제제(濟濟)[49]는 많고 한결같은 모양이다.

음식이 향기로우니 有飶其香
국가의 영광이며 邦家之光
향료가 향기로우니 有椒其馨
호고(胡考)의 편안함이로다 胡考之寧

필(飶)은 음식의 냄새요, 초(椒)는 향료의 냄새이다. 호(胡)[50]는 가죽이 넓어져 늘어짐이다.【이리와 말의 턱밑살처럼 가슴의 가죽이 넓어져 늘어진 것이니, 사람이 늙으면 가죽이 넓어져 늘어진다.】 고(考)[51]는 구(耈)와 통한다. 이로써 연향을 하면 국가가 영광스럽고, 이로써 노인을 봉양하면 호고가 편안함을 말하였다.

이곳에 있을 뿐만이 아니며 匪且有且
지금뿐만이 아니라 匪今斯今
예로부터 이와 같았도다 振古如玆

차(且)는 이것이다. 진(振)[52]은 기울여 다하는 뜻이다.【자루의 곡식

49 제제(濟濟) : 【집전】 사람이 많은 모양〔人衆貌〕

50 호(胡) : 【집전】 장수함〔壽〕

51 고(考) : 모형(毛亨)은 호(胡)는 수(壽)이고 고(考)는 성(成)이라 하여, 호고를 연로하고 덕을 이룬 노성(老成)한 사람으로 풀이하였다.

52 진(振) : 【집전】 지극함〔極〕

을 기울여 털어서 다 쏟아 주는 것이다.】 이는 전조(田祖)에게 제사하는 악가이다.[53]

이상은 〈재삼〉 1장이니, 31구이다.

양사 良耜

날카로운 좋은 보습으로 畟畟良耜
비로소 남쪽 이랑에서 일하여 俶載南畝
저 백곡(百穀)을 파종하니 播厥百穀
씨앗이 기운을 머금어 이에 싹이 나오도다 實函斯活
혹 와서 너를 보니 或來瞻女
네모진 광주리와 둥근 광주리로소니 載筐及筥
그 밥은 기장이로다 其饟伊黍

부이다. 측측(畟畟)은 매우 날카로움이다. '혹 와서 너를 봄'은 부인과 자식이 와서 밥을 먹이는 것이다. 향(饟)은 향(餉 보내온 음식)과 같다.

그 삿갓이 정밀하게 엮었으며 其笠伊糾

53 이는……악가이다 : 《집전》에는 "이 시는 어디에 쓰인 것인지 상세하지 않으나 말의 뜻이 〈신공지십 풍년(豊年)〉과 서로 유사하니, 그 쓰임도 응당 다르지 않을 것이다."라고 하였다. 전조에 대하여 심대윤은 백성에게 처음으로 농사를 가르친 신인 선색(先嗇)으로 신농(神農)이라 하였다. 〈북산지십 보전(甫田)〉 2장의 주석 참조.

그 호미로 땅을 파서 其鎛斯趙
여뀌를 제거하도다 以薅荼蓼
여뀌가 썩으니 荼蓼朽止
서직(黍稷)이 무성하도다 黍稷茂止

규(糾)[54]는 엮기를 정밀하게 한 것이다. 조(趙)는 《집전》에 '찌름'이라 하였다. 호(薅)는 풀을 제거함이다.

척척 맞추어 베어서 穫之挃挃
차곡차곡 쌓으니 積之栗栗
그 높음이 담과 같으며 其崇如墉
그 즐비함이 빗과 같으니 其比如櫛
백실(百室)을 열도다[55] 以開百室
백실이 모두 가득하니 百室盈止
처자식이 편안하도다 婦子寧止

질질(挃挃)[56]은 수확하는 모양이요, 율률(栗栗)은 쌓기를 빽빽이 한 것이다. 백실(百室)은 1족(族)의 100가(家)이니,【5가를 비(比)라 하고, 5비를 여(閭)라 하고, 4여를 족(族)이라 한다.[57]】 숙(塾)[58]을 함께하는 사람이다.

54 규(糾) :【집전】 규연(糾然)은 삿갓이 가볍게 들림이다.〔糾然, 笠之輕擧也.〕

55 백실(百室)을 열도다 : 《집전》에 백실의 사람들이 함께 일하여 서로 도왔으므로 동시에 곡식을 들여다 쌓은 것이라고 하였다.

56 질질(挃挃) :【집전】 농작물을 베는 소리〔穫聲〕

57 5가를……한다 : 이는 《주례》 〈지관(地官) 대사도(大司徒)〉에 보이니, 5족을 당(黨)이라 하고 5당을 주(州)라 하고 5주를 향(鄕)이라 하여 교내(郊內)의 육향(六鄕)의 안에 해당한다. 교외의 육수(六遂)의 안에서는 5가를 린(鄰)이라 하고 5린을 리(里)

이 입술이 검은 수소를 잡으니 殺時犉牡
굽어 있는 그 뿔이로다 有捄其角
이으며 계속해서 以似以續
옛사람을 계승하여 제사하도다 續古之人

입술이 검은 누런 소를 순(犉)이라 한다. 구(捄)는 구(觩)가 되어야 하니, 뿔이 굽은 모양이다. 사(似)는 이음이니, 앞 세대의 사람을 이어서 제향을 올리는 것이다. 이 또한 〈재삼(載芟)〉의 따위이다.[59]

이상은 〈양사〉 1장이니, 23구이다.

사의 絲衣

생사로 만든 예복(禮服)이 단정하니 絲衣其紑
작변(爵弁)과 서로 어울리도다 載弁俅俅

라 하고 4리를 찬(鄺)이라 한다.

58 숙(塾) : 《예기》 〈학기(學記)〉에 의하면 숙은 25가의 여(閭)에 있는 글방인데, 심대윤은 이를 100가의 족에 숙이 있다고 바꾸었다. 〈상호지십 기변(頍弁)〉 1장의 각주 참조.

59 재삼(載芟)의 따위이다 : 〈재삼〉은 전조(田祖)에게 제사하는 악가이다. 《집전》에는 "혹자는 〈사문(思文)〉·〈신공(臣工)〉·〈희희(噫嘻)〉·〈풍년(豊年)〉·〈재삼〉·〈양사〉 등의 편이 이른바 빈송(豳頌)이라 의심한다." 하고, 그것이 옳은지는 알지 못하겠다고 하였다. 이는 송(頌)의 가운데에 농사를 위하여 지은 것을 빈송이라 한 것이니, 빈송은 《주례》에서 사제(蜡祭)에 연주한다고 한 음악이다. 심대윤도 〈빈풍(豳風) 칠월(七月)〉의 주에서 송 가운데 농사의 공덕을 칭송하여 전조에게 제사하는 것을 빈송이라 한다고 하였다. 다만 〈사문〉은 농사에 관한 시로 보지 않았다.

당으로부터 당 아래 계단에 가며　自堂徂基
양으로부터 소에 가며　自羊徂牛
가마솥과 옹솥을 살펴보도다　鼐鼎及鼒
외뿔소 잔이 굽어 있으니　兕觥其觩
맛있는 술이 부드럽거늘　旨酒思柔
떠들지 아니하며 오만하지 아니하니　不吳不敖
호고(胡考)의 아름다운 복을 누리리로다　胡考之休

부이다. 사의(絲衣)와 작변[60]은 천자가 노인을 봉양하는 의복이다. 이 시는 천자가 장차 태학에서 노인을 봉양하려 할 적에 먼저 선성(先聖)과 선사(先師)에게 석채(釋菜)[61]의 예를 행하는 악가이다.[62]【학교 안에서는 나이로 서열하고 관작으로 서열하지 않으니, 비록 왕과 제후와 대부라도 사(士)

60 사의(絲衣)와 작변 : 《집전》에는 사의는 제복(祭服)이고, 변(弁)은 작변으로 사(士)가 왕에게 제사할 때 입는 옷이라고 하였다. 또 《시전대전》의 소주에 "공영달(孔穎達)이 말하였다. '작변의 옷은 검은색 윗옷에 분홍색 치마이니, 모두 생사로 만들기 때문에 사의라고 한 것이다.' 《예기》 〈잡기 상(雜記上)〉에 말하였다. '사는 작변을 착용하고서 군주의 제사를 돕는다.'〔孔氏曰: '爵弁之服, 玄衣纁裳, 皆絲爲之, 故曰絲衣.' 《雜記》云: '士弁而祭於公.'〕"라고 하였다.

61 석채(釋菜) : 석전과 석채가 모두 선성과 선사에 대한 예인데, 일반적으로 석전은 사냥·정벌·회동·빙문 등으로 출행하거나 돌아왔을 때와 사시(四時)에 행하며, 석채는 배우는 자가 처음 학교에 입학하였을 때 행한다. 심대윤은 석전과 석채의 관계를 제사와 천신(薦新)의 관계와 유사하게 보아서, 석전은 해마다 행하는 예이고 석채는 철마다 선성과 선사에게 천(薦)을 하는 것이라 하였다. 《의례정론(儀禮正論)》에 "석전은 양염(陽厭)·헌작(獻爵)·음염(陰厭)이 모두 제례와 같고, 석채는 일헌을 하여 천신의 예와 같다. 태학과 소학에서는 해마다 석전을 하고, 향(鄕)·수(遂)의 학교는 석전을 하지 않고 철마다 석채를 하며, 서(序)·상(庠) 이하는 하지 않는다.〔其奠也, 陽厭、獻爵、陰厭, 皆如祭禮. 其菜也, 一獻, 如薦禮也. 大學及小學, 歲釋奠而時釋菜, 鄕、遂之校, 不奠而時釋菜, 自序、庠以下則否.〕"라고 보인다.

62 이 시는……악가이다 : 《집전》에는 제사하고 술을 마시는 시라고 하였다.

의 의복을 입는다. '사의'는 심의(深衣)[63]이니, 《예기》에서 말한 연의(燕衣)가 이것이다.[64] 변(弁)은 사가 조복(朝服)을 입을 때 착용하는 관이다.[65]】 부(紑)[66]는 옷의 모양이다. 구구(俅俅)[67]는 관(冠)과 의복이 서로 어울리는 모양이다. 기(基)[68]는 당 아래의 계단이다. 내(鼐)는 큰 솥이고, 자(鼒)는 작은 솥이다. 사(思)는 어조사이다. 화(吳)는 떠듦이다. 호고(胡考)는 〈재삼(載芟)〉에 보인다.

국로(國老)[69]를 태학에서 봉양할 적에 봉양하는 예를 쓰고 연향하는

63 심의(深衣) : 상의(上衣)와 하상(下裳)이 연결된 옷으로 제후・대부・사가 집에 거처할 때의 평상복이고 서인의 예복이다. 심대윤은 "심의는 신분의 위아래, 군례(軍禮)와 빈례(賓禮), 길례와 흉례, 편안히 거처할 때에 통용하는 의복이다.〔深衣爲上下、軍賓、吉凶、燕私之通服也.〕"라고 하였다. 《禮記正解 深衣》

64 예기에서……이것이다 : 《예기》 〈왕제(王制)〉에 노인을 봉양할 적에 유우씨(有虞氏)는 심의를 입고, 하후씨(夏后氏)는 연의(燕衣)를 입고, 은나라 사람은 흰 옷〔縞衣〕을 입고, 주나라 사람은 검은 옷〔玄衣〕을 입었다고 하였다. 이 연의는 일반적으로 천자가 신하에게 연향을 베풀 때 입는 옷으로 풀이하는데, 심대윤은 "비록 천자라도 노인을 봉양할 적에는 사(士)의 의복을 사용한다.〔雖天子, 養老亦以士服.〕"라고 하여 위아래가 통용하는 옷으로 보았다. 《禮記正解》

65 변(弁)은……관이다 : 예복으로 조복을 입을 때 착용하는 관은 경우에 따라 다르니, 《예기》 〈잡기 상(雜記上)〉에 "사는 작변을 착용하고서 군주의 제사를 돕고 현관(玄冠)을 착용하고서 자기 가묘(家廟)에서 제사를 지내며 사는 작변을 착용하고서 친영(親迎)을 하니, 그렇다면 사가 작변을 착용하고서 자기 가묘에서 제사지내는 것이 가할 것이다.〔士弁而祭於公, 冠而祭於己, 士弁而親迎, 然則士弁而祭於己, 可也.〕"라고 보이고, 조회할 때에 착용하는 관은 경전에 명확히 나와 있지 않다.

66 부(紑) : 【집전】 깨끗한 모양〔潔貌〕

67 구구(俅俅) : 【집전】 공손한 모양〔恭順貌〕

68 기(基) : 《집전》에는 모형(毛亨)의 전(傳)을 따라 '문숙의 터〔門塾之基〕'라고 하였다. 공영달의 소에 숙(塾)은 문 옆의 당(堂)이라고 하였다.

69 국로(國老) : 천자가 직접 봉양하는 자들로 삼로(三老)와 오경(五更)이다. 〈상호지십 기변(頍弁)〉 1장의 주석과 242쪽 각주 35) 참조.

예를 쓰지 않으니, 이는 군주가 감히 주인이 되어서 스승을 손님으로 대할 수가 없어서이다. 이때에 천자가 친히 음식을 살펴보고 노인에게 수저를 주고 겉옷의 왼쪽 소매를 벗고서 고기를 자르고 술잔을 잡아 술로 입을 헹구게 하니,[70] '자당조기(自堂徂基)' 이하는 음식을 살펴보는 예[71]이다. 술동이와 조(俎)와 변두(籩豆)는 당에 있고 가마솥과 옹솥은 당 아래의 계단에 있는 것이다.【음식을 살펴본 뒤에 석채의 예를 행한다. 그러므로 다만 음식을 살펴봄을 말한 것이다. 석채의 예를 행하고 비로소 노인을 봉양하는 예를 행한다.】

이상은 〈사의〉 1장이니, 9구이다.

작酌

아! 열렬한 왕사(王師)로 　　於鑠王師
때에 따라 힘을 길러 때로 감추어 　　遵養時晦

70 겉옷의……하니 : 이 내용은 《예기》 〈악기(樂記)〉에 "태학에서 삼로와 오경에게 음식을 먹일 적에 천자가 겉옷의 왼쪽 소매를 벗고 고기를 자르고, 장(醬)을 잡아 음식을 대접하고, 술잔을 잡아 술로 입을 헹구게 하고, 면류관을 쓰고 방패를 잡고 춤을 추니, 이는 제후들에게 공손함을 가르친 것이다. 〔食三老、五更於大學, 天子袒而割牲, 執醬而饋, 執爵而酳, 冕而總干, 所以教諸侯之弟也.〕"라고 보인다.

71 음식을……예 : 《집전》에는 "문과 당에 올라가 병과 변두(籩豆)의 등속을 씻는 것을 살펴보고 내려와 문 옆의 당의 터에 가서 제기를 씻었음을 아뢰며, 또 희생을 살펴보아 양으로부터 소에 이르고는 돌아와서 희생이 충실함을 아뢰고, 끝난 다음에는 마침내 정(鼎)의 멱(冪 음식 덮개)을 들어 깨끗함을 아뢰니, 예의 차례이다."라고 하여, 《의례》 〈특생궤사례(特牲饋食禮)〉의 제사에서 음식과 제기를 살피는 예를 인용하였다.

이에 크게 화(和)하고 아름다우니	時純熙矣
이에 큰 갑옷을 쓰셨도다[72]	是用大介
내 영광스럽게 이것을 받으니	我龍受之
높고 큰 왕의 이룬 기업(基業)이로다	蹻蹻王之造
곧 뒤를 잇는 자들이	載用有嗣
실로 이 공(功)을 진실로 스승 삼을 것이로다	實維爾公允師

부이다. 삭(鑠)[73]은 불꽃이 맹렬한 뜻이다. 준(遵)은 때를 따름이요, 양(養)은 힘을 기르고 쓰지 않는 것이요, 시회(時晦)는 때에 따라 광채를 숨기는 것이다. 희(熙)[74]는 화하고 아름다움이다. 개(介)는 갑옷이요, 총(龍)은 총광(寵光)이다. 교교(蹻蹻)[75]는 높고 큰 모양이다. 조(造)[76]는 이룸이다. 공(公)[77]은 공(功)과 통한다. 무왕(武王)이 영광스럽게 은(殷)나라의 명을 받아서 이 높고 큰 기업을 이루셨으니, 후사들은 무왕의 공을 스승으로 삼아야 하는 것이다.

이 또한 〈대무(大武)〉에서 한 장을 따온 것인데,[78] 이것을 종묘에서

72 큰 갑옷을 쓰셨도다 : 《집전》에 이는 "이른바 한 번 전복(戰服)을 입었다는 것이다."라고 하였는데, 이는 무왕이 은나라를 정벌한 것에 대하여 《서경》 〈무성(武成)〉에 "한 번 전복을 입음에 천하가 크게 안정되었다〔一戎衣, 天下大定.〕"라고 한 것을 인용한 것이다. 또 《집전》에 "무왕이 처음에 성대한 군사를 두고도 쓰지 않고 물러가 스스로 도(道)를 따라 힘을 길러서 때에 따라 모두 감추었다가, 이미 크게 밝아진 뒤에야 한 번 전복을 입음에 천하가 크게 정해졌다."라고 하였다.

73 삭(鑠) : 【집전】 성대함〔盛〕

74 희(熙) : 【집전】 밝음〔光〕

75 교교(蹻蹻) : 【집전】 굳센 모양〔武貌〕

76 조(造) : 【집전】 함〔爲〕

77 공(公) : 【집전】 일〔事〕

술잔을 올릴 때에 사용하였다. 그러므로 이름을 작(酌)이라 하였다. 《집전》에는 〈작(酌)〉을 〈작(勺)〉이라 하였으니,[79] 옳지 않다. 〈작(勺)〉은 춤의 이름으로, 작(勺)은 약(籥)과 같으니, 문무(文舞)[80]이다. 〈작(酌)〉은 송(頌)의 이름이니, 피리를 잡고 추는 춤이 아님이 분명하다.[81]

이상은 〈작〉 1장이니, 8구이다.

환 桓

만방을 편안히 하시니 綏萬邦
여러 번 풍년이 들도다 屢豐年

78 대무(大武)에서……것인데 : 〈대무〉는 무왕의 덕을 형상한 악무(樂舞)로, 본편(本篇)은 전하지 않고 따온 장만 송(頌)에 남아 있다고 하였다. 〈신공지십 무(武)〉의 주석 참조. 《집전》에는 무왕을 칭송한 시라고 하였고, 《모시서》에는 "〈대무〉의 완성을 사당에 고한 시이다.〔告成《大武》也.〕"라고 하였다.

79 작(酌)을 작(勺)이라 하였으니 : 〈작(勺)〉은 《예기》 〈내칙(內則)〉에 "열세 살이 되면 악기 연주를 배우고 시를 외우며, 〈작(勺)〉에 맞춰 춤을 춘다.〔十有三年, 學樂, 誦詩, 舞《勺》.〕"라고 보이는데, 심대윤은 "작(勺)은 약(籥)과 같으니, 문무(文舞)에서 잡고 추는 것이다.〔勺, 與籥同, 文舞所執也.〕"라고 하였다. 《禮記正解》 《집전》에는 또 "이 시와 〈뇌(賚)〉·〈반(般)〉은 모두 시 가운데 있는 글자를 사용하여 편명을 삼지 않았으니, 의심컨대 음악의 절주(節奏)의 이름을 취한 듯하다."라고 하였다.

80 문무(文舞) : 문(文)을 상징하는 복색을 하고 피리와 꿩 깃을 잡고 추는 춤이다. 일반적으로 문무는 춤과 음악에 시가(詩歌)까지 함께 일컫는 말인데, 심대윤은 여기서 춤의 뜻으로만 말한 듯하다.

81 작(酌)은……분명하다 : 피리를 잡고 추는 문무(文舞)의 이름이 무왕의 무공(武功)을 말하는 송의 이름이 될 수 없다고 본 듯하다.

천명이 게을리하지 않은지라　天命匪解
굳세고 굳센 무왕(武王)이　桓桓武王
그 선비들을 보유하사　保有厥士
사방을 제어하여　于以四方
그 집안을 안정하시니　克定厥家
아! 하늘에 빛난지라[82]　於昭于天
황제가 되어 대신하셨도다　皇以間之

부이다. 《춘추좌전》에 "주나라에 기근이 들었는데, 은(殷)나라를 이기고서 풍년이 들었다."[83]라고 하였다. 해(解)[84]는 마땅히 해(懈)가 되어야 한다. 선비들을 보유하여 좌우로 가서 사방을 제어한 것이다.[85] 간(間)은 대신함이니, 천하의 군주가 되어서 상(商)나라를 대신함을 말한 것이니, 《서경》에 "은(殷)나라로 하(夏)나라를 대신했다."[86]라고

82 하늘에 빛난지라 : 【집전】 무왕의 덕이 위로 하늘에 밝혀진 것이다.

83 주나라에……들었다 : 이는 《춘추좌전》 희공(僖公) 19년 조에 보인다. 《집전》에도 이를 인용하고 "큰 전쟁을 벌인 뒤에는 반드시 흉년이 드는데, 무왕이 상나라를 이김은 해독을 제거하여 천하를 편안히 한 것이다. 그러므로 여러 번 풍년이 드는 상서로움을 얻었다."라고 하였다.

84 해(解) : 《집전》에는 '天命匪解'를 "천명이 주나라에 대해서 오래도록 싫어하지 않았다.〔天命之於周, 久而不厭也.〕"라고 풀이하였다.

85 선비들을……것이다 : 《집전》에는 "선비들을 보유하여 사방에 사용하였다."라고 풀이한 반면에 심대윤은 우(于)를 '감'으로 해석하고 이(以)의 목적어를 '사방'으로 본 것이다.

86 은(殷)나라로 하(夏)나라를 대신했다 : 이는 《서경》 〈다방(多方)〉에 "바로 하나라가 정사를 도모하되 향유(享有)함에 모이지 못하자, 하늘이 이 망함을 내리시어 은나라로 대신하신 것이다.〔乃惟有夏, 圖厥政, 不集于享, 天降時喪, 有邦間之.〕"라고 보인다.

하였다. 이는 〈대무(大武)〉의 제6장이다.[87]

이상은 〈환〉 1장이니, 9구이다.

뇌 賚

문왕(文王)이 이미 근로하시거늘	文王旣勤止
내 응하여 받으니	我應受之
이를 나누어 문왕의 덕을 찾아 생각하며	敷時繹思
내 가서 천하의 안정을 구함이니라	我徂維求定
이 주나라의 명을 받았으니	時周之命
아! 찾아 생각할지어다	於繹思

부이다. 응(應)[88]은 서로 응함이다. '부시역사(敷是繹思)'[89]는 어진 덕이 있는 사람과 더불어 천하를 나누어 다스려서 문왕의 덕을 찾아

87 대무(大武)의 제6장이다 : 《집전》에도 이를 언급하고, 또 "《모시서》에 강무(講武)하고 유제(類祭 출병할 때의 제사)와 마제(禡祭 정벌할 지역에서 지내는 제사)를 할 때의 시라 하였으니, 아마도 후세에서 그 뜻을 취하여 그 일에 사용하였나 보다."라고 하였다.

88 응(應) : 《집전》에는 '당함〔當〕'이라 하고, '我應受之'를 '그 자손들이 받아 천하를 소유함〔其子孫受而有之〕'으로 풀이하였고, 정현(鄭玄)은 '〈천하를 소유한 기업을〉 내가 담당하여 받음〔我當而受之〕'으로 풀이하였으니, 당(當)은 소유·담당의 뜻이다.

89 부시역사(敷是繹思) : 《집전》에는 "사람에게 있어서 찾아 생각해야 할 이 문왕의 공덕을 펴서 공이 있는 이에게 준다.〔布此文王功德之在人而可繹思者, 以賚有功.〕"라고 하여 '時繹思를 敷함'으로 풀이한 반면에 심대윤은 '敷時하여 繹思함'으로 풀이한 것이다.

생각하는 것이요, '아조유구정(我徂維求定)'은 내가 가서 천하의 안정을 구하여 어진 덕이 있는 사람에게 천하를 나누어 봉해서 진무(鎭撫)하는 것이다. '이 주나라의 명'은 주나라의 작명(爵命)을 받아서 제후가 되어 영원히 주나라의 신하가 되는 것이다. 이는 〈대무(大武)〉의 제3장이니, 한 장을 뽑아서 작명을 하사할 적에 사당에 고하는 악장(樂章)[90]으로 삼았기 때문에 뇌(賚 줌)라고 이름한 것이다.

이상은 〈뇌〉 1장이니, 6구이다.

반 般

아! 위대한 이 주나라여	於皇時周
높은 산에 오르니	陟其高山
긴 산과 큰 산악이 높이 솟아 있고	嶞山喬嶽
진실로 다만 황하로 물이 모이도다	允猶翕河
하늘 아래에 분봉하여	敷天之下
많은 제후들 모여 천자의 짝이 되니	裒時之對
이 주나라의 명을 받았느니라	時周之命

부이다. 산이 좁고 긴 것을 타(嶞)라 한다. 유(猶)[91]는 유(維)의 오자

90 작명을……악장(樂章) : 【집전】 문왕 · 무왕의 공을 칭송하여 크게 공신을 봉한 뜻을 말한 것이다.

91 유(猶) : 《집전》에는 '유(由 따름)'와 같다고 하였다. 심대윤이 말한 유(維)는 아래에 '徒見'이라 한 것을 참조하면 '다만'의 뜻이다.

이다. 흡(翕)[92]은 모임이니, 여러 물이 황하에 모이는 것이다. 산이 높이 솟아 있고 물이 모이니, 사해가 편안하고 조용하여 일이 없어서 고요히 다만 산이 높고 물이 모임을 볼 뿐이라고 말하여,[93] 이로써 주나라의 태평한 기업을 형용한 것이다. 강토를 나누어서 제후를 봉하여 하늘 아래에 분봉해서[94] 많은 제후들이 주나라의 신하가 된 것이다. 대(對)는 짝이 되어 대함이니, 제후는 천자의 상대이다.[95]

이 또한 〈대무(大武)〉의 한 장을 따온 것인데, 땅을 나누어 주면서 사(社)에 고하는 악장으로 삼았다.[96] 그러므로 이름을 반(般)이라 한 것이다. 반(般)[97]은 반(頒)과 통하니, 제후들에게 땅을 나누어 준 것이다.

이상은 〈반〉 1장이니, 7구이다.

92 흡(翕) : **【집전】** 흡하(翕河)는 황하가 잘 범람하였는데, 이제 물의 성질을 얻었기 때문에 조화롭게 흘러 재해가 되지 않는 것이다.

93 산이 높이……말하여 : 《집전》에는 2・3・4구를 천자가 순수(巡守)하면서 산에 올라가 나무를 태워 망(望)제사를 지내고, 황하를 따라 사악(四嶽)에 두루 이르는 것으로 풀이하였다.

94 하늘 아래에 분봉해서 : 이는 '敷天之下'를 '敷於天之下'로 풀이하여 부(敷)를 '나누어 줌'의 뜻으로 해석한 것이다. 반면에 《집전》에는 "온 하늘의 아래에 나에게 기대하지 않는 이가 없었다.〔敷天之下, 莫不有望於我.〕"라고 풀이하였다.

95 많은……상대이다 : 이는 '裒時之對'를 풀이한 것인데, 《집전》에는 대(對)를 답함이라 하여 "〈천자에게 기대하는 이들을〉 모아 방악(方嶽)의 아래에서 조회를 받아 그 뜻에 보답했다."라고 풀이하였다.

96 이 또한……삼았다 : 《모시서》에는 "천자가 순수(巡守)하면서 사악(四嶽)과 하해(河海)에 제사하는 시이다."라고 하였다.

97 반(般) : 《집전》에는 뜻이 자세하지 않다고 하였다.

송(頌)의 끝[98]에 "이 주나라의 명을 받았으니 아! 찾아 생각할지어다."[99]라고 한 시구와 "하늘 아래에 분봉하여 많은 제후들 모여 천자의 짝이 되니 이 주나라의 명을 받았느니라."라고 한 시구로써 끝마친 것은, 주나라의 오경(五經)[100]이 하늘과 땅의 도의 명맥(命脈)이 되어서 천하의 모든 나라가 다스림을 일으켜 선왕에게 짝이 된다고 한 것이니, 바로 국풍(國風)을 "사방 나라에 왕이 계시다."[101]라고 한 시구로써 끝마친 뜻이다.

이상은 〈민여소자지십〉 11편이다.

98 송(頌)의 끝 : 〈주송(周頌)〉의 끝이라 하지 않고 '송의 끝'이라 한 이유는 자세하지 않다. 〈노송(魯頌)〉의 끝에는 〈노송〉이 송이라는 실제가 없는데 남겨 두어 예악이 무너진 연유를 나타내었다고 하였고, 〈상송(商頌)〉의 끝에는 은나라 후손 공자가 경전의 주인이 되었으므로 〈상송〉으로써 끝마쳤다고 하여, 《시경》을 〈노송〉과〈상송〉으로 끝마친 뜻을 말하였다.

99 이 주나라의……생각할지어다 : 이는 〈뇌(賚)〉에 보인다.

100 주나라의 오경(五經) : 〈탕지십 소민(召旻)〉 7장의 주석에서 "오경은 천하에 항상 남아 있어서 천하 사람이 누구나 읽을 수 있으므로 천지의 도의 명맥이라고 한 것이다."라고 하였으니, '주나라의 오경'은 현재 글로 전하는 《시경》, 《서경》, 《주역》, 《예경(禮經)》, 《춘추경(春秋經)》을 가리킨다. 이 가운데 《예경》은 일반적으로 《주례》, 《의례》, 《예기》를 통틀어 말하지만, 심대윤은 《주례》와 《의례》를 성인의 책으로 인정하지 않으며, 《예기》는 한(漢)나라 때에 편찬되어서 주나라의 경서라고 말하기 어려우나 심대윤은 《예기정해(禮記正解)》에서 각 경문마다 경(經)과 기(記)를 구분하고 있는 바, 《예기》의 일부가 주나라의 오경에 속한다고 할 수 있다.

101 사방……계시다 : 이는 〈조풍(曹風) 하천(下泉)〉에 보인다. 〈탕지십 소민(召旻)〉 7장의 주석에, 이 시구로써 국풍을 끝마친 뜻은 '왕도가 천하에 행해져서 천하의 모든 나라가 다스려진다는 것'이라 하였다.

노송 魯頌

《집전》에 말하였다. 노(魯)나라는 소호씨(少皞氏)의 옛 터로, 《서경》〈우공(禹貢)〉의 서주(徐州) 몽산(蒙山)과 우산(羽山)의 들에 있었으니, 지금의 습경부(襲慶府)·동평부(東平府)·기주(沂州)·밀주(密州)·해주(海州) 등이 바로 그 지역이다.

○노나라는 주공(周公)을 봉한 곳이니, 주공이 노나라의 태조인데 주나라에 남아 왕실을 보좌하였고, 그 아들 백금(伯禽)이 노나라를 다스렸으므로 세실(世室)에 제향되어 체천(遞遷)하지 않는 종(宗)이 되었다.[1] 제후의 나라에 모두 제사의 송이 있는데, 홀로 노나라의 송만 전한 것은 아마도 은미한 뜻이 있을 것이다.[2]【성왕(成王)이 천자의 예악을 백금에게 주었다는 것[3]은 제(齊)나라 동쪽 야인(野人)의 허황된 말[4]이다.】

1 세실(世室)에……되었다 : 세실은 공과 덕이 있는 군주가 친진(親盡)하면 그 신주를 체천하지 않고 모시는 사당을 말한다. 심대윤은 태묘와 다른 궁(宮)에 세실이 있다고 하였다. 공이 있는 선조를 조(祖)라 하고 덕이 있는 선조를 종(宗)이라 한다. 〈청묘지십 천작(天作)〉의 각주 참조.

2 제후의……것이다 : 심대윤은 〈노송〉의 편 끝에 〈노송〉을 남겨 두어 예악이 무너진 연유를 나타내었다고 하였다. 《집전》에는 "성왕(成王)은 주공이 천하에 큰 공로가 있으므로 백금에게 천자의 예악을 하사하였는데, 노나라가 이에 송을 두어서 종묘의 음악으로 삼았고, 그 뒤에 또 스스로 시를 지어 그 군주를 찬미한 것을 또한 송이라 일렀다."라고 하여 일반 제후국에는 송이 없다고 보았다.

3 성왕(成王)이……것 : 심대윤은 "성왕은 주공이 실로 왕의 일을 행하였으므로 주공을 주나라의 세실에 배향하여 왕의 예로써 제향하였다. 노나라가 인하여 이를 본받아서 왕의 예로써 주공을 제사하고 무도하게 다른 공(公)과 교제(郊祭)·체제(禘祭)까지 미친 것일 뿐이니, 성왕이 왕의 예를 하사한 것이 아니다.〔成王以周公實行王事, 故配食於世室, 而用王禮饗之. 魯因倣效之, 亦用王禮於周公, 而淫及於群公及郊禘耳, 成王非

경 駉

살찌고 살찐 수말이　駉駉牡馬
먼 들에 있으니　在坰之野
잠깐 살찐 말을 들겠노라　薄言駉者
사타구니 흰 말도 있고 황백마도 있으며　有驈有皇
가라말도 있고 공골말도 있으니　有驪有黃
수레에 사용함에 성하고 성하도다　以車彭彭
생각함이 그지없으니　思無疆
말을 생각함에 이에 좋도다[5]　思馬斯臧

부이다. 《집전》에 말하였다. 경경(駉駉)은 배와 몸통이 살찌고 건장한 모양이다. 경(坰)[6]은 먼 교외이다. 사타구니가 흰 검은 말을 율(驈)

賜之也.〕"라고 하고, 또 "주공은 스스로 왕업을 세운 것이 아니고 다만 주나라 종실의 일을 도운 것이니, 마땅히 주나라의 태묘에 배향해야 하고 노나라 종묘에서 천자의 예악을 사용해서는 안 된다.〔周公非自立王業耳, 乃輔周之宗事也, 當配食於周之太廟, 而不當用天子禮樂於魯之廟也.〕"라고 하였다. 《禮記正解 明堂位》, 《中庸訓義》

4 제(齊)나라……말 : 무식한 사람들이 전하는 근거 없는 말이라는 뜻으로, 《맹자》 〈만장 상(萬章上)〉에 "이것은 군자의 말이 아니요, 제나라 동쪽 야인의 말이다."라고 보인다.

5 생각함이……좋도다 : 《집전》에 "이 시는 희공(僖公)이 성대하게 말을 기름이 그 세운 뜻의 원대함에서 말미암았음을 말하였다. 그러므로 찬미하여 이르기를 생각함이 그지없으니 말을 생각함에 이에 좋다고 한 것이다."라고 하고 〈용풍(鄘風) 정지방중(定之方中)〉에 위(衛)나라 문공(文公)이 마음가짐을 착실하고 깊게 하여 큰 암말이 3천 필에 이른 것도 이러한 뜻이라고 하였다.

6 경(坰) : 【집전】 읍(邑)의 밖을 교(郊)라 하고, 교(郊)의 밖을 목(牧)이라 하고, 목(牧)의 밖을 야(野)라 하고, 야(野)의 밖을 임(林)이라 하고, 임(林)의 밖을 경(坰)이라 한다.

이라 하고, 황백색의 말을 황(皇)이라 하고, 순흑색의 말을 이(驪 가라말)라 하고, 황적색의 말을 황(黃 공골말)이라 한다.

◯이는 말을 기르면서 마조(馬祖)[7]에게 제사한 악가이다.[8] 《주례》에 "봄에는 마조에게 제사하고, 여름에는 선목(先牧)에게 제사하고, 가을에는 마사(馬社)에게 제사하고, 겨울에는 마보(馬步)에게 제사한다."[9] 라고 하였다.

살찌고 살찐 수말이 駉駉牡馬
먼 들에 있으니 在坰之野
잠깐 살찐 말을 들겠노라 薄言駉者
청부루도 있고 황부루도 있으며 有騅有駓
절따말도 있고 철총이도 있으니 有騂有騏
수레에 사용함에 힘차고 힘차도다 以車伾伾
생각함이 한이 없으니 思無期
말을 생각함에 이에 재주 있도다 思馬斯才

부이다. 《집전》에 말하였다. 푸른색과 흰색의 털이 섞인 말을 추(騅

7 마조(馬祖) : 방성(房星)으로 천사(天駟)라고도 하니, 이 별자리가 용마(龍馬)라는 설이 있다.

8 이는……악가이다 : 《집전》에는 희공을 칭송한 시로 보았다.

9 봄에는……제사한다 : 이 내용은 《주례》 〈하관(夏官) 교인(校人)〉에 "봄에는 마조에게 제사하고 망아지에 고삐를 매는 예를 행하며, 여름에는 선목에게 제사하고 수말과 암말을 나누고 수말을 거세하며, 가을에는 마사에게 제사하고 왕의 수레를 모는 우수한 자를 선발하고 훈련하며, 겨울에는 마보(馬步)에게 제사하고 말을 왕에게 바치고 마부를 선발하여 훈련한다.〔春祭馬祖, 執駒; 夏祭先牧, 頒馬, 攻特; 秋祭馬社, 臧僕; 冬祭馬步, 獻馬, 講馭夫.〕라고 보인다. 선목은 처음 말을 기른 자이고, 마사는 처음 말을 탄 자이고, 마보는 말에게 해를 끼치는 신이다.

청부루)라 하고, 황색과 백색의 털이 섞인 말을 비(駓 황부루)라 하고, 적황색의 말을 성(騂 절따말)이라 하고, 청흑색의 말을 기(騏 철총이)라 한다. 비비(伾伾)는 힘이 있는 것이다. 무기(無期)는 무강(無疆 끝이 없음)과 같다. 재(才)는 재주와 힘이다.

살찌고 살찐 수말이	駉駉牡馬
먼 들에 있으니	在坰之野
잠깐 살찐 말을 들겠노라	薄言駉者
연전총도 있고 가리온도 있으며	有驒有駱
월따말도 있고 표가라도 있으니	有駵有雒
수레에 사용함에 끊임없이 이어지도다	以車繹繹
생각함에 싫음이 없으니	思無斁
말을 생각함에 이에 이루어 내도다	思馬斯作

부이다. 《집전》에 말하였다. 타(驒)는 지금의 연전총(連錢驄 동전무늬의 검푸른 말)이다. 백마에 갈기가 검은 말을 낙(駱 가리온)이라 하고, 붉은 몸에 갈기가 검은 말을 유(駵 월따말)라 하고, 검은 몸에 갈기가 흰 말을 낙(雒 표가라)이라 한다. 작(作)[10]은 작성(作成)함이다.

살찌고 살찐 수말이	駉駉牡馬
먼 들에 있으니	在坰之野
잠깐 살찐 말을 들겠노라	薄言駉者
그은총이도 있고 적부루마도 있으며	有駰有騢

10 작(作) : **【집전】** 떨쳐 일어남〔奮起〕

정강이 흰 말도 있고 두 눈 흰 말도 있으니　有驔有魚
수레에 사용함에 건장하고 건장하도다　以車祛祛
생각함에 간사함이 없으니　思無邪
말을 생각함에 이에 나아가 성취하도다　思馬斯徂

부이다. 《집전》에 말하였다. 열은 흑색과 흰색의 털이 섞인 말을 인(駰 그은총이)이라 하고, 붉은색과 흰색의 털이 섞인 말을 하(騢 적부루마)라 하고, 정강이에 털이 난 말을 담(驔)이라 하고, 두 눈이 흰 말을 어(魚)라 한다. 거거(祛祛)는 강건함이요, 조(徂)[11]는 진취(進就)함이다.

이상은 〈경〉 4장이니, 장마다 8구이다.

유필 有駜

말이 살찌고 살찌니　有駜有駜
살찐 저 네 필의 황마로다　駜彼乘黃
이른 새벽부터 밤늦게까지 공소(公所)에 있으니　夙夜在公
공소에서 일을 분명하게 처리하도다　在公明明
떼 지어 나는 백로여　振振鷺
백로가 내려앉도다[12]　鷺于下

11 조(徂) : 【집전】 감〔行〕

12 떼……내려앉도다 : 심대윤이 이를 어진 신하에 대한 비유로 본 반면에, 《집전》에는 "노(鷺)는 백로의 깃으로 춤추는 자가 잡는 것이니, 춤추는 자가 앉기도 하고 엎드리

북을 둥둥 치거늘 鼓咽咽
취하여 춤을 추니 醉言舞
서로 즐거워하도다 于胥樂兮

비이고 부이다.[13] 《집전》에 말하였다. 필(駜)은 말이 살찌고 강한 모양이다. 인(咽)은 마땅히 연(淵)[14]이 되어야 한다.

○'살찐 저 네 필의 황마'는 여러 신하가 능히 임무를 감당하고 군주를 잘 따름을 비유한 것이요, '떼 지어 나는 백로 깃'은 어진 신하가 많음을 비유한 것이니, 군주와 신하가 서로 뜻이 맞아 화락함을 말한 것이다. 이는 제후가 대부에게 연향하는 악가인데, 신하가 군주를 송축하는 뜻을 아울러 언급하였다.[15]

말이 살찌고 살찌니 有駜有駜
살찐 저 네 필의 수말이로다 駜彼乘牡
이른 새벽부터 밤늦게까지 공소에 있으니 夙夜在公
공소에서 술을 마시도다 在公飲酒
떼 지어 나는 백로여 振振鷺
백로가 날아오르도다[16] 鷺于飛

기도 하여 백로가 내려앉는 것과 같은 것이다."라고 하여 춤에 대한 묘사로 보았다.

13 비이고 부이다 : 《집전》에는 흥으로 보았으니, 이하의 장도 같다. 《집전》에 "이는 잔치하여 술을 마시면서 송축한 말이다."라고 하여 각 장 1·2구의 '말'을 흥으로 보았다. 또 '백로'도 흥이라 한다는 혹자의 설을 언급하였는데, 이는 모형(毛亨)의 전(傳)에 살찌고 강한 말로 강한 신하를 흥하고 백로로 결백한 선비를 흥하였다고 한 것이다.

14 연(淵) : 【집전】 북소리가 깊고 긴 것

15 송축하는……언급하였다 : 《집전》에 제3장을 송축하는 말이라 하였다.

16 백로가 날아오르도다 : 《집전》에 '鷺于飛'는 "춤추는 자가 떨쳐 일어남에 백로의

북을 둥둥 치거늘 鼓咽咽
취하여 돌아가니 醉言歸
서로 즐거워하도다 于胥樂兮

비이고 부이다.

말이 살찌고 살찌니 有駜有駜
살찐 저 네 필의 돗총이로다 駜彼乘駽
이른 새벽부터 밤늦게까지 공소에 있으니 夙夜在公
공소에서 잔치하도다 在公載燕
지금으로부터 시작하여 自今以始
연사(年事)가 풍년이 들리로다 歲其有
군자가 선(善)을 두어 君子有穀
자손들에게 물려주니 詒孫子
서로 즐거워하도다 于胥樂兮

비이고 부이다. 《집전》에 말하였다. 청흑색의 말을 현(駽 돗총이)이라 한다.

이상은 〈유필〉 3장이니, 장마다 9구이다.

깃이 나는 것과 같은 것이다."라고 하였다.

반수 泮水

즐거운 반수(泮水)에　思樂泮水
잠깐 미나리를 뜯노라　薄采其芹
노후(魯侯)가 이르시니　魯侯戾止
그 깃발을 보리로다　言觀其旂
그 깃발이 펄럭이며　其旂茷茷
방울 소리 조화로우니　鸞聲噦噦
작은 사람 큰 사람 없이　無小無大
공(公)을 따라가도다　從公于邁

흥이고 부이다.[17] 반궁(泮宮)은 노나라 학궁의 이름으로, 그 주위의 절반을 물로 둘러서 구경하는 자를 제한하므로 반(泮)이라 하였으니, 반수(泮水)란 반궁의 물이다.【그 절반을 물로 두른 것은 지형의 나머지 절반이 산과 언덕으로 막혀 있어서 사람들이 본래 들어갈 수 없으므로 물로 두르지 않은 것이다.】 '미나리를 뜯음'은 학문에 얻음이 있음을 말한 것이다. 패패(茷茷)는 드날리는 모양이다. 이는 회이(淮夷)를 공격하여 적군의 왼쪽 귀를 베어 와서 반궁에 올리면서 잔치하며 술을 마시는 악가이다.[18]

즐거운 반수에　思樂泮水
잠깐 마름을 뜯노라　薄采其藻
노후가 이르시니　魯侯戾止

17 흥이고 부이다 : 《집전》에는 "그 일을 읊어서 기흥한 것이다.〔賦其事以起興也.〕"라고 하였으니, 아래 2장과 3장도 같다.

18 이는……악가이다 : 【집전】 반궁에서 술을 마시면서 송축하는 말이다.

그 말이 높고도 크도다 其馬蹻蹻
그 말이 높고도 크니 其馬蹻蹻
그 소리가 밝고 밝으시도다 其音昭昭
얼굴빛을 화하게 하고 웃으시니 載色載笑
노함이 아니라 가르치심이도다 匪怒伊教

흥이고 부이다. 교교(蹻蹻)[19]는 높고 큰 모양이다. 색(色)은 온화한 얼굴빛이 있는 것이다.[20]

즐거운 반수에 思樂泮水
잠깐 순채를 뜯노라 薄采其茆
노후가 이르시니 魯侯戾止
반궁(泮宮)에서 술을 드시도다 在泮飲酒
이미 맛있는 술을 드셨으니 既飲旨酒
길이 불로(不老)를 주리로다 永錫難老
저 장도(長道)를 순히 하사 順彼長道
이 여러 무리들을 굴복시키소서 屈此群醜

흥이고 부이다. 《집전》에 말하였다. 묘(茆)는 부규(鳧葵)이니, 강남(江南) 사람들이 이것을 순채(蓴菜)라 이른다. 난로(難老)는 불로(不老)라는 말과 같다. 장도(長道)는 큰 도(道)이다. 추(醜)는 무리이다.

19 교교(蹻蹻) : 【집전】 성한 모양〔盛貌〕

20 온화한……것이다 : 원문은 '有容色'으로 《논어》 〈향당(鄕黨)〉에 "享禮, 有容色."이라고 한 것에서, 有容色을 얼굴이 온화함으로 풀이한다. 《집전》에도 색(色)은 "얼굴빛을 온화하게 하는 것이다."라고 하였다.

엄숙하신 노후여 穆穆魯侯
그 덕을 공경하여 밝히셨도다 敬明其德
위의를 공경하고 삼가시니 敬愼威儀
백성의 법이시도다 維民之則
진실로 문무겸전하사 允文允武
열조(烈祖)께 밝게 이르시니 昭格烈祖
효도하지 않음이 없어 靡有不孝
스스로 복을 구하시도다 自求伊祜

부이다. 열조(烈祖)는 주공(周公)과 노공(魯公 백금(伯禽))이다.

밝고 밝으신 노후여 明明魯侯
능히 그 덕을 밝히셨도다 克明其德
이미 반궁을 지으니 旣作泮宮
회이(淮夷)들이 복종하는 바로다 淮夷攸服
굳세고 굳센 범 같은 신하들이 矯矯虎臣
반궁에서 왼쪽 귀를 바치며 在泮獻馘
고요(皐陶)와 같이 신문을 잘하는 자가 淑問如皐陶
반궁에서 죄수를 바치도다 在泮獻囚

부이다.[21] 교교(矯矯)는 힘찬 모양이다. 괵(馘)은 왼쪽 귀를 베는 것이다. 무릇 출병할 때에 학궁에서 결정한 계책을 받고, 돌아와서는

21 부이다 : 심대윤은 회이를 정벌한 후 반궁에서의 일을 말한 것으로 본 반면에 《집전》에는 "노후가 반궁에 있음으로 인하여 이러한 공이 있기를 기원한 것이다."라고 하였다.

석전(釋奠)의 예를 행하고 적의 왼쪽 귀를 바쳐서 가르쳐 준 공에 감사하는 것이다.[22] 숙(淑)은 잘함이요, 문(問)은 죄수를 신문하는 것이다. 수(囚)는 포로이다.

위의(威儀) 있는[23] 많은 선비들이 濟濟多士
능히 선한 마음을 넓혀서 克廣德心
굳세고 굳세게 정벌하여 桓桓于征
멀리 저 동남 지방을 개척하니 狄彼東南
많고 성대하며 烝烝皇皇
말하지 아니하고 떠들지 아니하며 不吳不揚
두려움을 고하지 아니해서 不告于訩
반궁에서 공을 바치도다 在泮獻功

부이다. 적(狄)은 적(逖 멂)과 통한다. 동남(東南)은 회이를 이른다. 증증(烝烝)은 많음이요, 황황(皇皇)은 큼이다.[24] 불오(不吳)는 엄숙하고 고요함이요, 불양(不揚)은 엄중함이다. 흉(訩)은 두려워함이니, '불고우흉(不告于訩)'[25]은 군사들이 적을 두려워하지 않아 용맹한 것이다.

22 출병할……것이다 : 이 내용은《예기》〈왕제(王制)〉에 "천자가 장차 출정하려 하면 상제에게 유제(類祭)를 지내고, 사(社)에 의제(宜祭)를 지내며, 아버지 사당에 조제(造祭)를 지내고, 정벌하는 지역에서 마제(禡祭)를 지내고, 조묘(祖廟)에서 출정의 길흉을 점쳐 받고, 학궁에서 결정한 계책을 받는다. 출정하여 죄인을 잡아가지고 돌아왔으면 학궁에서 석전의 예를 행하고, 신문할 자와 왼쪽 귀를 벤 자의 수를 고한다.〔天子將出征, 類乎上帝, 宜乎社, 造乎禰, 禡於所征之地. 受命於祖, 受成於學. 出征, 執有罪, 反, 釋奠于學, 以訊馘告.〕"라고 보인다.

23 위의(威儀) 있는 : 제제(濟濟)는 〈문왕지십 역복(棫樸)〉에서 "'많고 한결같은 모양〔衆多齊一之貌〕'이니 그 위의를 말한 것이다."라고 하였다.

24 증증(烝烝)은……큼이다 : 《집전》에는 '烝烝皇皇'은 성(盛)함이라 하였다.

각궁(角弓)을 당기니　　角弓其觩
속시(束矢)[26]가 그 빠르기도 하도다　　束矢其搜
융거(戎車)가 매우 크니　　戎車孔博
보졸(步卒)과 어자(御者)들이 싫증 내지 않도다[27]　　徒御無斁
이미 회이를 이기니　　既克淮夷
심히 선하여 명령을 어기지 않도다　　孔淑不逆
그대의 계책을 견고히 해서　　式固爾猶
회이들을 끝내 사로잡았도다　　淮夷卒獲

부이다. 구(觩)[28]는 굽은 모양이다. 수(搜)는 화살이 빨리 날아가는 소리이다.

이리저리 나는 저 올빼미여　　翩彼飛鴞
저 반궁의 숲에 모여 앉아서　　集于泮林
우리 뽕나무 오디를 먹고　　食我桑黮
나를 좋은 목소리로 회유하도다　　懷我好音
저 회이들을 경계하자　　憬彼淮夷
와서 좋은 보물을 바치니　　來獻其琛
큰 거북과 상아와　　元龜象齒

25 불고우흉(不告于訩) : 《집전》에는 "군대가 승리하고도 화목하여 공을 다투지 않는 것이다."라고 하여 흉(訩)을 송사(訟事)의 뜻으로 보았다.

26 속시(束矢) : 【집전】 50개의 화살을 속(束)이라 한다.

27 싫증 내지 않도다 : '無斁'은 《집전》에 "다투어 일을 권면함을 말한다.〔言競勸也.〕"라고 하였다.

28 구(觩) : 【집전】 활을 팽팽하게 당긴 모양〔弓健貌〕

남쪽 지방에서 나는 금을 크게 바치도다 大賂南金

흉이다. 효(鴞)는 소리가 나쁜 새이다. 심(黮)은 뽕나무 열매이다. 경(憬)[29]은 경계함이고, 침(琛)은 보배이고, 뇌(賂)는 바침이다.

이상은 〈반수〉 8장이니, 장마다 8구이다.

비궁 閟宮

깊고 은밀한 사당 고요하기도 하니 閟宮有侐
견실하고 모두 갖추었도다 實實枚枚
혁혁한 강원(姜嫄)[30]이 赫赫姜嫄
그 덕이 사특하지 아니하사 其德不回
상제에 의뢰하니 上帝是依
재앙도 없고 해도 없어서 無災無害
낳을 달을 채우자 더디지 아니하여 彌月不遲
이 후직(后稷)을 낳으시고 是生后稷
백복(百福)을 내리시니 降之百福
늦고 이른 기장과 조이며 黍稷重穋
크고 작은 콩과 보리로다 稙穉菽麥

29 경(憬) : 【집전】 깨달음〔覺悟〕

30 강원(姜嫄) : 유태씨(有邰氏)의 딸로 거인의 발자국을 밟고 임신하여 후직(后稷)을 낳았다. 고신씨(高辛氏 제곡(帝嚳))의 비(妃)라고도 하고 고신씨 자손의 비라고도 한다.

마침내 하국(下國)을 소유하사	奄有下國
백성들로 하여금 심고 거두게 하시니	俾民稼穡
조도 있고 기장도 있으며	有稷有黍
벼도 있고 검은 기장도 있으니	有稻有秬
마침내 하토(下土)를 소유하사	奄有下土
우(禹)임금의 전통을 이으셨도다	纘禹之緖

부이다.[31] 비(閟)[32]는 깊고 은밀함이니, 비궁(閟宮)은 노나라 사당이다.[33] 실실(實實)은 견고함이요, 매매(枚枚)[34]는 낱낱이 구비한 뜻이다. 의(依)[35]는 의뢰함이니, 하늘의 도움에 의뢰하는 것이다. 직(稙)은 곡식이 장대하여 꼿꼿이 서 있는 것이요, 치(穉)는 낮고 작은 것이다.[36] '마침내 하국을 소유함'은 후직이 태(邰)나라[37]에 봉해진 것이다. 우(禹)임금이 홍수를 다스려 물과 흙이 평정된 뒤에 후직이 비로소 백곡

31 부이다 : 【집전】 이때 사당을 중수(重修)하였으므로 시인이 그 일을 노래로 읊어서 송축하는 말로 삼고, 후직(后稷)의 탄생을 미루어 근본해서 아래로 희공(僖公)에 미친 것이다.

32 비(閟) : 【집전】 깊이 닫혀있는 것〔深閉〕

33 노나라 사당이다 : 《시전대전》의 소주에 "노나라의 사당이지 강원(姜嫄)의 사당이 아니다."라고 하였다.

34 매매(枚枚) : 【집전】 치밀함〔礱密〕

35 의(依) : 《집전》에는 '돌봄〔眷顧〕'과 같다 하고, 〈생민(生民)〉에 해설이 보인다고 하였다. 〈생민〉에 강원이 후직을 낳을 때 배를 찢지 않아 "재앙도 없고 해도 없었다.〔無菑無害.〕"라고 하였는데, 이를 상제가 강원을 돌봐 준 것으로 본 듯하다.

36 직(稙)은……것이다 : 【집전】 먼저 심는 것을 직(稙)이라 하고, 나중에 심는 것을 치(穉)라고 한다.

37 태(邰)나라 : 《집전》 〈생민〉에 "태는 후직의 외가였는데 아마도 멸망하였거나 이주하여서 마침내 그 땅에 후직을 봉했나 보다."라고 하였다.

의 종자를 파종하였다.

후직의 손자가 실로	后稷之孫
태왕(太王)이시니	實維大王
기산(岐山)의 남쪽에 거하여	居岐之陽
진실로 비로소 상(商)나라를 치거늘[38]	實始翦商
문왕(文王)과 무왕(武王)에 이르러	至于文武
태왕의 전통을 이으사	纘大王之緖
하늘의 시운(時運)을 이루기를	致天之屆
목야(牧野)에서 하시니	于牧之野
의심하지 말고 염려하지 말라	無貳無虞
상제가 너에게 임하여 계시니라	上帝臨女
상나라의 무리를 많이 모아	敦商之旅
능히 그 공을 함께하거늘[39]	克咸厥功
왕께서 말씀하기를 숙부야	王曰叔父
너의 원자(元子)를 세워	建爾元子
노나라의 임금이 되게 하노니	俾侯于魯
너의 거처하는 곳을 크게 열어서	大啓爾宇
주나라 왕실의 보필이 될지어다	爲周室輔

38 기산(岐山)의……치거늘 : 【집전】 태왕이 빈(豳) 땅으로부터 기산의 남쪽에 옮겨 거주하였는데, 사방의 백성들이 모두 따라가서 이에 왕의 자취가 비로소 드러났으니, 이때부터 상나라를 칠 조짐이 있었던 것이다.

39 공을 함께하거늘 : 【집전】 보좌하는 신하들이 함께 그 공을 소유하여 주공 또한 거기에 참여함을 말한 것이다.

부이다. 계(屆)[40]는 이름이니, 시운(時運)이 이르는 것이다. 돈(敦)[41]은 '진(陳)을 두텁게 치고 군대를 정돈함〔敦陳整旅〕'[42]의 '돈'으로 많이 모임이니, 상(商)나라 무리가 항복하여 따름을 말한 것이다. 노나라는 주공(周公)을 봉한 곳인데, 백금(伯禽)이 실제로 다스렸으므로 '너의 원자를 세웠다'고 한 것이다.

이에 노공(魯公)을 명하사	乃命魯公
동쪽 나라의 임금이 되게 하시고	俾侯于東
산천과	錫之山川
토전(土田)과 부용(附庸)을 하사하도다	土田附庸
주공(周公)의 손자요	周公之孫
장공(莊公)의 아들이	莊公之子
용 깃발로 제사를 계승하시니	龍旂承祀
여섯 고삐가 부드럽고 부드럽도다	六轡耳耳
봄과 가을로 제사를 게을리하지 아니하사	春秋匪解
향사를 올림에 어그러지지 아니하사	享祀不忒
황황(皇皇)하신 상제와	皇皇后帝
황조(皇祖)이신 후직께	皇祖后稷
제향을 올리되 붉은 희생으로 하시니	享以騂犧
이에 흠향하며 이에 마땅하여	是饗是宜

40 계(屆) : 《집전》에는 "극(極)이니, 궁극(窮極)이라는 말과 같다."라고 하였다. 이는 극(極)을 법칙의 뜻으로 본 듯하다. 반면에 정현은 계(屆)를 극(極)이라 하고 "하늘이 벌하는 바를 행하여 주왕(紂王)을 상나라 교외 목야에서 죽였다.〔致天所罰, 極紂於商郊牧野.〕"라고 하였는데, 공영달은 극(極)은 극(殛)이라 하였다.

41 돈(敦) : 《집전》에는 '퇴'로 읽어 '다스림〔治之〕'이라 하였다.

42 진(陳)을……정돈한다 : 이는 《춘추좌전》 소공(昭公) 23년 조에 보인다.

복을 내림이 이미 많으며 降福既多
주공과 황조[43]도 周公皇祖
또한 너에게 복을 내리시도다 亦其福女

부이다. 부용(附庸)은 속국이다. '장공의 아들'[44]은 희공(僖公)이다. 이이(耳耳)는 《집전》에 '부드럽게 따름'이라 하였다. 노나라가 천자의 예악을 참람하게 써서 하늘에 교제(郊祭)를 지내면서 후직을 배향한 것이다.[45]

가을에 상제(嘗祭)를 올려야 하는지라 秋而載嘗
여름에 소뿔에 나무를 가로 대니 夏而楅衡
흰 수소와 붉은 수소이며 白牡騂剛
희준(犧尊)을 올리고 또 올리며 犧尊將將
털을 그슬려 통째로 굽고 산적을 만들고 국을 올리며 毛炰胾羹
변두(籩豆)와 대방(大房)이 있거늘 籩豆大房
만무(萬舞)가 성대하니 萬舞洋洋
효손(孝孫)이 경사가 있도다 孝孫有慶
너로 하여금 치성하고 번창하게 하며 俾爾熾而昌
너로 하여금 장수하고 좋게 하여 俾爾壽而臧
저 동방을 보전하여 保彼東方

43 황조 : 《집전》에 여러 공(公)들을 이른다고 하였다.

44 장공의 아들 : 《집전》에 장공의 아들로 민공(閔公)과 희공이 있는데 민공은 재위 기간이 길지 않아서 칭송할 만한 것이 없으니, 이는 반드시 희공일 것이라고 하였다.

45 노나라가……것이다 : 《집전》에는 주공이 왕실에 큰 공이 있기 때문에 성왕이 이를 노공에게 명한 것이라고 하였다.

노나라를 이에 항상 소유하게 하시며　　　魯邦是常
이지러지지 아니하고 무너지지 아니하며　　　不虧不崩
진동하지 아니하고 놀라지 아니하여　　　不震不騰
삼수(三壽)로 벗을 지어　　　三壽作朋
뫼와 같고 구릉과 같으소서　　　如岡如陵

부이다. 상(嘗)은 가을 제사이다. 복형(楅衡)은 소의 뿔에 설치하여 소가 떠받는 것을 방지하는 것이다. 흰 수소는 주공의 희생이고, 붉은 수소는 노공의 희생이고,[46] 여러 공은 잡색(雜色)의 희생을 쓴다. 희준(犧尊)은 소를 술동이에 그린 것이다. 장장(將將)[47]은 올리고 또 올리는 것이다. 모포(毛炰)는 돼지의 털을 제거하고 진흙을 발라 굽는 것이다. 자(胾)는 자른 고기이다. 갱(羹)은 태갱(大羹)과 형갱(鉶羹)이다. 태갱은 육즙(肉汁)에 간을 맞추지 않은 것이고, 형갱은 채소를 넣고 간을 맞춘 것인데 형(鉶 정(鼎)과 같은 모양의 국그릇)에 담기 때문에 형갱이라 한 것이다. 방(房)은 《국어(國語)》의 방증(房烝)이 이것이다. 천자는 전증(全烝)을 쓰고 제후는 방증을 쓰니, 방증은 희생을 해체하여 도마에 올리는 것이다.[48] 삼수(三壽)[49]는 상수(上壽)·중수(中壽)·하

46 흰……희생이고 : 《집전》에 "흰 수소는 은(殷)나라의 희생이니, 주공은 왕의 예를 사용하였기 때문에 감히 문왕·무왕과 똑같게 하지 못한 것이요, 노공은 혐의하는 바가 없기 때문에 붉은 수소를 쓴 것이다."라고 하였다. 이 내용은 《춘추공양전》 문공(文公) 13년 조에 보인다.

47 장장(將將) : 《집전》에는 주석이 없으나, 〈문왕지십 면(綿)〉에서 '엄정(嚴正)함'이라 하였다.

48 방(房)은……것이다 : 《국어(國語)》 〈주어 중(周語中)〉에 "체제(禘祭)와 교제(郊祭)에는 전증을 쓰고, 천자와 제후가 서서 잔치할 적에는 방증을 쓰고, 친척 간의 연향에는 효증(殽烝)을 쓴다.〔禘郊之事, 則有全烝; 王公立飫, 則有房烝; 親戚宴饗, 則有殽烝.〕"라고 보인다. 전증은 해체하지 않은 온전한 희생을 조(俎)에 올리는 것이

수(下壽)[50]이다.

공(公)의 수레가 천승이니 公車千乘
붉은 창 꾸밈과 푸른 끈이며 朱英綠縢
두 창과 두 활이로다 二矛重弓
공의 보병이 삼만이니 公徒三萬
자개로 꾸민 투구와 붉은 끈이며 貝冑朱綅
모든 무리가 많고 많도다 烝徒增增
융(戎)·적(狄)을 이에 복종시키며 戎狄是膺
형(荊)·서(舒)를 이에 징계하니 荊舒是懲
우리를 감히 대적할 이가 없도다 則莫我敢承
너로 하여금 창성하고 치성하게 하며 俾爾昌而熾
너로 하여금 장수하고 부유하게 하여 俾爾壽而富
누런 머리와 복어 등을 한 노인이 黃髮台背
장수하여 서로 함께 일하며 壽胥與試
너로 하여금 창성하고 크게 하며 俾爾昌而大
너로 하여금 장수하게 하여 俾爾耆而艾

고, 방증은 희생의 반 토막을 조에 올리는 것이고, 효증은 관절을 해체하여 살과 뼈가 붙은 희생을 조에 올리는 것이다. 《집전》에는 "대방(大房)은 희생의 반 토막을 올리는 조이니, 조의 발 아래에 받침이 있어 당에 방이 있는 모습과 같다."라고 하였다.

49 삼수(三壽) : 《집전》에는 미상이라 하고, 정현이 삼경(三卿 사도(司徒)·사마(司馬)·사공(司空))이라 하고, 혹자가 "공의 장수가 산과 구릉과 똑같아서 더불어 삼수가 되기를 원함이다.〔願公壽與岡陵等而爲三也.〕"라고 한 설을 인용하였다.

50 상수(上壽)·중수(中壽)·하수(下壽) : 《장자(莊子)》〈도척(盜跖)〉에서는 각각 100세·80세·60세라 하였고, 《춘추좌전》 희공(僖公) 32년 조의 공영달의 소에서는 각각 120세·100세·80세라고 하였다.

만년이요 또 천년에　　萬有千歲
미수(眉壽)하여 해가 없게 하소서　　眉壽無有害

부이다.[51] 병거(兵車) 1승(乘)에 갑사(甲士)가 3명이고, 보졸(步卒)이 72명이고, 짐수레〔輜重車〕를 끄는 자가 25명이어서 모두 100명이 1승의 인원수가 된다. 대국(大國)은 땅이 사방 백 리(里)에 만 정(井)이니 구만 부(夫 가장(家長))의 땅인데, 혹은 두세 명의 부와 네다섯 명의 부가 한 구역을 함께 경작하고 혹은 전지가 없어 붙여 살아서 그 부가 대략 삼십만 부보다 적지 않다. 그중 전투할 수 있는 군사가 무려 십만 명이므로 대국의 수레를 대략 천승이라고 말하는 것이다.[52] 왕기(王畿)는 백만 정[53]인데 십만 승이라 하지 않고 만승이라 하는 것도 많음을 대략 말한 것이다.

주영(朱英)은 창을 꾸미는 것이다. 녹등(綠縢)은 활을 묶는 것이다. '두 창'은 《집전》에 "이모(夷矛)와 추모(酋矛)[54]이다."라고 하였다. 활을 두 개 준비한 것은 활이 꺾여 파괴됨을 대비한 것이다. 도(徒)는

51 부이다 : 《집전》에는 희공이 일찍이 제(齊)나라 환공(桓公)을 따라 초(楚)나라를 정벌한 것을 찬미하며, 창대하고 장수하기를 축원한 것이라고 하였다.

52 대국의……것이다 : 대국은 큰 제후국을 가리키니, 《맹자》 〈만장 하(萬章下)〉에 "천자의 제도는 땅이 사방 천 리이고, 공(公)·후(侯)는 모두 사방 백 리이고, 백(伯)은 70리이고, 자(子)·남(男)은 50리이다."라고 하였다. 《집전》에는 천승의 땅은 사방 316리 남짓이라고 하였는데, 이는 사방 백 리보다 10배 큰 나라이다. 천승에 관한 설은 마융(馬融)이 주자와 같고, 포함(包咸)은 사방 백 리에서 천승을 낸다고 하였다. 주자는 포함의 설에 의하면 80가(家)에서 1승을 내야 하는데 이는 능히 공급할 수 없다고 하였다. 《論語注疏 學而》, 《論語集註大全 學而》

53 백만 정 : 왕기는 사방 천 리이고, 1정은 사방 1리이다.

54 이모(夷矛)와 추모(酋矛) : 병거의 '다섯 가지 병기〔五兵〕' 중의 두 가지로, 이모의 길이는 2장(丈) 4척(尺)이고 추모는 2장이다. 《周禮 夏官 司兵》, 《周禮 考工記 廬人》

보졸이다. 삼만[55]은 천승의 군대에서 그 삼분의 일을 쓴 것이다. 패주(貝冑)는 자개로 꾸민 투구이고, 주침(朱綅)은 투구를 묶는 것이다. 증증(增增)은 많음이다. 융(戎)은 서융(西戎)이고 적(狄)은 북적(北狄)이다. 응(膺)[56]은 복종함이다. 서(舒)는 형(荊 초(楚))나라의 동맹국이다. 승(承)[57]은 맞붙어 싸우는 것이다. 시(試)[58]는 자세하지 않다. 혹자는 말하기를 마땅히 재(載)가 되어야 하니, 여재(與載)는 그와 더불어 일을 함께하는 것이라 하고, 혹자는 말하기를 '시'는 나라를 위한 공로를 시험하는 것이라고 하였다.

태산(泰山)이 높고 높으니	泰山巖巖
노나라가 우러러보는 바로다	魯邦所詹
마침내 구산(龜山)과 몽산(蒙山)을 소유하여	奄有龜蒙
마침내 동쪽 끝까지 확장하여	遂荒大東
바닷가 나라에 이르니	至于海邦
회이(淮夷)가 와서 함께하여	淮夷來同

55 삼만 : 【집전】 삼만은 성수(成數)를 든 것이다. 수레가 천승이면 법에 마땅히 10만명을 써야 하고 보졸은 7만 2천명이다. 그러나 대국의 군대는 천승에 맞추어 채울 뿐이니, 만일 이들을 다 쓴다면 이는 온 나라를 총동원하여 출동하는 것이다. 그러므로 군대를 쓸 적에 대국은 삼군(三軍)일 뿐인 것이다. 삼군은 수레가 375승이니, 군사가 37,500명이고 그중에 보졸은 2만 7천명에 불과한데 그 중간을 들어 성수로 말했기 때문에 3만이라고 말한 것이다.

56 응(膺) : 【집전】 막음〔當〕

57 승(承) : 【집전】 막음〔禦〕

58 시(試) : 《집전》에도 수서여시(壽胥與試)의 뜻은 자세하지 않다고 하고, 왕안석(王安石)이 "장수하는 자들이 서로 더불어 공에게 등용되는 것이다." 하고, 소철(蘇轍)이 "장수하여 서로 더불어 재주와 힘을 시험해서 등용되기를 원한 것이다." 하여, 시(試)를 '등용〔用〕'과 '시험'으로 풀이한 설을 인용하였다.

따르지 않는 이가 없으니 莫不率從
노후(魯侯)의 공이시도다 魯侯之功

부이다. 첨(詹)은 첨(瞻)이 되어야 한다. 구(龜)·몽(蒙)은 두 산의 이름이다. 황(荒)[59]은 '크게 함'이다.

부산(鳧山)과 역산(繹山)을 보유하여 保有鳧繹
마침내 서(徐)나라까지 확장하여 遂荒徐宅
바닷가 나라에 이르니 至于海邦
회이와 만(蠻)·맥(貊)과 淮夷蠻貊
저 남쪽의 오랑캐들이 及彼南夷
따르지 않는 이가 없으며 莫不率從
감히 응하지 않는 이가 없어서 莫敢不諾
노후를 순히 따르도다 魯侯是若

부이다. 부(鳧)·역(繹)은 두 산의 이름이니, 역(繹)은 역(嶧)이 되어야 한다.[60]

하늘이 공에게 큰 복을 내려 주시니 天錫公純嘏
미수(眉壽)하여 노나라를 보전하사 眉壽保魯

59 황(荒) : 《집전》에는 엄(奄)이라 하였다. 정현도 엄(奄)이라 하였는데, 공영달은 이를 '차지함〔奄有〕'으로 풀이하였다.

60 역(繹)은……한다 : 《시전대전》의 소주에 "《서경》〈우공(禹貢)〉에 서주(徐州)의 공물은 역산(嶧山) 남쪽의 우뚝이 자라는 오동나무라고 하였으니, 이 역(繹)은 바로 역양(嶧陽)이다.〔《禹貢》, 徐州, 嶧陽孤桐, 此繹卽嶧陽也.〕"라고 하였다.

상(常) 땅과 허(許) 땅에 거주하여 居常與許
주공의 옛터를 회복하시리도다 復周公之宇
노후가 잔치하여 기뻐하시니 魯侯燕喜
훌륭한 아내와 장수한 어머니가 계시도다 令妻壽母
대부와 서사(庶士)들에게 마땅하사 宜大夫庶士
방국(邦國)을 소유하시니 邦國是有
이미 복을 많이 받으사 既多受祉
누런 머리와 아이 이빨이 나셨도다 黃髮兒齒

부이다. 《집전》에 말하였다. 상(常)은 마땅히 상(嘗)이 되어야 하니, 설(薛)나라의 곁에 있다. 허(許)는 허전(許田)이니, 노나라가 천자에게 조회를 갈 적에 유숙하는 읍이다.[61] '훌륭한 아내'는 성강(聲姜)이고, '장수한 어머니'는 성풍(成風)이다.[62] 아치(兒齒)는 늙어서 이가 빠지고 다시 이가 난 것이다.[63]

조래산(徂來山)의 소나무와 徂來之松
신보산(新甫山)의 측백나무를 新甫之柏
이에 자르고 이에 헤아리며 是斷是度

61 허(許)는……읍이다 : 《집전》에 "상(常)과 허전은 모두 노나라의 옛 땅이었는데, 제후들에게 침탈을 당하여 아직 회복하지 못하였다. 그러므로 노나라 사람들이 이로써 희공에게 원한 것이다."라고 하였다. 허전은 허나라에 가까운 토지로, 정(鄭)나라가 땅을 서로 교환하기를 요구하자 노나라 환공(桓公) 원년에 정나라에 준 땅이다.

62 훌륭한……성풍(成風)이다 : 성강은 희공의 부인이고, 성풍은 희공의 어머니이다. 《집전》에 민공(閔公)은 8세에 시해되어 부인과 장수한 어머니가 없을 것이니, 여기의 공이 희공임을 알 수 있다고 하였다.

63 아치(兒齒)는……것이다 : 《집전》에 장수할 징조라고 하였다.

이에 재고 이에 자질하여 是尋是尺
소나무로 만든 서까래가 크기도 하니 松桷有舃
노침(路寢)이 매우 크도다 路寢孔碩
새 사당이 크고 크니 新廟奕奕
해사(奚斯)가 지은 바로다 奚斯所作
심히 아름답고 또 크니 孔曼且碩
만민의 기대에 순히 따르도다 萬民是若

부이다. 조래(徂來)[64]와 신보(新甫)는 두 산의 이름이다. 8척(尺)을 심(尋)이라 한다. 석(舃)은 큰 모양이다. 노침은 정침(正寢)으로 내조(內朝)[65]이니, 이때에 정침과 사당을 함께 수리한 것이다. 해사(奚斯)는 공자 어(公子魚)[66]이다. 만(曼)[67]은 아름다움이다.

이는 정침과 사당을 수리하고 낙성한 시가이다. 마지막 장은 재목을 모으고 공장(工匠)들을 신칙하여 경영하고 헤아려 수리한 일로써, 국가의 편안하고 견고한 기업을 세움을 가탁하여 말하였다. 그러므로 "만민의 기대에 순히 따르도다."[68]라고 말한 것이다. '해사가 지은 바'[69]

64 조래(徂來) : 원문은 '徂徠'로, 徂來는 徂徠로도 쓴다.

65 내조(內朝) : 내조에는 노문(路門)의 밖과 안의 두 가지가 있는데, 노문 밖의 내조는 날마다 조회하는 곳이다. 노문의 안에는 신하를 회견하는 노침, 종족의 일로 회견하는 노침의 뜰, 휴식을 하는 연침(燕寢)이 있는데, 이들 각각에 내조라는 말을 사용한다.

66 공자 어(公子魚) ; 노나라 대부로 《춘추좌전》 민공(閔公) 2년 조에, 민공을 시해한 공자 경보(慶父)가 공자 어를 보내어 자신의 사면을 요청한 일이 보인다.

67 만(曼) : 【집전】 긺〔長〕

68 만민의……따르도다 : 《집전》에 '萬民是若'은 "만민의 소망을 순히 따르는 것이다."라고 하였다.

69 지은 바 : 【집전】 '지음'은 공장(工匠)들을 가르치고 감독하고 공역(功役)을 맡기

라고 말하였으니, 그렇다면 정침과 사당을 수리하고 낙성함을 위해 말한 것이지, 그런 일이 없이 공연히 가탁하여 말한 것이 아님을 알 수 있다.

이상은 〈비궁〉 9장이니, 다섯 장은 장마다 17구이고,【이 가운데 제4장에 한 구가 빠졌다.[70]】 두 장은 장마다 8구이고, 두 장은 장마다 10구이다.

이상은 〈노송(魯頌)〉 4편이다.

〈노송〉은 제사의 송(頌)으로 사당에서 사용하는 악가가 아니다. 처음의 〈경(駉)〉 한 편은 바로 마조(馬祖)에게 제사한 시이고, 나머지 세 편은 다 군주를 칭송한 말이니, 송이라는 이름만 있고 송의 실제가 없다. 노나라가 천자의 예를 참람하게 사용하였으니, 사당 안에서 모두 〈주송(周頌)〉을 사용하여 〈노송〉이 필요 없었는데, 〈주송〉의 시를 부러워하였으므로 또한 〈노송〉을 제정하여 본받은 것이다. 그러나 실제는 저술할 만한 송이 없으므로 그 군주를 칭송한 시를 취하여 송에 해당시킨 것이다. 그 근본은 참람하여 주나라 예에 견준 것에서 나와, 허탄하여 실제를 잃음이 이처럼 극심함에 이른 것이다.

고 규정(規程)을 부과하는 것이다.

70 이 가운데……빠졌다 : 《모시정의》에는 제2장의 '王曰叔父'부터 제4장의 '如岡如陵' 까지 38구를 한 장으로 보았다. 이에 대해 《집전》에 "많고 적음이 균등하지 않고 잡란(雜亂)하여 차례가 없으니, 이는 제4장에 빠진 구가 있음을 알지 못하여 그러했던 것이다. 이제 그 잘못을 바로잡는다."라고 하여, 본래 16구인 제4장을 17구로 보았다. 제4장의 '籩豆大房'에 대한 《시전대전》의 소주에 "이 아래에 마땅히 한 구가 빠졌으니, '종과 북이 화하게 울리며〔鍾鼓喤喤〕'와 같은 종류이다."라고 하였다.

희공(僖公)은 난세의 평범한 군주에 지나지 않는다. 그 시대는 제 환공(齊桓公)과 진 문공(晉文公)이 서로 연이어 패자가 되는 때였는데, 사당의 순서를 바로잡을 틈도 없이 분주해서, 녹록(碌碌)하여 칭찬할 만한 것이 없으니, 유하혜(柳下惠)가 "희공은 또 밝은 덕이 있지 않았다."라고 한 것이 이것이다.[71]

지금 시 가운데 칭송한 바를 보면 "저 장도(長道)를 순히 하사 이 여러 무리들을 굴복시키소서" 하고, "그 덕을 공경하여 밝히셨도다." 하고, "진실로 문무겸전하셨다." 하고, "고요(皐陶)와 같이 신문을 잘하는 자가 반궁에서 죄수를 바치도다."[72] 하고, "융(戎)·적(狄)을 이에 복종시키며 형(荊)·서(舒)를 이에 징계하니 우리를 감히 대적할 이가 없도다." 하고, "회이(淮夷)와 만(蠻)·맥(貊)과 저 남쪽의 오랑캐들이 따르지 않는 이가 없다." 하였으니, 이는 모두 과장하여 허망한 말이다. 노나라에서 하늘에 교제(郊祭)를 지내 후직을 배향하였다면 마땅히 문왕(文王)으로부터 위로 후직에 이르기까지 체제(禘祭)를 지낸 것이니,[73] 참람하여 실제를 잃음이 심하다. 예악의

71 사당의……이것이다 : 희공은 아우인 민공(閔公)의 뒤를 이어 즉위하였는데, 희공의 아들 문공이 즉위한 뒤 증제(烝祭)를 지낼 적에 종백(宗伯)인 하보불기(夏父弗忌)가 희공을 민공의 위로 올렸다. 이때 종유사(宗有司)가 소목의 순서가 아니라고 반대하였는데, 유하혜는 "하보불기에게 반드시 재앙이 있을 것이다. 종유사의 말이 순리에 맞고, 희공은 또 밝은 덕이 있지 않았다.〔夏父弗忌必有殃. 夫宗有司之言, 順矣, 僖又未有明焉.〕"라고 하여 사당의 순서를 바꾼 것을 비판하였다. 《國語 魯語上》 유하혜는 노나라 대부로 성은 전(展), 이름은 획(獲), 자는 자금(子禽)이다. '분주함'은 제 환공과 진 문공이 소집하는 연합군과 회맹에 분주히 참여함을 말한다. 주요한 것으로 희공 4년에 제 환공의 초나라 토벌에 참여하고, 희공 28년에 진 문공의 천토(踐土)의 회맹에 참여하였다.

72 저 장도(長道)를……바치도다 : 이는 〈반수(泮水)〉에 보이고, 이하 인용은 〈비궁〉에 보인다.

근본은 본래 허위와 참람함, 번거로운 문식과 쓸데없는 비용을 제거하며 성실함을 드러내고 보전해서, 이로써 백성을 교화하여 간사하고 번거로움을 막고자 하는 것이다. 지금 참람함으로써 예를 삼고 과장함으로써 음악을 삼으니, 무슨 교화됨이 있겠는가. 이는 혼란을 더욱 가중할 뿐이다.

부자(夫子)가 이 시를 남겨 두고 삭제하지 않은 것은 예악이 무너진 연유를 나타내려고 하신 것이다. 《서경》〈여형(呂刑)〉[74]을 보면 선왕의 덕정(德政)이 종식되어서 오직 형벌을 사용하여 다스림을 알 수 있고, 〈문후지명(文侯之命)〉[75]을 보면 윤리가 어두워져 밝지 못함을 알 수 있고, 《서경》의 〈비서(費誓)〉와 〈진서(秦誓)〉[76]를 보면

73 노나라에서……것이니 : 〈비궁〉 3장에서 교제를 지낸 일을 언급하였으나 체제는 언급하지 않았으므로 이와 같이 말한 듯하다. 심대윤은 노나라가 왕의 예로써 교제와 체제를 지냈다고 하였다. 261쪽 각주 3) 참조.

74 여형(呂刑) : 주나라 목왕(穆王)이 사구(司寇)인 여후(呂侯)에게 형벌을 가르친 내용이다. 심대윤은 〈정풍(鄭風) 진유(溱洧)〉에서 목왕이 형서(刑書)를 만들자 왕도(王道)가 망하였다고 하였다.

75 문후지명(文侯之命) : 평왕(平王)이 진(晉)나라 문후(文侯)를 방백으로 삼고 책서(策書)를 만들어 명한 내용이다. 문후는 유왕(幽王)이 견융(犬戎)에게 시해된 뒤에 평왕을 세운 자이다. 심대윤은 〈문후지명〉에서 평왕이 "아버지의 원수를 알지 못하고 나라를 돌보지 않고 명칭이 낮음을 부끄러워하지 않고서 오직 자신의 몸과 지위만 구차히 편안하고 보존되기를 도모하였으니, 천리와 인정이 상실되고 명분이 없어지고 선조의 뜻과 사업을 무너뜨린 것이다."라고 하였다. 《書經蔡傳辨正 文侯之命》

76 비서(費誓)와 진서(秦誓) : 〈비서〉는 회이(淮夷)와 서융(徐戎)이 침략하자 노후(魯侯)가 정벌할 적에 비(費) 땅에서 군사들에게 맹세한 내용이고, 〈진서〉는 진(秦)나라 목공(穆公)이 진(晉)나라에 패한 뒤에 자신의 과오를 뉘우치고 여러 신하들에게 맹세하는 내용이다. 심대윤은 "〈문후지명〉은 관작을 명하는 일반적인 말이고 〈비서〉는 전쟁에서 맹세하는 일반적인 말이다. 어떤 명도 그렇지 않은 것이 없고 어떤 맹세도 그렇지 않은 것이 없는데, 이를 취하여 경서에 넣은 것은 그 말을 취한 것이 아니고 말 밖의 뜻이 있는 것이다.……예의의 나라로 불리면서 약한 것은 노나라가 으뜸이고,

천하가 군대를 사용하여 서로 죽임을 알 수 있고, 《시경》의 〈회풍(檜風)〉과 〈조풍(曹風)〉을 보면 문식에 치우쳐 도가 피폐해져서 천하의 혼란이 그치지 않음을 알 수 있고,[77] 〈노송〉을 보면 예악이 무너져서 후세에 훌륭한 정치가 없음을 알 수 있다. 성인이 《시경》과 《서경》이 끝날 때[78]에 은미한 뜻을 붙여서 다스려짐과 혼란함이 말미암아 일어나는 바를 밝히셨다.【당시에 여러 나라는 모두 논할 만한 예악이 없었고, 오직 노나라만 주나라 예가 모두 남아 있다고 일컬어졌다.[79] 그러나 예악

무용(武勇)의 풍속이 있다고 불리면서 강한 것은 진(秦)나라가 으뜸이다. 유독 〈비서〉와 〈진서〉를 취한 것은 세상의 운수가 변함에 위력을 숭상하고 예의를 버림을 나타낸 것이다. 위력을 숭상하고 예의를 버리므로 오직 형벌과 군대를 사용하니, 윤리가 어두워져 보이지 않고 백성들이 덕을 알지 못하는 것은 오직 이에 말미암은 것이다.〔《文侯之命》乃命官之常辭, 《費誓》乃誓戰之常辭. 何命不然, 何誓不然, 而取以入經者, 非取其言也, 蓋有言外之意也.……號爲禮義之國而弱者, 莫如魯; 號爲武勇之俗而强者, 莫如秦. 獨取《費誓》《秦誓》者, 以見世運之變, 尙威力而棄禮義也. 尙威力而棄禮義, 故惟用刑與兵, 倫理晦盲而民不見德, 職此之由也.〕"라고 하였다. 《書經蔡傳辨正 費誓》

77 회풍(檜風)과……있고 : 심대윤은 〈조풍 후인(候人)〉에서 "선비가 실제 덕을 힘쓰지 않고 힘써 말을 듣기 좋게 하고 얼굴빛을 보기 좋게 하여 위의를 익혀 윗사람을 현혹시키며, 윗사람이 실제 행실을 상고하지 않고서 귀에 들리고 눈에 보이는 것과 사랑하고 미워하는 감정으로 사람을 취하여 어진 자와 불초한 자의 지위를 뒤바꾸고 굽은 사람을 들어 써서 정직한 사람의 위에 두면 천하가 혼란해지니, 천하가 혼란해지는 이유는 다른 데에 있지 않다. 그러므로 〈회풍〉의 〈고구(羔裘)〉·〈소관(素冠)〉과 〈조풍〉의 〈부유(蜉蝣)〉·〈후인〉에 중복해서 자세히 말한 것이니, 이는 성인의 깊은 뜻이다."라고 하였다.

78 《시경》과……때 : 〈여형〉·〈문후지명〉·〈비서〉·〈진서〉는 《서경》의 마지막 네 편이다. 〈회풍〉·〈조풍〉·〈빈풍(豳風)〉이 국풍(國風)의 마지막인데, 심대윤은 국풍의 끝에 주공의 예악인 〈빈풍〉을 이었다고 하여 〈회풍〉·〈조풍〉에 국풍의 끝의 의미를 부여하였고, 〈노송〉과 〈상송〉에서 《시경》을 끝마치는 의미를 언급하고 있다.

79 노나라에……일컬어졌다 : 《춘추좌전》 소공(昭公) 2년 조에 진(晉)나라 대부 한선자(韓宣子)가 노나라에 빙문을 와서 태사씨(太史氏)의 집에서 도서를 구경할 적에 역상(易象)과 《노춘추(魯春秋)》를 보고 "주나라 예가 모두 노나라에 남아 있구나. 나는

이라는 것이 이와 같았으므로 노나라를 들어서 예악이 잘못됨을 밝힌 것이다.】 지금까지 수천 년간 혼란이 지속되어 더욱 심해졌으니, 지극하다고 이를 만하다. 사람들이 마치 미치광이와 허깨비 같아서[80] 천성이 없는 듯하고, 실제 형체가 없는 듯하여 어쩔 수 없는 듯하다. 그러나 천성을 모두 없앨 수 없고 실제 형체를 아주 없앨 수 없다. 하늘이 백성을 낳을 적에 성(性)을 주고 형체를 주었는데, 그 지각이 앞은 보지만 뒤는 보지 못하고 가까운 것에는 밝으나 먼 것에는 밝지 못하기 때문에 성품과 형체가 쉽게 변화되어서 떳떳한 성품을 잃고 실제 형체를 바꿨을 뿐이다. 만일 그 성품을 온전히 하여 순하게 인도하며【성품이 이로움을 좋아함을 인하여 이롭게 해 주고, 명성을 좋아함을 인하여 잘한 일을 칭찬해 주고, 삶을 좋아함을 인하여 편안하게 해 주고, 죽음을 싫어함을 인하여 위엄을 보이는 것이다.】 그 형체를 보존하여 깨끗이 한다면【헛된 문식을 제거하여 본질로 되돌아오게 하고, 부화(浮華)함을 벗겨 내어 실제를 취하게 하고, 잡박(雜駁)함을 합하여 질박함으로 돌아오게 하고, 거짓됨을 막아서 진실함을 보존하게 하는 것이다.】 진실로 백성을 교화하기가 쉽고 쉬울 것이다. 백성은 떳떳한 성품이 있으나 떳떳한 행실이 없고, 실제 형체가 있으나 정해진 기질이 없어서,【선을 행할 수도 있고 악을 행할 수도 있으며, 거짓으로 꾸밀 수도 있고 질박함을 온전히 보전할 수도 있다.】 오직 윗사람의 인도하는 바에 따를 뿐이다.

오늘에야 주공의 덕과 주나라가 왕이 된 까닭을 알았다.〔周禮盡在魯矣. 吾乃今知周公之德與周之所以王也.〕"라고 한 것이 보인다.

80 미치광이와 허깨비 같아서 : 이는 실제에 무익한 일에 종사함을 비판한 듯하다. 심대윤은 〈빈풍(豳風)〉의 끝에서 후세 문인들의 작품의 허무한 내용에 대하여 마귀가 붙어 미친병이 발작한 자의 말과 똑같다고 하고, 〈도인사지십 초지화(苕之華)〉 3장에서 사람들이 겉만 헛되이 꾸민 것이 도깨비의 환상과 비슷하다고 하였다.

상송 商頌

설(契)[1]을 상(商)나라에 봉하였는데, 탕(湯)임금이 인하여 천하를 소유한 칭호로 삼았다. 주나라 무왕(武王)이 미자(微子)를 송(宋)나라에 봉하여 천자의 예악으로 상나라의 선왕에 제사하게 하였다. 그러므로 송나라에 〈상송(商頌)〉이 있는 것이다. 《집전》에 말하였다. 송나라 땅은 《서경》〈우공(禹貢)〉의 서주(徐州) 사수(泗水) 가와 예주(豫州) 맹저(孟諸 늪지 이름)의 들에 있었다. 상나라는 박(亳)에 도읍하였고 송나라는 상구(商丘)에 도읍하였으니, 모두 지금의 응천부(應天府) 박주(亳州)에 있었다.

나 那

아름답고 길게 울리도다	猗與那與
우리 작은 북을 설치하여	置我鞉鼓
연이어 북을 연주하니	奏鼓簡簡
우리 열조(烈祖)를 즐겁게 하도다	衎我烈祖

부이다.[2] 의(猗)[3]는 아름다움이요, 나(那)[4]는 깖이다. 도고(鞉鼓)[5]는

1 설(契) : 상나라의 시조로 우(禹)의 치수에 공을 세웠고, 순(舜)임금의 사도(司徒)가 되어 상나라에 봉해졌다. 그 후 14대를 전하여 탕(湯)임금이 즉위하였다.

2 부이다 : 《집전》에 《모시서》를 인용하여 성탕(成湯)을 제사하는 음악이라 하였다.

영고(令鼓 명령을 알리는 작은 북)로써 여러 풍악을 일으키는 것이다.[6] 이는 군주의 덕이 천하를 고무시켜서 천하가 화락하고, 열조[7]를 계승하여 열조가 기뻐함을 가탁하여 말하였다. 간간(簡簡)[8]은 연속하는 뜻이다.

탕(湯)임금의 손자가 정성을 바쳐 조고(祖考)께 이르니	湯孫奏假
우리의 제례를 편안히 이루시도다	綏我思成
작은 북이 그윽하게 울리며	鞉鼓淵淵
청량하게 울리는 피리 소리가	嘒嘒管聲
이미 화하고 이미 골라서	旣和且平
우리 옥경(玉磬) 소리에 의지하니	依我磬聲
아! 빛나는 탕손(湯孫)이여	於赫湯孫
엄숙하고 맑은 그 소리시도다	穆穆厥聲

주(奏)[9]는 올림이니, 성의를 올려서 열조에게 이르는 것이다. 성(成)[10]은 이성(利成)[11]의 성이요, 사(思)는 어조사이니, '수아지성(綏

3 의(猗) : 【집전】 감탄사

4 나(那) : 【집전】 많음〔多〕

5 도고(鞉鼓) : 《시전대전》의 소주에는 '작은 북과 큰 북〔鞉與鼓〕'으로 풀이한 반면에 심대윤은 한 가지로 보았다. 도(鞉)는 자루가 있는 작은 북이다.

6 영고(令鼓)로써……것이다 : 《집전》에는 이 풍악의 연주에 대하여, 《예기》 〈교특생(郊特牲)〉에 은나라 사람이 희생을 맞이하기 전에 음악을 세 번 연주하였다고 한 것이라 하였다.

7 열조 : 【집전】 탕임금

8 간간(簡簡) : 【집전】 화하고 큼〔和大〕

9 주(奏) : 《집전》에는 음악을 연주함이라 하였다.

10 성(成) : 《집전》에는 '思成'을 "재계하고 생각해서 제사할 때에 조상의 모습이 보이

我之成)'은 제례를 편안히 이룸을 말한 것이다. 이는 군주의 덕이 신과 사람을 감동시켜서 정사를 천하에 편안히 이룸을 가탁하여 말한 것이다. '우리 옥경 소리에 의지함'[12]은 군주의 덕에 고무된 자들이 화합하지 않는 이가 없어서 크게 응하여 뜻을 기다리는 것이다.[13] 목목(穆穆)[14]은 엄숙하고 맑음이다.

쇠북과 북이 길게 울려 퍼지며 庸鼓有斁

고 들리는 듯하다면 이 사람을 이룬 것이다."라고 풀이하였다. 이는 정현(鄭玄)이 《예기》〈제의(祭義)〉에 "치재(致齋)하는 날에 제사하는 분의 거처하시던 것을 생각하며, 웃고 말씀하시던 것을 생각하며, 뜻하시던 것을 생각하며, 좋아하시던 것을 생각하며, 즐기시던 것을 생각하여, 재계한 지 3일에 마침내 위하여 재계했던 조상을 보게 된다. 제사하는 날에 묘실(廟室)에 들어가서 어렴풋하여 반드시 조상이 신위에 계심을 뵙는 듯하며, 〈제수를 올리면서〉 주선하여 방문을 나올 때에 숙연하여 반드시 조상이 거동하는 소리를 듣는 듯하며, 〈제수를 올리고〉 방문을 나와 들을 때에 반드시 조상이 크게 탄식하는 소리를 듣는 듯하다." 한 것을 사성(思成)이라 하고, 소철(蘇轍)이 "조상을 보고 듣는 것은 본래 조상이 와서 있는 것이 아니요, 생각에서 나온 것이다."라고 한 설을 취한 것이다. '綏我思成'은 《시경언해》에 "우리를 綏호되 思ᄒᆞ야 成ᄒᆞᆫ 이로 ᄒᆞ샷다."라고 해석하였다.

11 이성(利成) : 공양(共養)하는 예가 이미 잘 이루어짐을 말하는바, 제사가 끝날 무렵 축관(祝官)이 주인에게 이성을 아뢰는 절차가 있다.

12 우리……의지함 : 《집전》에 "경(磬)은 옥경이니, 당상에 올라가 연주하는 악기이고, 석경(石磬)이 아니다."라고 하였다. 이는 본래 정현의 설인데, 공영달의 소에 의하면 옥경이 음악의 주(主)가 되는 것이다.

13 크게……것이다 : 원문 '丕應而徯志'는 《서경》〈익직(益稷)〉에 "당신의 분한(分限)을 편안히 하여 기미를 살펴 힘쓰며 분한을 편안히 지키면 보필하는 신하도 정직해서 군주가 동하는 바에 크게 응하여 뜻을 기다릴 것이다.〔安汝止, 惟幾惟康, 其弼直, 惟動, 丕應徯志.〕"라고 보인다. 심대윤은 '뜻을 기다림'은 "임금의 생각에 앞서서 뜻을 기다리는 것이다.〔先慮而俟志也.〕"라고 하였다. 《書經蔡傳辨正》

14 목목(穆穆) : 【집전】 아름다움〔美〕

만무(萬舞)가 눈부시니[15] 萬舞有奕
우리 아름다운 손님이 我有嘉客
또한 편안하고 기뻐하지 않으실까 亦不夷懌

용(庸)은 마땅히 용(鏞)이 되어야 하니, 큰 종이다. 역(斁)[16]은 마땅히 역(繹)이 되어야 하니, 연속하여 멂에 미치는 것이다. 혁(奕)[17]은 광채가 큰 것이니, 명성이 멀리 떨쳐서 만물이 그 광채를 입음을 가탁하여 말한 것이다. '아유가객(我有嘉客)'[18]은 천하 나라의 군주가 모두 평안하고[19] 기뻐함을 말한 것이다.

예로부터 옛날에 自古在昔
선민(先民)들이 행함이 있으니 先民有作
아침저녁으로 온순하고 공손하여 溫恭朝夕
일을 행함에 철저하였느니라 執事有恪

위와 같음을 이룰 수 있었던 까닭은 선왕의 도를 삼가 행하여 아침저녁으로 온순하고 공손하여 감히 자기 마음대로 하지 않고, 일을 집행함에 정신이 철저하여 감히 조금도 그 뜻을 게을리하지 않음에 있음을

15 쇠북과……눈부시니 : **【집전】** 아홉 번 술잔을 올린 뒤에 종과 북을 번갈아 연주하고 만무를 뜰에서 펼쳐서, 제사하는 일이 끝난 것이다.

16 역(斁) : 《집전》에는 '성한 모양〔斁然盛也〕'으로 풀이하였다.

17 혁(奕) : 《집전》에는 '질서가 있는 모양〔奕然有次序也〕'으로 풀이하였다.

18 아유가객(我有嘉客) : 《집전》에는 가객(嘉客)을 "선대의 후손으로, 와서 제사를 돕는 자이다."라고 하였다.

19 평안하고 : 《집전》에는 이(夷)를 '기뻐함〔悅〕'이라 한 반면에 심대윤은 '평안함'으로 해석하였다.

말한 것이다.[20] 각(愘)[21]은 정신이 사물에 두루 미치는 것이다.

내 상제(嘗祭)와 증제(烝祭)를 돌아볼진저 顧予烝嘗
탕손의 받들어 올림이니라 湯孫之將

장(將)은 받들어 행함이다. 열조가 돌아보고 손자가 제사를 받들어 올린다는 것은 할아버지와 손자가 덕이 똑같음을 말한 것이다.[22]

이상은 〈나〉 1장이니, 22구이다.

《국어(國語)》에 민마보(閔馬父)가 말하기를 "정고보(正考甫)가 상나라의 아름다운 송을 교정할 적에 〈나〉를 첫째 편으로 삼았다."[23] 하였다.

20 위와……것이다 : 【집전】 공경하는 도는 옛 사람이 행하신 바이니, 잊을 수 없음을 말한 것이다.

21 각(愘) : 【집전】 공경함〔敬〕

22 열조가……것이다 : 《집전》에는 탕손이 간곡한 뜻을 다하여 올리는 제사를 탕임금이 돌아보기 바란 것이라 하였다.

23 민마보(閔馬父)가……삼았다 : 《국어》 〈노어 하(魯語下)〉에 노나라 대부 민마보가 공손함을 논하기 위해 이 시를 인용하며 "옛날에 정고보가 상나라의 아름다운 송 12편을 주나라 태사에게서 교정할 적에 〈나〉를 첫째 편으로 삼았다.〔昔正考父校商之名頌十二篇於周大師, 以那爲首.〕"라고 하였다. 정고보는 송(宋)나라 대부로 공자의 조상이다.

열조 烈祖

아! 열조(烈祖)가　嗟嗟烈祖
질서정연한 이 복을 두사　有秩斯祜
거듭 무강(無疆)한 후손에게 주신지라　申錫無疆
너의 처소에까지 미쳤도다　及爾斯所

부이다.[24] 열조[25]는 공덕이 있는 선조를 통칭한 것이다. 질(秩)[26]은 떳떳한 질서이다. 신(申)은 거듭함이다. 열조의 입장에서 사손(嗣孫)을 칭하여 '너의 처소'라 한 것이다.【《집전》에는 "악공이 천자를 가리켜 '너'라고 했다." 하였으니, 악공은 오직 가사를 노래할 뿐이니, 어찌 자신을 위주하여 말할 수 있겠는가. 그 터무니없음은 굳이 변론할 것이 못 된다.】

이미 맑은 술을 담아 올리니　旣載淸酤
우리의 제례를 이루게 해 주시며　賚我思成
또한 간을 맞춘 국이　亦有和羹
이미 챙겨지고 이미 고르거늘[27]　旣戒旣平
정성을 바쳐 조고(祖考)께 이름에 말이 없어서　鬷假無言

24 부이다 : 《집전》에 이는 탕임금을 제사한 음악이라 하였다.

25 열조 : 【집전】 탕임금

26 질(秩) : 【집전】 떳떳함〔常〕

27 이미 챙겨지고……고르거늘 : 《집전》에 "계(戒)는 '미리 챙김〔夙戒〕'이요, 평(平)은 화(和)와 같다. 《의례》에 제사와 연향하는 시초에는 매양 갱정(羹定)이라 말했으니, 국이 익음을 절도(節度)로 삼아 그 뒤에 예를 행하였다. 정(定)은 바로 '계평(戒平)'을 말한 것이다."라고 하였다. 이는 국이 익어 준비가 순조롭게 된 것을 평(平)이라 한 것이다.

때에 다툼이 없으니 時靡有爭
나를 미수(眉壽)로 편안히 하고 綏我眉壽
녹위(祿位)를 무궁하게 하도다 黃耉無疆

고(酤)는 술이니, 중화(中和)의 실제의 덕이 있음을 가탁하여 말하였다. 뇌(賚)는 줌이고, '뇌아사성(賚我思成)'은 나의 제례를 이룸을 주는 것이니, 해설이 앞 편에 보인다. '역유화갱(亦有和羹)'은 신하들이 소금과 매실로 간을 맞추듯이[28] 하여 군주의 덕을 보필함을 가탁하여 말한 것이다. '주격무언(奏格無言)'[29]은 신을 섬기고 사람을 다스림을 음성과 얼굴빛, 언어로써 하지 않음을 가탁하여 말한 것이다. 성인은 말이 없는 가르침[30]과 형체가 없는 예와 소리가 없는 음악[31]이 있다.

28 소금과……맞추듯이 : 이는 《서경》 〈열명 하(說命下)〉에 상나라의 고종(高宗 무정(武丁))이 재상인 부열(傅說)에게 "만약 내가 간을 맞춘 국을 만들려 하거든 네가 소금과 매실이 되어야 한다.〔若作和羹, 爾惟鹽梅.〕"라고 한 것을 인용하였다.

29 주격무언(奏格無言) : 《집전》에 "종(鬷)은 《중용》에 주(奏)로 되어 있으니, 바로 위의 편과 뜻이 같다."라고 하였다. 위의 〈나(那)〉에서 '湯孫奏假'의 奏를 주자는 음악을 연주함으로 풀이하였고, 심대윤은 '성의를 올림〔進其誠意〕'으로 풀이하였다.

30 말이 없는 가르침 : 예를 들면 《논어》 〈양화(陽貨)〉에 공자가 "나는 말을 하지 않으려고 한다.〔予欲無言.〕"라고 보이는데, 이에 대해 심대윤은 "공자께서는 문인들이 말하는 사이에서 종사함에 힘을 쓰고 일을 행하는 데에 깊이 살피지 않음을 염려하셨으므로 이와 같은 말씀을 하신 것이다. 말로써 가르침은 몸으로 가르침의 절실함만 못하고, 말로써 배움은 일로써 배움의 독실함만 못하다.〔子恐門人之務從事於言語之間, 而不深察乎行事之上, 故有是言也. 以言教不如以身教之切也, 以言學不如以事學之篤也.〕"라고 하였다.

31 형체가……음악 : 《예기》 〈공자한거(孔子閒居)〉에 공자가 "소리가 없는 음악과 형체가 없는 예와 복(服)이 없는 상(喪), 이것을 삼무라 한다.〔無聲之樂, 無體之禮, 無服之喪, 此之謂三無.〕"라고 하였는데, 이에 대해 심대윤은 "선왕이 한 번 말을 내면 만민이 서로 기뻐하고 한 번 일을 일으키면 천하가 화합하여 따르니, 이것이 소리가

그러므로 능히 백성을 교화하기를 신과 같이 하는 것이니, 만일 말로써 다스린다면 다툼을 면하지 못한다.[32] '황구무강(黃耈無疆)'[33]은 녹과 지위를 보전하여 영구히 전함을 말한 것이다.

묶어 놓은 수레 바퀴통과 문채 나는 형(衡)이며　約軝錯衡
여덟 방울이 창창(瑲瑲)히 울리는지라　八鸞鶬鶬
제후들이 이르러 제향을 올리니　以假以享
내 명을 받음이 넓거늘　我受命溥將
하늘로부터 편안함을 내리사　自天降康
풍년에 곡식이 많고 많으니　豐年穰穰
조고께서 와서 이르시며 와서 흠향하사　來假來饗
복을 내림이 무강하도다　降福無疆

약기(約軝)[34]와 착형(錯衡)[35]은 〈동궁지십 채기(采芑)〉에 보인다. 창(鶬)[36]은 마땅히 창(瑲)이 되어야 하니, 옥의 소리이다. 이는 제후가

없는 음악이다. 중(中)을 잡아 동하면 여러 일이 바른 순서를 얻고 만물이 바른 분수를 얻으며, 신실함을 행하고 순함을 행하면 귀신이 거스르지 않으며, 성실함을 잡아 겸양에 거하면 백성과 만물이 다투지 않으니, 이것이 형체가 없는 예이다.〔先王一出言而萬民胥悅, 一擧事而天下協從, 此無聲之樂也. 執中而動, 庶事得其序, 萬物得其分; 履信而行順, 鬼神不違; 操誠而居讓, 民物不爭, 此無體之禮也.〕"라고 풀이하였다. 《禮記正解》

32 말로써……못한다 : 《집전》에는 "말이 없고 다툼이 없다는 것은 엄숙하고 공경하며 한결같은 것이다."라고 풀이하였다.

33 황구무강(黃耈無疆) : 《집전》에는 "나를 미수와 황구의 복으로써 편안히 하였다."라고 풀이하였다.

34 약기(約軝) : 가죽으로 수레의 바퀴통을 묶은 것이다.

35 착형(錯衡) : 착(錯)은 무늬가 섞여 있는 것이고, 형(衡)은 멍에〔軛〕 위에 가로댄 나무이다.

친히 따라 조회함을 말한 것이다. 보장(溥將)[37]은 제후 중에 왕실을 붙들고 보호하는 자가 널리 있는 것이다.

내 증제(烝祭)와 상제(嘗祭)를 돌아볼진저　顧予烝嘗
탕손(湯孫)의 받들어 올림이니라　湯孫之將

이상은 〈열조〉 1장이니, 22구이다.

현조 玄鳥

하늘이 현조(玄鳥)를 명하사　天命玄鳥
내려와 상(商)나라를 탄생시켜　降而生商
은(殷) 땅의 넓고 넓은 곳에 거주하게 하시거늘　宅殷土芒芒
옛날 상제께서 무탕(武湯)을 명하사　古帝命武湯
국경을 저 사방에 바로잡게 하시니라　正域彼四方

부이다.[38] 현조는 제비이다. 《예기》 〈월령(月令)〉에 중춘(仲春)에 현조가 이르는 날에 고매(高禖)에게 제사하여 아들을 기원한다고 하였는데,[39] 이 시에 의하면 요순(堯舜)시대부터 이미 이러한 예(禮)가 있

36 창(鶬) : 【집전】 소리가 화(和)함

37 보장(溥將) : 《집전》에는 보(溥)는 '넓음〔廣〕'이고, 장(將)은 '큼〔大〕'이라 하였다.

38 부이다 : 《집전》에 종묘에서 제사하는 음악이라 하였다.

39 예기……하였는데 : 〈월령〉에 천자가 친히 가서 고매에게 제사하는데, 후비가 구빈(九嬪)과 어처(御妻)들을 거느리고 따라가며, 천자를 모셔 임신한 여인에게 술을

었던 것이다. 고매의 신이 현조를 따라 이르므로 현조가 오는 날에 제사한 것이다. '하늘이 현조를 명하사 내려와 상나라를 탄생시킴'은 하늘이 고매의 신에게 명하여 복을 내려 설(契)을 낳음을 말한 것이다.

자손은 기도하여 얻을 수 있는 것이 아닌데 고매에게 제사하는 것은 자손의 소중함을 나타낸 것이다. 무릇 사람의 화는 후손이 끊김보다 더 큰 것이 없다. 천지가 생긴 이래로 후손을 이어 온 것이 자신에 이르러 마침내 끊김은 더할 수 없는 큰 화이니, 더할 수 없는 큰 화를 얻는 것은 반드시 더할 수 없는 큰 허물이 있어서이다. 자손의 소중함을 밝힌 것은 사람들이 경계하고 삼가고 두려워해서 자신이 행하는 일에 공경하도록 한 것이다.【사람이 일을 행하는 바는 그 낳은 정(精)이 맺혀 귀신이 되고, 감동하여 부른 기가 쌓여 자손을 낳으니, 이 내용이 《주역상의점법(周易象義占法)》에 자세히 보인다.[40]】

마시게 하여 예우하며 활과 활집을 차게 하고 고매의 앞에서 활과 화살을 주어 아들을 낳을 상서로 삼는다고 하였다. 고매는 선매(先媒)의 신(神)이다.《禮記正解》

40 사람이……보인다 : 《주역상의점법》〈건괘(乾卦) 문언전(文言傳)〉에서 심대윤은 "무릇 사람이 선을 쌓고 악을 쌓음은 천지의 기(氣)를 감동하여 불러와서 각각 같은 종류가 응하여 경사가 되고 재앙이 된다. 사람이 없는 곳에서 선행을 하고, 보답을 받지 못하는 곳에서 덕을 행하고, 선함이 있는데도 자랑하지 않고, 덕이 있는데도 녹을 먹지 않고, 남의 부족함을 돕고, 남의 미치지 못함을 안타깝게 여기고, 품행과 재능으로 자신을 높이며 남의 불초함을 들추어내지 않고, 충신(忠信)하고 독후(篤厚)하고 공경하여 민첩하게 행하고, 학문을 널리 배우고 예로써 요약하고, 자신의 분위(分位)를 편안히 여기고, 운명을 순히 따르고, 천지의 마음을 자기의 마음으로 삼고, 천지조화의 활용을 사용하는, 그런 자는 진기(眞氣)가 안에서 응집되고 길한 기가 밖에서 합하여 천지의 사이에 꽉 차서 만세에 뻗쳐 소멸할 수 없으니, 천지가 순히 돕고 많은 사람이 귀의하고 귀신이 보호하여, 살아서는 영화롭고 현달하여 이로움을 다하고, 죽어서는 밝은 신이 되어 사당의 제향을 받고, 아름다운 이름이 무궁하여 자손이 끊이지 않는다. 〔凡人之積善積惡, 感召天地之氣, 各以類應, 爲慶爲殃. 夫爲善於无人之地, 爲德於不報之所, 有善不伐, 有德不食, 濟人之不足, 悶人之不及, 不以行能自高而明人之不肖, 忠信篤敬而行之以敏, 博學於文而約之以禮, 安其分位, 順其時命, 以天地之心爲心, 以造化

설(契)의 선대로부터 창성함을 뻗치는 덕이 있었다. 그러므로 하늘이 현조의 신【바로 고매이다.】에게 명하여 복을 내려 설을 낳게 한 것이다. 사관(史官)이 말하기를 현조가 알을 떨어뜨리자 설의 어머니 간적(簡狄)이 이것을 삼켜 설을 낳았다고 하였으니,[41] 이 시를 잘못 읽고 견강부회하여 허탄한 말을 한 것이다.【현조는 중춘에 알을 품는 경우가 없고, 또 알을 떨어뜨리고서 알이 온전한 경우가 없고, 또 알을 보고서 삼키는 자가 없고, 또 알을 삼켜 잉태하는 자가 없으니, 모두 이치 밖의 터무니없는 말이다.】 망(芒)은 마땅히 망(茫 넓고 멂)이 되어야 한다. 무탕(武湯)은 무공이 있기 때문에 칭한 것이요, 탕임금의 호가 아니다. 정역(正域)은 국경을 정돈하여 경계를 구획하는 것이다.

하늘이 막 그 군주로 명하사	方命厥后
마침내 구유(九有)를 소유하게 하시니	奄有九有
상나라의 선왕들이	商之先后
명을 받음이 위태롭지 않은지라	受命不殆
손자인 무정(武丁)에게 하셨도다	在武丁孫子

之用爲用, 若然者, 眞氣內凝, 吉氣外合, 塞乎天地之間, 彌亘萬世, 不可消滅, 天地順之, 人衆歸之, 鬼神護之, 生則榮顯而盡其利, 死則爲明神而食廟亨, 令名无窮而子孫不絶.〕"라고 하였다. 또 심대윤은 《논어》 〈요왈(堯曰)〉의 주에서 "기(氣)가 쌓여 형(形)을 낳고 형이 동하여 다시 기를 낳는다. 무릇 사람이 선을 쌓고 악을 쌓으면 정(精)·백(魄)이 생겨 천지의 기를 감동하여 부른다.〔夫氣積而生形, 形動而復生氣, 凡人之積善積惡, 精魄生焉, 感召天地之氣.〕"라고 하였다. 귀신·정(精)·기(氣)·형(形)·백(魄) 등에 관한 심대윤의 설명은 《주역상의점법》 〈계사전 상(繫辭傳上〉 4장의 주에 자세히 보인다.

41 사관(史官)이……하였으니 : 이 내용은 《사기》 〈은본기(殷本紀)〉에 보인다.

'방명궐후(方命厥后)'[42]는 탕임금의 덕이 능히 사방을 어루만지고 편안히 하였다. 그러므로 하늘이 막 탕임금을 명하여 천하의 군주로 삼은 것이다. 불태(不殆)는 위태로움과 망함이 없는 것이다. '무정손자(武丁孫子)'[43]는 탕임금의 손자인 무정이라고 말함과 같다. 무정은 고종(高宗)이다.

손자인 무정	武丁孫子
무왕(武王)이 이기지 않음이 없으시니	武王靡不勝
용기(龍旂)[44]와 십승(十乘)으로	龍旂十乘
큰 제사를 이에 받들어 올리도다	大糦是承

무왕[45]은 무공이 있기 때문에 칭한 것이요 무정의 호가 아니니, 무정의 무공이 탕임금과 같음을 말한 것이다. 치(糦)는 자성(粢盛)이니, 대치(大糦)[46]는 큰 제사를 이른다. 이는 위엄과 무용이 있어서 선조의 제사를 받듦[47]을 가탁하여 말한 것이다.

나라의 기내(畿內) 천 리여	邦畿千里

42 방명궐후(方命厥后) : 【집전】 사방의 제후들이 명을 받지 않음이 없는 것이다.

43 무정손자(武丁孫子) : 《집전》에는 '무정의 손자'로 풀이하였다.

44 용기(龍旂) : 《집전》에는 제후들이 세우는 교룡기(交龍旂)라고 하였는데, 심대윤은 천자의 기로 보았다.

45 무왕 : 《집전》에는 "무왕은 탕임금의 칭호이니, 그 후대 왕들도 이를 자칭하였다." 라고 하여, 무정의 손자로서 지금 탕왕의 칭호를 세습하고 있는 자로 보았다.

46 대치(大糦) : 【집전】 서직(黍稷)

47 선조의 제사를 받듦 : 【집전】 제후들이 서직을 받들고 와서 제사를 돕지 않는 이가 없음을 말한 것이다.

백성들이 거주하는 바이니 維民所止
저 사해에 봉역(封域)을 열었도다 肇域彼四海

'나라의 기내 천 리여 백성들이 거주하는 바'는 가까운 자에게 돈독히 함을 말한 것이요, '저 사해에 봉역을 열음'은 복종하는 만이(蠻夷)의 지역이 예전에 비하여 더욱 넓어진 것이다.[48]

사해가 와서 이르니 四海來假
오는 제후들 편안하고 한가롭도다 來假祈祈
경산(景山)의 둘레에 있는 하수(河水)에 景員維河
은(殷)나라가 명을 받음이 모두 마땅한지라 殷受命咸宜
온갖 복록을 이에 받도다 百祿是何

기기(祈祈)[49]는 편안하고 한가로운 모양이다. 경(景)은 산 이름이니, 상나라 도성에 있었다. 원(員)[50]은 마땅히 원(圓)이 되어야 하니, 둘레이다. '경원유하(景員維河)'는 왕기(王畿)의 둘레가 황하를 경계로 삼음을 말한 것이다. 하(何)는 《춘추좌전》에 하(荷 받음)로 되어 있다.[51]

48 나라의……것이다 : 【집전】 왕기(王畿)의 안에 백성들의 거주하는 바는 천 리에 지나지 않지만 그 봉역은 넓은 사해에 모두 이름을 말한 것이다.

49 기기(祈祈) : 《집전》에 기기(祁祁)는 '많은 모양〔衆多貌〕'이라 하였다.

50 원(員) : 《집전》에 "아래 편의 폭원(幅隕)과 뜻이 같으니 '둘레〔周〕'를 말한 것이다."라고 하였다. 심대윤도 아래 편에서 幅圓을 둘레로 풀이하였다.

51 춘추좌전에……있다 : 이는 은공(隱公) 3년 조에 보인다.

이상은 〈현조〉 1장이니, 22구이다.

장발 長發

깊고 밝으신 상나라에	濬哲維商
그 상서가 발현됨이 장구하도다	長發其祥
홍수가 아득하고 아득하거늘	洪水芒芒
우(禹)임금께서 천하 사방을 다스리사	禹敷下土方
외대국(外大國)을 이 국경으로 삼아	外大國是疆
국토의 둘레가 이미 길거늘	幅隕既長
유융(有娀)이 막 나아가기에	有娀方將
상제께서 아들을 세워 상나라를 탄생시키시니라	帝立子生商

부이다.[52] 준(濬)은 깊음이요, 장(長)은 오램이다. 망(芒)은 마땅히 망(茫)이 되어야 한다. 방(方)은 사방이다. 외대국(外大國)은 먼 제후이다. 운(隕)은 마땅히 원(圓)이 되어야 하니, 폭원(幅圓)은 국토의 둘레이다. 유융씨(有娀氏)의 딸 간적(簡狄)이 고신씨(高辛氏)의 비(妃)가 되어서 설(契)을 낳았다. 방장(方將)[53]은 진행하여 그치지 않는

52 부이다 : 《모시서》에 이 시는 하늘에 제사하면서 시조를 배향하는 대체(大禘)의 시라고 하였다. 《집전》에는 이 시에 시조인 설 이외에 탕임금・상토(相土)・이윤(伊尹) 등도 언급된 것으로 인하여 "대체(大禘)에는 여러 사당의 신주에는 미치지 아니하니, 이는 마땅히 협제(祫祭)의 시가 되어야 할 것이다. 그러나 경문에 분명한 글이 없으니, 상고할 수 없다."라고 하였다.

53 방장(方將) : 《집전》에는 '비로소 커짐〔始大〕'으로 풀이하였다.

것이다. 생상(生商)은 처음으로 상나라를 탄생한 것이다.

현왕(玄王)이 굳셈으로 다스리시니	玄王桓撥
소국을 받음에도 이에 통달하며	受小國是達
대국을 받음에도 이에 통달하시도다	受大國是達
선왕의 도를 따라 실천하여 넘지 아니하시니	率履不越
이미 공업(功業)에 나타남을 마침내 보도다	遂視旣發
강토를 살펴봄에 위엄이 열렬(烈烈)하시니	相土烈烈
사해가 가지런히 정돈되도다	海外有截

부이다. 현(玄)[54]은 고원(高遠)함이니, 하늘을 일러 현(玄)이라 한 것[55]이 이것이다. 현왕(玄王)은 탕임금으로, 고원함으로써 칭한 것이고 정해진 칭호가 아니니, 무왕(武王)이라고 칭한 것[56]과 같다. 고원함으로 칭하면 현(玄)이라 하고, 무공으로 칭하면 무(武)라고 한 것이다. 환(桓)은 굳셈이요, 발(撥)은 '난을 다스림〔撥亂〕'의 발이다. 달(達)은 정사에 통달한다는 달이다. 솔(率)은 따름이요, 이(履)는 실천함이니, '솔리불월(率履不越)'[57]은 선왕의 도를 따라서 실천하여 넘지 않는 것이다. '수시기발(遂視旣發)'은 이미 드러난 것을 마침내 보는 것이니, 발

54 현(玄) : 《집전》에는 '깊고 은미함을 칭한 것〔深微之稱〕'이라 하고, 혹자의 설로 "현조(玄鳥)가 내려와서 낳았기 때문이다."라고 하였다.

55 하늘을……것 : 《주역》 〈곤괘(坤卦) 문언전(文言傳)〉에 "하늘은 검고 땅은 누르다.〔天玄而地黃.〕"라고 보인다.

56 무왕(武王)이라고 칭한 것 : 301쪽 각주 45) 참조.

57 솔리불월(率履不越) : 《집전》에는 이(履)는 예(禮)이고, 월(越)은 지나침〔過〕이고, 발(發)은 응함〔應〕이라 하고, "설이 능히 예를 따라 지나치지 아니하니, 마침내 그 백성들을 살펴봄에 이미 발하여 호응함을 말한 것이다."라고 풀이하였다.

(發)은 공업(功業)에 드러난 것이다. '상토열렬(相土烈烈)'[58]은 강토를 봄에 위엄을 떨치지 않은 곳이 없는 것이니, 열렬(烈烈)은 위엄을 떨침이다. 절(截)은 정제(整齊)된 모양이다.【구설에는 현왕을 설(契)이라 하였는데, 상나라에는 추존한 일이 없으니, 첫 번째 터무니없음이다. 참람한 칭호를 14대 위의 선조에게 붙임은 이치에 심히 위배되니, 두 번째 터무니없음이다. 먼 선조인 설을 왕으로 추존하였으면 가까운 선조도 모두 마땅히 추존해야 하는데 오직 설만 추존했을 뿐이니, 세 번째 터무니없음이다. 설이 우(虞)나라 사도(司徒)가 되어서 오교(五敎)를 폈는데,[59] 이를 송(頌)에 언급하지 않았으니, 네 번째 터무니없음이다. 작은 나라를 받아도 통달하고 큰 나라를 받아도 통달함은 천자의 덕이니, 설에게 언제 이런 일이 있었는가. 이것이 다섯 번째 터무니없음이다. 오교를 펼친 것을 굳셈으로 다스렸다고 말할 수 있겠는가. 이것이 여섯 번째 터무니없음이다.

《국어(國語)》에 설을 칭하여 현왕이라 하였으나,[60] 이는 근거할 만한 것이 못 된다. 《국어》에 후직(后稷 농사를 담당하는 관원)인 불줄(不窋)도 왕이라 칭하였으니,[61] 예에 맞지 않음을 알 수 있다. 혹은 왕의 선조이므로 사사로이 서로 말할 때에는 왕을

58 상토열렬(相土烈烈) : 《집전》에는 상토(相土)를 설(契)의 손자라고 하였다.

59 우(虞)나라……폈는데 : 《서경》 〈순전(舜典)〉에 순임금이 설에게 "백성이 친목하지 않고 오품(五品)이 순하지 않으므로 너를 사도로 삼으니, 공경히 오교(五敎)를 펴되 너그러움에 있게 하라."라고 한 것이 보인다. 오교(五敎)는 부자유친(父子有親), 군신유의(君臣有義), 부부유별(夫婦有別), 장유유서(長幼有序), 붕우유신(朋友有信)의 다섯 가지 가르침을 말한다.

60 국어(國語)에……하였으나 : 이는 〈주어 하(周語下)〉에 "옛날 공갑(孔甲)이 하(夏)나라를 어지럽히자 4대 만에 망했고, 현왕이 상나라에서 열심히 일하자 14대 만에 일어났다.〔昔孔甲亂夏, 四世而殞, 玄王勤商, 十有四世而興.〕"라고 보인다.

61 후직(后稷)과……하였으니 : 이는 〈주어 상(周語上)〉에 "옛날 우리 선왕께서 대대로 후직의 직책을 맡아 우나라와 하나라를 섬겼다. 하나라의 정치가 쇠하였을 때, 후직의 직책을 버리고 힘쓰지 않아 우리 선왕 불줄이 관직을 잃었다.〔昔我先王世后稷, 以服事虞、夏. 及夏之衰也, 棄稷弗務, 我先王不窋用失其官.〕"라고 보인다.

칭할 수 있지만 종묘의 안에 있는 경우라면 어찌 바르지 않은 참람된 칭호를 함부로 붙일 수 있겠는가.

혹자는 이미 탕임금을 무왕이라 칭하고서[62] 또다시 현왕이라 칭한 것을 의심하는데, 이는 의심할 것이 아니다. 상나라는 시호가 있지 않았으니, 무왕이니 현왕이니 한 것은 모두 시인이 칭송하는 바에 따라 칭한 것이다. 탕임금을 무왕이라 하고 또한 무정(武丁)을 무왕이라 하였으니,[63] 그렇다면 탕임금을 무왕이라고도 하고 현왕이라고도 함을 또 어찌 의심하겠는가. 이는 마치 한 사람을 일러 성인(聖人)·인인(仁人)·신인(神人)이라 하는 것과 같으니, 한 사람을 다르게 칭했다고 해서 동일한 사람이 아니라고 의심하겠는가. 선조를 현군(賢君)이라 하고 또 그 손자도 현군이라 말하니, 이에 대하여 선조와 손자가 호(號)가 같다 하여 혐의하겠는가.

'사해가 가지런히 정돈됨'은 바로 아랫장의 '구주(九州)가 가지런히 정돈됨〔九有有截〕'의 뜻이니, 상토(相土)의 때에 일찍이 언제 위엄으로 사해를 복종시킨 적이 있었는가.[64] '극창궐후(克昌厥後)'의 창(昌)이 문왕(文王)이란 말인가.[65] 《집전》에 '상토'를 설의 손자라고 하였으니, 터무니없고 이치에 맞지 않음이 또한 심하다.】

상제의 명을 어기지 아니하사[66] 帝命不違

62 탕임금을 무왕이라 칭하고서 : 아래 6장의 무왕을 《집전》에서 탕임금이라 하였다.

63 무정을……하였으니 : 이는 위의 〈현조(玄鳥)〉에 보인다.

64 상토(相土)의……있었는가 : 《집전》에는 "그 뒤에 탕임금은 70리로써 일어났으니, 아마도 일찍이 중간에 쇠했던가 보다."라고 하여, 설의 손자 상토의 때에 사방 제후들이 귀의하였다가 탕임금 이전에 상나라가 쇠한 것으로 추측하였다.

65 극창궐후(克昌厥後)의……말인가 : 이는 〈신공지십 옹(雝)〉의 구절로 '그 후손을 번창하게 함'의 뜻이다. 이 창(昌)이 문왕의 이름이 아니듯이 여기의 상토(相土)도 인명이 아님을 말한 것이다.

66 상제의……아니하사 : 《집전》에는 "상나라의 선조가 이미 명덕(明德)을 소유하였는데 천명이 일찍이 떠나지 아니하였다."라고 풀이하였다.

탕임금에 이르러 부합되시니 至于湯齊
탕임금이 탄강(誕降)하심에 지둔(遲鈍)하지 않으시며 湯降不遲
성경(聖敬)이 날로 올라가사 聖敬日躋
하늘에 밝게 이름을 서두르지 않으사 昭假遲遲
상제를 이에 공경하시니 上帝是祗
상제께서 명하시어 구위(九圍)에 모범이 되게 하시니라 帝命式于九圍

부이다. 제(齊)[67]는 가지런하고 한결같음이니, 천명을 순히 따라 감히 어기지 않아서 탕임금에게 이르러 덕이 하늘과 부합한 것이다. 강(降)은 탄강함이다. 부지(不遲)[68]는 재주가 민첩하여 지둔하지 않음을 말한 것이다. '소격지지(昭假遲遲)'[69]는 뜻이 공업을 속히 이룸에 있지 않음을 말한 것이요, '상제시지(上帝是祗)'는 오직 하늘을 공경하여 순히 받듦을 말한 것이다. 식(式)은 법으로 본받음이다. 구위(九圍)는 구주(九州)이다.

소구(小球)와 대구(大球)를 받으사 受小球大球
제후들의 깃발이 되시어 爲下國綴旒
하늘의 아름다움을 받으셨도다 何天之休
강하지도 않고 느슨하지도 않으시며 不競不絿

67 제(齊) : 《집전》에는 탕제(湯齊)의 뜻은 미상이라 하고 소철(蘇轍)의 설로 "탕임금에 이르러 왕업이 이루어져서 천명과 부합된 것이다."라고 하였다.

68 부지(不遲) : 《집전》에는 "탕임금의 탄생함이 시기에 응하여 탄강해서 마침 그때에 당하였다."라고 하여 '不遲'를 시기에 늦지 않게 알맞음으로 풀이하였다.

69 소격지지(昭假遲遲) : 《집전》에는 지지(遲遲)를 '오램〔久〕'이라 하여, '하늘에 밝게 이르러서 오래되어도 쉬지 아니함'으로 풀이하였다.

강하지도 않고 부드럽지도 아니하사 不剛不柔
정사를 펴기를 너그럽고 너그럽게 하시니 敷政優優
온갖 복록이 이에 미치도다 百祿是遒

부이다. '소구와 대구'는 작은 나라와 큰 나라에서 폐백으로 바치는 옥이다.[70] 체(綴)는 속(屬 이어 붙임)이요, 유(旒)는 깃발에 드리우는 술이니, '위하국체류(爲下國綴旒)'는 천자가 제후들이 매여 있는 바가 됨이 마치 술이 깃발에 매여 있음과 같은 것이다. 하(何)는 하(荷)가 되어야 한다. 구(絿)는 느슨함이다. 우우(優優)는 너그러움이다. 주(遒)[71]는 미침이다.

소공(小共)과 대공(大共)을 받으사 受小共大共
제후들이 크게 후대하는 바가 되사 爲下國駿厖
하늘의 영광을 받으셨도다 何天之龍
그 용맹을 펼쳐 바치사 敷奏其勇
진동하지 않으시며 不震不動
두려워하지 않으시니 不戁不竦
온갖 복록이 이에 모이도다 百祿是總

부이다. 공(共)은 마땅히 공(供)이 되어야 하니, 작은 나라와 큰

70 소구와……옥이다 : 《집전》에는 이 설과 함께 정현의 설을 인용하여 "소구는 진규(鎭圭)이니 1척 2촌이고, 대구는 대규(大圭)이니 3척인데, 모두 천자가 잡는 것이다."라고 하였다. 진규는 진산(鎭山)을 새긴 것으로 사방을 안정시킨다는 뜻이 있고, 대규는 몽치의 모양으로 허리에 꽂았다.

71 주(遒) : 【집전】 모임〔聚〕

나라에서 공물로 바치는 것이다.[72] 《서경》에 "만민의 올바른 바침만을 받는다."[73]라고 하였다. 준(駿)은 마땅히 준(俊)이 되어야 하니 큼이고, 방(厖)은 후함이니,[74] '위하국준방(爲下國駿厖)'은 제후국들이 크게 후하게 여기는 바가 됨을 말한 것이다. '부주기용(敷奏其勇)'[75]은 그 무공을 펼쳐 바치는 것이다. 난(戁)은 두려움이다. 총(總)은 모음이다.

무왕(武王)이 깃발을 실으사	武王載旆
경건히 부월(鈇鉞)을 잡으시니	有虔秉鉞
불이 열렬히 타오르는 듯하여	如火烈烈
나를 감히 막을 이가 없도다	則莫我敢曷
한 떨기에 세 싹이 났는데	苞有三蘖
뜻을 이루지 못하고 통달하지 못하여	莫遂莫達
구주(九州)가 가지런히 정돈되거늘	九有有截
위(韋)와 고(顧)를 이미 정벌하시고	韋顧旣伐
곤오(昆吾)와 하걸(夏桀)을 치도다	昆吾夏桀

72 공(共)은……것이다 : 《집전》에는 이 설과 함께 정현(鄭玄)이 "공(共)은 잡음〔執〕이니, 소구(小球)·대구(大球)와 같다."라 하고, 소철(蘇轍)이 "공(共)은 공(珙)과 통하니, 두 손을 합하여 잡는 큰 옥이다."라고 한 설을 인용하였다.

73 만민의……받는다 : 《서경》 〈무일(無逸)〉에 "아! 지금으로부터 이어서 사왕(嗣王)께서는 관광과 편안함과 유람과 사냥을 지나치게 하지 마시어 만민의 올바른 바침만을 받으소서.〔嗚呼! 繼自今, 嗣王則其無淫于觀于逸于遊于田, 以萬民惟正之供.〕"라고 보인다.

74 방(厖)은 후함이니 : 《집전》에는 이 설과 함께 "《제시(齊詩)》에는 준방(駿駹)으로 되었으니, 말을 이른다."라고 한 설을 인용하였다. 방(駹)은 얼굴과 이마만 흰 검은 말이다.

75 부주기용(敷奏其勇) : 【집전】 그 무공을 크게 바친다는 말과 같다.

부이다. 건(虔)[76]은 공손하고 삼감이다. 알(曷)은 마땅히 알(遏)이 되어야 한다.[77] 포(苞)[78]는 총생한 떨기이고 얼(櫱)은 싹이니, 총생한 떨기로 걸왕(桀王)을 비유하고 세 싹으로 위(韋)・고(顧)・곤오(昆吾)를 비유하였다. 세 나라는 걸왕의 당이다.【이것을 가지고 본다면 《맹자》에 탕임금이 열한 번 정벌했다는 말을 믿을 수 없고, 주나라 무왕이 50개의 나라를 멸망시켰다는 말[79]도 더욱 믿을 수 없다.】

옛날 중엽(中葉)에	昔在中葉
위엄스럽고 또 크셨도다	有震且業
진실로 천자께	允也天子
경사(卿士)를 내려주시니	降于卿士
진실로 아형(阿衡)이	實維阿衡
상왕(商王)을 좌우에서 도왔도다	實左右商王

부이다. 중엽[80]은 중세(中世)이니, 설(契)로부터 이 송을 지을 때에

76 건(虔) : 【집전】 공손히 하늘의 토벌을 행함을 말한 것이다.

77 알(曷)은……한다 : 《집전》에는 이 설과 함께, 갈(曷)은 '누구냐〔誰何〕'고 하며 심문함이라는 설을 인용하였다.

78 포(苞) : 【집전】 뿌리〔本〕

79 맹자에……것 : 《맹자》 〈등문공 하(滕文公下)〉에 "탕임금이 첫 번째 정벌을 갈(葛)나라로부터 시작하여 열한 번 정벌하셨는데 천하에 대적한 이가 없었다."라고 보이고, 또 "주공(周公)이 무왕(武王)을 도와 주왕(紂王)을 주벌하시고, 엄(奄)나라를 정벌한 지 3년 만에 그 군주를 토벌하시고, 비렴(飛廉)을 바다 모퉁이로 몰아내어 죽이시니, 나라를 멸망시킨 것이 50개국이었다."라고 보인다.

80 중엽 : 《집전》에는 "윗글을 이어 석재(昔在)라고 말한 것은 이보다 앞이라는 뜻이니, 아마도 탕임금 이전 시대의 중간에 쇠했을 때를 이르는가 보다."라고 하였다.

이르기까지 탕임금이 그 중간에 있다. 진(震)[81]은 위무(威武)요, 업(業)[82]은 큼이다. 경사(卿士)를 탄생시킴은 하늘이 이윤(伊尹)을 탕임금에게 준 것이다. 아형은 이윤의 호이다.

이상은 〈장발〉 7장이니, 한 장은 8구이고, 네 장은 장마다 7구이고, 한 장은 9구이고, 한 장은 6구이다.

은무 殷武

신속한 저 은왕(殷王)의 위무(威武)로	撻彼殷武
형초(荊楚)를 뽐내어 정벌하사	奮伐荊楚
그 험한 곳을 무릅쓰고 들어가	罙入其阻
형(荊)나라의 무리들을 모아	裒荊之旅
그 곳을 가지런히 정돈하니	有截其所
탕손(湯孫)의 업적이시도다	湯孫之緒

부이다. 달(撻)은 빠른 모양이다. 은무(殷武)는 은왕의 위무이다. 미(罙)는 무릅씀이다. 부(裒)는 모여서 항복하고 따름이다. 구설에 이 시를 고종(高宗)의 송(頌)이라 하였으니, 그 말이 혹 옳을 듯하다.

너 형초가	維女荊楚

81 진(震) : 《집전》에는 '두려움〔懼〕'이라 하였다.

82 업(業) : 《집전》에는 '위태로움〔危〕'이라 하였다.

나라의 남쪽 지방에 위치해 있으니 居國南鄕
옛날 성탕(成湯)이 계실 적에 昔有成湯
저 저(氐)·강(羌)으로부터 自彼氐羌
감히 와서 물건을 바치지 않는 이가 없었으며 莫敢不來享
감히 와서 뵙지[83] 않는 이가 없어 莫敢不來王
말하기를 상나라의 이 떳떳한 예(禮)라 하였었느니라 曰商是常

부이다. 저(氐)와 강(羌)은 서쪽 오랑캐이다.

하늘이 제후들을 명하사 天命多辟
우(禹)임금의 다스린 곳에 도읍을 세우게 하시니 設都于禹之績
해마다 하는 일[84]로 왕을 와서 뵈어 歲事來辟
저에게 잘못을 꾸짖지 말지어다 勿予禍適
농사일을 게을리하지 않았노이다 稼穡匪解

부이다. 다벽(多辟)은 제후이고, 내벽(來辟)은 와서 왕에게 와서 조회하는 것이다. 적(適)은 적(謫)과 통한다. 제후들이 왕을 섬김에 오직 삼가서 말하기를, 행여 잘못을 저질러 견책받지 않을 것이니, 나의 농사를 감히 게을리하지 않았다고 한 것이다.[85]

83 뵙지 : 《집전》에 "한 대의 왕에 한 번 조현(朝見)하는 것을 왕(王)이라 한다.〔世見曰王.〕"라고 하였다. 《주례》 〈추관(秋官) 대행인(大行人)〉에 구주(九州) 밖의 번국(蕃國)은 한 대의 왕에 한 번 조현한다고 하였는데, 정현의 주에 사왕(嗣王)이 즉위하였을 때 온다고 하였다.

84 해마다 하는 일 : 제후가 해마다 왕에게 조회하는 일을 말한다. 공영달(孔穎達)의 소에 '항상 해마다 일정한 때에 조회의 일을 행함〔常以歲時行朝覲之事〕'으로 풀이하였다.

하늘의 명이 강림하여 굽어보시는지라　天命降監
하민(下民)들에게도 위엄이 있으니　下民有嚴
상을 참람하지 않게 하며 형벌을 지나치게 않게 하여　不僭不濫
감히 태만하여 안일하지 아니하면　不敢怠遑
하국(下國)에 명하사　命于下國
그 복을 세우시느니라　封建厥福

부이다. '하민유엄(下民有嚴)'[86]은 하늘의 위엄을 두려워함을 말한 것이다. 봉(封)[87]은 봉식(封殖)함이다. 이는 왕이 하늘의 위엄을 두려워하여 감히 참람하고 게으르지 않음을 말한 것이다. 하늘이 하국(下國)에 명하여[88] 왕의 복을 세운 것이니, 이는 하국으로 하여금 모두 왕의 신하가 되게 함을 말한 것이다.

상나라 도읍이 잘 정돈되어 있으니　商邑翼翼
사방의 표준이로다　四方之極
혁혁한 그 명성이며　赫赫厥聲

85 제후들이……것이다 : 【집전】 형초(荊楚)가 이미 평정됨에 제후들이 두려워하고 복종함을 말한 것이다.

86 하민유엄(下民有嚴) : 《집전》에는 "하늘의 명이 강림하여 굽어봄이 다른 데에 있지 아니하여 모두 백성들의 보고 들음에 있으니, 그렇다면 하민들에게도 또한 두려워할 만함이 있는 것이다."라고 풀이하였다. 심대윤도 아래에서 왕이 하늘의 위엄을 두려워한다고 하였으니, 《집전》과 같이 풀이한 것으로 보인다.

87 봉(封) : 【집전】 큼〔大〕

88 하늘이 하국(下國)에 명하여 : 《집전》에 "하늘이 천하로써 명하였다." 하고, "이는 고종(高宗)이 명을 받아 중흥한 소이이다." 하였으니, '命于下國'은 하늘이 왕에게 하국을 다스리도록 명한 것이다. 한편 심대윤은 하늘이 하국에게 왕의 신하가 되도록 명하여 왕의 복을 세웠다고 한 듯하다.

빛나는 그 위령이로소니　濯濯厥靈
수고(壽考)하고 또 편안하사[89]　壽考且寧
우리 후생(後生)들을 보호해 주셨도다　以保我後生

부이다. 익익(翼翼)[90]은 무리가 정돈된 모양이다. 극(極)[91]은 중앙의 표지이다. 탁탁(濯濯)은 광택이 나는 모양이다.

저 경산(景山)[92]에 오르니　陟彼景山
소나무와 측백나무가 곧고 곧거늘　松柏丸丸
이것을 자르고 이것을 옮겨서　是斷是遷
조심조심 방정하게 깎으니　方斲是虔
소나무로 만든 서까래가 길기도 하며　松桷有梴
늘어선 기둥이 넉넉하니　旅楹有閑
침묘(寢廟)가 이루어짐에 심히 편안하도다[93]　寢成孔安

비이다.[94] 환환(丸丸)은 곧음이요, 방(方)은 바름이다. 시건(是虔)[95]

89 수고(壽考)하고 또 편안하사 : 이는《집전》에 "고종이 나라를 누린 것이 59년이기 때문이다."라고 하였다.

90 익익(翼翼) : 【집전】 정돈된 모양〔整勅貌〕

91 극(極) : 《집전》에는 '표준〔表〕'이라 하였다. 《집전》〈탕지십 강한(江漢)〉에서는 "'중앙의 표지〔中之表〕'이니, 중앙에 처하여 사방에서 바름을 취하는 바가 된 것이다."라고 하였다.

92 경산(景山) : 상나라의 도성에 있는 산 이름이다.

93 편안하도다 : 【집전】 고종의 신(神)을 편안히 하는 것이다.

94 비이다 : 《집전》에는 부로 보았다. 《집전》에 "이는 아마도 고종의 사당을 백세토록 옮기지 않는 사당으로 특별히 만들어서 삼소(三昭)·삼목(三穆)의 수에 넣지 않은 것

은 나무를 바르게 깎는 일을 조심스럽게 하는 것이다. 연(梴)은 긴 모양이다. 여(旅)[96]는 나열함이다. 한(閑)[97]은 넉넉하고 안정함이다. 이 장은 인재를 모으고 여러 공인(工人)들을 신칙하여 사업을 경영해서 국가의 안정되고 견고한 기업을 이룸을 가탁하여 말하였다.

이상은 〈은무〉 6장이니, 세 장은 장마다 6구이고, 두 장은 장마다 7구이고, 한 장은 5구이다.

이상은 〈상송〉 5편이다.

제왕의 다스림이 은나라와 주나라에서 끝나고, 제왕의 예가 은나라와 주나라에 구비하였으니, 하늘이 장차 은나라와 주나라로써 만세의 사표(師表)를 삼으려 한 것이다.
은나라 후손에 공자가 주나라의 세대에 태어나시어 도의 표준이 되고 경전의 주인이 되셨으니, 이 때문에 《시경》을 〈상송〉으로써 끝마친 것이다. 또한 장차 어떤 주나라의 자손이 도를 전하고 경전을 밝혀서 경전의 도를 우주에 해와 달이 떠 있는 것처럼 드러내어[98]

이니, 사당을 이룬 뒤에 처음 부묘(祔廟)하고 제사한 시인 듯하다. 그러나 이 장은 〈비궁(閟宮)〉의 마지막 장과 글의 뜻이 대략 같으니, 무슨 뜻인지는 상세하지 않다."라고 하여, 고종의 사당을 만든 일을 읊은 것으로 보았다. 반면에 심대윤은 국가의 기업을 이룸을 비유한 것으로 보았다.

95 시건(是虔) : 《집전》에는 건(虔)은 '자름〔截〕'이라 하였다.

96 여(旅) : **【집전】** 많음〔衆〕

97 한(閑) : **【집전】** 여유있게 큰 것〔閑然而大〕

98 우주에……드러내어 : 원문은 '懸日月於宇宙'로, 《주역》 〈계사전 상(繫辭傳上)〉에 "상(象)을 달아 드러남은 해와 달보다 더 큰 것이 없다.〔縣象著明, 莫大乎日月.〕"라

천하의 백성들로 하여금 다시는 혼미하지 않게 해서 천지가 가을에 이루는 공[99]을 드러낼 것이니, 아(雅)의 끝에 "황조(皇祖)를 욕되게 하지 마라. 그대의 후일을 구원해 주리라."[100] 한 것은 뜻이 여기에 있을 것이다. 뜻이 여기에 있을 것이다. 〈상송〉과 〈노송〉의 끝[101]에 모두 궁침(宮寢)을 세워 낙성함으로써 끝마친 것의 우의(寓意)는, 천지가 공을 이루어 우주가 영원히 편안하고 만물이 영원히 번창할 것이라는 것이다.

고 한 것에 근거하여 의역하였다.

99 천지가……공 : 심대윤은 〈탕지십 소민(召旻)〉에서 봄은 인(仁)이고 여름은 예(禮)이고 가을은 의(義)이니, 의는 실제의 이로움이라 하고 "천지의 공(功)이 가을에서 이루어지니, 가을이 공을 이루는 이유는 봄과 여름의 낳고 자람을 쓰기 때문이다."라고 하였다. 주나라의 도는 봄과 여름에 해당하고, 장차 주나라의 도를 써서 후세의 혼란을 구원함은 가을의 공에 해당한다.

100 황조(皇祖)를……주리라 : 이는 〈탕지십 첨앙(瞻卬)〉의 구절로, 이에 대하여 〈탕지십 소민(召旻)〉에서 "주나라의 도를 사용해서 후세의 혼란을 구원한다는 것이다." 라고 하였다.

101 노송의 끝 : 〈노송〉의 마지막 편인 〈비궁(閟宮)〉은 침묘를 수리하고 낙성한 시가 이다.

발 跋

기미년(1859, 철종10) 겨울에 이 책을 지었다.【내가 경전에 대하여 어릴 때에 일과로 공부한 뒤에 스스로 재주와 지혜가 부족하여 경전을 통할 수 없다고 생각해서 다시는 책을 펴 보지 않은 지가 거의 20년이었다. 나이가 삼십사오 세를 지나 비로소 다시 경전을 연구하였으나, 집이 가난하고 어버이가 늙으셨으며 또 성안[1]에 거주하여 생업을 경영하고 응접함에 골몰해서 여가가 없었다. 임인년(1842, 헌종8) 병중(病中)에 《주역상의점법(周易象義占法)》을 지어 5개월 만에 마쳤는데, 그 뒤 지금까지 거의 20년 사이에 매번 여가가 있으면 번번이 저술한 바가 있었다. 오직 삼례(三禮)[2]는 1주년의 공력을 썼고, 그 나머지 여러 경(經)은 혹은 수십 일 혹은 수개월 만에 마쳤다. 그러나 대부분 닭이 울 무렵 취침하기 전과 비바람이 불어 손님이 흩어진 여가에 저술하였다.

내가 이처럼 민첩하고 빠른 것을 보고는 의심하는 자가 많이 있으니, 혹은 붓 가는 대로 망령되이 말한다고 의심하고 혹은 재주가 높아서 미치기 어렵다고 의심하였다. 그러나 실제는 모두 그렇지 않다. 나는 평소 정밀하게 연구하고 깊이 생각한 것이 항상 사물의 실제 이치에 있었으니, 그 요점을 잡아서 그 조목을 연구하면 막힘없이 순조로웠다. 모든 천하의 허상과 허깨비가 생각을 현혹하지 못하니, 이것이 공력을 얻은 까닭이다. 그 뒤에 경전을 읽을 적에 모두 정밀하고 익숙하게 강마(講磨)하고

1 성안 : 이때에 심대윤은 안성(安城) 읍내에 거주하였던 것으로 보인다. 《심대윤전집 1 백운 심대윤선생 연보》

2 삼례(三禮) : 《주례》, 《의례》, 《예기》를 가리킨다. 심대윤은 《주례산정(周禮刪正)》, 《의례정론(儀禮正論)》, 《예기정해(禮記正解)》를 저술하였다.

외워 마음속에 있어서 손에서 빌려 써지는 듯하였으니, 이 때문에 민첩하고 빠름이 신과 같은 것이다. 이는 바로 평소 공력을 써서 실제 얻음이 있었기 때문이요, 하루아침에 붓 가는 대로 말한 것이 아니며, 또한 재주가 옛사람보다 크게 뛰어난 것이 아니다. 후세의 배우는 자가 나의 말에 유념해서 사물의 실제 이치에 공력을 다할 것이요, 한갓 장구(章句)의 위에서 찾지 말지어다.】

詩經集傳辨正 4

校勘·標點

生民之什

生民

厥初生民，時維姜嫄【音原．叶魚倫反】。
生民如何？克禋克祀【叶養里反】，以弗無子。
履帝武敏【叶母鄙反】歆，攸介攸止。
載震載夙【叶相卽反】，載生載育，時維后稷。

賦也。生民，謂周之始生也，《綿》之“民之初生”是也。弗，當作祓，祓除不祥也，以除無子之祥也。履，“履我卽兮”之履。武，迹也，歆，享也，言蹋上帝之道，而敏享于上帝也。“攸介攸止”，言夾輔之，止而不去也。《甫田》之“攸介攸止”，上之補助民也，此天之輔佑周也。子姓由於丈夫之慶殃，而不由於婦人，【說見《國語定[1]論》。】行天之道，非婦人之事也，周人惟知有姜嫄而不知其祖之名，故惟稱姜嫄也，其實述其祖之德也，非述姜嫄也。若舍祖而稱妣，則悖禮甚矣。【《思齊》“太姒嗣徽音，則百斯男，惠于宗公，神罔是怨。”，只稱太姒而實言文王之德也，正與此同。】震，當作娠，夙，肅通，敬愼以保胎也。【或曰：“不知其祖之名，則何以知其祖之有德與否也？”曰：“世之傳其遠祖之賢，而不記其名者多矣。”〇《史記》曰：“姜嫄出野，見巨人跡，心欣然踐之而生棄，

1　定：《左國定論》에 근거하여 수정.

以爲不祥而棄之，見其不死，以爲神，收而擧之。"，此誤讀此詩而妄意爲之說也，其荒誕悖理極矣。不諱其祖之無父而生，而發之歌詠，此夷狄之所不爲也，以周公而爲之乎？以[2]巨人迹，爲帝之武，何以知其必爲帝武也？帝亦降行於地而有迹乎？以周公而爲此不經無據之言乎？周公《金縢》之祝策，命之勿敢言，惡以神怪惑衆也，乃作此怪誕不經無據之言，以惑衆聽乎？萬萬決知其不然也。又"履帝武敏歆，攸介攸止"，如舊說解之，則全不近於人之言也。帝武，謂之足跡，則祖武亦足跡耶?】《集傳》曰：姜嫄，炎帝之後，有部氏之女，名嫄，爲高辛氏之子孫之妃。【"克禋克祀"，言其德享于神也，《集傳》引[3]高禖之祭，妄也。詩言[4]"禋祀"者多矣，此何[5]以獨爲高禖之祭耶?】

誕彌厥月，先生如達【他末反】。
不坼【勑宅反】不副，無菑【音災】無害。
以赫厥靈，上帝不寧？
不康禋祀【叶養里反】？居然生子。

賦也。誕，語辭。彌，盈也，盈其產月也。先生，長子也。達，當作羍，小羊也，羊子易生也。副，當作逼，無坼裂逼迫之患也。菑，當作災。赫，顯著也。上帝不寧乎？何以無災如此？上帝不安享我之禋祀乎?【以爲"高禖之祭"，果妄也，其云"以高禖配天"，尤悖也。】何以居然生子也？居然，不用力而忽然自至

2 以：底本에는 "以爲". 奎章閣本에 근거하여 수정.

3 引：底本에는 "因". 奎章閣本에 근거하여 수정.

4 言：底本에는 "云". 奎章閣本에 근거하여 수정.

5 此何：底本에는 "何此". 奎章閣本에 근거하여 수정.

之意也，此幸天之眷佑而得賢子也。【何以喜幸之如此，而乃反棄之不育乎？果近於理乎?】

誕寘之隘【於懈反】巷，牛羊腓【符非反】字之。
誕寘之平林，會伐平林。
誕寘之寒氷，鳥覆【敷救反】翼之。
鳥乃去矣，后稷呱矣。
實覃實訏，厥聲載路。

賦也。寘，后稷自寘其身也，非謂棄之也。棄，與置義相反，言寘其身於必死之地，而鬼神扶護以不傷也。【無心而在此，惟置字爲穩，無他字可易也。】后稷嬰孩無知之時，寢臥[6]於狹道，而牛羊庇字之而不踐也，腓，當作庇。匍匐入於深林之中，父母求之而不得，適會有伐木者告之而獲之也。【棄兒，當於無人之地,，乃於村巷人居之中，此必無之說也。棄之隘巷，久則自死矣，何以移之平林乎？此必無之說也。旣棄之平林則已矣，何關於伐木者之見之與否，而復移之乎？此又必無之說也。新生之兒，寒氷之月，欲其死而棄之者 至於三移屢日之久，而不凍不死，此又必無之理也。】覆，蓋也，翼，挾也，跌墜於氷上而不能起，鳥覆翼之，得以不死，而父母求之，則鳥乃去而聞其啼號，遂得之也。呱，啼聲也。覃，長也，訏，大聲也。【若果棄之，則會伐平林，啼聲滿路，皆全無着落，病風之語也。不明言所以棄之之故，及復收之之由，而多爲荒雜無着落之說，雖兒童之言，不如是矣，乃以周公而如此乎？噫其肆爲悖妄而誣衊聖人，不亦甚乎?】

6 臥：底本에는 “外”. 奎章閣本에 근거하여 수정.

誕實匍【音蒲】匐【蒲北反】，克岐克嶷【魚極反】，以就口食。
蓺之荏【而甚反】菽，荏菽旆旆。
禾役穟穟【音遂】，麻麥幪幪【莫孔反】，瓜瓞唪唪【布孔反】。

賦也。岐嶷，頭角特出之貌。口食，耕種之民也，《易》云“自求口實”是也。“以就口食”，猶《書》云“明農”也，以其自幼，岐嶷之質，成就耕種之民也。【《集傳》曰：“口食，自就食也”，子能食食，教以右手，在二三歲也，何以能種植乎？后稷明於耕種之術，以教民也，非自爲農夫也。】役字，誤也，疑當作秛，禾名。穟穟，秀穎美好之貌，幪幪，茂密相蔽之貌，唪唪，多實之貌。

誕后稷之穡，有相【息亮反】之道【叶徒口反】。
茀【音弗】厥豐草【叶此苟反】，種之黃茂【叶莫口反】。
實方實苞【叶補苟反】，實種實褎【叶徐久反】。
實發實秀【叶忽久反】，實堅實好【叶訏口反】，實穎【營井反】實栗。
卽有邰【他來反】家室。

賦也。有助相民之道也。茀，當作刜，剗也。黃茂，嘉穀也。方，房也，擇穀之房堅固者而爲之種子也。苞，當作包，包而藏之，以爲來歲之種也。褎，聚也，旣種而聚土覆之也。發，生長也。秀，穟也。穎，穎長而穟大也。栗，堅凝也，言栗粒之密比也。后稷封於邰。

誕降嘉種，維秬【音巨】維秠【孚鄙反】，維穈【音門】維芑【音起】。
恒之秬秠，是穫是畝【叶滿洧反】。
恒之穈芑，是任【音壬】是負【叶扶委反】，以歸肇祀【叶養里反】。

賦也。《集傳》曰：降，降是種於民也，《書》云："稷降播種是也。"秬，黑黍也。秠，黍一稃二米者也。穈，赤粱粟也。○芑，當作杞，禾名也。恒，常種也，如今人以黍稷稻粱爲常種也。穫而聚之於畝，任負而納之也。肇祀，豈祈年報饗之禮，自后稷爲始歟！

誕我祀如何？
或舂【傷容反】或揄【音由】，或簸【波我反】或蹂【音柔】。
釋之叟叟【所留反】，烝之浮浮。
載謀載惟，取蕭祭脂，取羝【都禮反】以軷【蒲末反，叶蒲昧反】。
載燔載烈，以興嗣歲【叶音雪】。

賦也。揄，《集傳》曰"抒臼也"，揚臼中之粟，令其均鑿也。蹂，當作揉，捻也，以手捻取箕端之秕，而留其精鑿也。釋，作淅，叟，作溲，溲溲，淅米聲。烝，作蒸。浮浮，氣上浮也。謀，與人謀也，惟，自盡思慮也，言盡其誠也。蕭，蒿也，脂，膟膋也，焫蕭膟膋，祭於人鬼而降神也，蓋祭於田祖也。軷，當作祓，祓除害稼者也。烈，燒肉也。嗣歲，來歲也，季冬祀之，以祈來年也。

卬盛于豆，于豆于登。
其香始升，上帝居歆。
胡臭亶時【叶上止反】？后稷肇祀【叶養里反】。
庶無罪悔【叶呼委反】，以迄【許乙反】于今。

賦也。登，當作豋，籩也。【《儀禮》："大羹實於鐙，[7] 瓦也。"，羹，鼎實也。】居歆，安饗也。臭，香也，言一何芳香而亶時乎？此秋穀旣登，報饗于上帝也。非天子，不得祀天，棄爲唐虞之后稷，始制報饗之祀，而唐虞行之也。此篇專言后稷之善於農事，故祭祀亦言農田之祭而已也，《綿》、《生民》、《公劉》，以不忘先祖之功業也。

《生民》八章，四章章十句，四章章八句。

行葦

敦【徒端反】彼行葦，牛羊勿踐履。
方苞方體，維葉泥泥【乃禮反】。
戚戚兄弟【待禮反】，莫遠具爾。
或肆之筵，或授之几。

比而賦也。敦，《集傳》曰"團聚貌"。苞，生之密也，體，材之成也。泥泥，着而不脫之貌，以比人材之發揚成就，而不毁壞之，則興於學者漸多，而成就其材，親附而不畔也。戚戚，憂恤也。兄弟，謂同學之人也。具，俱通，爾，當作邇。此王詣學宮，與庶士燕射之樂歌。王時遊於太學，行養老之禮而乞言，或與學士燕射，用鄕射之禮，所以明尊卑敬長之義，勸率學士而風動天下，故取比於行葦如此。

7 鐙：《儀禮》와 문맥에 근거하여 수정.

肆筵設席【叶祥勺反】，授几有緝御【叶魚駕反】。
或獻或酢【才落反】，洗爵奠斝【古雅反．叶居訝反】。
醓【他感反】醢以薦【叶卽略反】，或燔或炙【叶陟略反】。
嘉殽脾【婢支反】臄【渠略反】，或歌或咢【五洛反】。

賦也。《集傳》曰：緝，續也，緝御，相續侍御也。醓，醢之多汁者也。臄，口上肉也。徒擊鼓曰咢。

敦弓既堅【叶古因反】，四鍭既鈞。
舍矢既均，序賓以賢【叶下珍反】。
敦弓既句【古侯反．叶古侯反】，既挾【子協反】四鍭。
四鍭如樹【叶上主反】，序賓以不侮。

賦也。《集傳》曰：敦，雕通。鍭，金鏃也，鈞，參亭也，矢三分之一在前，二在後，訂之而平，以前有鏃重也。舍，釋也，發矢也。句，彀通。《射禮》"搢三挾一"，既挾四鍭，則且盡釋矣。如樹，言矢貫革如植也。○舍矢既均，衆耦發矢均也，序賓以賢，臨事尙能，故擇射藝均敵者爲耦，而不計班爵也。侮者，射不中而飮罰酒者，爲之恥侮也，既射而飮 飮罰酒者，別席於下，上等者，別席於上，故曰"序賓以不侮"，言侮者不序也。

曾孫維主，酒醴維醹【如主反．或叶奴口反】。
酌以大斗，以祈黃耇【叶果五反】。
黃耇台【湯來反】背【叶必墨反】，以引以翼。
壽考維祺，以介景福【叶筆力反】。

賦也。曾孫，天子也。醹，醇厚也。大斗，大爵也。祈，祝其壽也。黃耈，老人黃髮也。台，作鮐，耈艾則背有鮐文也。引，次次及之也，翼，輔也，言獻爵祝壽次次引及而輔翼之也。鄕飮酒之禮，序齒而不序爵，老者有加饌，所以明敬長之義也，故終言敬老也。"曾孫維主"者，以明雖天子亦敬老也。

《行葦》四章，章八句。

旣醉

旣醉以酒，旣飽以德。
君子萬年，介爾景福。

賦也。祭畢而燕於堂上，旅酬燕毛，衆臣祝王之樂歌。與人以善曰"德"。

旣醉以酒，爾殽旣將。
君子萬年，介爾昭明。

賦也。

昭明有融，高朗令終。
令終有俶【尺六反】，公尸嘉告【叶姑沃反】。

賦也。融，明之盛也。令終，善終也，善終在善其始也。公尸，貴之也，公，人臣之貴稱也。嘉告，祝嘏也，祝嘏在於室中，而此特托尸以祝君也。

其告維何？籩豆靜嘉【叶居何反】。
朋友攸攝，攝以威儀【叶牛何反】。

賦也。朋友，謂同與祭之僚友也。攝，攝助祭儀也。

威儀孔時【叶上止反】，君子有孝子。
孝子不匱【求位反】，永錫爾類。

賦也。孔時，隨處而得中也。匱，竭也，類，子孫也，能善其始而威儀無愆，所以錫類而善其終也。

其類維何？室家之壼【苦本反．叶苦俊反】。
君子萬年，永錫祚【才故反】胤【羊刃反】。

賦也。壼，宮中之巷也。祚胤，保祚之子孫也。

其胤維何？天被【皮寄反】爾祿。
君子萬年，景命有僕。

賦也。天被爾祿於爾胤也，天之大命，又有爲之僕從也，妻爲夫之僕從也。

其僕維何？ 釐【力之反】爾女士【鉏里反】。
釐爾女士，從以孫子。

賦也。釐，理也，《書》云"釐降"是也。女士，婦人之貴稱也，言以賢妻爲僕也。從以孫子，又生賢孫也。

《旣醉》八章，章四句。

鳧鷖

鳧【音扶】鷖【於鷄反】在涇，公尸來燕來寧。
爾酒旣淸，爾殽旣馨。
公尸燕飮，福祿來成。

興也。《集傳》曰：鳧，野鴨也，鷖，鷗也。○鳧鷖在涇，而沙而渚而潨而亹，言猶未遠於涇也，以況尸在室中，則爲神之攝賓，而今燕於堂上，猶未遠於神，故以敬神之餘意敬尸也。獻攝王爲主而薦爵于尸，非獻之自設也，故曰"爾酒爾殽"，此祭畢燕尸於堂上之樂歌，重複特甚者，以見誠意之未已也。

鳧鷖在沙【叶桑何反】，公尸來燕來宜【叶牛何反】。
爾酒旣多，爾殽旣嘉【叶居何反】。
公尸燕飮，福祿來爲【叶吾禾反】。

興也。爲亦成也。

鳧鷖在渚，公尸來燕來處。
爾酒既湑【息汝反】，爾殽伊脯。
公尸燕飮，福祿來下【叶後五反】。

興也。

鳧鷖在潨【在公反】，公尸來燕來宗。
既燕于宗，福祿攸降【叶乎攻反】。
公尸燕飮，福祿來崇。

興也。《集傳》曰：潨，水會也。來宗，尊也，于宗，廟也。

鳧鷖在亹【音門】，公尸來止熏熏【叶眉貧反】。
旨酒欣欣，燔炙芬芬【叶豊匀反】。
公尸燕飮，無有後艱【叶居銀反】。

興也。《集傳》曰：亹，峽岸如門也。熏熏，和悅也，欣欣，樂也，芬芬，香也。

《鳧鷖》五章，章六句。

假樂

假樂君子，顯顯令德。
宜民宜人，受祿于天。
保右命之，自天申之。

賦也。人，謂在位者也。右，佑通。申，重也。此以率由舊章群匹爲主意，蓋周、召箴成、康之詩也。

干祿百福，子孫千億。
穆穆皇皇，宜君宜王。
不愆不忘，率由舊章。

賦也。干祿而得百福也，子孫千億，繼序不絶也。宜君宜王，保有天下也。皇皇，大也。愆，忒也，率，循也。舊章，先王之典章也。

威儀抑抑，德音秩秩。
無怨無惡【烏路反】，率由群匹。
受福無疆，四方之綱。

賦也。抑抑，謙抑之意。秩秩，有序也，《易》云"言有序。"怨、惡，私憾也，不以私憾廢人之嘉言良謀也。匹，配偶也，賢德之配王者也。上率舊章，下率群賢，而不妄自用，則其心公平而無私意也，其亦幾於道矣。

之綱之紀，燕及朋友【叶羽己反】。
百辟卿士【鉏里反】，媚【眉備反】于天子。
不解【佳賣反】于位，民之攸塈【許旣反】。

賦也。爲天下綱紀而安天下也，燕，安也。朋友，友邦是也。德如是，則外內之臣皆親附而不貳也。解，作懈。塈，作曁，與也。或曰："如塈塗之附着爲一。"，亦通。

《假樂》四章，章六句。

公劉

篤公劉，匪居匪康，迺埸【音易】迺疆，迺積迺倉。
迺裹餱糧，于槖【他洛反】于囊【乃郎反】，思輯【音集】用光。
弓矢斯張，干戈戚揚，爰方啓行【叶戶郎反】。

賦也。居，安居也。疆埸，見《信南山》。槖，囊之無係者也。輯，集合也。戚，斧也，揚，鉞也。此詩述公劉之功業而不忘也，足食足兵，爲興王之基也。

篤公劉，于胥斯原。
旣庶旣繁【叶紛乾反】，旣順迺宣，而無永歎【他安反】。
陟則在巘【魚輦反．叶魚軒反】，復降在原。
何以舟之？維玉及瑤【音遙】，鞞【必頂反】琫【必孔反】容刀【叶徒招反】。

賦也。胥，相也，斯原，豳也，公劉自戎狄之間，始遷居于豳也。庶、繁，物衆盛也。順，順其事也，宣，宣其力也。巘，山頂也，言上下山原而察之也。舟，《集傳》曰“帶也”鞞琫，見《瞻彼洛矣》。容刀，容飾之刀也。【《記》云：“皆佩容臭”，言佩容飾及香臭也。】言其德行利用具備也。

篤公劉，逝彼百泉，瞻彼溥【音普】原。
迺陟南岡，乃覯于京【叶居良反】。
京師之野【叶上與反】，于時處處。
于時廬旅，于時言言，于時語語。

賦也。溥，廣也，京，豳之邑也，師，衆也。京師之野，言京之可以居衆，而又可以爲田野也。時，是也。廬旅，宅衆也。

篤公劉，于京斯依【叶於豈反】。
蹌蹌【七羊反】濟濟【子禮反】，俾筵俾几，旣登乃依。
乃造【七到反】其曹，執豖于牢，酌之用匏【步交反】。
食之飮之，君之宗之。

賦也。依，托而安也，俾，使人也，使設筵而登，設几而依也。造，詣也。曹，《集傳》曰：“群牧之處也。”牢，圈也。宗亦君也，君而宗之也。其勤於事而儉於費也如此，故能興周業也。所謂“蹌蹌濟濟”者，非外飾威儀也，自古及今，未有不勤儉而興、奢逸而亡者也。

篤公劉，旣溥旣長。
旣景迺岡，相【息亮反】其陰陽。
觀其流泉，其軍三單。
度其隰原，徹田爲糧。
度其夕陽，豳居允荒。

賦也。《集傳》曰：其芟夷墾辟，廣且長也。東西爲廣；南北爲長。景，測景以正四方也。岡，登高以望也，視其陰陽寒暖之異也。前言作都，此言甸野居民也。山西曰夕陽。荒，曠遠也。〇三單，三分其單也。萬二千五百人爲軍，小國一軍曰單，三分一軍，爲前後中三隊也。徹，通共也，上下同力作農也。【《集傳》以爲"井田徹法。"，妄也。徹，周公之所制也，方公劉草剏墾辟之時，安有徹法哉?】

篤公劉，于豳斯館【叶古玩反】。
涉渭爲亂，取厲取鍛【丁亂反】。
止基迺理，爰衆爰有【叶羽已反】。
夾其皇澗，遡其過【古禾反】澗。
止旅迺密，芮鞫【居六反】之卽。

賦也。絶流而渡曰亂，爲亂，爲之橋梁也。厲，礪通。鍛，鐵之鍛者也。"止基迺理"，以都邑爲基而止居，然後乃疆理其土宇也。衆，人多也，有，富有也。皇、過，二澗名，或夾或遡而居也。止旅，止居之衆也。芮，水名，當作汭。鞫，窮也，水內地窮處也，人居繁密，卽於汭鞫也。

《公劉》六章，章十句。

泂酌

泂【音迥】酌彼行潦【音老】，挹彼注玆，可以餴【甫云反】饎【尺志反。叶昌里反】。
豈弟君子，民之父母【叶滿彼反】。

比而賦也。泂，澄也。行潦之渾，澄而酌之也，言教士而取之也。挹，俯手取水也，"挹彼注玆"，言俯取而任[8]事也。"可以餴饎"，言有實績也。餴，《集傳》曰"烝米而水沃之也。"饎，酒食也。民之所好，好之，民之所惡，惡之，民之父母也。好善惡惡，民之秉彛也，微賤之有善，無所遺廢，則順民之好惡而民服矣，此卽《洪範》"皇極"之義也。舊說以爲"召康公【名奭】箴成王。"

泂酌彼行潦，挹彼注玆，可以濯罍【音雷】。
豈弟君子，民之攸歸【叶古回反】。

比而賦也。

泂酌彼行潦，挹彼注玆，可以濯漑【古愛反．叶古氣反】。

8 任：底本에는 "住". 奎章閣本에 근거하여 수정.

豈弟君子，民之攸塈【許旣反】。

比而賦也。溉，滌也，塈，暨通。此篇，風也。

《泂酌》三章，章五句。

卷阿

有卷者阿【與歌叶】，飄風自南【叶尼心反】。
豈弟君子，來游來歌【與阿叶】，以矢其音。

興也。卷，上曲貌，以和風之感物，況王敎化之感人也。矢，陳也。此詩，成王會諸侯於東都，諸侯饗王之樂歌。【人臣無燕饗君之禮，故無臣饗君之詩也。人臣惟有箴諷之詩，而此云"王來游來歌"，則乃燕饗也，非徒爲箴諷也。詩中無賓主之意，則又非巡狩而諸侯饗王也，是知諸侯朝王于東都明矣。】"來游來歌，以矢其音"，言王德敎感化人也。

伴奐【音喚】爾游矣，優游爾休矣。
豈弟君子，俾爾彌爾性，似先公酋【在由反】矣。

賦也。伴奐，猶盤桓也，言王來游舍於東都也。彌，充滿也，言擴充以盡其性也，《中庸》云"盡己之性、盡物之性"，是也。先公，周公也。周公治洛而主東方諸侯，故欲王之似周公

之德，爲尊首於天下也。酋，尊首也。【言"似先公"，則知在東都明矣。】

爾土宇昄【符版反】章，亦孔之厚【叶狠口、下主二反】矣。
豈弟君子，俾爾彌爾性，百神爾主【叶當口、腫庾二反】矣。

　　賦也。昄章，顯明也。天下躋於仁，比屋可封，愚夫愚婦皆知善惡向背也。厚，德積厚也。

爾受命長矣，茀【芳弗反】祿爾康矣。
豈弟君子，俾爾彌爾性，純嘏爾常矣。

　　賦也。茀，豊盛也。

有馮【符氷反】有翼，有孝有德，以引以翼。
豈弟君子，四方爲則。

　　賦也。有憑倚而立者，周、召是也，有輔翼而扶者，亂臣是也，有忠於事上者，有施於治民者，百執事是也。移孝以事長上，故事上亦曰孝。引，引而及之也，翼，翼而輔之也。

顒顒卬卬，如圭如璋，令聞令望【叶無方反】。
豈弟君子，四方爲綱。

　　賦也。顒顒，大而爲下所觀也，《易》云："有孚顒若。"卬，昂通，昂昂，尊而爲下所仰也。圭、璋，言其德也，令望善德，爲人所望也。

鳳凰于飛，翽翽【呼會反】其羽，亦集爰止。
藹藹王多吉士，維君子使，媚于天子。

興也。“亦集爰止”，群賢集於王朝，而無離背之志也。藹藹，盛也。維王所使而媚于王也。言“維君子使”者，使之以禮而不以威，順其義命而不從其邪志也，故不曰“維天子使也。”

鳳凰于飛，翽翽其羽，亦傅于天。
藹藹王多吉人，維君子命，媚于庶人。

興也。“亦傅于天”，言順于天心也，“媚于庶民”，是順天[9]心也。庶人之人，當作民。

鳳凰鳴矣，于彼高岡。
梧桐生矣，于彼朝陽。
菶菶【布孔反】萋萋【七西反】，雝雝喈喈【叶居奚反】。

比也。山之東曰朝陽。鳳凰，瑞鳥也；梧桐，嘉樹也，故以比賢士也。“菶菶萋萋”，梧桐之盛也，“雝雝喈喈”，鳳凰之鳴也。

9 天 : 문맥상 “民”인 듯함.

君子之車，既庶且多。
君子之馬，既閑且馳【叶唐何反】。
矢詩不多，維以遂歌。

比也。車之多，馬之閑，以比賢士之衆而習於事也。遂，成也。上有《泂酌》之道，則能致《卷阿》之多士也。

《卷阿》十章，六章章五句，四章章六句。

民勞

民亦勞止，汔【許乙反】可小康。
惠此中國，以綏四方。
無縱詭【居毁反】隨，以謹無良。
式遏寇虐，憯【七感反】不畏明【叶謨郎反】。
柔遠能邇，以定我王。

賦也。汔，幾也。言王政衰而民不安，不可不動念而圖之也。中國，王畿也，正朝廷而四方化，王國安而天下平矣。詭隨，隨人之不正也。謹，愼守而不越也，【謹與愼，義不同，先儒一之，非也。】使無良之人，謹而不敢動也，此惠中國也。寇虐，諸侯之相侵暴者也，明，天之明命也。天付王以四海之民，視其相虐而不救，則是蔑棄天命也，何可憯然殘忍，而不畏天命乎，此綏四方也。此刺王之昏懦無明斷，容受姦邪而不能去之，姑息寇亂而不能征之，朝廷日卑而諸侯日肆也，不敢斥王，故託爲厲其同僚之辭也。夷王下堂而見諸侯，其無威嚴，可知矣，疑刺夷王也。

民亦勞止，汔可小休。
惠此中國，以爲民逑。
無縱詭隨，以謹惛怓【女交反．叶尼猶反】。
式遏寇虐，無俾民憂。
無棄爾勞，以爲王休。

賦也。惛怓，昏惑王心，煩亂王聽也。

民亦勞止，汔可小息。
惠此京師，以綏四國【叶于逼反】。
無縱詭隨，以謹罔極。
式遏寇虐，無俾作慝【吐得反】。
敬愼威儀，以近有德。

賦也。“以近有德”，親賢臣也。

民亦勞止，汔可小愒【起例反】。
惠此中國，俾民憂泄【以世反】。
無縱詭隨，以謹醜厲。
式遏寇虐，無俾正敗【叶蒲寐反】。
戎雖小子，而式弘大【叶持計反】。

賦也。愒，憩通。泄，瀉也，厲，暴也。正敗，强不畏法者得志，而謹守王法者敗也。戎、而，皆汝也，爾雖年少，而爾之所爲法則於天下者，廣大也。王年少，故曰小子。

民亦勞止，汔可小安。
惠此中國，國無有殘。
無縱詭隨，以謹繾綣。
式遏寇虐，無俾正反。
王欲玉汝，是用大諫。

賦也。繾綣，小人之締結朋比也。正反，守正者亦反而爲不正也。玉，貴寶之也，猶言"善汝"也。

《民勞》五章，章十句。

板

上帝板板，下民卒癉【當簡反】。
出話不然，爲猶不遠。
靡聖管管，不實於亶。
猶之未遠，是用大諫【叶音簡】。

賦也。木分判則爲板，板板，猶片片也。國無道則人各有心，億萬心而不相一也。卒，盡也，癉，病也。言不然於理，猷不遠於慮也。靡聖，蔑棄聖訓而不遵也。管管，如竹管之外剛而內虛也，外剛則不聽人而自用，內無實有也。“不實於亶”，言內無誠實之德而空空如也。舊說以爲“凡伯刺厲王也”，不敢必其爲凡伯 厲王，而託爲同僚之言以刺王，亦如《民勞》之義也。

天之方難【叶泥涓反】，無然憲憲【叶虛言反】。
天之方蹶【俱衛反】，無然泄泄【以世反】。
辭之輯【叶祖合反】矣，民之洽矣。
辭之懌【叶弋灼反】矣，民之莫矣。

賦也。憲憲，猶欣欣也。蹶，急仆也。泄泄，舒緩不急之意也。輯，和合也，洽，浹洽也。莫，漠通，淸靜也。

我雖異事，及爾同僚。
我卽爾謀，聽我囂囂【許驕反】。
我言維服，勿以爲笑【叶思邀反】。
先民有言，詢于芻【初俱反】蕘【如謠反】。

賦也。託言君臣異道，而同爲國事，同其休戚也。囂囂，諠聲也，多辯以拒諫也。維服，可以爲事也。芻蕘，採薪蒭者也。

天之方虐，無然謔謔【虛虐反】。
老夫灌灌，小子蹻蹻【其略反】。
匪我言耄【莫報反．叶毛博反】，爾用憂謔。

多將熇熇【叶許各反】，不可救藥。

賦也。謔謔，戲侮也。灌灌，注意之意也，蹻蹻，高大之貌。“爾用憂謔”，以憂爲謔也。熇熇，熾盛也，恬不爲意，至於旣多，則不可爲也。

天之方懠【才細反．叶箋西反】，無爲夸【苦花反】毗。
威儀卒迷，善人載尸。
民之方殿屎【許伊反】，則莫我敢葵。
喪【息浪反】亂蔑資【叶箋西反】，曾莫惠我師【叶霜夷反】。

賦也。懠，怒也。夸，夸大也，毗，比附也。小人更相稱揚以相比，君子更相規戒以相濟，小人以虛名相趨，君子以實利相須也。尸與禮而不與食，言善人與於謀議而不與實行也。殿屎，《集傳》曰：呻吟也。葵，當作揆，畏王之怒而莫敢揆度民事也。蔑資，無所資賴也。師，衆也。

天之牖民，如壎【許元反】如篪【音池】。
如璋如圭，如取如攜。
攜無曰益，牖民孔易【以豉反．叶夷益反】。
民之多辟【匹亦反】，無自立辟。

賦也。牖，啓明之也。“如壎如篪”，和應也，上與民同其好惡則和應也。“如璋如圭”，言導民以德也。民之自耽如取，從上如攜也，以如取之民，從如攜之上，何有於難哉？民有好善好利之性，導之以善利曰德，因其天而成其天也，非自我有爲而益其道也，故曰“攜無曰益。”逆制其性而禁其爲非，則不可得也，順其性而導之，則如水之就下，自然可致也。“民之多辟”，天下不一於道，而人各自用其法也，卽板板管管之意也。不能因其道而道之，又自立法，則民愈離心離德而不可爲也。

价人維藩【叶分邅反】，大師維垣。
大邦維屛，大宗維翰【叶胡田反】。
懷德維寧，宗子維城。
無俾城壞【叶胡罪、胡成二反】，無獨斯畏【叶紆會、於非二反】。

賦也。集傳曰：价，大也，大德之人也。師，衆也。○大邦，異姓諸侯，大宗，同姓之國也。翰，羽翼也。宗子，太子也，“懷德維寧”，包宗子，“無俾城壞”，包上四者也。有德則五者皆懷之以寧也，無德則五者皆壞也，毋孤獨而有畏也。【《左傳》曰：“君修德以固宗子，何城如之？”○“宗子維城”，或爲幽王之廢宜臼而及之也，然則此詩乃刺幽王也。】

敬天之怒，無敢戲豫。
敬天之渝【用朱反】，無敢馳驅。
昊天曰明【叶謨郎反】，及爾出王。
昊天曰旦【叶得絹反】，及爾游衍【叶怡戰反】。

賦也。渝，變也，言天命靡常也。王，往通。衍，寬平也，游衍，游豫寬安也。此祝王之覺悟而去昏爲明，如夜之有旦，用其忠言而共圖國政也。

《板》八章，章八句。

《生民之什》。

蕩之什

蕩

蕩蕩上帝，下民之辟【必亦反】。
疾威上帝，其命多辟。
天生烝民，其命匪諶【市林反】。
靡不有初，鮮克有終【叶諸深反】。

賦也。辟，法也。多辟之辟，當作僻。天生民，責以中和之德，而賦性有欲。或能自克，以就中和而受福焉；或不能自克，以汩於私欲而速禍焉。惟其有欲，故可以自克，【知善之爲利，故自克以就之。】可以不能自克。【不知善之爲利，而惟知利之爲利，故不能自克也。】故曰："其命匪諶。"性相近也，而習相遠也；道相同也，而行相反也。善惡一本而殊軌，故曰："靡不有初。"民能自克以從道者鮮，故曰："鮮克有終。"舊說以爲刺厲王之詩。凡言天者，皆天子之事也。此則託言蕩蕩之王，下民之法，疾威之王，其命多僻，不知自克以從道也。

文王曰咨，咨女殷商。
曾是彊禦，曾是掊【蒲侯反】克。
曾是在位，曾是在服【叶蒲北反】。
天降慆【他刀反】德，女興是力。

賦也。咨，嗟也。不敢斥言，故託爲其祖文王之言，而嗟歎商 紂以警王也。彊禦，彊暴之臣。掊克，聚斂之臣也。服，事也。慆，慢也，天降慆德於汝，汝起而力行之也。

文王曰咨，咨女殷 商。
而秉義類，彊禦多懟【直類反】。
流言以對，寇攘式內。
侯作侯祝，靡届靡究。

賦也。爾之所執以爲義類者，乃彊暴多可懟之人也。【《書》云："元惡大懟。"】流言，無根之言，以流言應對也。式，語辭，寇攘者在內也。作，當作詛。祝，當作呪。"靡届靡究"，無所至極也。

文王曰咨，咨女殷 商。
女炰【白交反】烋【火交反】于中國，斂怨以爲德。
不明爾德，時無背【布內反】無側。
爾德不明，以無陪【蒲回反】無卿。

賦也。炰烋，焰烈熏灼之貌。時，是也。背，侍於背後者也；側，輔於左右者也。陪，陪貳也，大夫貳卿者也。

文王曰咨，咨女殷 商。
天不湎【面善反】爾以酒，不義從式【叶式夷反】。
既愆爾止，靡明靡晦【叶呼洧反】。

式號式呼【火故反】，俾晝作夜【叶羊茹反】。

賦也。湎，沈湎也 式，恒用也。《書}云"式爾"是也，惟不義是從而恒用也。止，容止也。"靡明靡晦"，無晝無夜也。

文王曰咨，咨女殷商。
如蜩如螗，如沸如羹【叶盧當反】。
小大近喪【息浪反】，人尙乎由行。
內奰【皮器反】于中國，覃及鬼方。

賦也。螗亦蟬也。"如蜩如螗"，喧聒也。"如沸如羹"，擾亂也。小大近喪，而尙且由行之也。奰，怒貌。覃，延也。鬼方，北幽之國也。

文王曰咨，咨女殷商。
匪上帝不時，殷不用舊【叶巨已反】。
雖無老成人，尙有典刑。
曾是莫聽【湯經反】，大命以傾。

賦也。不時，時運不善也。典刑，常法也。

文王曰咨，咨女殷商。
人亦有言，顚沛之揭【紀竭、去例二反】。
枝葉未有害【許曷、瑕憩二反】，本實先撥【蒲末反。叶方吠、筆烈二反】。
殷鑑不遠，在夏后之世【叶始制、私烈二反】。

賦也。揭，拔擧也。撥，撥其土也。蘇氏曰："商、周之衰，諸侯未叛，四夷未起，而其君自爲不義，以絶於天也。殷鑑在夏，言周鑑在殷也。"

《蕩》八章，章八句。

抑

抑抑威儀，維德之隅。
人亦有言，靡哲不愚。
庶人之愚，亦職維[1]疾【叶集二反】。
哲人之愚，亦維斯戾。

賦也。抑抑，謙抑貌。隅，室之見於外者也，柳文云"觀室者，必觀其隅"是也。威儀，德之見於外者也。子曰："過猶不及。"老聃曰："善之與惡，相去何若？"皦行雄辯，以風彩動人，而氣壓一世，非謙恭中和之德也。其爲咎殃，或過於愚騃不肖者。有賢哲之名，而無實德，無實利，有哲之名而有愚之實，故曰"靡哲不愚"。"亦職維疾"，稟賦之有偏蔽也。"亦維斯戾"，以高明之材而自爲之戾也。○《集傳》以爲衛武公作此詩，使人誦於其側以自警。今觀詩辭，全非自警之辭，而以懿爲抑，其妄不足辨矣。【《左傳》，武公作懿戒，《集傳》曰："懿，抑也。"】

1 維：底本에는 "有".《詩傳大全》에 근거하여 수정.

其言四方、四國、先王、皇天、蠻方等語，皆爲天子，而亦非幽、厲無道之王也。此詩，蓋諸侯刺宣王之不無高明之姿，而晚塗驕盈，功業不終也。詩之所刺四事，自賢聖而無謙恭戒愼，一也；不愼言語，二也；湎于酒，三也；外飾耳目而不篤實行，四也。其爲宣王無疑也。宣王，周之中興之主，而王子晉，與厲、幽竝稱，《庭燎》刺其始勤終怠，及其子幽王，遂喪周業，宣王之不善其終，可知也。衛武公竝厲、宣之世，此詩爲武公所作，亦未可知也。

無競維人，四方其訓之。
有覺德行，四國順之。
訏【況于反】謨定命，遠猶辰告【叶古得反】。
敬愼威儀，維民之則。

賦也。競，彊力也。覺，高大也。訏，大言也。謨，謀也。劉康公曰："民受天地之中以生，所謂命也。有動作、禮義、威儀之則，以定命也。"【民稟天地中和之氣以生，而天命以中和之德，動作由於禮義而威儀得中，是爲定命也。】隨時而中，然後乃善也，辰告，蓋時中之意，而告字疑有誤。或曰："當作若，言隨時而順也。"

其在于今，興迷亂于政。
顚覆厥德，荒湛于酒【叶子小反】。
女雖湛樂從，弗念厥紹【市沼反】？
罔敷求先王，克共【九勇反】明刑【叶胡光反】。

賦也。凡言汝、言小子，託爲告下之辭，而實指王也。"湛樂從"，惟湛樂是從也。紹，繼緒也。"敷求先王"，廣求先王之法也。共，恭也，刑，法也，恭行明法也。

肆皇天弗尙，如彼流泉，無淪胥以亡？
夙興夜寐，灑掃廷內，維民之章。
修爾車馬，弓矢戎兵【叶晡亡反】。
用戒戎作，用逷【他歷反】蠻方。

賦也。尙，崇尙也。淪胥，衆共陷沒也，如流泉之溺沒也。章，法文也。"灑掃廷內"，託言肅淸王國也。戎作，寇亂之起。逷，遠也。此言威制天下也。

質爾人民，謹爾侯度，用戒不虞【叶元具反】。
愼爾出話，敬爾威儀【叶牛何反】，無不柔嘉【叶居何反】。
白圭之玷【丁簟反】，尙可磨也。
斯言之玷，不可爲也。

賦也。質，徵也。【《中庸》："質諸鬼神，徵諸庶民。"】侯，維也，謹守爾之度也。"用戒不虞"，顧畏民嵒也。玷，瑕也。

無易由言，無曰苟矣。
莫捫朕舌，言不可逝矣。
無言不讎【叶市又反】，無德不報【叶蒲救反】。
惠于朋友【叶羽已反】，庶民小子。

子孫繩繩，萬民靡不承。

賦也。言必有物而不可苟也。捫，撫持也。“不可逝”，言不可縱往也。朋友，友邦也。宣王多過言於諸侯，故言無言不讎，惠于朋友也。

視爾友君子，輯柔爾顏【叶魚堅反】，不遐有愆。
相在爾室，尚不愧于屋漏。
無曰不顯，莫予云覯。
神之格【叶剛鶴反】思，不可度思，矧可射思？

賦也。輯，和戢也。視爾友君子之時，則修飾如此，而不慎於獨也。屋漏，中霤也。射，厭也，言不可厭而外之也。人之善惡，感召天地之氣而爲慶殃，陰德、隱慝爲甚焉。故《中庸》曰：“莫見乎隱，莫顯乎微。”氣之以類感應，無遠不至，無隱不就，無所逃於天地之間也。凡言鬼神，謂禍福也。

辟爾爲德，俾臧俾嘉【叶居何反】。
淑愼爾止，不愆于儀。
不僭不賊，鮮【息淺反】不爲則。
投我以桃，報之以李。
彼童而角，實虹【戶公反】小子。

賦也。臣下法爾爲德，使其善也。投桃報李，言王爲德於諸侯，則諸侯亦法之，而效忠於王也。人臣之義，不以其君之不德而不忠也，諸侯之義，天子不德，則可去而他歸也。“童而角”，童孩而丱角也。角在高而亢上，託言無知而自賢聖也。虹，當作訌，壞亂也。

荏【而甚反】染【而漸反】柔木，言緡之絲【叶新夷反】。
溫溫恭人，維德之基。
其維哲人，告之話言，順德之行。
其維愚人，覆謂我僭【叶七尋反】。
民各有心。

　　興也。染，當作冉。蓋無竹竿，則以柔條緡絲以釣也。

於乎小子，未知臧否？
匪手攜之，言示之事【叶上止反】。
匪面命之，言提其耳。
借曰未知，亦旣抱子。
民之靡盈，誰夙知而莫成？

　　賦也。匪徒手攜，而示之以事；匪徒面命，而提其耳也。假令曰姑未知也，而亦旣長大而抱子，則已過有知之年矣。盈，驕盈也。若王之不自恃其中興，而生其驕盈之心，則何以夙知於初年而晚成如此乎？抱子而姑未知，則可謂晚成也。【武公，九十五之老人，可曰抱子乎？】

昊天孔昭，我生靡樂。
視爾夢夢【莫公反】，我心慘慘。

誨爾諄諄【之純反】，聽我藐藐【美角反】。
匪用爲教，覆用爲虐。
借曰未知，亦聿既耄。

賦也。孔昭，言明威也。夢，當作懵。諄諄，詳熟也。藐藐，忽略也。假令曰姑未知，亦遂至老而無改悟之日矣，言無望於他日也。

於乎小子，告爾舊止。
聽用我謀，庶無大悔。
天方艱難，曰喪厥國。
取譬不遠，昊天不忒【他得反】。
回遹其德，俾民大棘。

賦也。止，語辭。喪國，言厲王之流於彘也。"取譬不遠"，與亡同事，則禍亦如之，天道不忒也。不懲其父之禍，而回遹其德，使民困急也。遹，當作譎。

《抑》十二章，三章章八句，九章章十句。

桑柔

菀彼桑柔，其下侯旬。
捋采其劉，瘼此下民。

不殄心憂，倉兄塡兮。
倬彼昊天，寧不我矜？

興也。旬，《集傳》曰"徧也"。劉，殘也，以捋采桑葉之大小竝盡，興王國與諸侯俱病也。倉兄，當作愴怳。塡，當作瘨。倬，曠遠也。寧不我恤乎？舊說以爲芮伯刺厲王也，《左傳》亦以此爲芮良夫之詩。《國語》，芮良夫諫厲王悅榮夷公之專利也。

四牡騤騤，旟旐有翩【叶批賓反】。
亂生不夷，靡國不泯【叶彌鄰反】。
民靡有黎，具禍以燼【叶咨辛反】。
於乎有哀，國步斯頻。

賦也。四牡、旟旐，言征役煩擾也。具，俱也。步，運也。頻，嚬通，國運之蹙，如面之嚬也。

國步蔑資，天不我將【叶子兩反】。
靡所止疑，云徂何往？
君子實維，秉心無競【叶其兩反】。
誰生厲階【叶居奚反】，至今爲梗【古杏反。叶古黨反】？

賦也。蔑資，無所資賴也。將，扶持也。疑，當作凝。《儀禮》"疑立"、《荀子》"堅凝"是也，定也，堅也，重也。競，彊力也，無競，猶言莫彊也。厲階，禍階也。梗，阻塞也。【錢氏曰

"梗，水上浮木壅水者"，如哽咽之哽也。】

憂心慇慇，念我土宇。
我生不辰，逢天僤【都但反】怒【叶暖五反】。
自西徂東，靡所定處。
多我覯痻【武巾反】，孔棘我圉。

賦也。僤，《集傳》曰："厚也。"圉，邊方也，邊方急而土宇日蹙也。

爲謀爲毖，亂況斯削？
告爾憂恤，誨爾序爵。
誰能執熱，逝不以濯？
其何能淑？載胥及溺【叶奴學反】。

賦也。毖，憚也，宜其竭知以謀，動心以憚也。況今國亂而日削乎？豈可恬然不動於心乎？序爵，辨賢不肖之等殺而爵之也。執熱以濯，託言見辱禍之握，不可不急去之也。【《策》云："辱、禍必握。"】不然則其何能善乎？亦相與陷溺而已也。已亂之道，在進賢、退不肖也。

如彼遡風，亦孔之僾。
民有肅心，荓【普耕反】云不逮。
好是稼穡，力民代食。
稼穡維寶，代食維好。

賦也。遡風，逆風也。僾，嗳通，嗚[2]唈短氣也。肅心，欲進之心也。荓，簇聚也，與幷義略同也。王之所爲，拒人於千里之外，人之欲進者，如迎風而嗳唈，簇然同辭曰："非吾力之所能及也。吾儕惟宜力民之稼穡，以代祿食也。"言賢者退藏也。

天降喪亂，滅我立王。
降此蟊賊，稼穡卒痒。
哀恫【音通】中國，具贅【之芮反】卒荒。
靡有旅力，以念穹蒼。

賦也。立王，謂厲王，將有亡滅之禍也。具，俱也。贅，屬也。幷其所屬而盡荒也，卽"靡國不泯"也。靡有旅力之人，念天之禍也。天形穹而色蒼也，託言王室也。

維此惠君，民人所瞻【叶側姜反】。
秉心宣猶，考愼其相。
維彼不順，自獨俾臧。
自有肺腸，俾民卒狂。

賦也。相，輔弼之臣也。"自獨俾臧"，使其臣自獨以爲臧，而不考衆志也。"自有肺腸"，不度於公理，而自用其意也。自用則不合於常理、常情，故曰狂。

2 嗚：底本에는 "鳴". 奎章閣本에 근거하여 수정.

瞻彼中林，甡甡【所巾反】其鹿。
朋友已譖【子念反。叶子林反】，不胥以穀。
人亦有言，進退維谷。

興而賦也。甡甡，《集傳》曰“衆多幷行之貌”。【此反類以興也。】朋友，指其同僚也，譖，無實之言也，滿朝之人徒言而無實也。上無明君，下無良臣，進退皆窮也。其由在於賢者退藏，而不念天禍，在位者效王之自臧，而不循常理也。

維此聖人，瞻言百里。
維彼愚人，覆狂以喜。
匪言不能，胡斯畏忌【叶巨已反】？

賦也。言，語辭，“瞻言百里”，言能察於不見不聞也，愚人惟以面前之快意爲樂，而不圖其不見不聞也。不自言其不能，而自以爲是，何以有畏憚哉？

維此良人，弗求弗迪【叶徒沃反】。
維彼忍心，是顧是復【房六反】。
民之貪亂，寧爲荼毒？

賦也。迪，行也。復，重複也。“寧爲荼毒”，何以爲荼毒乎？

大風有隧，有空大谷。
維此良人，作爲式穀。

維彼不順，征以中垢【古口反。叶居六反】。

興也。穴地爲道曰隧。風由空谷而行也，言善惡殊途也。式穀，恒用之善也。征，行也，垢，汚穢也，行以中於汚穢，而未或中於善也。《漢書》曰："王之所行，中於何篇？"良人之式穀、不順之中垢，若有隧道而不可移易也。

大風有隧，貪人敗類。
聽言則對，誦言如醉。
匪用其良，覆俾我悖【叶蒲寐反】。

興也。風行而萬物榮悴。貪人在位，不善者靡然效之，故曰敗類也。"聽言則對"，言足以飾非也。"誦言如醉"，言之而謾不省也。不用良謀，而反謂之悖，故曰使我悖也。

嗟爾朋友，予豈不知而作？
如彼飛蟲，時亦弋獲【叶胡郭反】。
旣之陰【于鴆反】女，反予來赫【叶黑各反】。

賦而興也。飛蟲亦或有中，而我之爲汝謀，未或中汝之心也。之，往也。陰，蔭也。赫，威怒之貌。我之爲汝謀，所以蔭汝也，汝反來怒予也。

民之罔極，職涼善背【叶必墨反】。
爲民不利，如云不克。

民之回遹，職競用力。

賦也。涼，當作諒，專由於信善背也。遹，當作譎。

民之未戾，職盜爲寇。
涼曰不可，覆背善詈【力智反】。
雖曰匪予，旣作爾歌。

賦也。戾，止也，《書》云："未戾厥心。"汝與我面言，則信曰不可，而背之則反詈我也。雖曰匪予，我亦洞見爾之情狀而作歌矣，爾欲掩於外者，又可得哉？

《桑柔》十六章，八章章八句，八章章六句。

雲漢

倬彼雲漢，昭回于天。
王曰於乎，何辜今之人？
天降喪亂，饑饉薦臻。
靡神不擧，靡愛斯牲。
圭璧旣卒，寧莫我聽【吐丁反】？

賦也。倬，曠遠貌。漢似雲，故曰雲漢。回，隨天而轉也。薦，荐通。禮，國有大災，則索神而饗之也。卒，盡也。舊說，宣王承厲王之亂，有撥亂之志，遇災而懼，側身修政，仍叔作詩以美之。此篇之辭，煩複不殺者，見王憂勤不已也。編詩者取之，以著宣王中興之由也。

旱旣大[3]甚，蘊隆蟲蟲。
不殄禋祀，自郊徂宮。
上下奠瘞，靡神不宗。
后稷不克，上帝不臨【叶力中反】。
耗斁【丁故反】下土，寧丁我躬?

賦也。蘊隆，旱氣鬱閉而隆赫也。蟲，當作爞，熱氣也。郊，祀天也，仲夏雩而祈雨暘均適以成穀實，以社、稷、風伯、雨師配也。宮，宗廟也，有大事則禱于廟也。瘞，凡祀神，埋其幣也。后稷爲農師，故特擧之也。斁，敗也。丁，當也，何以當我身乎?

旱旣大甚，則不可推【吐雷反】。
兢兢業業，如霆如雷。
周餘黎民，靡有孑遺【叶夷回反】。
昊天上帝，則不我遺。
胡不相畏? 先祖于摧【在雷反】。

賦也。推，推而去之也。業，作㦤，危也。“如霆如雷”，言

3 大：底本에는 “太”. 奎章閣本에 근거하여 수정.

其震懼也。孑，單也，"靡有孑遺"，言如此不已，則將無一民之遺存也，懼之甚而慮之過也。無民則君亦不能存，先祖之祀亦絶也。摧，滅也。

旱既大甚，則不可沮【在呂反】。
赫赫炎炎，云我無所。
大命近止，靡瞻靡顧【叶果五反】。
群公先正，則不我助【叶牀所反】。
父母先祖，胡寧忍予【叶演女反】？

賦也。所，處也。止，語辭。"靡瞻靡顧"，無所呼望而請救也。"群公、先正"，古之有功德者也，有災則索其爲祟者而禱之也。【匹婦銜冤，亦致三年之旱，群公之有冤而爲厲者，亦能致災也。】

旱既大甚，滌滌【徒歷反】山川【叶樞倫反】。
旱魃【蒲末反】爲虐，如惔如焚【叶符匀反】。
我心憚暑，憂心如熏。
群公先正，則不我聞【叶微匀反】。
昊天上帝，寧俾我遯【叶徒匀反】？

賦也。滌滌，山無草木，川無水，如滌而除之也。魃，旱神也，見則大旱。惔，心熱病也，言熏灼煩熱也。遯，斂退也，何以使我斂退而不能有爲乎？

旱既大甚，黽勉畏去。

胡寧瘨【都田反】我以旱？憯【七感反】不知其故。
祈年孔夙，方社不莫。
昊天上帝，則不我虞【叶尤具反】。
敬恭明神，宜無悔怒。

賦也。“黽勉畏去”，竭力圖救，而不敢棄去不爲也。【去，去此也，非如往字之義也。】憯然殘忍而莫知其故也。季冬蜡于田祖而祈年，孟春郊天以祈穀，以社、稷、風伯、雨師配也。方者，四立之日，迎太昊、炎帝、少昊、顓頊，以特牛，配以蒼龍、朱鳥、白虎、玄武，而用特羊，遂以其日祭四時[4]之神句芒、祝融、蓐收、玄冥，用祭大夫之禮，配以重、黎、該、熙也。社以仲春、仲秋之戊日祀之也。諸侯止祭四時之神，而不迎方神也。虞，度也。

旱旣大甚，散無友紀。
鞫[5]【居六反】哉庶正，疚哉冢宰【叶奬里反】。
趣馬師氏，膳夫左右。
靡人不周，無不能止。
瞻卬昊天，云如何里？

賦也。友紀，僚友之紀也，百官失其常度也。鞫，窮也。庶正，衆官之長也。師氏，說見《十月之交》。歲凶，年穀不登，趣馬不秣，馳道不除，膳夫徹膳，司寇弛禁，司馬弛兵，

4 時：奎章閣本에는 “方”.

5 鞫：底本에는 “鞠”. 奎章閣本에 근거하여 수정.

君不擧不縣，大夫不燕，士庶人不飮酒爲樂，是謂"散無友紀"也。周，救也。"無不能止"，言無不能爲可止之事也，卽下章"以戾庶正"也。里，《集傳》曰："與《漢書》'無俚'之俚同，聊賴之意也。"

瞻卬昊天，有嘒【呼惠反】其星。
大夫君子，昭假無贏。
大命近止，無棄爾成。
何求爲我？以戾庶正【叶諸盈反】。
瞻卬昊天，曷惠其寧？

　　賦也。假，格通，精神相屬曰格。贏，餘也。"無棄爾成"，勉其益勵也。"何求爲我"，非求爲我一己之謀也。戾，止也，以止庶正之憂懼也。

　　《雲漢》八章，章十句。

崧高

崧【息中反】高維嶽，駿極于天。
維嶽降神，生甫及申。
維申及甫，維周之翰【叶胡千反】。
四國于蕃【叶分邅反】，四方于宣。

賦也。《集傳》曰：山高大曰崧。甫侯卽呂侯，申，申伯也，皆姜姓也。宣王之舅申伯封于謝，尹吉甫作詩以送之。○申、呂，四岳之後也，故託于嶽，而言降神以生也。翰，羽翼也。蕃，當作藩。宣，宣其德化也。申伯之封謝，本無足取以著經，而旣取《黍苗》，又取《崧高》。《崧高》之辭，重複特甚，蓋有深意存於其中也。石碏曰："驕、奢、淫、泆，所自邪也。四者之來，寵祿過也。夫寵而不驕，驕而能降，降而不憾，憾而能眕者鮮矣。" 宣王寵錫元舅，封以大國而爲伯,【申，侯爵也，曰申伯者，爲諸侯之伯也。】至使召伯營其城邑、寢廟，徹其土疆，【封建之禮，王遣司空視其奠都，畫其疆界，則可矣，爲之築城營宮理田，則此以天子役於諸侯也。】申伯多率徒旅以行，而王使傅御遷其私人，分土而又分民,【王者有分土，而無分民。】其寵祿之過而踰分僭禮，可見矣。幽王疏之，則不忍其憾，而稱兵作亂，周業遂墜。此言"峻極于天"者，託言申伯之尊貴，逼於天子也。辭語重複，以見其不宜便蕃若此也。多言召伯之事者，諷其上爲下役之非禮也。【申伯之詩，不宜屢言召伯如此也。】終之曰"其風肆好"，明其有託意也。【此詩雅體而謂之風者，有託意也。】編詩者取之，以著西周之亡，其本在於宣王也。此篇與《庭燎》《抑》相表裏也。

亹亹申伯，王纘【祖管反】之事。
于邑于謝，南國是式【叶失吏反】。
王命召伯【叶逋莫反】，定申伯之宅【叶達各反】。
登是南邦【叶卜工反】，世執其功。

賦也。亹亹，勉力之意，王纘申伯之事，亹亹不已也。

登，成也。功，事也，申伯世執其事也。

王命申伯，式是南邦。
因是謝人，以作爾庸。
王命召伯，徹申伯土田【叶地因反】。
王命傅御，遷其私人。

　　賦也。庸，附庸之庸，以謝民爲申伯之庸也。傅御，王之三公及侍御之臣也。召公營之，傅御遷之，言其寵榮，而實譏之也。

申伯之功，召伯是營。
有俶【尺叔反】其城，寢廟旣成。
旣成藐藐，王錫申伯。
四牡蹻蹻【渠略反】，鉤膺濯濯。

　　賦也。"申伯之事，召伯是營"，言失位也。俶，始作也。藐，當作邈，邈[6]，深遠貌。蹻蹻，高大貌。濯濯，光澤貌。

王遣申伯，路車乘【繩證反】馬【叶滿補反】。
我圖爾居，莫如南土。
錫爾介圭，以作爾寶。
往近王舅，南土是保。

6　邈：奎章閣本에는 "邈邈".

賦也。往近，未詳，或曰：往而不遠也。謝在南陽，去鎬不遠，往近者，親近而不遠之意也。王舅，尊貴之也。

申伯信邁，王餞【淺賤反】于郿【芒悲反】。
申伯還南，謝于誠歸。
王命召伯，徹申伯土疆。
以峙【直里反】其粻，式遄【市專反】其行。

賦也。《集傳》曰：郿，今鳳翔之郿縣。○"信邁"、"誠歸"，見其無功而得封，惜王之僭賞也。峙，儲也。

申伯番番【音波。叶分遭反】，既入于謝，徒御嘽嘽【吐丹反】。
周邦咸喜，戎有良翰【叶胡千反】。
不顯申伯，王之元舅，文武是憲【叶虛言反】。

賦也。番番，《集傳》曰"武勇貌"。嘽嘽，衆盛貌。戎，汝也，指王也。"文武是憲"，言申伯爲王之元舅，位尊望重，文武之臣所取法也。全篇未嘗稱申伯之功德，而此言以王之元舅故爲人所法，申伯之無功而以寵得封，可見矣。

申伯之德，柔惠且直。
揉【汝又反】此萬邦，聞于四國。
吉甫作誦，其詩孔碩。
其風肆好，以贈申伯。

賦也。此於篇終寓其箴規也。“柔惠且直”，申伯之所不足也，故反語以規之也。揉，抹也。幽王在位十一年，申后之廢，宜臼已長，則申后之婚在於宣王之時矣，弑幽王者，卽宣王所封也。篇末寓以箴規者，蓋有先見也。

《崧高》八章，章八句。

烝民

天生烝民，有物有則。
民之秉彝，好是懿德。
天監有周，昭假于下。
保玆天子，生仲山甫。

賦也。物，實形也，有實形則不可變改推移也。【牛不可以爲馬，馬不可以爲牛。】形生而理存焉，【有牛而有牛之理，有馬而有馬之理，此言理之在於形後者也。】由其理之謂道，【牛爲牛之行，牛之道也；馬爲馬之行，馬之道也。】修其道之謂教。人之賦性於天，靜而不可變改推移，有形迹之可據，故曰“有物”。因物而有理，因理而有道，因道而有教，故曰“有則”。秉彝，所執之常情也。懿德，攸好德也。【德有凶有吉，仁之施於人曰德，惡之加于人亦曰德，故言懿，言攸好，以明[7]之也。】人性有欲，而好利惡害，故其情莫

7 明：奎章閣本에는 “別”.

不好人之施懿德於己，莫不惡人之加惡德於己也。有是性，有是情，故可以爲善也。因其知有所蔽，而明有不照，故不知反焉，惟見己之利害，而不見人之利害，惟信己之好惡，而不度人之好惡。有是蔽焉，故又可以爲惡也。其所以爲善者，亦所以爲惡也。【惟其有欲，故可以爲善；惟其有欲，故可以爲惡。】若能明知善之爲利、惡之爲害，則亦能施懿德於人，不加惡德於人也。若能格致以去其蔽，忠恕以施其公，中庸以立其度，則是謂至善，而福利無量也。此言民之好惡有常，爲人上者不可不懋德，而仲山甫有德也。假，格通。《雲漢》之昭假，自下格于上也，此自天格于下也。仲山甫，樊伯之字也。宣王使樊伯仲山甫築城于齊，尹吉甫以爲天子使元老下爲諸侯役，非禮也，故作詩以諷之。

仲山甫之德，柔嘉維則。
令儀令色，小心翼翼。
古訓是式，威儀是力。
天子是若，明命使賦。

賦也。“柔嘉維則”，君子之至强也。偏於柔則懦，偏於剛則悍，柔嘉有則，中和之德也。【至剛[8]然後能柔，至强然後能有則。陽氣至强而熏然和矣，陰氣至柔而烈然暴矣。君子之德，陽也；小人之道，陰也。柔而有則，以其至强也。】令儀、令色由於心之齊整，則非飾於外者也。若，順也。賦，布也。

8 剛：奎章閣本에는“强”.

王命仲山甫，式是百辟。
纘戎祖考，王躬是保。
出納王命，王之喉舌。
賦政于外，四方爰發【叶方月反】。

賦也。“式是百辟”，爲伯職方也；“王躬是保”，爲太保也；“出納王命”，爲冢宰也。《周禮》，太僕，掌王命出入者，傳宣之職也，舜之納言是也。太宰之出納王命，議其可否而出納之，以令于百官而宣邦治也，猶漢之尚書爲喉舌，如天之有北斗也。發，興起也。

肅肅王命，仲山甫將之。
邦國若否，仲山甫明之。
既明且哲，以保其身。
夙夜匪解，以事一人。

賦也。若否，順與否也。解，作懈。“利其君，不忘其身”是也。不能保其身而能利其君者，未之有也。

人亦有言，柔則茹【忍與反】之，剛則吐之。
維仲山甫，柔亦不茹，剛亦不吐。
不侮矜【古頑反】寡【叶果五反】，不畏彊禦。

賦也。茹，嚼也，“茹草”、“茹毛”是也。彊禦，彊暴也。

人亦有言，德輶【羊久反】如毛，民鮮【息淺反】克擧之。
我儀圖【叶丁五反】之，維仲山甫擧之，愛莫助之。
袞職有闕，維仲山甫補之。

賦也。輶，輕也。儀，當作擬，《易》云"擬議"，《記》云"擬人，必於其倫"。圖，度也。袞職，《集傳》曰："王職也，不敢斥[9]王故云。"

仲山甫出祖，四牡業業。
征夫捷捷【在接反】，每懷靡及【叶極業反】。
四牡彭彭，八鸞鏘鏘【七羊反】。
王命仲山甫，城彼東方。

賦也。祖，見《邶》之《泉水》。業業，壯大貌。捷捷，疾也。

四牡騤騤【求龜反】，八鸞喈喈。
仲山甫徂齊，式遄其歸。
吉甫作誦，穆如淸風【叶孚愔反】。
仲山甫永懷，以慰其心。

賦也。"式遄其歸"，微寓其不可之意也。此篇盛稱仲山甫之德，而結之曰"袞職有闕，仲山甫補之"，明元老大臣不宜行役於外也。敍其行事，而結之曰"式遄其歸"，言是役之非天子

9 斥：底本에는 "斤". 奎章閣本에 근거하여 수정.

所當爲也。曰“永懷”，曰“慰其心”，不能諫止，而屈志從順之意，可見矣。有仲山甫、召虎、方叔、尹吉甫之輔佐，而不能終中興之業，宣王之用賢不卒，可知也。信乎《抑》詩之所云，不亦然乎?【《國語》，宣王料民，不籍，諫皆不聽。其驕而自聖，可見矣，其不修德而國疲民病，可知矣。】

《烝民》八章，章八句。

韓奕

奕奕梁山，維禹甸之，有倬其道。
韓侯受命，王親命之，纘戎祖考。
無廢朕命，夙夜匪解。
虔共爾位，朕命不易。
榦【古但反】不庭方，以佐戎辟。

賦也。奕奕，高大貌。梁山，韓之鎭也。倬，曠遠貌。韓侯，武王之後也。諸侯立，則天子使人錫命，除喪入朝于天子，天子親面誨之。韓侯受命，王親命之，非錫命之命也。【世子遭喪，旣葬[10]踰年，天子使人錫命，然後乃立，不錫命，則不敢擅自立也，其國之群臣，請立君於天子而聽命焉。《春秋》，不禀命于王而自立，不書卽位也。】“纘戎祖考”以下，受命親命之辭也。幹，主治也，

10 葬：底本에는“喪”. 奎章閣本에 근거하여 수정.

《易》云“幹事”、“幹蠱”是也。“不庭方”，不來庭之國也【易，“天命不易”、“駿命不易”之易也。《集傳》以爲改易，妄也。】

四牡奕奕，孔脩且張。
韓侯入覲，以其介圭，入覲于王。
王錫韓侯，淑旂綏章，簟茀錯衡【叶戶郎反】，玄衮赤舄。
鉤膺鏤鍚，鞹【苦郭反】鞃【苦弘反】淺幭【莫歷反】，鞗革金厄【叶栗反】。

賦也。脩，長也。張，大也。諸侯始見天子，以命圭爲贄，束帛加璧爲幣，天子反圭而受璧幣。淑旂、綏章，旂章之名也。《集傳》曰：馬眉上飾曰鍚，今當盧也。鞹，革去毛者也。鞃，式中也，兩較之間橫木可憑者，以鞹固之也。淺，虎皮也。幭，一作幦，以皮覆式也。金厄，以金環纏搤轡首也。

韓侯出祖，出宿于屠。
顯父餞之，淸酒百壺。
其殽維何？炰【白交反】鼈鮮魚。
其蔌維何？維筍【恤尹反】及蒲。
其贈維何？乘馬路車。
籩豆有且，侯氏燕胥。

賦也。《集傳》曰：屠，地名。顯父，周之卿士也。蔌，蔬也。且，多貌。燕胥，衆共燕樂也。蓋王命顯父餞之，而賜之乘馬、路車也。

韓侯取【七住反】妻，汾【符云反】王之甥，蹶【俱衛反】父之子。
韓侯迎止，于蹶之里。
百兩彭彭，八鸞鏘鏘，不顯其光？
諸娣【大計反】從之，祁祁【巨移反】如雲。
韓侯顧之，爛其盈門【叶眉員反】。

賦也。前旣覲王而還矣，今又來迎妻也。《集傳》曰：汾王，厲王流彘，在汾水之上，故曰汾王。蹶父，周之卿士，姞姓也。祁[11]祁，徐舒也。如雲，衆且鮮也。

蹶父孔武，靡國不到。
爲韓姞【其一反】相攸，莫如韓樂。
孔樂韓土，川澤訏訏【況甫反】。
魴鱮甫甫，麀鹿噳噳【愚甫反】。
有熊有羆，有貓【苗茅反[12]】有虎。
慶旣令居【叶斤御、斤於二反】，韓姞燕譽【叶羊茹、羊諸二反】。

賦也。《集傳》曰：韓姞，蹶父之子，韓侯妻也。相攸，視可嫁之所也。訏訏、甫甫，大也。噳噳，衆也。慶，喜也。令，善也。譽，當作豫。

溥彼韓城，燕師所完。
以先祖受命，因時[13]百蠻。

11 祁：底本에는 "祈". 奎章閣本에 근거하여 수정.

12 反：《詩傳大全》에는 "二音".

王錫韓侯，其追其貊【母伯反】。
奄受北國，因以其伯。
實墉實壑，實畝實籍。
獻其貔【音毗】皮，赤豹黃羆。

賦也。溥，廣也。韓之始封，燕人承王命，助築其城，天子命諸侯相助，禮也【召康公未嘗就國，而其子代君其國，《集傳》以爲召公築韓城，妄也。】韓之始封之祖，以其立功於百蠻，故得封也。時，是也。追、貊，北夷也。其伯，爲之伯也。壑，城池也。籍，籍其稅也。受追、貊之地，治城池，稅田畝，貢皮幣也。此詩不過韓侯之來朝親迎，王之寵錫耳，無足取者而取之者，蓋有寓意深者也。篇中無一言稱於韓侯之功德，而蹶父之擇婿，不言韓侯之世德、人器，惟言韓土之富饒，則韓侯之爲人可知矣。屢言王之寵錫無藝者，見王之以私愛濫握[14]於諸侯之無賴者，而天下之諸侯皆有離心也。犬戎弑王，而諸侯無宣力赴救者，其有以取之也，韓亦尋亡。夫爲德於不仁之人，不祥也，受人之私惠，非福也。爲德於不仁之人，則反受惡報，受人之私惠，則終以禍遺，是故君子不妄與人，不妄取人。

《韓奕》六章，章十二句。

13 時：底本에는 "是". 奎章閣本에 근거하여 수정.

14 握：奎章閣本에는 "渥".

江漢

江漢浮浮，武夫滔滔【叶他侯反】。
匪安匪遊，淮夷來求。
既出我車，既設我旟。
匪安匪舒，淮夷來鋪。

賦也。浮浮，水流貌。滔滔，瀰滿也。【"洪水滔天"、"滔滔者皆是"是也。】匪安，不敢懷宴安也；匪遊，不敢優遊自便也；匪舒，不敢舒緩自暇也。鋪，布也，布王之威也。舊說，宣王命召穆公平淮夷，詩人美之。蓋自江、漢乘舟而下，以入于淮，故言江漢也。

江漢湯湯【書羊反】，武夫洸洸。
經營四方，告成于王。
四方既平，王國庶定【叶唐丁反】。
時靡有爭【叶菑陘反】，王心載寧。

賦也。洸洸，武貌。庶，幾也。

江漢之滸，王命召虎。
式辟四方，徹我疆土。
匪疚匪棘，王國來極。
于疆于理，至于南海【叶虎委反】。

賦也。虎，穆公名也。辟，法也，以王法正四方也。治諸侯之疆土，使無侵奪也。極，皇極之極也。匪爲疚棘而殘害也，欲其來極於王國也。【中者，道之位也，極者，中德之位也，詳見《洪範》。】

王命召虎，來旬來宣。
文 武受命，召公維翰【叶胡千反】。
無曰予小子，召公是似。
肇敏戎公，用錫爾祉。

賦也。旬，徧也，徧治諸國也。宣，宣王教也。召公，康公 奭也。無曰小子何敢望先祖，而勉似之也。戎，汝也。公，功也。

釐【力之反】爾圭瓚【才旱反】，秬鬯【敕亮反】一卣。
告于文人，錫山土田。
于周受命，自召祖命。
虎拜稽首，天子萬年【叶彌因反】。

賦也。釐，貽通。卣，尊也。文人，有文德者，先王之通稱也，【猶言烈祖、文母也】錫之山川、土田也，於周之受命，卽文、武受命也，自爾召祖有爵命，受封邑於周也。【召公封國於燕，而召公留輔王，故復錫采邑於周也。】

虎拜稽首，對揚王休【叶虛久反】。

作召公考【叶去久反】，天子萬壽【叶殖酉反】。
明明天子，令聞不已。
矢其文德，洽此四國。

賦也。對，答也。不敢曰予小子，而思作召公之善也。“矢其文德”，既以召公自勉，而復勉王息武功而修文德也。宣王之見於詩者，惟武功而已。僅免於身，而喪於嗣，其無德可知矣，故穆公之勸勉，在此也。夫不競於德而競於力，未有不速敗者也。傳曰：“恃德者昌，恃力者亡。”德，陽也；力，陰也。陰可助陽而成功，不可極也，不可長也，亦不可偏廢也。先王蓄力以俟時，德之所不化，乃以力服，猶天之蓄陰以俟時，陽之所不能，乃以陰成也。

《江漢》六章，章八句。

常武

赫赫明明，王命卿士。
南仲大祖，大師皇父。
整我六師，以修我戎。
既敬既戒，惠此南國。

賦也。命卿士之南仲爲太祖者，太師皇父也，除徐夷之難而惠南方之國也。宣王自將征徐夷，而命皇父爲師[15]，命程

伯休父爲佐也。【皇父，《十月之交》所稱皇父也。】

王謂尹氏，命程伯休父。
左右陳行，戒我師旅。
率彼淮浦，省此徐土。
不留不處，三事就緖【象呂反】。

賦也。尹氏，吉甫也。蓋爲內史，掌策命也。三事，《書》之三事也。【有臨，有職，有執法也，軍中亦必有三事也。】

赫赫業業【叶宜劫[16]反】，有嚴天子。
王舒保作，匪紹匪遊，徐方繹騷【叶蘇侯反】。
震驚徐方，如雷如霆，徐方震驚。

賦也。業業，壯大貌。嚴，威也。"王舒保作"，未詳，或曰：舒泰而嚴備，自保然後起行也。紹，《集傳》曰"糾緊也"。繹騷，絡繹騷動也。

王奮厥武，如震如怒【叶暖五反】。
進厥虎臣，闞【呼檻反】如虓【火交反】虎。
鋪【普吳反】敦淮濆【符云反】，仍執醜虜。
截彼淮浦，王師之所。

15 師：奎章閣本에는 "帥".

16 劫：四庫全書本《詩傳大全》에는 "却".

賦也。闞，奮怒貌。虓，暴猛貌。鋪，布其師也；敦，厚其陳也。仍，就也，老子曰："攘臂而仍之。"截，截然不可犯之貌。

王旅嘽嘽【吐丹反】，如飛如翰。
如江如漢，如山之苞【叶鋪鉤也】。
如川之流，綿綿翼翼。
不測不克，濯征徐國。

賦也。不克，不可克也。濯，洗滌也，洗滌其惡也。

王猶允塞，徐方既來。
徐方既同，天子之功。
四方既平，徐方來庭。
徐方不回，王曰還歸。

賦也。塞，篤實也。不回，不回互違拒也。此篇，天子親統六師以伐小夷，所謂勝之不武者也，而鋪張誇大，煩複而不已，其意非頌之而實譏之也。名篇以《常武》者，言止於用武而已，無稱於文德也。武者，不可常也，常則恩威并竭，中外俱殘矣。李克曰"數戰則民疲，數勝則主驕。以驕主御疲民，未有不亡者也"，宣王之謂矣。恃其威武而驕侈自聖，不亡何爲？幽王立十一年而亡，苟國未病焉，雖甚無道，可以亡其身，而不可以亡其國。《左傳》曰："不數世淫，國未斃也。"幽王之亡，非亡於幽王，而自厲、宣國已病矣。宣王繼厲王之亂，不務修德以安固基業，而惟以武力爲事，雖暫平叛亂，而國病未蘇，不知慮此，而遽自驕矜怠惰，《庭燎》《抑》《崧高》《韓奕》《江漢》《常武》之所爲作也。《崧高》《烝民》《韓奕》《常武》，雅之近於風者也，直敍其事而意自見矣。

《常武》六章，章八句。

瞻卬

瞻卬【音仰】昊天，則不我惠。
孔塡不寧，降此大厲。
邦靡有定，士民其瘵【側界反。叶側例反】。
蟊賊蟊疾，靡有夷屆。
罪罟不收，靡有夷瘳【勅留反】。

賦也。塡，作瘨。瘵，病也。蟊之爲害爲疾也。此詩專刺幽王及褒姒也，此章言國民之困弊也。

人有土田，女反有之。
人有民人，女覆奪【徒活反】之。
此宜無罪，女反收之。
彼宜有罪，女覆說之。

賦也。說，脫通。此章言王之不德也。

哲夫成城，哲婦傾城。
懿厥哲婦，爲梟爲鴟【處之反】。
婦有長舌，維厲之階【叶居奚反】。
亂匪降自天，生自婦人。
匪教匪誨【叶呼位反】，時維婦寺。

賦也。成城，爲國之防衛也；傾城，毁國之防衛也。長舌，辯言也。"匪教匪誨"，言非可教誨者也。寺，奄人也，夫子所謂近之則不遜，遠之則怨，而難使者也。婦、寺，性偏而知近，最難教化，御之不得其道，則鮮不爲孼也。此章言褒姒之爲禍也。

鞫人忮【之豉反】忒，譖【子念反】始竟背。
豈曰不極？伊胡爲慝？
如賈三倍，君子是識。
婦無公事，休其蠶織。

賦也。鞫人，言其道窮也，指王及褒姒也。忮，猜妬也。忒，違戾也。讒[17]，不實之言也，爲不實之言於始，而竟背之也。極，中度也。不自謂之不度，而曰是何爲慝，言其無義理、廉恥也。商賈之利，君子是識，言王之沒於利也。婦人無預於公事，而舍其蠶織而圖之，言褒姒之與政也。此章并言王及褒姒之不善也。

17 讒 : 문맥상 "譖"인 듯함.

天何以刺？何神不富【叶方味反】？
舍爾介狄，維予胥忌。
不弔不祥，威儀不類。
人之云亡，邦國殄瘁。

賦也。刺，訊刺也。【《周禮》“三刺”、《春秋》“刺之”是也。】不富，國匱竭也。介狄，介逼之狄也，謂褒姒也。如“羌、夷接軫，而胡、越起於轂下”是也，驪姬，謂之“女戎”是也。【狄不可曰大狄，介之不訓大，明矣。】不恤則人怨，不祥則神殃也。亡，無也，《左傳》曰：“無善人之謂也。”

天之降罔，維其優矣。
人之云亡，心之憂矣。
天之降罔，維其幾矣。
人之云亡，心之悲矣。

賦也。罔，猶亡也。幾，近也。

觱沸檻【胡覽反】泉，維其深矣。
心之憂矣，寧自今矣？
不自我先，不自我後。
藐藐昊天，無不克鞏。
無忝皇祖，式救爾後。

興而賦也。觱沸，泉湧貌。檻泉，泉正出者，言禍之源深而厚積也。藐，作邈，邈邈，高遠貌。鞏，固也。禍源雖深而亂亡無日，然人主苟能幡然改悔，則亦可以一轉而安矣。“式救爾後”，往者不可諫，而來者可救也。猶幸王之庶幾改之，忠厚之至也。

《瞻卬》七章，三章章十句，四章章八句。

召旻

旻天疾威，天篤降喪。
瘨我饑饉，民卒流亡，我居圉【魚呂反】卒荒。

賦也。居，國中也；圉，邊陲也。此刺幽王任用小人也。

天降罪罟，蟊賊內訌【戶工反】，昏椓【丁角反】靡共。
潰潰回遹，實靖夷我邦【叶卜工反】。

賦也。訌，壞亂也。椓，害也。共，恭通。潰潰，亂也。遹，當作譎。靖，安靜也。言以小人任治道也。

皋皋訿訿，曾不知其玷【丁險反】。
兢兢業業，孔填不寧，我位孔貶。

賦也。皋皋，《集傳》曰“頑慢之意”。訿訿，詆毀也。玷，瑕也。業，當作㸁，㸁㸁，危也。塡，當作瘨。貶，貶降也，言小人用事，而朝廷日卑，天位日貶也。朝廷卑，而民侮慢生心矣，天位貶，而盜思奪之矣，《易》曰："負且乘，致寇至。"

如彼歲旱，草不潰茂，如彼棲苴【七如反】。
我相此邦，無不潰止。

賦也。潰，注也，不注於茂也。棲苴，《集傳》曰"水中浮草棲於木上者"，言漂浮而不知所泊也。潰止之潰，如字。

維昔之富，不如時，維今之疚，不如玆。
彼疏斯粺【薄賣反】，胡不自替，職兄斯引？

賦也。昔之富，未嘗若是之匱也；今之疚，未有若此之甚也。疏，糲也，粺，當作稗，秕、稗也，以比小人如疏、稗之不可食也。【《書》云："若苗之有莠，若粟之有秕。"】何不自廢，而專況次次引長乎？兄，當作況。

池之竭矣，不云自頻。
泉之竭矣，不云自中【叶諸仍反】。
溥斯害矣，職兄斯弘？不烖我躬【叶姑弘反】？

比而賦也。頻，瀕通，水厓也。池之竭，由其浸泄於四畔，故曰"不云自瀕乎"；泉之竭，由其源斷於內，故曰"不云自中乎"。以譬國土之蹙，四鄰諸侯之蠶食也。【封賞無度，而王畿漸入於侯甸；邊圉不固，而戎狄漸逼於王都。】流澤之竭，王及廷臣之不德也。斯害已溥矣，而專況弘之乎？不亦災及王躬乎？

昔先王受命，有如召公，日辟國百里。
今也日蹙國百里。
於乎哀哉！維今之人，不尙有舊【叶巨已反】？

賦也。辟，闢通。今之人不尙有如舊召公者乎？歎朝廷無人，而庶幾望其復有召公也。召公主諸侯，有《甘棠》之德，而諸侯率服，幽王之時，諸侯皆有叛意，故思見召公也。

○國風之終，寓意若曰：將有聖人復興，而天下永昌也。"漑之釜鬵"，滌除天下之穢德而更新也。"懷之好音"，經傳之道復明，而懸象於宇宙也。"正是四國"、"胡不萬年"，萬世之人用其法而不復昏迷也。"四國有王"，王道行於天下，而天下之國無不治也。三皇五帝群聖人之道，至堯而大明；三皇五帝群聖人之政，至周而大備。【經書獨稱堯以神字，獨稱周以文字，道莫如堯，文莫如周也。】周公折中沿革，而制禮樂，以立天地之大中焉，孔子祖述憲章，用集大成，爲天地道之準，爲萬世經之主。天地之文，盛於周，而五經作焉，五經者，天地之道之命脈也。雖聖人，不能一世而盡天地之精微，故至周而乃備。聖人不恒有於天下，亦不得每國而有之，五經恒存於天下，而天下之人無不讀焉，故曰天地之道之命脈也。國風之末，繼之以《豳》者，若曰：周公之禮樂，萬世之法也，將有聖人復興，而亦必用是以治也。雅之終，終之以"藐藐昊天，無不克鞏"者，若曰：天運終成於治也。"無忝皇祖，式救爾後"者，若曰：用周之道，以救後世之亂也。"於乎哀哉"者，若曰：天下之亂，數千歲而未已也。"維今之人，不尚有舊"者，若曰：將有復興者，亦必用周之道也。春，仁也，仁者，篤行於身也；夏，禮也，禮者，修身治人也；秋，義也，義者，實利也。天地之功，成於秋，秋之所以成者，用春、夏之生長也。【此言天地之大運、道之盛衰也。】

《召旻》七章，四章章五句，三章章七句。

《集傳》曰：首章有旻天，卒章有召公，故謂之《召旻》也。

《蕩之什》十一篇。

頌

頌，容也，形容其人之德行，而不失其實也。如畫師之圖形，畫龍爲蛇，畫狗爲虎，則失其眞矣，此天下之賤工也。頌於人而失其實，此妄人也；頌於父祖而誣其實，此罪人也。頌者，祭祀之樂歌，欲其不忘先祖之功德，因其肅敬之心，而興其繼述之志也。樂之道，或因其喜樂而感發之，或因其肅敬而興起之，皆所以爲教也。

周頌 淸廟之什

延陵 季子曰："至矣哉！盛德之所同也。"

淸廟

於穆淸廟，肅雝顯相。
濟濟多士，秉文之德。
對越在天，駿奔走在廟。
不顯不承？無射於人斯。

賦也。穆，肅淸貌。顯相，獻也。祭用饗燕賓主之禮，而子孫不可與父祖之神正爲賓主，故立尸以爲神保，立獻以爲攝主。獻者，相祭主之禮者，故謂之顯相也。文，文王也。越，於也。駿，驟也，趨之疾也。"在廟"，言助祭于廟中也。皆能顯德，以承文王而不厭於人也。○太廟一宮，而天子七主，諸侯五主，大夫三主，士二主，祭則同祭，薦則同薦，一廟一時之薦、祭，不可每主而異樂也。【七主一時俱獻，而每主異樂，則喧雜而不可聽也。】其祖之無功烈可稱述者，不可誣虛誇誕而爲之歌詠也。【是樂以教邪也。】是故惟述其祖之有功德，可爲法於子孫後世者，以爲廟中之樂，使子孫、群臣不忘先業，而欲其繼述之也。其祖之無可稱述而爲法者，不製歌詩。夫禮樂，皆所以寓教也，非苟爲虛文而已也。《書》云"七世之廟，可以觀德"，是之謂也。【若廟中昭穆之祖，俱無可詠者，止奏太祖之詩。】大雅、【稱述先德者，亦廟中之樂歌，而通用之於朝廷也。】頌之所詠，止於后稷、公劉、大王、王季、文、武、成、康，自先公以上及昭王以下，無詩。頌諸篇通爲廟中之樂，非如舊說其[1]篇獨用於某王之祭也。【然則竝稱文、武、成、康者，用於何王之祭耶?】

《淸廟》一章，八句。

維天之命

維天之命，於穆不已。
於乎不顯？文王之德之純。

賦也。天命，天之賦物者也。"於穆不已"，至精不雜，至誠不息也。純，精一也。精一則不已，不已則精一也。不已則化，精一則神。

假以溢我？我其收之。
駿惠我文王，曾孫篤之。

"何以恤我"，不敢自必之辭。父祖之善業餘慶，不可恃

1 其 : 奎章閣本에는 "某".

也，子孫之善者蒙其澤，不善者不得蔭，在其自收取之耳。雖有連雲之稼，收之則富，不收則飢也。駿，驟也。惠，順也。“曾孫篤之”，以篤後王之祜也。

《維天之命》一章，八句。

維淸

維淸緝熙，文王之典。
肇禋迄用有成，維周之禎。

賦也。淸，淸其思心，而無雜慮也。緝，續也。熙，和美也。禋，精意以享也。託於祭祀，而言精意以奉文王也。迄，至也。禎，祥也。

《維淸》一章，五句。

烈文

烈文辟公，錫玆祉福。
惠我無疆，子孫保之。

賦也。烈，功也。“錫玆祉福”，錫侯氏以祉福也。順我無窮，爾之子孫永保也。此諸侯始封及諸侯世子誓於天子，告廟之樂歌。

無封靡于爾邦，維王其崇之。
念茲戎功，繼序其皇之。

封，專利以自封也。靡，汰侈也。戎，大也。爾能無封靡，則王尊尙之，念功延于後嗣也。

無競維人，四方其訓之。
不顯維德？百辟其刑之。
於乎前王不忘!【諸侯之義，受國於先王，報賜於後王，不忘先王，則盡力於後王也。】

競，彊力也，莫競之人，四方訓之。不顯惟德乎？諸侯之所法也。前王之不忘者，由其訓刑在人也。此述先王之德，而欲侯氏之效之不忘也。

《烈文》一章，十三句。

天作

天作高山，大[2]王荒之。
彼作矣，文王康之。

彼徂矣岐，有夷之行，子孫保之。

賦也。荒，曠遠也，太王居岐山之下，始大[3]其國也。夷行，平路也。此世室之樂歌。周人以王業起於太王、王季、文王，故追王之，祀盡於親廟，則遷于世室，號爲祖宗，終周之世而祀之。【烝祭則[4]祀之，歲一行。】周之業起於三王，不可不終周之業而祀之也。

《天作》一章，七句。

昊天有成命

昊天有成命，二后受之。
成王不敢康，夙夜基命宥密。
於緝熙，單厥心，肆其靖之。

賦也。人之積善積惡，天命已成，則不可移易也，天命成於太王、王季，而文、武受之也。基命，厚福之基而固天命也。宥，寬也，範圍宏而結構密也。單，作殫。《國語》曰："是道成王之德也。成王，能明文昭，定武烈者也。"

2 大：底本에는 "太".《詩傳大全》에 근거하여 수정.

3 大：底本에는 "太". 奎章閣本에 근거하여 수정.

4 則：奎章閣本에는 "時".

《昊天有成命》一章，七句。

我將

我將我享，維羊維牛，維天其右之。

賦也。將，奉進也。右，作佑。言能盡誠意以享于文王，則天其佑之也。

儀式刑文王之典，日靖四方。
伊嘏【古雅反】文王，既右享【叶虛良反】之。

儀、式、刑，皆法也。嘏，福也。言能法文王之典以安民，則錫福之文王，既佑而享之也。

我其夙夜，畏天之威，于時保之。

獨言"畏天之威"者，以明順于文王，卽順于天也，以明文王之與天同德也。【明堂宗祀之說，《禮記》辨其妄。凡配享止有主位之樂章，不別頌配者之功德也。饗祭無貳[5]尊也，故不擧佐食者也。】

《我將》一章，十句。

5 貳：底本에는 "異". 奎章閣本에 근거하여 수정.

時邁

時邁其邦，昊天其子之。

賦也。邁，行也。昊天其子之也。此巡守而祭百神之樂歌。

實右序有周。
薄言震之，莫不震疊。
懷柔百神，及河喬嶽。
允王維后。

右，上也，"右序有周"，言爲百辟之長也。震，威震也。震疊，震懼而又震懼，不止於一震懼而已也。《易》云："有孚交如，威如，吉。" 群臣信君上之無不善焉，則畏之如雷霆，愛[6]之如父母。震懼者疊而不單，則親愛者亦疊而不單矣。若以搏擊爲威者，終不能勝民，以煦濡爲恩者，亦無以服衆。此言"莫不震疊"者，其信於天下，可知矣，其無不善焉，可知矣。【人之畏妻者，必愛妻，此可見誠畏之則誠愛之也。】天子至方岳，柴望于嶽，而嶽用上公之禮。天子位尊，不可以躬祭也，故祀天而配祭嶽焉，其餘百神，皆使有司擧之。先言百神而後河、嶽，以言懷柔，故自小而易者而及於大者也。

明昭有周，式序在位。

6 愛：底本에는 "受". 奎章閣本에 근거하여 수정.

載戢【側立反】干戈，載櫜【古刀反】弓矢。
我求懿德，肆于時夏【户雅反】。
允王保之。

式序在位之百辟也。戢，斂也。櫜，韜也。不用兵威，而求懿德以宣化，則“薄言震之”者，在德而不在猛也。

《時邁》一章，十五句。

《左傳》曰：“武王克商，作頌曰：‘載戢干戈。’”《國語》又以爲周文公之頌。蓋傳者未詳其時世也。【《集傳》以爲周公作於武王之世，此說非也。凡雅、頌及誥、命，皆當時史官之所作也，而未嘗稱作者之主名也。】《國語》曰：“金奏《肆夏樊》《遏》《渠》，天子以饗元侯也。”今其詩皆亡，而九夏用之於賓客饗燕，則非祭祀之頌明矣。先儒强以頌當之者，皆無據也。

執競

執競武王，無競維烈。
不顯成康！上帝是皇。

賦也。皇，大也。

自彼成康，奄有四方，斤斤【紀覲反】其明。

成、康之世，四夷之率俾者益廣，故曰："奄有四方。"斤斤，《集傳》曰："明之著也。"

鍾鼓喤喤【華彭反】，磬筦將將，降福穰穰【如羊反】。

筦，管同。將，當作鏘。穰穰，多也。

降福簡簡，威儀反反。
既醉既飽，福祿來反。

簡簡，連比之意。【如簡編之連比也。】反反，顧禮而不肆也。來反，猶來歸也。

《執競》一章，十四句。

思文

思文后稷，克配彼天。
立我烝民，莫匪爾極。
貽我來牟，帝命率育【叶日逼反】。
無此疆爾界【叶訖力反】，陳常于時夏。

賦也。思，語辭。文，文德也。極，中德之位也，立烝民於中也。曰思文，曰爾極，曰陳常，則后稷之德，入于聖域，可知矣。【《集傳》以爲"粒我烝民，莫非爾德之至"，此成何說耶?】來，小麥。牟，大麥也。率育，盡育下民也。無此疆爾界，無有遠近彼此之限，而陳其常道於是夏也。此禘祭之樂章也。

《思文》一章，八句。

《淸廟之什》十篇。

周頌 臣工之什

臣工

嗟嗟臣工，敬爾在公。
王釐【力之反】爾成，來咨來茹【如預反】。

賦也。釐，理也。茹，度也。

嗟嗟保介，維莫之春。
亦又何求？如何新畬？
於皇來牟，將受厥明。
明昭上帝，迄用康年。
命我衆人，庤【持恥反】乃錢【子淺反】鎛，奄觀銍【珍栗反】艾。

天子親耕籍田，攝事之官曰保，其副曰介。田三歲曰新，二歲曰畬。明，上帝之明賜也。明昭上帝之賜，而盡人之力，以至于豊年也。庤，儲也，預備曰儲。錢、鎛，田器也。銍，鎌也。艾，作刈。天子孟春祈穀于上帝，遂親籍。此祈穀之祭樂也。暮春，周之三月，夏之孟春也。凡禱于天，惟勉人力，是爲善禱，不敢爲虛辭以祈請也，故其辭如此。

《臣工》一章，十五句。

噫嘻

噫嘻成王，旣昭假爾。
率時農夫，播厥百穀。
駿發爾私，終三十里。
亦服爾耕，十千維[1]耦。

賦也。噫嘻，歎辭。爾，田畯[2]之類也。周公作洛之後，行徹法在成王之世，故曰成王昭假爾也。駿，驟也。發，宣土也。不言公田而止言私者，一井之田九百畝，公田八十畝寓於其中。凡九區爲九夫之限，而一夫不得過一區百畝，或二三夫、四五夫共一區者及無田而寄傭於同井者，皆不禁焉。九區之夫同力合作，凡十一分，公稅其一，民取其十，計畝而分之。九區皆私田賣買，而公田在其中矣，故止言私也。先儒授受、倍易及禁賣買及一夫百畝之說，皆妄也。【其辨在《原委針砭》。】三十里，槪言一鄕、一遂之田也；十千，槪言一鄕、一遂之民也。此鄕遂祈穀於社稷之樂歌，中春祈穀，中秋報饗，皆用戊、己之日也。

《噫嘻》一章，八句。

1 維：底本에는 "其". 《詩傳大全》에 근거하여 수정.

2 畯：底本에는 "駿". 奎章閣本에 근거하여 수정.

振鷺

振鷺于飛，于彼西雝。
我客戾止，亦有斯容。

興而賦也。振，盛貌，振鷺，群飛之鷺也。雝，當作廱，文王之學宮也，在豊，自鎬京言之，故曰西廱。客，謂諸侯也。以振鷺爲興，則非一二人也。王之於諸侯，固賓之者也，非如《集傳》之惟宋爲客也。【天子有事膰焉，有喪拜焉，覲而不朝，獨宋公爲然，祀則如他諸侯之禮。說見《禮記》。】容，儀容也，“亦有斯容”，言其儀容之美也。【非云如鷺之容也。】

在彼無惡【烏路反】，在此無斁【叶丁故反】。
庶幾夙夜【叶羊茹反】，以永終譽。

遠而疏者不惡，近而親者不厭，中和之德也。不中之人，疏遠則見惡，親近則見厭也。“以永終譽”，令聞、令望無窮也。此王帥諸侯，釋奠于辟廱之樂章也，故道君子中庸之德，以勸勉之也。【君子之德，其善者好之而無斁，其不善者安之而無惡也，其疏遠者望之如雲，其親近者倚之如山也。】

《振鷺》一章，八句。

豊年

豊年多黍多稌。
亦有高廩【力錦反】，萬億及秭【咨履反】。
爲酒爲醴[3]，烝畀祖妣，以洽百禮。
降福孔皆【叶擧里反】。

賦也。稌，稻同。十萬曰億，十億曰兆，十兆曰秭，通言公私之積也。烝，進也。洽，足也。皆，備也。季秋天子嘗稻，先薦于廟，此其樂章也。

《豊年》一章，七句。

有瞽

有瞽有瞽，在周之庭。

賦也。瞽，樂師，無目者也。

設業設虡，崇牙樹羽。
應田縣鼓，鞉磬柷【尺叔反】圉【魚女反】。
既備乃奏，簫管備擧。

3 醴：底本에는 "醪". 奎章閣本에 근거하여 수정.

《集傳》曰：業、虡，見《靈臺》。樹羽，置五采羽於崇牙之上也。應，小鞞也。鄭氏曰："田，當作𣋼，【音胤】小鼓爲大鼓先引者也。"鞉，如鼓而小，有柄、兩耳，持柄搖之，旁耳自擊。圉，亦作敔。柷，狀如漆筩，以木爲之，中有椎，連底撞[4]之，令左右擊，以起樂者也。圉，狀如伏虎，背有二十七鉏鋙刻，以木長尺擽之，以止樂者也。簫，編小竹管爲之，參差如鳳翼也。【此等說，姑留舊註，以備君子之考索，而槪不足信。後之君子，愼無泥於此等之說，而滯於實用哉!】

喤喤厥聲，肅雝和鳴，先祖是聽。
我客戾止，永觀厥成。

客，諸侯之通稱也。成，樂之一成也。季春雷聲旣奮，大合樂，天子親臨觀之，先祭樂祖而後合樂，此其祭樂也。【祭用薦禮，故一獻而樂亦一章也。】《集傳》云"始作樂而合乎祖"，此妄也，無據無義也。凡慶賞之事，皆行於廟門外之禘宮，合樂亦在于禘宮之庭而祭於樂祖也。【祭無壇位而設於庭，如祭食之在處祭之，無有定位也。遠而不知性[5]氏，又出於天性，自然有食有樂也，不可爲位而專奉一人也。獵[6]祭先虞、先食及䝟而祭貉於郊之類，皆無壇位也。】以其在於廟門之外，故曰"先祖是聽"，安樂之事，不忘先祖之功業也。"我客戾止"，安樂之事，不忘與人同也。不忘先祖，則能敬矣；不忘與人同，則能和矣，能敬而和，則長保其安樂

4 撞：奎章閣本에는 "挏".

5 性：문맥상 "姓"인 듯함.

6 獵：奎章閣本에는 "臘".

也。富貴不可徧與天下共之，故與親賢共之。與親賢共之者，所以徧與天下共之也。【親親尊賢而天下受其賜也。】

《有瞽》一章，十三句。

潛

猗【於宜反】與漆沮【七余反】，潛有多魚。
有鱣【張連反】有鮪【叶于軌反】，鰷鱨鰋鯉。
以享以祀【叶逸織反】，以介景福。

賦也。潛，魚潛之潛。鰷，白鰷也。季冬薦魚于廟，季春薦鮪，此其樂章也。

《潛》一章，六句。

雝

有來雝雝，至止肅肅。
相維辟公，天子穆穆。

賦也。雝雝，和也。肅肅，敬也。相，助祭也。歸功於臣下，故先言辟公而後言天子也。苟非上聖之主，則必賴賢臣之匡救引格而有包瓜之美,【《易》云:“以杞包瓜。”】故歸功於臣下而勉勵之也。

於薦廣牡,相予肆祀。
假哉皇考,綏予孝子。

廣牡,大牲也,宗廟之牲,不貴其大,而託言賢德之廣輔,故曰廣牡也。肆,陳也。假,格通。考,父祖之通稱,《金縢》,周公禱于三王而曰“予仁若考”是也。不言祖而曰考,不言孫而曰子,以其來格而親近之也。

宣哲維人,文武維后。
燕及皇天,克昌厥後。

宣,宣施於事業也。哲,明哲於文理也。人,臣也。其臣宣哲,而其君文武,輔相天道,天道得正而安,陰陽和,風雨時,人物昌,其福及於子孫也。

綏我眉壽【叶殖酉反】,介以繁祉。
旣右烈考,亦右文母。

右,當作佑。“天其右之”、“文王右享之”,天神之佑人也;“旣右烈考,亦右文母”,人之佑神也。神佑人以福,人佑神以饗也。此言祖先之餘慶,及於子孫,子孫之恪謹,能安祖先也。烈考,有功烈之祖也,婦人之德,亦曰文,烈考,父祖之通稱,文母，祖妣之通稱也。《論語》曰“三家以《雍》徹”，此蓋徹祭通用之樂也，故三家僭用之。《集傳》以爲獨祭文王、太姒，則其妄有不足辨也。又祭無獨享者也。【惟太廟，太祖之子祭太祖，則獨享也。】

《雝》一章，十六句。

載見

載見【賢遍反】辟王，曰求厥章。
龍旂陽陽，和鈴央央【於良反】。
鞗革有鶬【七羊反】，休有烈光。

賦也。陽陽，猶揚揚，飛揚之貌。央央，猶泱泱，悠揚之意，聲悠揚也。鶬，色鮮也。諸侯旣葬踰年，王使人錫命，禮無侯氏見于周廟而錫命之事也。惟世子之誓於天子、侯國之大夫命於天子者，告于廟而錫其命服。凡慶賞征伐之事，皆告廟而行之。此詩，諸侯之世子及大夫見于廟而錫命之樂章也。

率見昭考，以孝以享。

周之自后稷以下世次昭穆，文王爲穆，武王爲昭，昭考，武王也。凡大事告廟者，告于太祖而及於群廟也，故惟言昭考也。國，太祖之國也；廟，太祖之廟也，故獨重太祖也。“以孝以享", 凡告禱, 必有奠也。《書》云"歸格于藝祖, 用特", 王侯用特羊, 大夫用[7]特豕, 士用酒脯而已, 不備物也。

以介眉壽, 永言保之, 思皇多祜【後五反】。
烈文辟公, 綏以多福, 俾緝熙于純嘏。

上三句, 言王室之受福也; 下三句, 言侯氏之受嘏也。錫命於世子及大夫者, 爲侯氏綏福, 使之緝侯氏之熙而成其純嘏也。

《載見》一章, 十四句。

有客

有客有客, 亦白其馬。
有萋有且【七序反】, 敦【都回反】琢其旅。

賦也。萋, 盛也, 且, 多貌, 猶"於于"之爲大也。敦琢, 卽《棫樸》之追琢, 治玉之事也。旅, 衆士大夫之從行者也。此諸侯朝王, 見于廟之樂章也。

有客宿宿, 有客信信。

7 用 : 底本에는 "周". 奎章閣本에 근거하여 수정.

言授之縶【陟立反】，以縶其馬。

一宿曰宿，再宿曰信。

薄言追之，左右綏之。
既有淫威，降福孔夷。

追之，已去而復還之，愛之無已也。威，威儀也。《左傳》曰："有威而可畏，謂之威。"淫威，無限之威也，猶言多儀也。夷，平安也。

《有客》一章，十二句。

武

於皇武王，無競維烈。
允文文王，克開厥後。
嗣武受之，勝殷遏劉，耆定爾功。

賦也。劉，殘殺也，猶言除殘也。耆，致也。《左傳》以此爲《大武》之首章，《賚》爲第三章，《桓》爲第六章。《武》六成，則六章爲一篇也。《武》之詩，本一篇六章，而宗廟之薦奠，摘其一章而用之，各立其名，《武》之本篇不傳，而摘章獨存於頌也。【《集傳》曰："《左傳》以爲武王作之，則非是。詩中已有武王，乃周

公追作樂以象德也。”】

《武》一章，七句。

《臣工之什》十篇。

周頌 閔予小子之什

閔予小子

閔予小子，遭家不造【叶徂候反】，嬛嬛【其傾反】在疚。
於乎皇考【叶祛候反】，永世克孝【叶呼候反】。

賦也。王在喪，自稱予小子也。造，成也。嬛嬛，孤獨也。疚，哀疚也。成王踰年卽位，見于廟之詩也。三年之喪，宗廟薦而不祭，緣先祖之心，宗子亡而聞樂不樂也，嗣子不可在喪而聞樂也。薦，常食也，可以無樂；而祭，饗燕也，不可以無樂。是故薦而不祭也。嗣王以弔服行事宗廟，用吉禮，而不能[1]用吉禮者，緣先祖之心亦有哀也，故去樂而薦，弔服而見也。【《伊訓》，嗣王見祖，不言冕服是也。】去樂而不去誦，不純於凶也，誦以寓箴戒，箴戒不可廢也。合奏於音，則有長短、高低、清濁之節調，而謂之歌。去樂而獨唱，則但揚聲長詠，而謂之誦，"令瞽誦詩"是也。三年之喪，宗廟誦而不歌。踰年見于廟，見于南郊，而請命，然後乃卽位，受群臣朝，乃告于社稷，奠于先聖也。【重天、地、君、父、師也。請命于天、先王，而不請命于社稷及先聖也。】子，代父者也，故先言皇考，而後言皇祖也。"永世克孝"，言克保宗祧而獲沒也。

1 能：奎章閣本에는 "純".

念玆皇祖，陟降庭止。
維予小子，夙夜敬止。

皇祖，通稱廟中之祖也。“陟降庭止”，如臨在上，如在其左右也，則小子不敢忘敬也。

於乎皇王，繼序思不忘。

皇王，通稱祖考也。繼序而思不忘也。

《閔予小子》一章，十一句。

訪落

訪予落止，率是昭考。
於乎悠哉，朕未有艾。
將予就之，繼猶判渙。
維予小子，未堪家多難【乃旦反】。
紹庭上下，陟降厥家。
休矣皇考，以保明其身。

賦也。旣見于祖廟，【“太甲祗見厥祖”是也。】乃以喪服告于靈座，【靈座在寢也，此言殷禮，以爲世法也。若周人卒哭而附[2]，則無靈座也。子善殷之練而祔，故以殷禮爲世法也。】靈座以喪服見，亦不可有誦也。【廟及靈座皆有祝策，郊祀、先聖亦然。】乃以祥服，【今之淺禫服也，吉服之色淺者也。不爲純吉之服者，以喪中不可正同於平人也。】執圭幣見于南郊，去樂而誦。夫郊社越紼而行事，先聖亦然，今去樂，何也？非爲郊、社、先聖之事也，因卽位而見，乃嗣王之事也，故去樂耳。【郊祀則王以吉服行之，社則使臣攝行而王不親行也。】《訪落》及《敬之》稱"予小子"，則知其非樂歌而爲誦也。《訪落》，見于南郊之誦也；《敬之》，見于先聖之誦也。【去樂則知不服純吉之服也。】郊見畢，因以其服卽位，負扆而朝群臣，誥戒如《康王之誥》，因以其服至于社，【亦有誦。】見于先聖也。【《康王之誥》用卽位受朝之禮，而不爲純吉之服也。】訪，咨度也。落，始也[3]。咨度予之始也。武王爲太祖，居天位，代天工。將居太祖之位而行太祖之事，故曰："率是昭考。"天爲萬物之天，王爲人民之天，不敢正言代天而行天道也，故曰："率是昭考。"昭考居天位，代天工，率是昭考，則代天而行天道也。"於乎悠哉"，歎事業之無窮也。艾，當作乂，言未理於政事也。天有道而人有事，人之所以對天者，在能立事也，故皆從事，爲上言之也。判渙，分散而不能集也，予將就其緒，而離散而未集也。四海承平，而猶以爲多難，知天位之艱而君事之未易也。紹庭之上下，言三王之上格于天，下格于人者，武王紹之也。"陟降厥家"，言武王之靈，陟而配天，降而在人，而蔭庇王室也，以明"率是昭考"之爲代天而行天道也。代天而行天道，在於率是昭考之繼承三王之緒而集天命也。休哉皇考！予惟率其道，以保明我身也。保，保先業也，明，明先德也，保明於身而保

2 附：奎章閣本에는 "祔".

3 也：底本에는 "見". 奎章閣本에 근거하여 수정.

明於天下矣。

《訪落》一章，十二句。

敬之

敬之敬之，天維顯思【叶新夷反】，命不易哉。
無曰高高在上，陟降厥士，日監在玆【叶津之反】。

賦也。"天維顯思"，言天理昭著也。"命不易哉"，言不可僥幸而得之，偶然而致之也。士，事也，陟降於人事，未嘗須臾不在也。人之所行，感召天地之氣，結而爲禍福，無遠而不應，無隱而不至，無所逃於天地之間也。惟中和而多立事功者，爲至計也，外此而更無術矣。人不可以不篤學而力行也。

維予小子，不聰敬止？
日就月將，學有緝熙于光明。
佛時仔肩，示我顯德行。

聰，敏於學也，敢不敏於學而敬其止乎?【止之一字，是學之準的也。】將，進行也。緝熙于先師之光明也。佛，弼通。仔肩，《集傳》曰："任也，猶言負荷也。"言三老、五更師友之官，弼我之負荷，詔我以著顯之德行也。觀《閔予小子》《訪落》《敬之》，可見天位之極難也。繼祖宗之業，代天之事，行先聖之道，豈不任重而責大哉？居任重責大之位，而不稱其德，則殃咎亦重而大也。

《敬之》一章，十二句。

小毖

予其懲【直升反】，而毖後患？
莫予荓【普經反】蜂，自求辛螫【施隻反】。
肇允彼桃蟲，拚【芳煩反】飛維鳥。
未堪家多難，予又集于蓼。

賦而比也。懲，懲於前也；毖，憚於後也。荓，簇聚也。辛，烈也。螫，射毒也。桃蟲，《集傳》以爲鷦鷯，而今以文理言之，乃不能飛之小蟲也，非鷦鷯明矣。始信其桃蟲之附着而不飛，乃拚然飛去而爲鳥也，以比武庚之背周之德而叛去也。武王新喪，未堪多難，而又集于辛苦也。此武庚叛，將征之，告廟請命之樂章也。

《小毖》一章，八句。

小毖者，憚於小也，小懲而大戒也。

載芟

載芟載柞【側白反。叶疾各反】，其耕澤澤。
千耦其耘，徂隰徂畛。

賦也。《集傳》曰：除草曰芟，除木曰柞。澤澤，土黏解也。耘，去草根也。畛，田域也。

侯主侯伯，侯亞侯旅，侯彊侯以。
有嗿【他感反】其饁【于軌反】，思媚其婦，有依其士。
有略其耜[4]【叶養里反】，俶載南畝【叶滿委反】。

《集傳》曰：主，家長也；伯，長子也；亞，仲叔也；旅，衆子弟也。彊[5]，民之有餘力而來助，《周禮・遂人》"以彊予任甿"是也。能左右之曰以，雇傭之人，主人所使者也。嗿，衆飮食聲也。依，賴也，婦媚而夫賴，夫耕而婦餉也。略，利。載，事也。

播厥百穀，實函斯活【叶呼酷反】。
驛驛其達【叶陀[6]悅反】，有厭其傑。
厭厭其苗，綿綿其麃【表驕反】。

4 耜：底本에는 "耟". 奎章閣本에 근거하여 수정.

5 彊：底本에는 "疆". 奎章閣本에 근거하여 수정.

6 陀：奎章閣本에는 "佗".

《集傳》曰：函，含也，含氣也。活，生也。驛驛，連絡也。達，苗出土也。厭，受氣足也。傑，苗猥大也。厭厭，充足之貌。綿綿，聯屬不絶之貌。麃，耘也。

載穫濟濟，有實其積，萬億及秭。
爲酒爲醴，烝畀祖妣，以洽百禮。

濟濟，衆多齊一之貌。

有飶【蒲卽反】其香，邦家之光。
有椒其馨，胡考之寧。

飶，飮食之氣也。椒，芬芳之臭也。胡，皮寬縱也。【如狼胡、馬胡，胸皮寬縱也。人老則皮寬縱。】考，耈通。言以燕饗則邦家光，以養老則胡耈寧也。

匪且有且，匪今斯今，振古如玆。

且，此也。振，傾盡之意也。【傾囊槖之粟者，振而瀉之。】此祭田祖之樂歌。

《載芟》一章，三十一句。

良耜

畟畟【楚側反】良耜，俶載南畝。
播厥百穀，實函斯活。
或來瞻女，載筐及筥，其饟【式亮反】伊黍。

賦也。畟畟，嚴利也。“或來瞻女”，婦子之來饁者也。饟，餉同。

其笠伊糾【叶其了反】，其鎛斯趙【直了反】，以薅【呼毛反】荼蓼。
荼蓼朽止，黍稷茂止。

糾，編綴精密也。趙，《集傳》曰“刺也”。薅，除草也。

穫之挃挃【珍栗反】，積之栗栗。
其崇如墉，其比如櫛【側瑟反】，以開百室。
百室盈止，婦子寧止。

挃挃，穫貌。栗栗，積之密也。百室，一族百家也，【五家爲比，五比爲閭，四閭爲族。】同塾之人也。

殺時[7]犉【如純反】牡，有捄其角【叶盧谷反】。
以似以續，續古之人。

7 時：底本에는 “是”. 奎章閣本에 근거하여 수정.

黃牛黑唇曰犉。捄，作觩，角曲貌。似，嗣也，嗣續前人，以享祭祀也。此亦《載芟》之類。

《良耜》一章，二十三句。

絲衣

絲衣其紑【孚浮反】，載弁俅俅【音求】。
自堂徂基，自羊徂牛。
鼐【乃代反】鼎及鼒【叶津之反】，兕觥其觩。
旨酒思柔。
不吳不敖，胡考之休。

賦也。絲衣、爵弁，天子養老之服也。此詩，天子將養老於太學，先釋菜于先聖、先師之樂歌。【學中序齒而不序爵，雖王、公、大夫爲之士服。絲衣，深衣也，《記》云"燕衣"是也。弁，士之朝服也。】紑，衣貌。俅俅，冠服相稱之貌。基，堂下之階也。鼐，大鼎，鼒，小鼎也。思，語辭。吳，譁也。胡考，見《載芟》。養國老於大學，用養禮而不用燕饗之禮，不敢以賓主待師也。天子親視膳授箭，袒而割牲，執爵而酳，"自堂徂基"以下，視膳之禮也。尊、俎、籩豆在堂，鼎、鼐在基也。【視膳之後，行釋菜禮，故止言視膳也。既釋菜，乃行養老之禮也。】

《絲衣》一章，九句。

酌

於鑠王師，遵養時晦。
時純熙矣，是用大介。
我龍受之，蹻蹻【居表反】王之造【叶徂候反】。
載用有嗣，實維爾公允師。

賦也。鑠，熖烈之意也。遵，遵時也。養，養而不用也。時晦，遵時而晦其光也。熙，和美也。介，甲也。龍，寵也。蹻蹻，高大貌。造，成也。公，功通。武王寵受殷命，成此高大之業，後嗣，武王之功是師也。此亦《大武》之摘章，而用之於宗廟獻爵之時，故名之以酌也。《集傳》以《酌》爲《勺》，非是。《勺》，舞名，勺與籥同，文舞也。《酌》，頌名也，非籥舞明矣。

《酌》一章，八句。

桓

綏萬邦，屢豐年。
天命匪解。
桓桓武王，保有厥士。
于以四方，克定厥家。
於昭于天，皇以間之。

賦也。《左傳》:“周饑，克殷而年豊。”解，當作懈。保有其士，往左右，驅策四方也。間，代也，言君天下以代商也，《書》云:“有邦間之。”此《大武》之六章。

《桓》一章，九句。

賚

文王旣勤止，我應受之。
敷時繹思，我徂維求定。
時周之命，於繹思。

賦也。應，相應也。“敷是繹思”，與賢德分治天下，以繹思文王之德也。我往求天下之安定，分封賢德以鎭之也。“是周之命”者，受周之爵命而爲諸侯，永爲周之臣也。此《大武》之三章，而摘爲錫命告廟之樂章，故名之以賚也。

《賚》一章，六句。

般

於皇時周。
陟其高山，隋【吐果反】山喬嶽，允猶翕【許及反】河。

敷天之下，裒【蒲侯反】時之對，時周之命。

賦也。山狹而長曰墮。猶，維字之誤也。翕，集也，衆水集於河也。言山峙而水集，四海寧靖而無事，漠然徒見山峙而水集也，以形容周家太平之業也。分土裂疆以封諸侯，敷於天之下，裒然爲周之臣也。對，朋對也，諸侯者，天子之對也。此亦《大武》之摘章，而以爲分土告社之樂章，故名之以般。般，頒通，頒土於諸侯也。

《般》一章，七句。

頌之終，終之以"時周之命，於繹思"、"敷天之下，裒時之對，時周之命"者，若曰：周之五經爲天地之道之命脈，而天下之國無不興治，作對於先王也，卽國風之終以"四國有王"之意也。

《閔予小子之什》十一篇。

魯頌

《集傳》曰: 魯, 少皥之虛, 在《禹貢》徐州 蒙、羽之野, 今襲慶・東平府、沂・密・海等州卽其地也。 ◯魯, 周公之所封也, 周公爲魯太祖, 而留輔王室, 其子伯禽治魯, 故享乎世室, 而爲不遷之宗。 諸侯之國莫不有祭祀之頌, 而獨傳魯頌者, 豈有微意歟。【成王以天子禮樂賜伯禽, 齊東之說也。】

駉

駉駉【古熒反】牡馬, 在坰【古熒反】之野。
薄言駉者, 有驈【戶橋反】有皇。
有驪【力知反】有黃, 以車彭彭【叶鋪郎反】。
思無疆, 思馬斯臧。

賦也。《集傳》曰: 駉駉, 腹幹肥張貌。坰, 遠郊也。驪馬白跨曰驈, 黃白曰皇, 純黑曰驪, 黃騂曰黃。◯此牧馬而祭馬祖之樂歌。《周禮》曰: "春祭馬祖, 夏祭先牧, 秋祭馬社, 冬祭馬步。"

駉駉牡馬, 在坰之野。
薄言駉者, 有騅【音隹】有駓【符悲反】。

有騂有騏，以車伾伾【符丕反】。
思無期，思馬斯才【叶前西反】。

賦也。《集傳》曰：倉白雜毛曰騅，黃白雜毛曰駓，赤黃曰騂，青黑曰騏。伾伾，有力也。無期，猶無疆也。才，材力也。

駉駉牡馬，在坰之野。
薄言駉者，有驒【徒河反】有駱。
有駵【音留】有雒，以車繹繹【叶弋灼反】。
思無斁【叶弋灼反】，思馬斯作。

賦也。《集傳》曰：驒，今之連錢驄也。白馬黑鬣曰駱，赤身黑鬣曰駵，黑身白鬣曰雒。作，作成也。

駉駉牡馬，在坰之野。
薄言駉者，有駰【音因】有騢【叶洪孤反】。
有驔【音簟】有魚，以車祛祛【起居反】。
思無邪【叶祥余反】，思馬斯徂。

賦也。《集傳》曰：陰白雜毛曰駰，彤白雜毛曰騢，豪骭曰驔，二目白曰魚。祛祛，彊健也。徂，進就也。

《駉》四章，章八句。

有駜

有駜【蒲必反】有駜，駜彼乘黃。
夙夜在公，在公明明。
振振鷺，鷺于下。
鼓咽咽【烏玄反】，醉言舞。
于胥樂兮。

比而賦也。《集傳》曰：駜，馬肥强貌。咽，當作淵。○“駜彼乘黃”，以比群臣之能任載馴服也，“振振鷺”，以比賢臣之衆多也，言君臣相得而和樂也。此公燕大夫之樂歌，而竝及臣下頌禱之意也。

有駜有駜，駜彼乘牡。
夙夜在公，在公飮酒。
振振鷺，鷺于飛。
鼓咽咽，醉言歸。
于胥樂兮。

比而賦也。

有駜有駜，駜彼乘駽【呼縣反】。
夙夜在公，在公載燕。
自今以始，歲其有。
君子有穀，詒孫子。

于胥樂兮。

比而賦也。《集傳》曰：靑驪曰駽。

《有駜》三章，章九句。

泮水

思樂泮水，薄采其芹【其斤反】。
魯侯戾止，言觀其旂【叶其斤反】。
其旂茷茷【蒲害反】，鸞聲噦噦【呼會反】。
無小無大，從公于邁。

興而賦也。泮宮，魯學宮之名，其半繞水，以節觀者，故謂之泮。泮水者，泮宮之水也。【其半繞水者，以地形一半阻山阜，人自不得入，故不繞之以水也。】采芹，以言學問有得也。茷茷，飛揚貌。此伐淮夷，獻馘于泮宮而燕飮之樂歌。

思樂泮水，薄采其藻。
魯侯戾止，其馬蹻蹻【居表反】。
其馬蹻蹻，其音昭昭【叶之繞反】。
載色載笑，匪怒伊敎。

興而賦也。蹻蹻，高大貌。色，有容色也。

思樂泮水，薄采其茆【叶謨九反】。
魯侯戾止，在泮飲酒。
既飲旨酒，永錫難老【叶魯吼反】。
順彼長道【叶徒吼反】，屈此群醜。

興而賦也。《集傳》曰：茆，鳧葵也，江南人謂之蓴菜。難老，猶言不老也。長道，大道也。醜，類也。

穆穆魯侯，敬明其德。
敬愼威儀，維民之則。
允文允武，昭格烈祖。
靡有不孝，自求伊祜。

賦也。烈祖，周公、魯公也。

明明魯侯，克明其德。
既作泮宮，淮夷攸服。
矯矯虎臣，在泮獻馘【古獲反。叶況壁反】。
淑問如皐陶【叶夷周反】，在泮獻囚。

賦也。矯矯，武貌。馘，割左耳也。凡出師，受成於學，反，釋奠獻馘，以謝敎誨之力也。淑，善也。問，訊囚也。囚，俘虜也。

濟濟多士，克廣德心。

桓桓于征，狄【他歷反】彼東南【叶尼心反】。
烝烝皇皇，不吳不揚。
不告于訩，在泮獻功。

賦也。狄，逖通。東南，謂淮夷也。烝烝，衆多也。皇皇，大也。不吳，肅靜也。不揚，嚴重也。訩，懼也。不告于訩，師徒不怯而勇也。

角弓其觩，束矢其搜【色留反】。
戎車孔博，徒御無斁。
既克淮夷，孔淑不逆【叶宜脚反】。
式固爾猶，淮夷卒獲【叶黃郭反】。

賦也。觩，曲貌。搜，矢疾聲也。

翩彼飛鴞【吁驕反】，集于泮林。
食我桑黮【尸荏反】，懷我好音。
憬彼淮夷，來獻其琛【勅金反】。
元龜象齒，大賂南金。

興也。鴞，惡聲之鳥也。黮，桑實也。憬，警也。琛，寶也。賂，遺也。

《泮水》八章，章八句。

閟宮

閟【筆位反】宮有侐【況域反】，實實枚枚。
赫赫姜嫄，其德不回。
上帝是依，無災無害。
彌月不遲【叶陳回反】，是生后稷，降之百福。
黍稷重穋，稙【徵力反】穉菽麥【叶訖力反】。
奄有下國，俾民稼穡。
有稷有黍，有稻有秬【求許反】。
奄有下土，纘禹之緒。

賦也。閟，深密也。閟宮，魯廟也。實實，鞏固也。枚枚，備具之意。依，賴也，賴天之佑也。稙，壯大植立者也。穉，低小者也。"奄有下國"，封於邰也。禹治水旣平，后稷乃播種百穀。

后稷之孫，實維大王。
居岐之陽，實始翦商。
至于文 武，纘大王之緒。
致天之届，于牧之野。
無貳無虞，上帝臨女。
敦商之旅，克咸厥功【叶居古反】。
王曰叔父，建爾元子【叶予古反】，俾侯于魯。
大啓爾宇，爲周室輔【扶雨反】。

賦也。屆，至也，時命之至也。敦，“敦陳整旅”之敦，厚集也，言商衆降附也。魯，周公之所封而伯禽實治之，故曰“建爾元子”。

乃命魯公，俾侯于東。
錫之山川，土田附庸。
周公之孫，莊公之子。
龍旂承祀，六轡耳耳。
春秋匪解，享祀不忒。
皇皇后帝，皇祖后稷。
享以騂犧【虛宜、虛何二反】，是饗是宜【牛奇、牛何二反】。
降福既多【章移、當何二反】，周公皇祖，亦其福女。

賦也。附庸，屬國也。莊公之子，僖公也。耳耳，《集傳》曰“柔從也”。魯僭用天子禮樂，郊天而配稷也。

秋而載嘗，夏而楅衡【叶戶郎反】。
白牡騂剛，犧尊將將。
毛炰胾【側吏反】羹【叶盧當反】，籩豆大房。
萬舞洋洋，孝孫有慶【叶祛羊反】。
俾爾熾而昌，俾爾壽而臧。
保彼東方，魯邦是常。
不虧不崩，不震不騰。
三壽作朋，如岡如陵。

賦也。嘗，秋祭也，楅衡，施於牛角，以止觸也。白牡，周公之牲，騂剛，魯公之牲，群公不毛。犧尊，畫牛於尊也。將將，進而又進也。毛炰，去豚之毛而炰之也。胾，切肉也。羹，大羹、鉶羹也。大羹，湆而不和，鉶羹，有菜和者也，盛之以鉶，故曰鉶羹。房，《國語》"房烝"是也。天子用全烝，諸侯用房烝，房烝，解體而升之俎也。三壽，上、中、下壽也。

公車千乘，朱英綠縢【徒登反】，二矛重弓【叶姑弘反】。
公徒三萬，貝冑朱綅【息廉反。叶息稜反】。
烝徒增增，戎狄是膺。
荊舒是懲，則莫我敢承。
俾爾昌而熾，俾爾壽而富【叶方味反】。
黃髮台背【叶蒲寐反】，壽胥與試。
俾爾昌而大【叶特計反】，俾爾耆而艾【吾蓋反。叶五計反】。
萬有千歲，眉壽無有害【叶暇憩反】。

賦也。革車一乘，甲士三人，步卒七十二人，持[1]重二十五人，凡百人爲一乘之人數。大國百里萬井，爲九萬夫之地，或二三夫、四五夫共一區，或無田而寄傭，大略不下三十萬夫，其勝兵者無慮十萬人，故概言曰千乘。王畿，百萬井，不曰十萬乘而曰萬乘，亦概言其多也。朱英，飾矛者也。綠縢，約弓也。二矛，《集傳》曰："夷矛、酋矛也。"重弓，備折壞也。徒，步卒也。三萬，千乘之賦而用其三之一也。貝冑，貝飾冑也。朱綅，所以綴也。增增，衆也。戎，西戎；狄，北狄也。膺，服也。舒，荊之與國也。承，承接而戰也。試，未詳。或

1 持：: 底本에는 "特". 奎章閣本에 근거하여 수정.

曰：當作載，與載，與之共事也。或曰：試，試於事功也。

泰山巖巖【叶魚坎反】，魯邦所詹。
奄有龜蒙，遂荒大東。
至于海邦【叶卜工反】，淮夷來同。
莫不率從，魯侯之功。

賦也。詹，作瞻。龜、蒙，二山名。荒，大也。

保有鳧繹【叶弋灼反】，遂荒徐宅【叶達各反】。
至于海邦，淮夷蠻貊【叶莫博反】。
及彼南夷，莫不率從。
莫敢不諾，魯侯是若。

賦也。鳧、繹，二山名。繹，作嶧。

天錫公純嘏【叶果五反】，眉壽保魯。
居常與許，復周公之宇。
魯侯燕喜，令妻壽母。
宜大夫庶士，邦國是有。
既多受祉，黃髮兒齒。

賦也。《集傳》曰：常，當作嘗，在薛[2]之傍。許，許田也，魯朝宿之邑也。令妻，聲姜[3]。壽母，成風也。兒齒，齒落更生

2 薛：底本에는 "辟". 奎章閣本에 근거하여 수정.

者也。

徂來之松，新甫之柏【叶逋莫反】。
是斷是度，是尋是尺【叶尺約反】。
松桷有舃【叶七約反】，路寢孔碩【叶常約反】。
新廟奕奕【叶弋灼反】，奚斯所作。
孔曼且碩，萬民是若。

賦也。徂徠、新甫，二山名。八尺曰尋。舃，大貌。路寢，正寢，內朝也，蓋竝修寢、廟也。奚斯，公子魚也。曼，美也。此修葺寢、廟而落成之詩歌也。卒章因託言集材飭工，營度修理，以建立國家安固之基業也，故曰"萬民是若"也。曰"奚斯所作"，則知爲修葺寢、廟而落成也，非無其事而徒爲託言也。

《閟宮》九章，五章章十七句，【內第四章，脫一句。】二章章八句，二章章十句。

《魯頌》四篇。

《魯頌》，非祭祀之頌、廟中之樂也。首《駉》一篇，乃祭馬祖之詩也，其三篇，皆頌君之辭也，徒有頌之名，而無頌之實。魯僭用天子之禮，廟中皆用《周頌》，無容有《魯頌》也，而艷慕《周頌》之著詩，故亦立《魯頌》以效之。然

3 姜：底本에는 "妻". 奎章閣本에 근거하여 수정.

實無頌之可著，故取其頌君之詩以當之也。其本出於僭擬周禮，而其虛誕失實，至於此極也。僖公不過亂世之凡主也。其世當齊桓、晉文相繼爲伯之時，奔走，承序之不暇，而碌碌無足可稱者，柳下惠曰"僖又未有明焉"是也。今觀詩中所稱，"順彼長道，屈此群醜"，"敬明其德"，"允文允武"，"淑問如皐陶，在泮獻囚"，"戎狄是膺，荊、舒是懲，則莫我敢承"，"淮夷、蠻貊，及彼南夷，莫不率從"，皆夸誕虛妄之辭也。郊天而配稷，則當禘文王以上至后稷也，僭差失實甚矣。禮樂之本，欲以去其虛僞、僭忒、煩文、浮費，而著誠存實，以教化民，而防其邪僻煩敝也。今以僭濫爲禮，夸妄爲樂，何教化之有？又益其亂也。夫子存之而不刪，以著禮壞樂崩之由也。見《呂刑》，而知先王之德政息，而惟用刑治也；見《文侯之命》，而知倫理之晦而不明也；見《費誓》《秦誓》，而知天下之用兵相夷也；見《檜》《曹》之風，而知文勝道敝，天下之亂未已也；見《魯頌》，而知禮壞樂崩，後世無善治也。聖人於《詩》、《書》之終，寓夫微意，以明治亂之所由起也。【當時列國，擧無禮樂之可論者，而獨魯號爲周禮盡在。然可[4]謂禮樂者如此，故擧魯以明禮樂之失也。】至今數千年以而益甚，可謂極矣。人之類如風魔幻影，若無天性，若無實形，若無可奈何者。雖然，天性不可泯也，實形不可沒也。天生民，有性有形，由其知之見於前而不見於後，明於近而不明於遠，故易於變化，而失其常性，易其實形耳。苟有[5]全其性而順導之，【因其好利而利之，因其好名而善之，因其好

4 可：奎章閣本에는 "所".

生而安之，因其惡死而威之。】存其形而澡雪之，【去其虛文而返其質，剝其浮華而取其實，合其淆漓而歸其樸，塞其僞誣而存其眞。】誠易易也。民有常性而無常行，有實形而無定質，【可以行於善，可以行於惡；可以飾於僞，可以全於樸也。】惟上所導而從之焉已矣。

5 有：奎章閣本에는 "能".

商頌

契封於商，湯因以爲有天下之號，周武王封微子于宋，得以天子禮樂祀商之先王，故宋有《商頌》焉。《集傳》曰：宋地在《禹貢》徐州泗濱及豫州孟諸之野。商都亳、宋都商丘，皆在今應天府亳州。

那

猗【於宜反】與那與，置我鞉鼓。
奏鼓簡簡，衎我烈祖。

賦也。猗，美也。那，長也。鞉鼓，以令鼓而作衆樂。託言君德鼓動天下，而天下和樂，繼述烈祖，而烈祖夷懌也。簡簡，連屬之意也。

湯孫奏假，綏我思成。
鞉鼓淵淵【叶於巾反】，嘒嘒管聲。
旣和且平，依我磬聲。
於赫湯孫【叶思倫反】，穆穆厥聲。

奏，進也，進其誠意而格于烈祖也。成，利成之成。思，語辭。綏我之成，言安成祭禮也。託言君德格于神、人，而安成其政於天下也。“依我磬聲”，言君德之所鼓動，莫不和協，丕應而傒志也。穆穆，肅淸也。

庸鼓有斁，萬舞有奕。
我有嘉客，亦不夷懌？

庸，當作鏞，大鍾也。斁，當作繹，繹屬而及遠也。奕，輝光大也，託言聲聞遠振，而萬物被其輝光也。“我有嘉客”，言天下之國君，莫不平安悅懌也。

自古在昔，先民有作。
溫恭朝夕，執事有恪。

言所以致之者，在謹行先王之道，溫恭朝夕而不敢自用其心，執事有恪而不敢少懈其志也。恪，精神周徹於事物也。

顧予烝嘗，湯孫之將。

將，奉行也。烈祖顧之，孫子將之，言祖孫一德也。

《那》一章，二十二句。

《國語》，閔馬父曰：“正考甫校商之名頌，以《那》爲首。”

烈祖

嗟嗟烈祖，有秩斯祜【候五反】。
申錫無疆，及爾斯所。

賦也。烈祖，通稱有功德之祖也。秩，常序也。申，重也。自烈祖稱嗣孫，曰爾所處也。【《集傳》曰："樂工指天子爲爾。" 樂工惟歌之而已。豈得自主之哉？其妄不足辨也。】

旣載淸酤【叶候五反】，賚我思成。
亦有和羹，旣戒旣平。
鬷假無[1]言，時靡有爭。
綏我眉壽，黃耉無疆。

酤，酒也，託言有中和之實德也。賚，與也，與我之成也，說見前篇。"亦有和羹"，託言臣下之調和鹽梅而補君德也。"奏格無言"，託言事神治人，不以聲色、言語也。聖人有無言之敎、無體之禮、無聲之樂，故能化民如神也。若以言，則不免於訟也。"黃耉無疆"，言保其祿位，而傳之永久也。

約軧[2]【祈支反】錯衡，八鸞鶬鶬。
以假以享，我受命溥將。

1 無：底本에는 "言". 奎章閣本에 근거하여 수정.

2 軧：底本에는 "軝". 沈大允의 註에 근거하여 수정.

自天降康，豊年穰穰。
來假[3]來饗，降福無疆。

約軝、錯衡，見《采芑》。鶬，當作瑲，玉聲也。言諸侯親附而朝宗也。溥將，諸侯之扶護王室者廣也。

顧予烝嘗，湯孫之將。

《烈祖》一章，二十二句。

玄鳥

天命玄鳥，降而生商，宅殷土芒芒。
古帝命武湯，正域彼四方。

賦也。玄鳥，鳦也。《月令》，仲春以玄鳥至之日，祀于高禖而祈子，蓋自唐虞已有斯禮也。高禖之神，隨玄鳥而至，故以玄鳥至之日祀之。"天命玄鳥，降而生商"，言天命高媒之神，降佑而生契也。子姓非可祈禱而得者也，而祀高禖者，所以見子姓之重也。凡人之禍，莫大於無後。自有天地以來傳屬，至于己身而遂絶，莫大之禍也，得莫大之禍者，必有莫大之咎也。明子孫之重者，欲人之戒愼恐懼而敬其行事也。【人之

3 假：底本에는 "格".《詩傳大全》에 근거하여 수정.

行事，所生之精，結而爲鬼神，感召之氣，積而生子孫，詳見于《象義》。】契之先世，有延昌之德，故天命玄鳥之神，【卽高媒也。】降佑而生契也。史言玄鳥墮卵，契母簡狄呑之而生契，蓋誤讀詩而傅會爲誕也。【玄鳥無仲春懷卵者，又無墮卵而卵全者，又無見卵而呑之者，又無呑卵而懷孕者，皆理外之妄言也。】芒，當作茫。武湯，以有武功故稱之，非湯之號也。正域，整治而疆理之也。

方命厥后，奄有九有。
商之先后，受命不殆，在武丁孫子。

"方命厥后"，湯德能撫安四方，故天方命湯爲天下之君也。不殆，無危亡也。"武丁孫子"，猶言湯之孫子武丁也。武丁，高宗也。

武丁孫子，武王靡不勝。
龍旂十乘，大糦【尺志反】是承。

武王，以有武功故稱之，非武丁之號也，言武丁之武功，與湯同也。糦，粢盛也，大糦，謂大祭祀也。託言有威武以承先祀也。

邦畿千里，維民所止，肇域彼四海。

"邦畿千里，維民所止"，言篤於近也。"肇域彼四海"，蠻夷之率服者，比前益遠也。

四海來假，來假祈祈[4]，景員維河。
殷受命咸宜，百祿是何。

祈祈，安閑之貌。景，山名，在商都。員，當作圓，幅圓也。言王畿之幅圓，以河爲境也。何，《左傳》作荷。

《玄鳥》一章，二十二句。

長發

濬哲維商，長發其祥。
洪水芒芒，禹敷下土方，外大國是疆。
幅隕既長，有娀方將，帝立子生商。

賦也。濬，深也。長，久也。芒，當作茫。方，四方也。外大國，遠諸侯也。隕，當作圓，幅圓，國土之圓圍也。有娀氏之女簡狄，爲高辛氏之妃，生契。方將，進行而未已也。生商，始生商國也。

玄王桓撥【叶必烈反】，受小國是達【叶他悅反】，受大國是達。
率履不越，遂視既發【叶方月反】。
相土烈烈，海外有截。

4 祈祈 :《毛詩正義》에는 "祁祁". 底本은 內閣藏板《詩傳大全》의 오류를 따름.

賦也。玄，高遠也，謂天爲玄是也。玄王，湯也，以高遠而稱之，非其定號也，猶稱武王也。從其高遠則曰玄，從其武功則曰武也。桓，武毅也。撥，撥亂之撥也。達，達於政之達也。率，循也，履，踐也，率循先王而踐行之，不踰越也。遂見其旣發也，發，發於功業也。相土，視其疆土，莫不威震也，烈烈，威震也。截，整齊之貌。【舊說以玄王爲契：商無追尊之事，其妄一也。以僭號加之十四世之祖，悖理甚矣，其妄二也。追王遠契，則其近祖皆當追尊，而惟契而已，其妄三也。契爲虞司徒，敷五敎，而頌不及焉，其妄四也。受小國是達，大國是達，天子之德也。契何曾有是事乎？其妄五也。敷五敎者，可謂之桓撥乎？其妄六也。《國語》稱契爲玄王，然此不足據也。《國語》亦稱后稷不窋爲王，則其不衷於禮也，可知矣。或是爲其王者之祖，故私相語而稱王也，而若在宗廟之中，豈可妄加不正之僭號乎？或疑旣稱湯爲武王，而又稱玄王，此不當疑者也。商未有謚號，武王、玄王者，皆詩人從而稱之也。謂湯爲武王，亦謂[5]武丁爲武王，則謂湯爲武王，亦謂之玄王，又何疑焉？猶謂一人曰聖人、仁人、神人，將亦以一人之異稱而疑非一人耶？ 謂其祖曰賢君， 亦謂其孫曰賢君， 將以祖孫同號爲嫌耶？“海外有截”，卽下章“九有有截”也，相土之時，何曾威服四海耶？“克昌厥後”之昌，是文王耶？《集傳》以相土爲契之孫，妄而無理，亦甚矣。】

帝命不違，至于湯齊。
湯降不遲，聖敬日躋【子兮反】。
昭假遲遲，上帝是祗，帝命式于九圍。

賦也。齊，齊一也，天命順之而不敢違，至湯而合德于天

5 謂：底本에는 “爲”. 奎章閣本에 근거하여 수정.

也。降，降生也。不遲，言性敏而不鈍也。“昭假遲遲”，言志不在功業之速成也。“上帝是祗”，言惟敬天而順承之也。式，法也。九圍，九州也。

受小球大球，爲下國綴【張衛反】旒。
何天之休，不競不絿。
不剛不柔，敷政優優，百祿是遒【子由反】。

賦也。“小球、大球”，小國、大國所贄之玉也。綴，屬也，旒，旗之垂者，爲諸侯之所係屬，如旒之綴於旗也。何，作荷。絿，緩也。優優，綽裕也。遒，及也。

受小共大共，爲下國駿厖【莫邦反。叶莫孔反】。
何天之龍【叶丑勇反】，敷奏其勇。
不震不動【叶德總反】，不戁【奴版反】不竦【小勇反】，百祿是總【子孔反】。

賦也。共，當作供，小國、大國之供也。《書》云：“以萬民惟正之供。”駿，當作俊，大也。厖，厚也，言爲下國之所大厚也。“敷奏其勇”，宣效其武功也。戁，恐也。總，會也。

武王載旆，有虔秉鉞。
如火烈烈，則莫我敢曷。
苞有三蘖【五葛反。叶五竭反】，莫遂莫達，九有有截。
韋顧既伐【叶旁越反】，昆吾夏桀。

賦也。虔，恭謹也。曷，當作遏。苞，叢也。櫱，萌櫱也。苞以喻桀，三櫱以喻韋、顧、昆吾也。三國，桀之黨也。【由此觀之，則《孟子》"湯十一征"之說，未可信也。"武王滅國五十"，尤未可信也。】

昔在中葉，有震且業。
允也天子，降于卿士。
實維阿衡，實左右商王。

賦也。中葉，中世也，自契至作頌之時，湯居其中也。震，威武也。業，大也。降生卿士，天以伊尹賜湯也。阿衡，伊尹之號也。

《長發》七章，一章八句，四章章七句，一章九句，一章六句。

殷武

撻【他達反】彼殷武，奮伐荊楚。
冞【面規反】入其阻，裒荊之旅。
有截其所，湯孫之緒【象呂反】。

賦也。撻，疾貌。殷武，殷王之武也。冞，冒也。裒，聚而降附之也。舊說以爲高宗之頌，似或然也。

維女荊楚，居國南鄉。

昔有成湯，自彼氐【都嚌反】羌。
莫敢不來享，莫敢不來王，曰商是常。

賦也。氐、羌，西夷也。

天命多辟，設都于禹之績。
歲事來辟，勿予禍適【直革反】，稼穡匪解。

賦也。多辟[6]，諸侯也。來辟，來王也。適，謫通。諸侯事王惟謹，曰：庶不獲咎譴也，我之稼穡，不敢懈也。

天命降監，下民有嚴【叶五剛反】。
不僭不濫，不敢怠遑。
命于下國，封建厥福[7]。

賦也。"下民有嚴"，言畏天之威也。封，封殖也。言王畏天之威，不敢僭濫怠遑。天命于下國，封建王之福也，言使下國皆臣於王也。

商邑翼翼，四方之極。
赫赫厥聲，濯濯厥靈。
壽考且寧，以保我後生[8]。

6 辟：底本에는 "僻". 奎章閣本에 근거하여 수정.
7 福：底本에는 "德". 奎章閣本에 근거하여 수정.
8 生：底本에는 "王". 奎章閣本에 근거하여 수정.

賦也。翼翼，衆整貌。極，中之表也。濯濯，光澤貌。

陟彼景山【叶所旃反】，松柏丸丸【叶胡員反】。
是斷是遷，方斲【陟角反】是虔。
松桷有梴【五連反】，旅楹有閑【叶胡田反】，寢成孔安【叶於連反】。

比也。丸丸，直也。方，正也。是虔，方斲之謹也。梴，長貌。旅，列也。閑，寬安也。此章託言聚人材，飭衆工，經營事業，以成國家安固之基也。

《殷武》六章，三章章六句，二章章七句，一章五句。

《商頌》五篇。

帝王之治，終於殷、周，帝王之禮，備於殷、周，天將以殷、周爲萬世之師也。殷之後，有孔子生于周之世，爲道之準，爲經之主。是故以《商頌》終之焉。亦將有周之子孫傳道明經，懸日月於宇宙，俾天下之民不復昏迷，以著天地秋成之功也。雅之終曰"無忝皇祖，式救爾後"，意在斯乎！意在斯乎！《商》《魯》之終，俱以建成宮寢者，其寓意若曰：天地成，而宇宙永安，萬物永昌也。

跋

己未冬著。【余於經傳，在童幼時課讀之後，自以才知譾劣，不足以通經，不復開卷者，且二十年。年過三十四五，始復返究經傳，而家貧親老，又居城闉，營生酬接，汨無暇隙。壬寅病中，著《象義》，五月而畢。其後至今，幾二十年間，每有閑隙，則輒有所著。獨三禮用周年之工，其餘諸經，或數十日，或數月而畢工。然多在於鷄鳴就寢之際，風雨客散之暇。見其敏速如此，多有致疑者，或疑其信筆妄談，或疑其才高難及。然其實皆非然也。余平生研精沈思，常在於事物之實理，執其要會，而究其條目，怡然順矣。凡天下之虛影、幻像，不能眩惑於心思，是其得力也。及其讀經，皆若講磨精熟，成誦在心，而借書於手者，所以敏速如神也。乃由於平生用工，有實得也，非一時信筆之言也，亦非才絶於古人也。後之學者，其亦留意於余言，致力於事物之實理，而毋徒尋索於章句之上哉!】

지은이 **심대윤(沈大允)**

1806(순조6)~1872(고종9). 조선 후기의 학자로 본관은 청송(靑松), 자는 진경(晉卿), 호는 백운(白雲)·석교(石橋)이다. 당쟁에 연루되어 집안이 쇠락한 탓에 출사를 포기하고, 생계를 위하여 나무 반상(盤床)을 제작하는 공방과 약방을 운영하기도 하면서 경전 연구와 저술에 몰두하였다. 40여 책의 경학 저술을 포함하여 역사와 경세(經世)에 걸쳐 110여 책을 저술하였다. 그의 학문은 이(利)를 종지(宗旨)로 삼고 현실 지향적이었으며, 경서 전반에 걸쳐 새로운 해석을 제시하여 독자적인 체계를 이룩하였다. 저서로《복리전서(福利全書)》,《한중수필(閒中隨筆)》,《동사(東史)》,《전사(全史)》,《주역상의점법(周易象義占法)》,《서경채전변정(書經蔡傳辨正)》,《예기정해(禮記正解)》,《의례정론(儀禮正論)》,《주례산정(周禮刪正)》,《좌전정론(左傳正論)》,《효경산정(孝經刪正)》 등등이 있다.

옮긴이 **성원규(成元圭)**

1984년 서울에서 태어났다. 단국대학교 한문교육과를 졸업하고, 고려대학교 국어국문학 석사 과정을 수료하였다. 한국고전번역교육원 연수부 과정을 졸업하고, 현재 해동경사연구소 연구원으로 재직하고 있다.

옮긴이 **윤은숙(尹銀淑)**

1957년 인천에서 태어났다. 덕성여대 경영학과와 방송통신대 중문학과를 졸업하였다. 민족문화추진회(현 한국고전번역원) 연수부와 일반연구부 과정을 마치고 현재 해동경사연구소 연구위원으로 일하고 있다. 번역서로는 〈자치통감강목(4-14)〉(공역)이 있다.

옮긴이 **김형석(金炯奭)**

1967년 서울에서 태어났다. 대학에서 전자공학과 중어중문학을 공부하였고, 한국고전번역원 연수부를 졸업하였다. 현재 해동경사연구소 연구원으로 재직하고 있다.

특수고전협동번역사업(경전주석서) 연구진

연구책임자 성백효(해동경사연구소 소장)
공동연구원 신영주(성신여자대학교 한문교육과 교수)
연구원 윤은숙
김형석
성원규

시경집전변정 4

심대윤 지음 | 성원규 · 윤은숙 · 김형석 옮김
2022년 6월 5일 초판 1쇄 발행
편집 · 발행 학자원
등록 2011.4.6 제2011-14호
주소 (05355) 서울시 강동구 천호대로 1121
전화 02-6403-1000 | 팩스 02-6338-1001 | 이메일 hakjaone@daum.net

값 35,000원
ISBN 979-11-6247-271-2 94810
979-11-6247-214-9 (세트)